コピーしてすぐ使える

3分 5分 10分で できる 算数まるごと1年

わかる喜び学ぶ楽しさを創造する教育研究所
略称 喜楽研

本書の特色と使い方

算数まるごとファックス資料集の初版は，2003 年 4 月に発刊されました。以来，17 年間に 1 年～ 6 年あわせて 21 万部超が発行され，多くの学校現場で活用されました。近年，たくさんの先生方から，「もっと短い時間でできるものを発行してほしい」との声が寄せられ，「コピーしてすぐ使える 3 分 5 分 10 分でできる算数まるごと 1 年～ 6 年」を発刊する運びとなりました。

本書の作成にあたり，2020 年度新学習指導要領の主旨にあわせて，「対話して解決する問題」のシートや，「プログラミング学習」のシートや，「ふりかえり」のシートも掲載しました。また「早くできた児童用の裏刷りプリント」も掲載しています。おいそがしい先生方の一助になることを，切に願っています。

3 分練習シート
計算問題なら，難易度にあわせて，約 4 問～ 10 問程度を掲載しています。

5 分練習シート
計算問題なら，難易度にあわせて，約 6 問～ 15 問程度を掲載しています。

10 分練習シート
計算問題なら，難易度にあわせて，約 10 問～ 20 問程度を掲載しています。

※　文章題や，図形や，量と測定などは，難易度にあわせて，問題数をかえています。
※　時間はおおよその目安です。児童の実態にあわせて，3 分・5 分・10 分にとらわれずご活用下さい。

ふりかえりシート
約 10 分～ 20 分ぐらいでできる「ふりかえりシート」をできる限りどの単元にも掲載しました。

各単元のテスト
『各単元の練習』で学習したことを「テスト」として掲載しました。観点別に分かれています。50 点満点として合計 100 点にして掲載しました。

各単元の算数あそび
迷路など，楽しい遊びのページをたくさん掲載しました。楽しく学習しているうちに，力がぐんぐんついてきます。

早くできた児童用の裏刷りプリント
練習問題をするとき，早くできる児童と，ゆっくり取りくむ児童の時間の差があります。「計算にチャレンジ」「迷路にチャレンジ」というタイトルで掲載しました。

縮小ページ
「141％拡大」と書かれているページは縮小されていますので，B5 サイズを B4 サイズに拡大してご使用下さい。

目　次

たしざんかなひきざんかな

ながさくらべ

かずをせいりしよう

20 までのかず

とけい①

3 つのかずのけいさん

かさくらべ

たしざん（くりあがり)

かたち①

ひきざん（くりさがり）

おおきいかず

ひろさくらべ

とけい②

ずをつかってかんがえよう

かたち②

プログラミング

早くできた児童用の裏刷りプリント

けいさんにチャレンジ

めいろにチャレンジ

解答

めいろ台紙

※ シートの時間は，あくまで目安の時間です。児童の学びの進度や習熟度に合わせて，使用される先生の方でお決め下さい。

なかまあつめ（1）

5までの かず

なまえ　　　　がつ　　にち

● おなじ　なかまの　かずを　かぞえて　⬭で　かこみましょう。

（141%に拡大してご使用ください。）

がつ　にち

なかまあつめ（2）

5までの かず

なまえ

● おなじ　なかまの　かずを　かぞえて　⬭　で　かこみましょう。

なかまあつめ（3）

5までの かず

なまえ

がつ　にち

● おなじ　なかまの　かずだけ　○に　いろを　ぬりましょう。

（141%に拡大してご使用ください。）

がつ　にち

どちらが おおい (1)　なまえ

● どちらが　おおいでしょうか。
せんで　つないで　おおい　ほうを
（　）で　かこみましょう。

がつ　にち

どちらが おおい (2)　なまえ

● どちらが　おおいでしょうか。
せんで　つないで　おおい　ほうを
（　）で　かこみましょう。

がつ　にち

どちらが おおい (3)　なまえ

● どちらが　おおいでしょうか。
せんで　つないで　おおい　ほうを
（　）で　かこみましょう。

がつ　にち

どちらが おおい (4)　なまえ

● どちらが　おおいでしょうか。
せんで　つないで　おおい　ほうを
（　）で　かこみましょう。

（141%に拡大してご使用ください。）

どちらが おおい (5)

なまえ　　　がつ　にち

● どちらが　おおいでしょうか。せんで　つないで　おおい　ほうを　⬭　で　かこみましょう。

5までの かず (1)

なまえ　　　　　　　　がつ　にち

● えの かずだけ ○に いろを ぬりましょう。□に すうじを かきましょう。

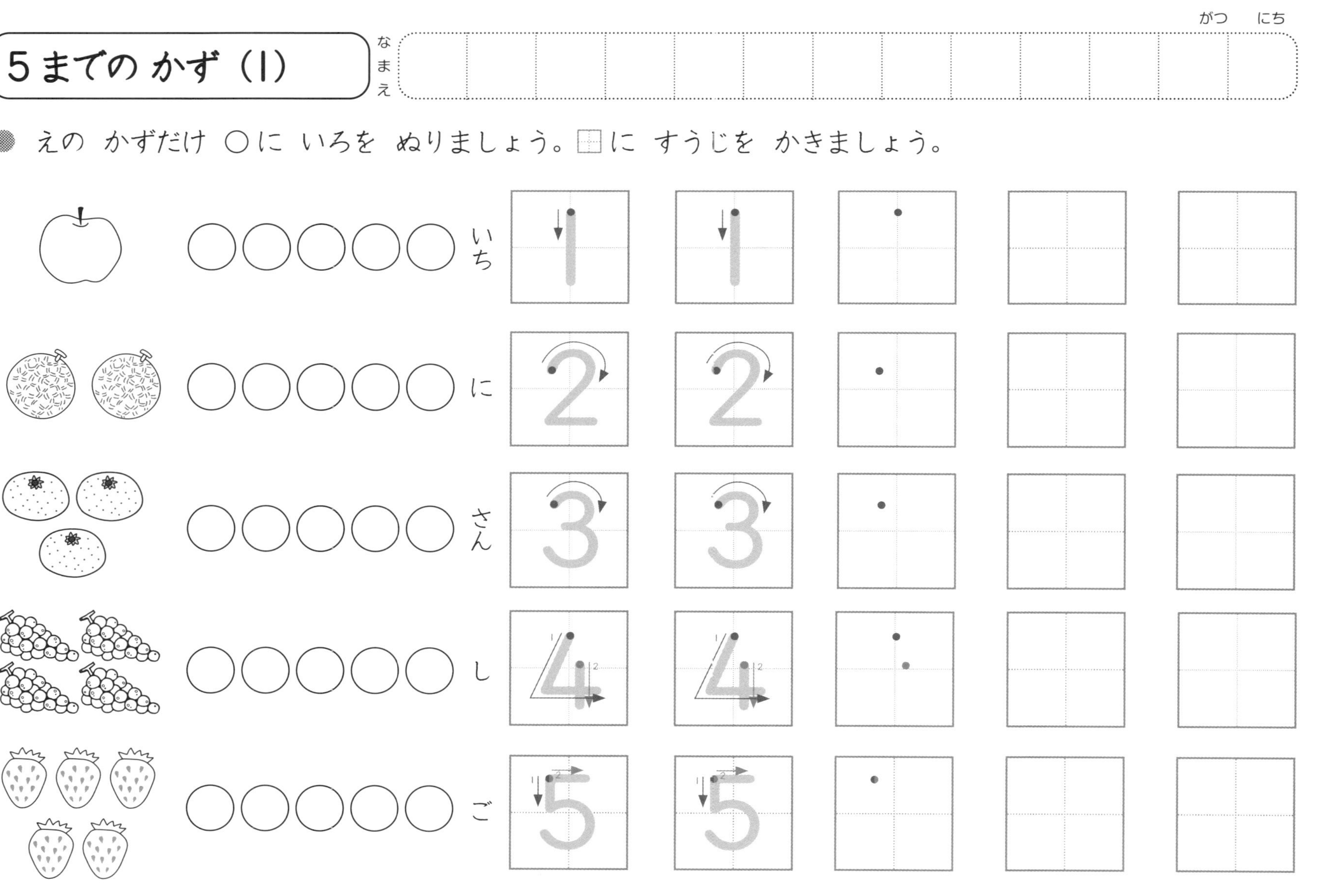

(141%に拡大してご使用ください。)

がつ　にち

5までの かず(2) なまえ

● えの　かずだけ　○に　いろを　ぬりましょう。
□に　かずを　かきましょう。

(1) ○○○○○ □

(2) ○○○○○ □

(3) ○○○○○ □

(4) ○○○○○ □

(5) ○○○○○ □

がつ　にち

5までの かず(3) なまえ

● えの　かずだけ　□に　かずを　かきましょう。

(1) □

(2) □

(3) □

(4) □

(5) □

(141%に拡大してご使用ください。)

5までの かず(4)

がつ　にち

なまえ

● すうじの かずだけ ○に いろを ぬりましょう。
□に すうじを かきましょう。

(1) 4 ○○○○○ □

(2) 2 ○○○○○ □

(3) 1 ○○○○○ □

(4) 3 ○○○○○ □

(5) 5 ○○○○○ □

5までの かず(5)

がつ　にち

なまえ

● えと すうじを せんで むすびましょう。

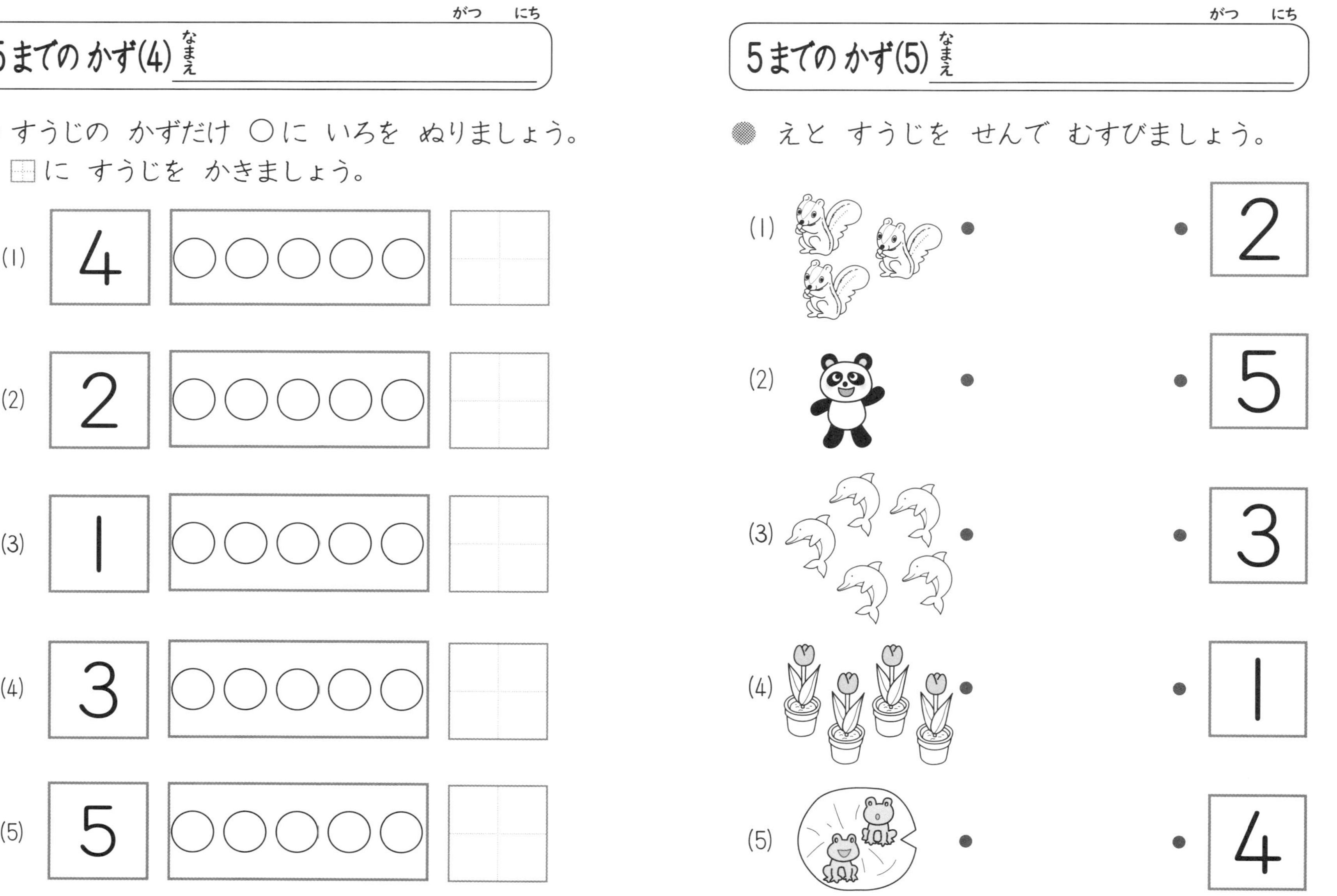

(1) ・　・ 2

(2) ・　・ 5

(3) ・　・ 3

(4) ・　・ 1

(5) ・　・ 4

（141%に拡大してご使用ください。）

5までの かず (6)
いくつと いくつ ①

がつ　にち　なまえ

● □に かずを かきましょう。

(1) 3は 2 と □

(2) 4は 3 と □

(3) 3は 1 と □

(4) 2は 1 と □

(5) 4は 2 と □

5までの かず (7)
いくつと いくつ ②

がつ　にち　なまえ

1 ○に いろを ぬって □に かずを かきましょう。

(1) 3は □ と □

(2) 3は □ と □

2 ○に いろを ぬって □に かずを かきましょう。

(1) 4は □ と □

(2) 4は □ と □

(3) 4は □ と □

5までの かず (8)
いくつと いくつ ③

なまえ

がつ　にち

● □に かずを かきましょう。

(1) 5は 2 と □

(2) 5は 3 と □

(3) 5は 4 と □

(4) 5は 1 と □

5までの かず (9)
いくつと いくつ ④

なまえ

がつ　にち

● ○に いろを ぬって □に かずを かきましょう。

(1) 5は □ と □

(2) 5は □ と □

(3) 5は □ と □

(4) 5は □ と □

なかまあつめ（1）
6～10までの かず

なまえ　　　　がつ　にち

● いくつ　ありますか。かずを　かぞえて　おなじ　なかまを　⬭　で　かこみましょう。

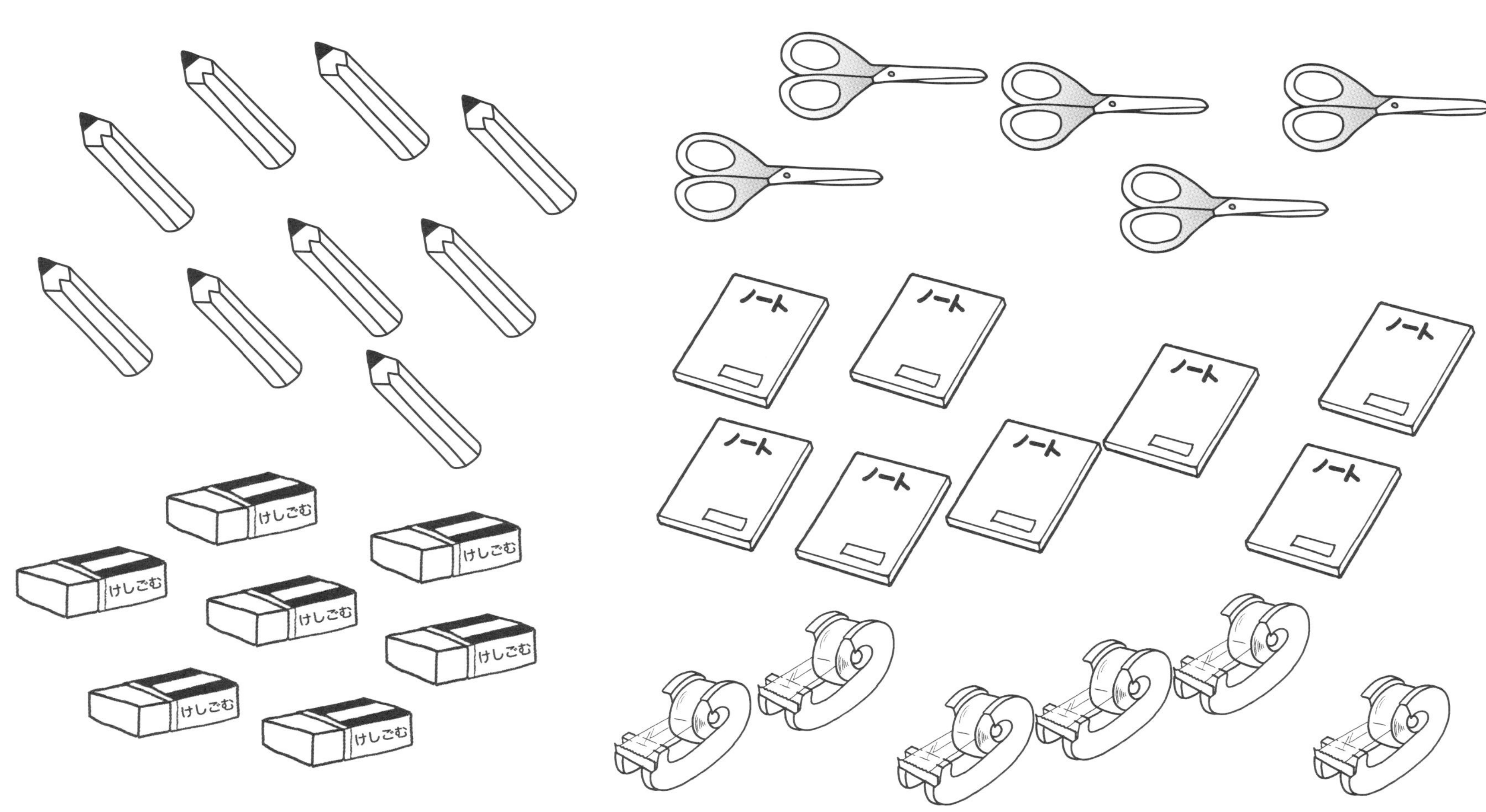

(141%に拡大してご使用ください。)

なかまあつめ（2）

6～10までの かず

なまえ　　がつ　にち

● いくつ　ありますか。かずを　かぞえて　おなじ　なかまを ◯ で　かこみましょう。

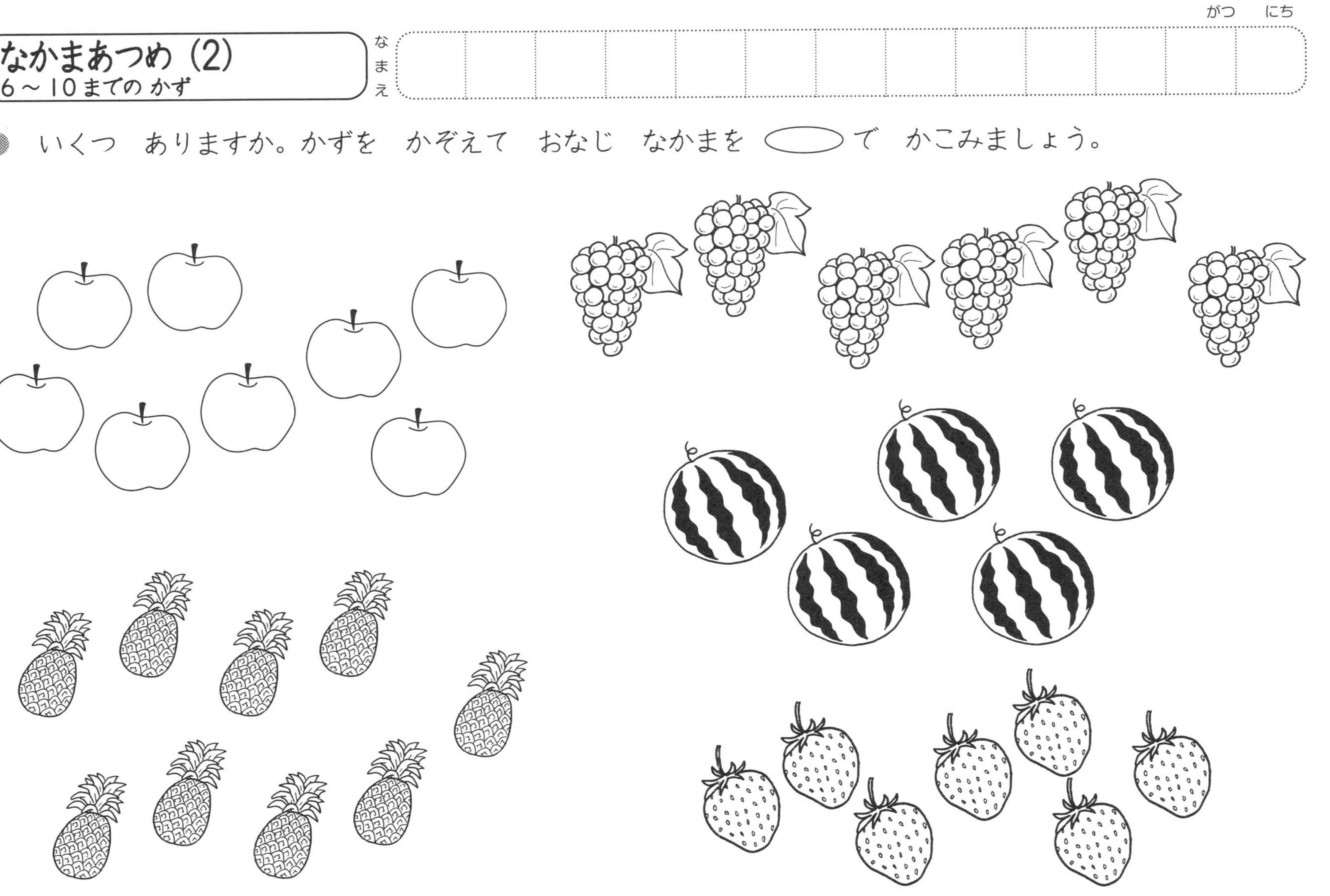

（141％に拡大してご使用ください。）

6～10までの かず（1）

なまえ　　がつ　にち

● えの　かずだけ　○に　いろを　ぬりましょう。□に　すうじを　かきましょう。

ろく　6　6

しち　7　7

はち　8　8

く　9　9

じゅう　10　10

(141%に拡大してご使用ください。)

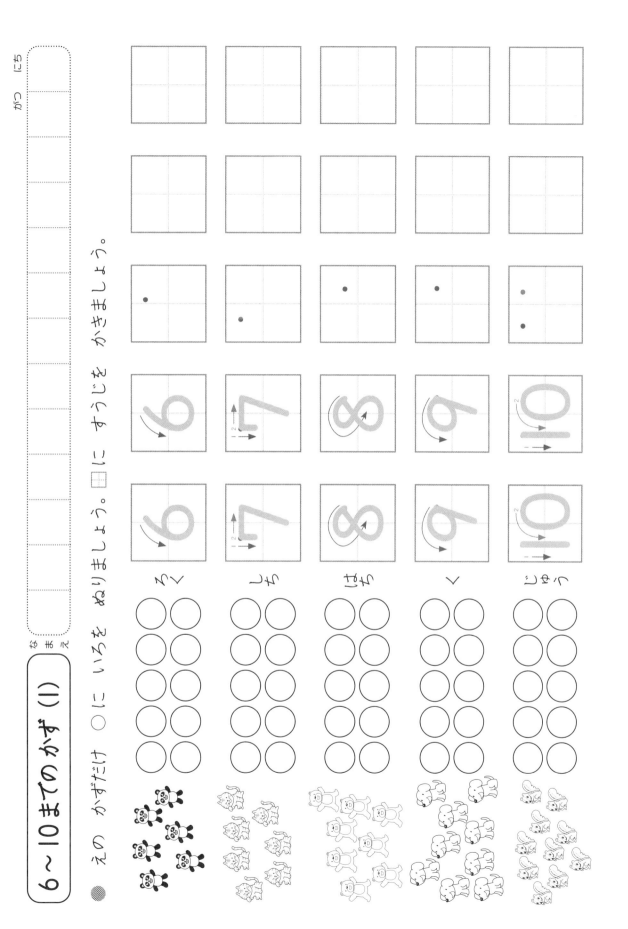

6～10までの かず (2)

なまえ　　　　　　がつ　にち

● なかまの　かずだけ　○に　いろを　ぬりましょう。□に　すうじを　かきましょう。

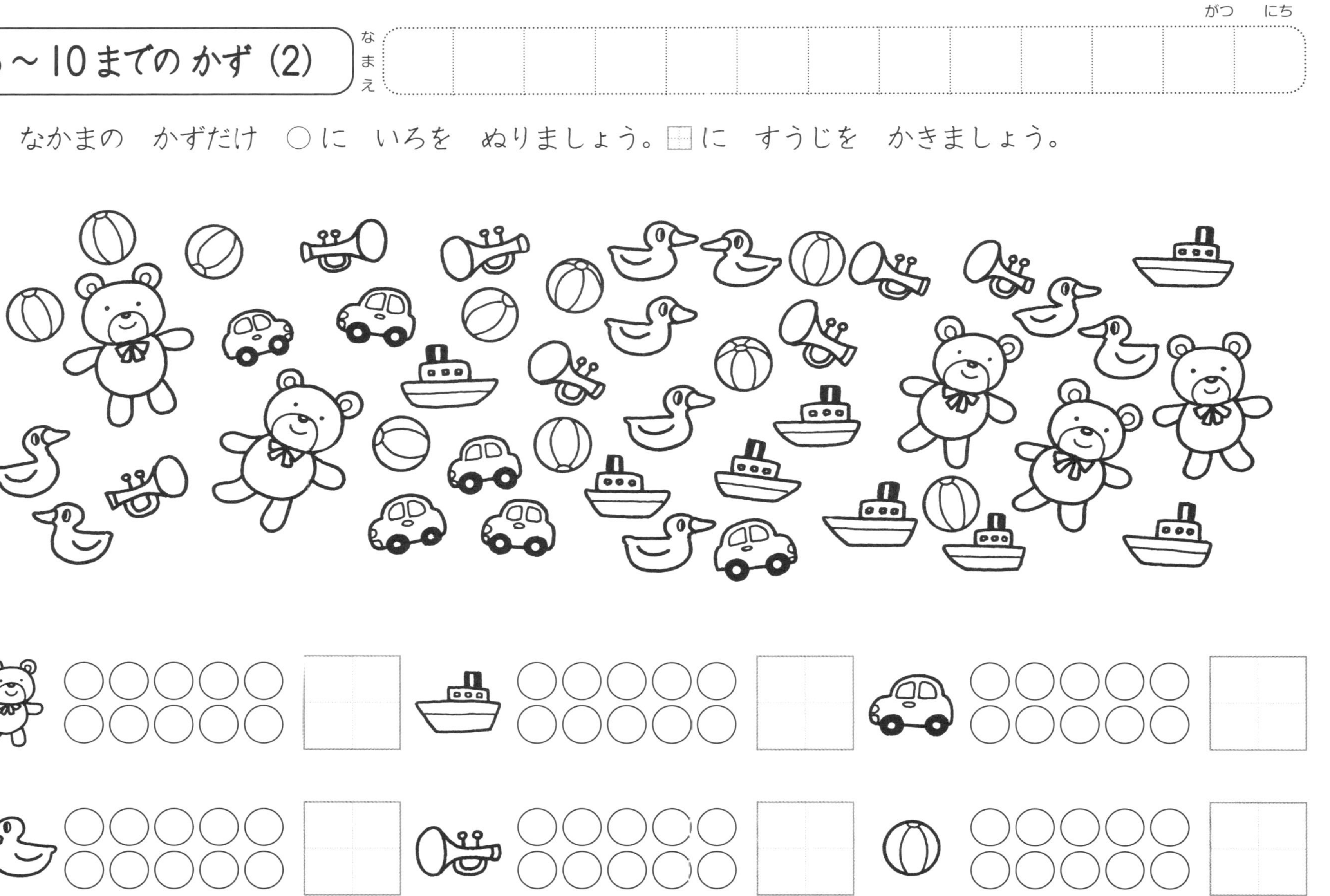

（141%に拡大してご使用ください。）

がつ　にち

6～10までのかず (3)　なまえ

● えの　かずだけ　○に　いろを
ぬりましょう。
□に　すうじを　かきましょう。

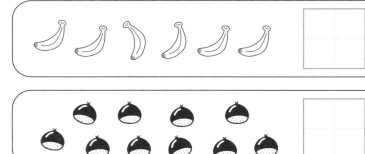

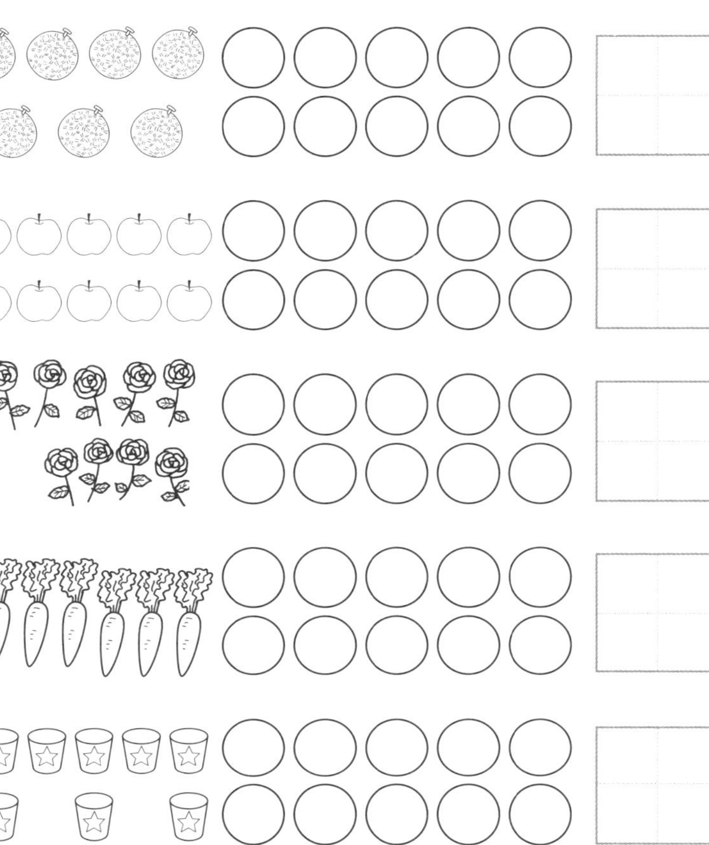

がつ　にち

6～10までのかず (4)　なまえ

● えの　かずだけ　□に　すうじを
かきましょう。

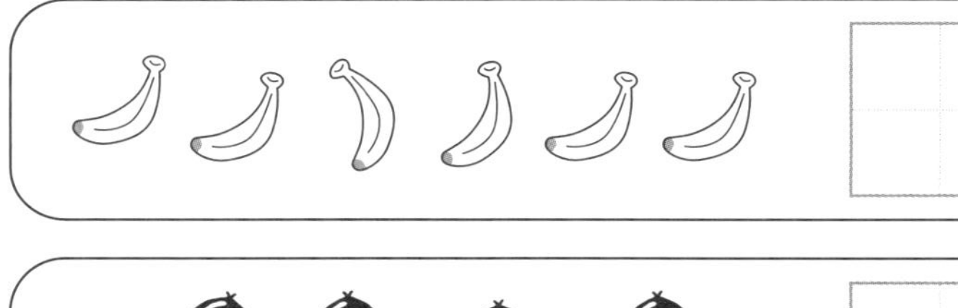

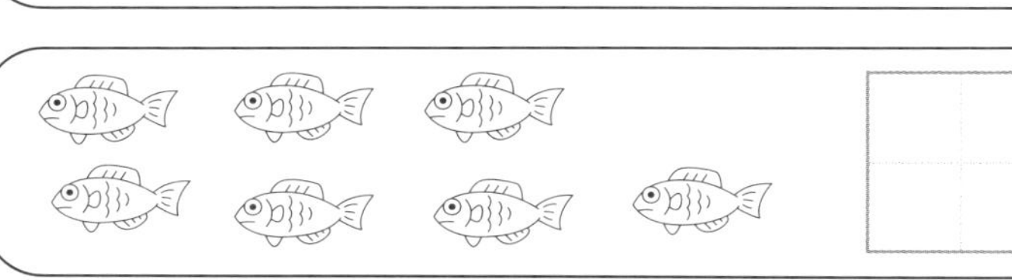

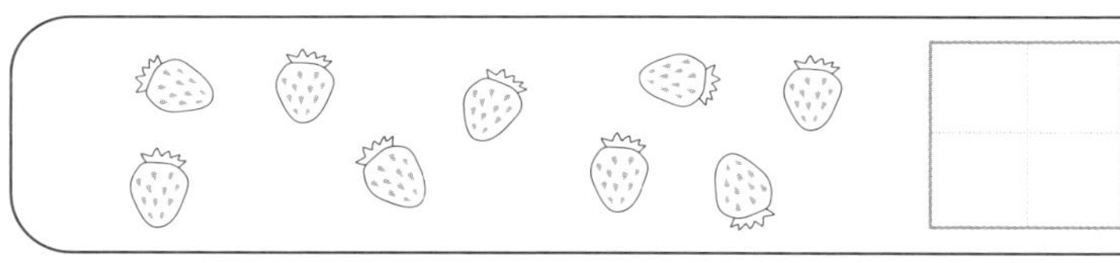

6～10までのかず (5)

がつ　にち

なまえ

● の　かずだけ　すうじを　かきましょう。

（1）

（2）

（3）

（4）

6～10までのかず (6)

がつ　にち

なまえ

● の　かずだけ　すうじを　かきましょう。

（1）

（2）

（3）

（4）

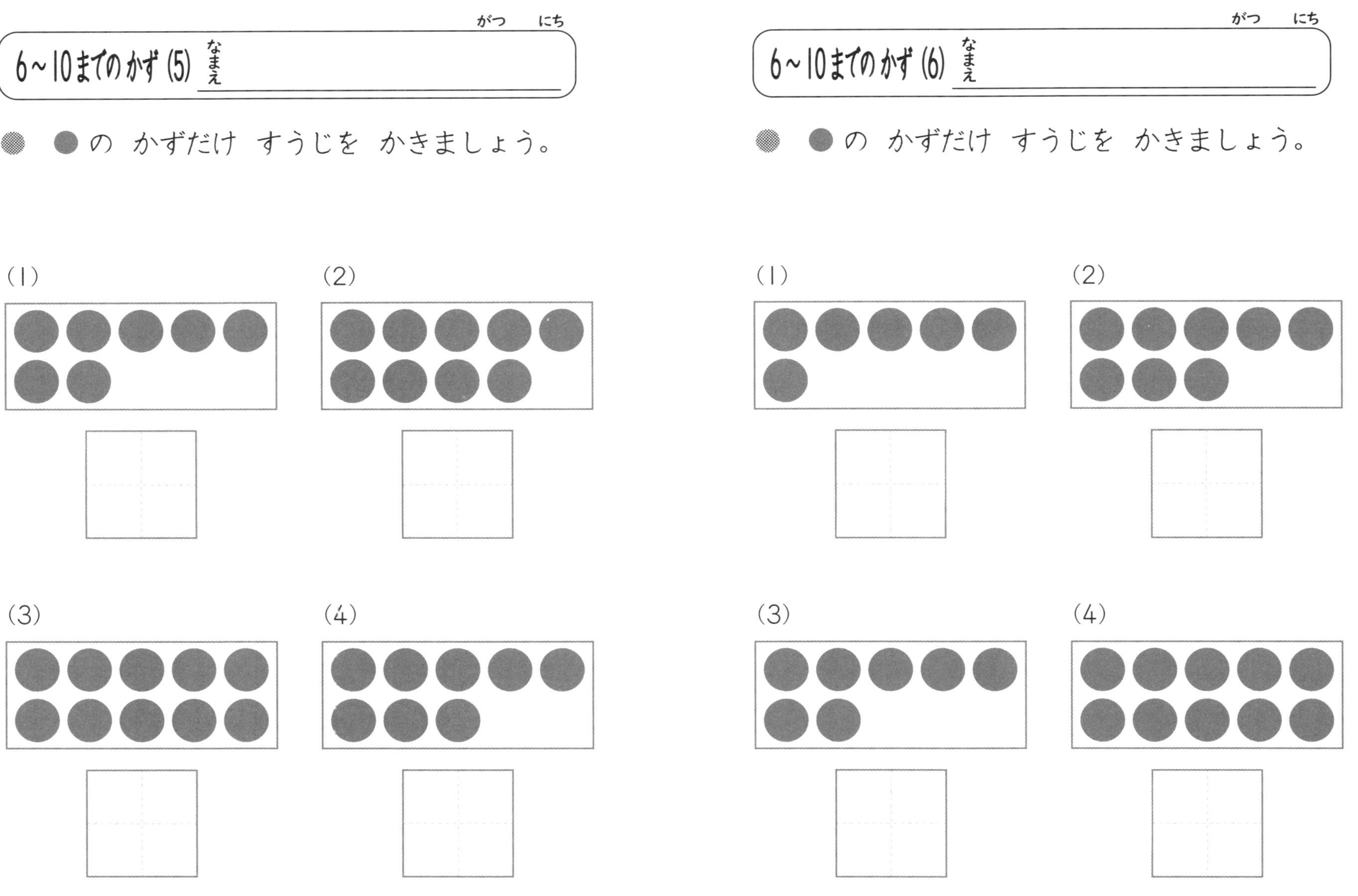

6～10までのかず (7)

がつ　にち

なまえ

かずだけ ○に いろを ぬり，□に すうじを かきましょう。

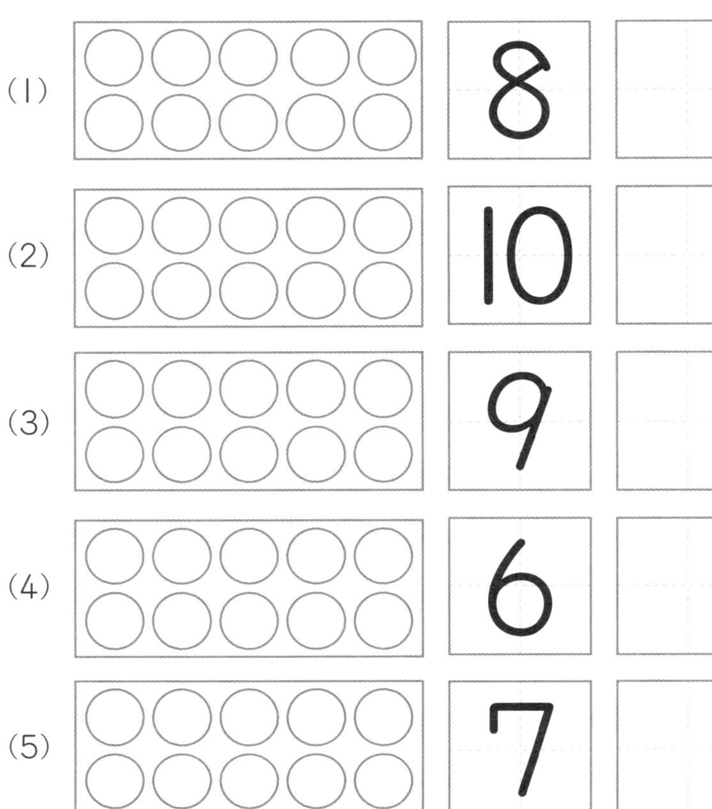

(1) 8

(2) 10

(3) 9

(4) 6

(5) 7

6～10までのかず (8)

がつ　にち

なまえ

かずだけ ○に いろを ぬり，□に すうじを かきましょう。

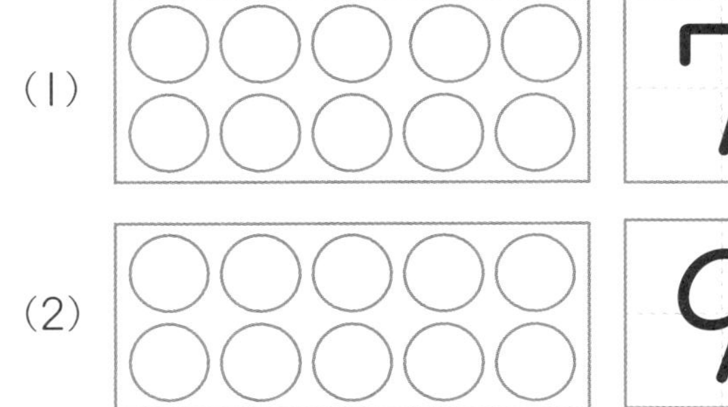

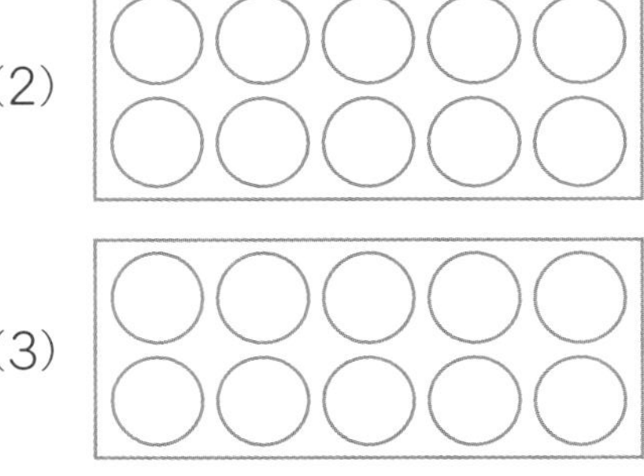

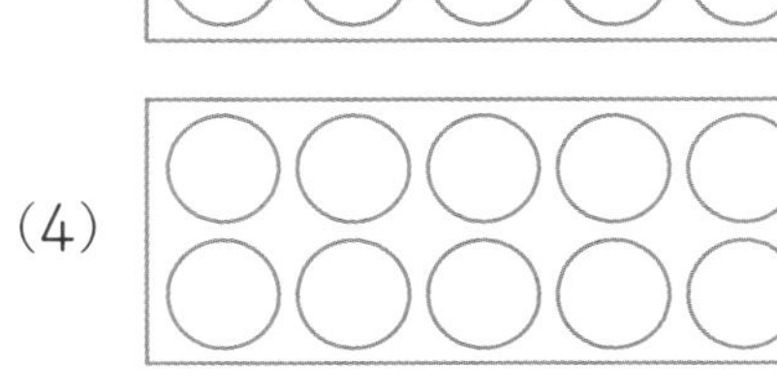

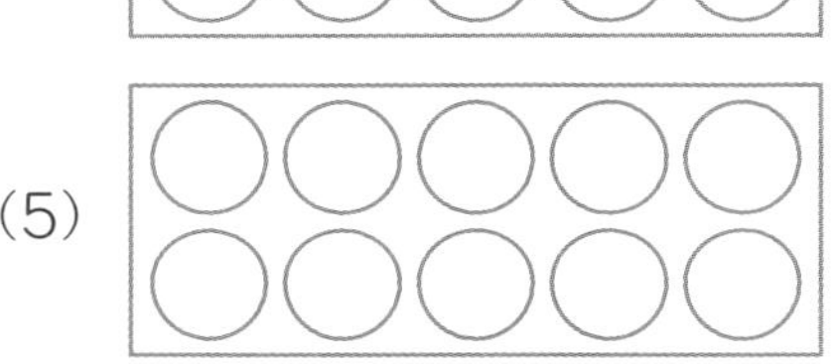

(1) 7

(2) 9

(3) 6

(4) 10

(5) 8

(141％に拡大してご使用ください。)

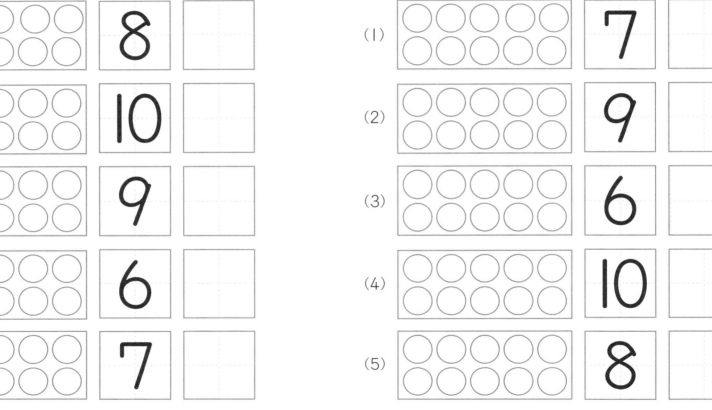

がつ　にち

6～10までのかず (9)

なまえ

● れいの　ように　5こを　○で　かこんで
から　かずを　かきましょう。

(れい)

(1)

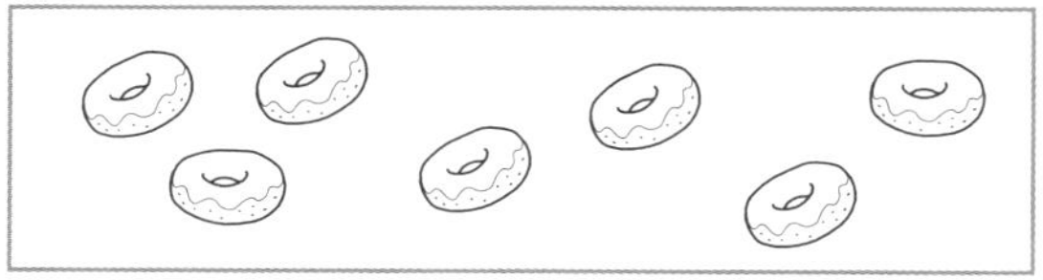

(2)

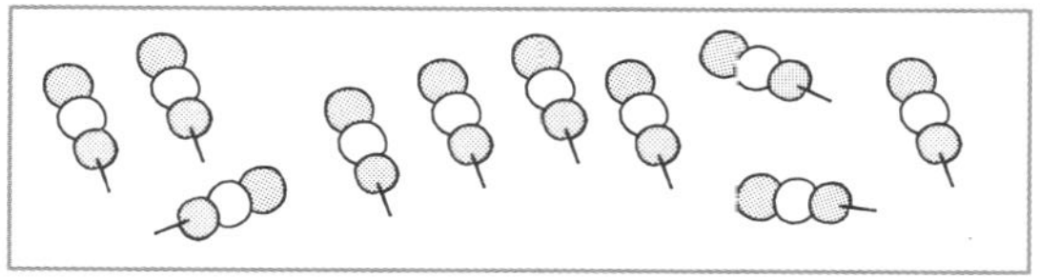

(3)

(4)

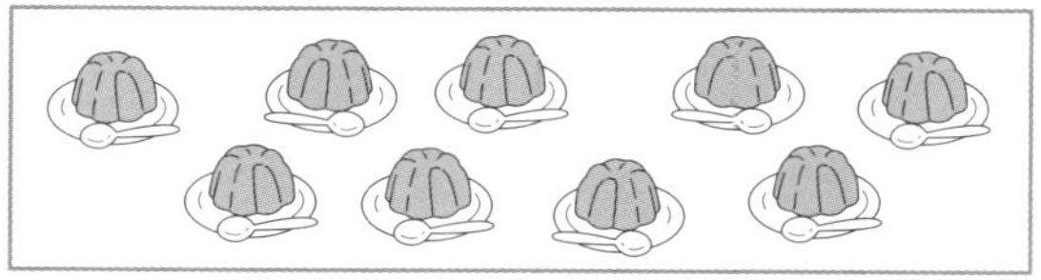

がつ　にち

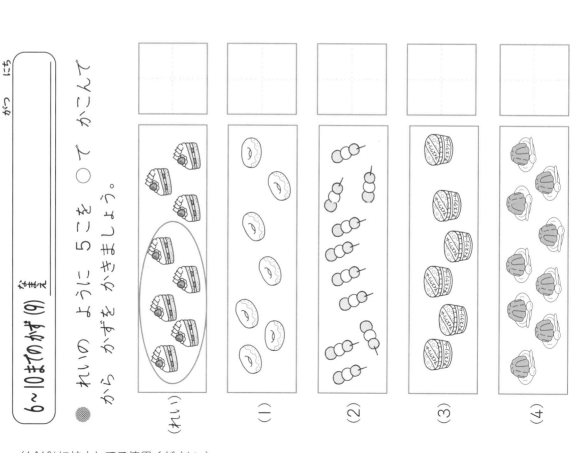

6～10までのかず (10)

なまえ

● 5こを　○で　かこんでから　かずを
かきましょう。

(1)

(2)

(3)

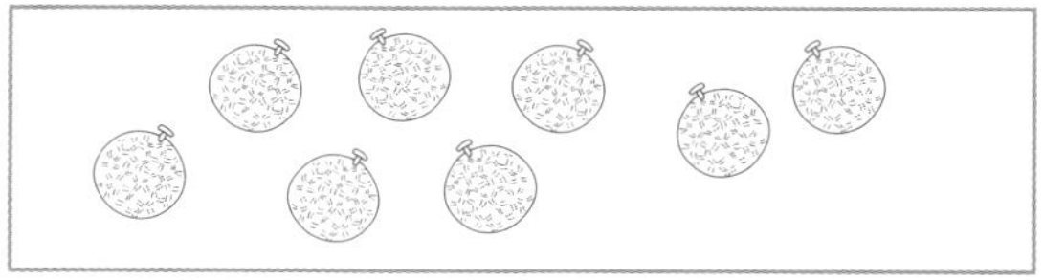

(4)

(5)

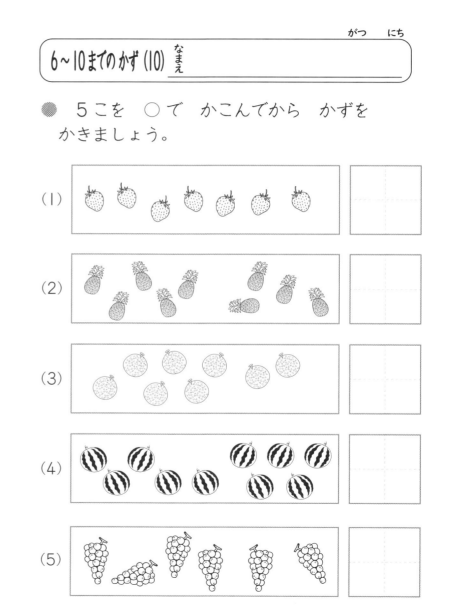

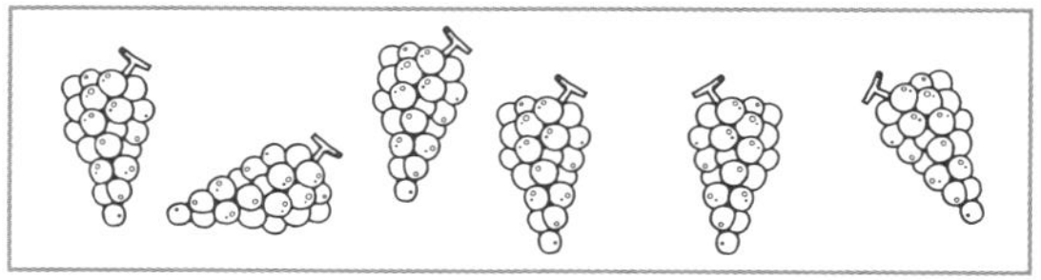

がつ　にち

6～10までのかず (11)　なまえ

● れいの　ように　５こを　○で　かこんで　から　かずを　かきましょう。

（れい）
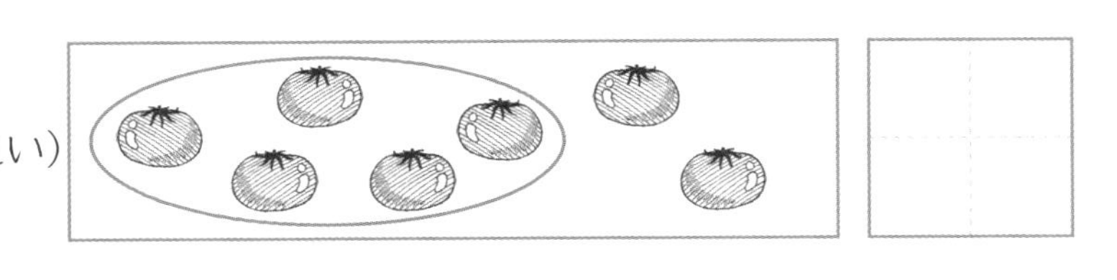

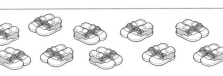

（１）
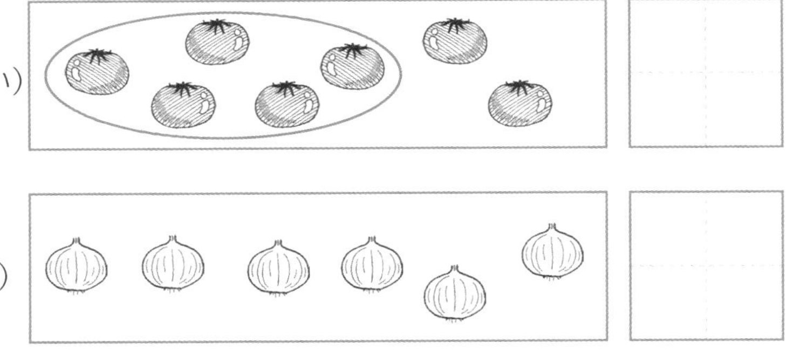

（２）
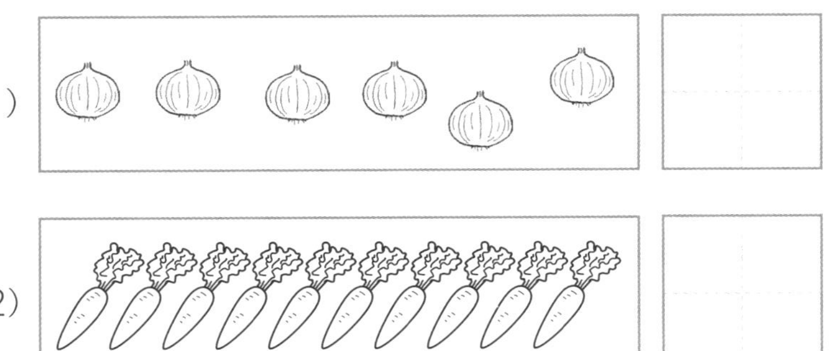
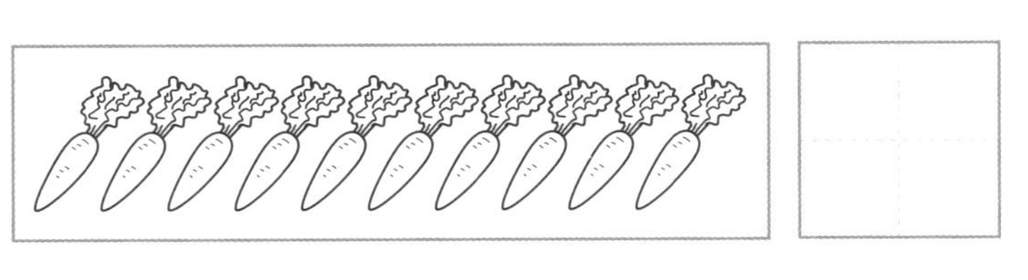

（３）
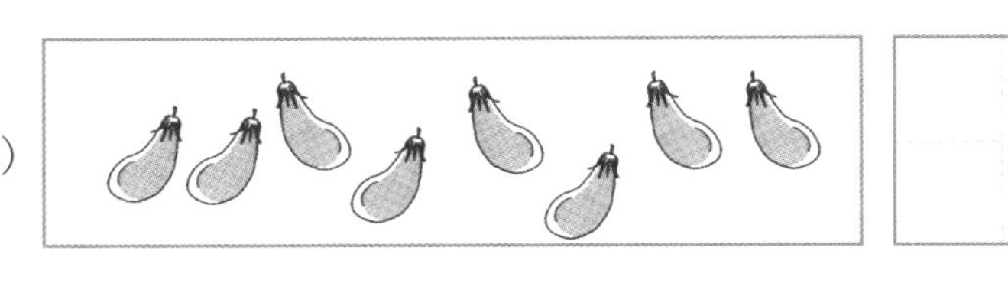

（４）
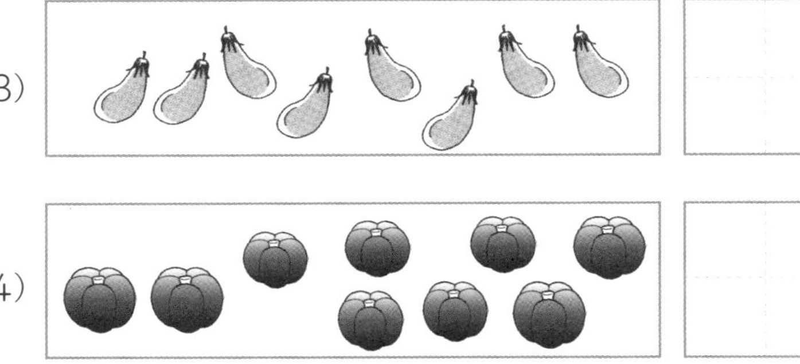

がつ　にち

6～10までのかず (12)　なまえ

● ５こを　○で　かこんでから　かずを　かきましょう。

（１）

（２）

（３）
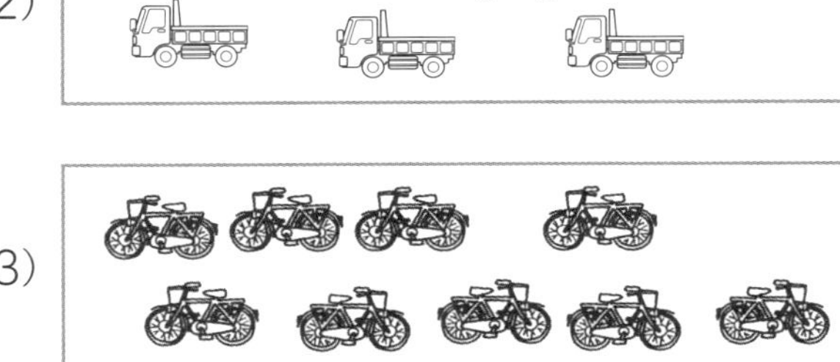

（４）

（５）
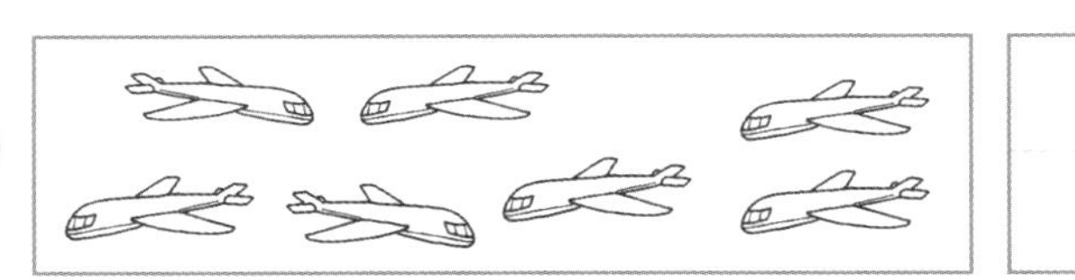

（141％に拡大してご使用ください。）

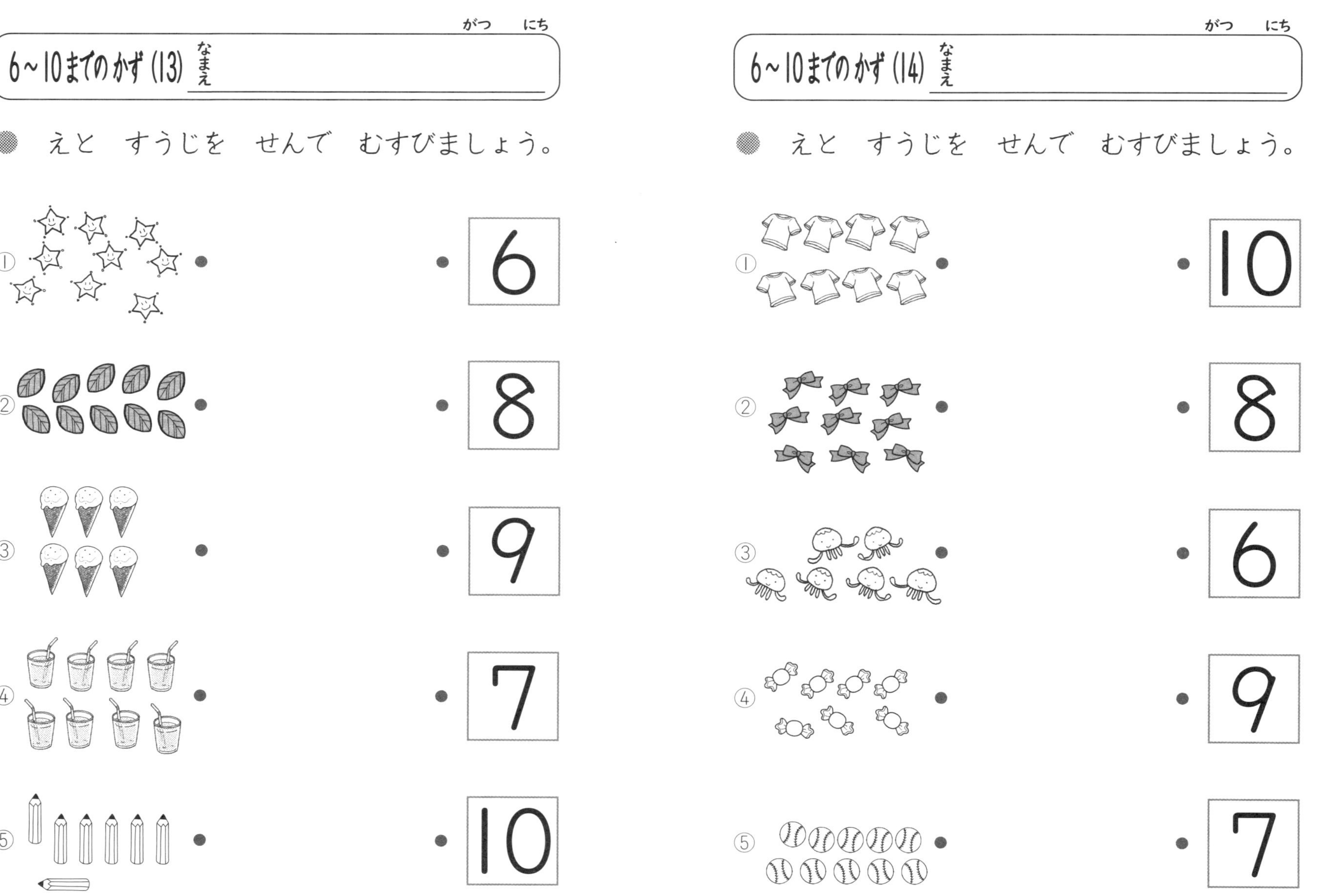

6～10までのかず (13)

がつ　にち
なまえ

● えと　すうじを　せんで　むすびましょう。

①　●　　●　6

②　●　　●　8

③　●　　●　9

④　●　　●　7

⑤　●　　●　10

6～10までのかず (14)

がつ　にち
なまえ

● えと　すうじを　せんで　むすびましょう。

①　●　　●　10

②　●　　●　8

③　●　　●　6

④　●　　●　9

⑤　●　　●　7

(141%に拡大してご使用ください。)

10までの かず (1)

なまえ

がつ　にち

● □に かずを かきましょう。

(141%に拡大してご使用ください。)

がつ　にち

10までの かず(2) なまえ

● おおい　ほうの □に ○を　かきましょう。
れいの　ように　5こを ⬭ で　かこんで
かんがえましょう。

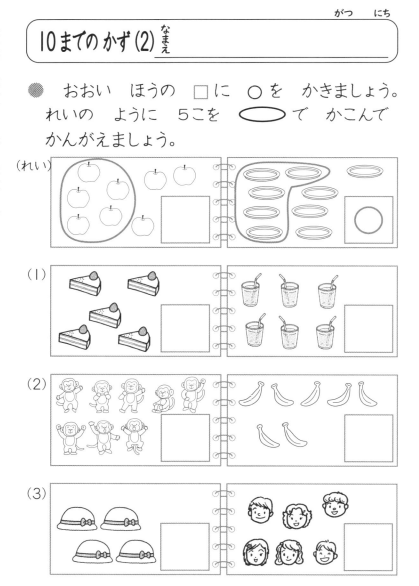

(れい)

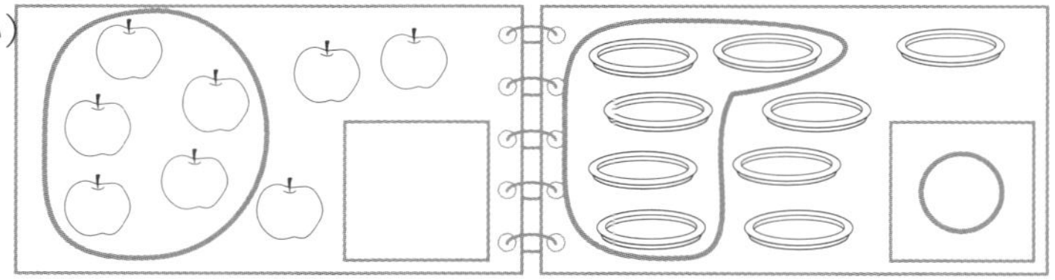

(1)

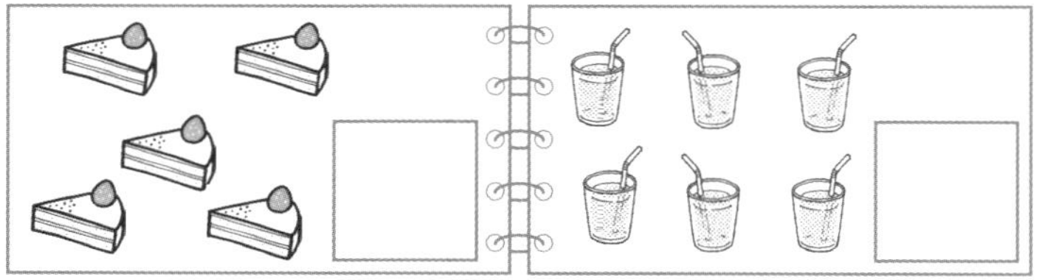

(2)

(3)

がつ　にち

10までの かず(3) なまえ

1 かずを　かきましょう。

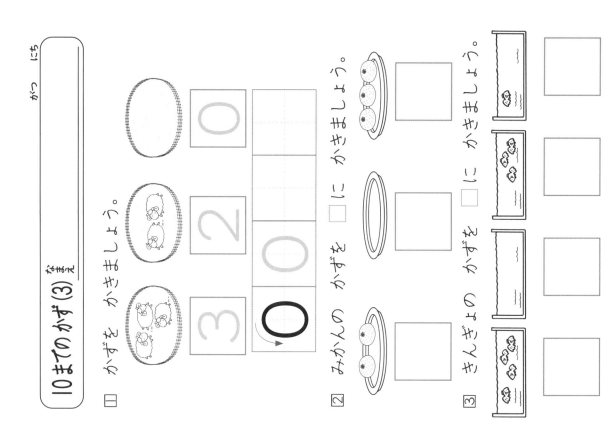

3　2　0

0　0

2 みかんの　かずを □に　かきましょう。

3 きんぎょの　かずを □に　かきましょう。

（141%に拡大してご使用ください。）

10までの かず (4)
6はいくつといくつ

なまえ　　　　がつ　にち

● □に かずを かきましょう。

(1) 6 は 4 と □

(2) 6 は 3 と □

(3) 6 は □ と 5

(4) 6 は 5 と □

(5) 6 は □ と 4

(141%に拡大してご使用ください。)

10までの かず (5)

7はいくつといくつ

なまえ　　がつ　にち

● □に かずを かきましょう。

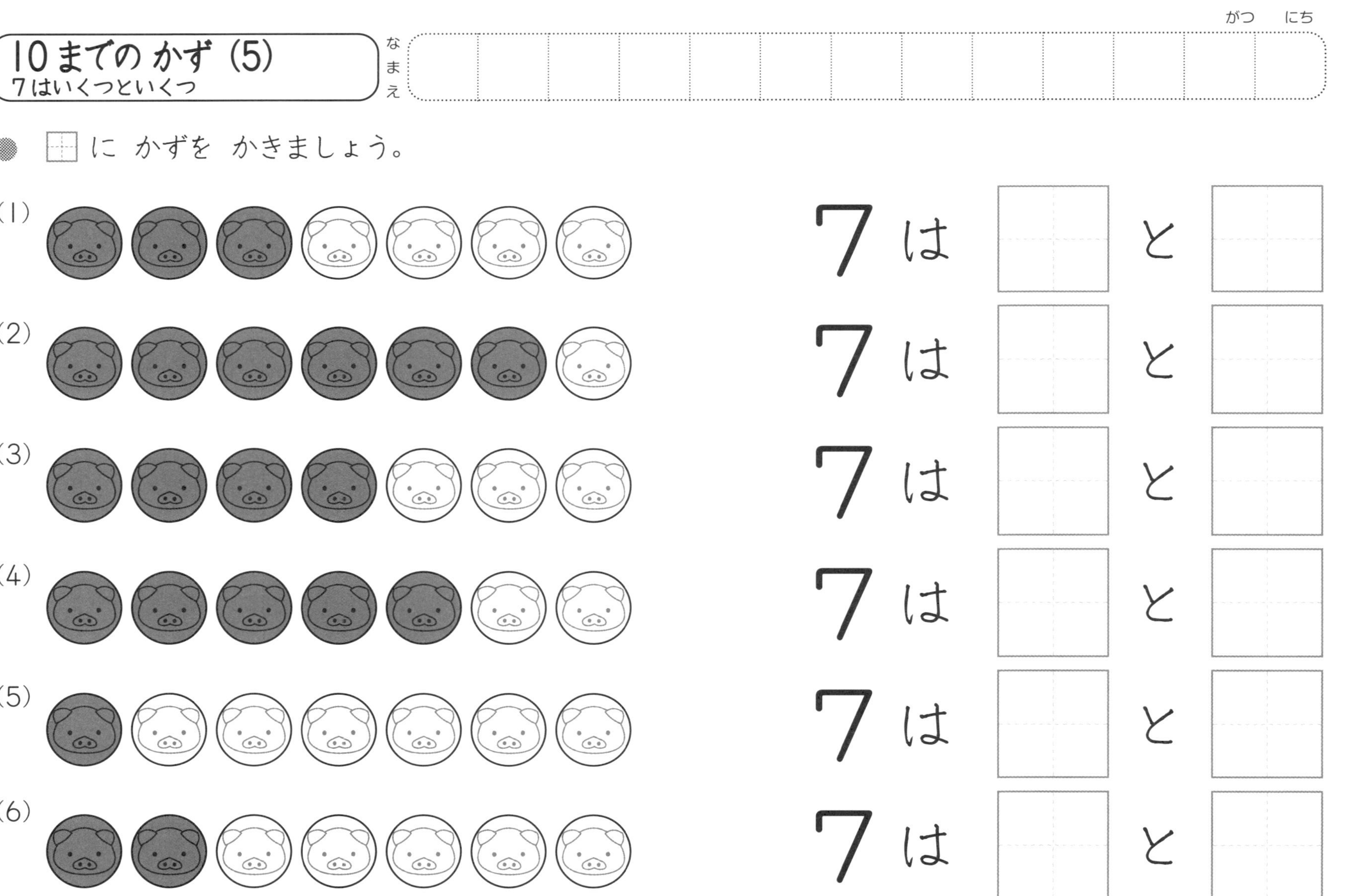

(1) 7は □ と □

(2) 7は □ と □

(3) 7は □ と □

(4) 7は □ と □

(5) 7は □ と □

(6) 7は □ と □

(141%に拡大してご使用ください。)

10までの かず (6)
8はいくつといくつ

なまえ　　　　がつ　　にち

● □に かずを かきましょう。

(1) 8は □ と □

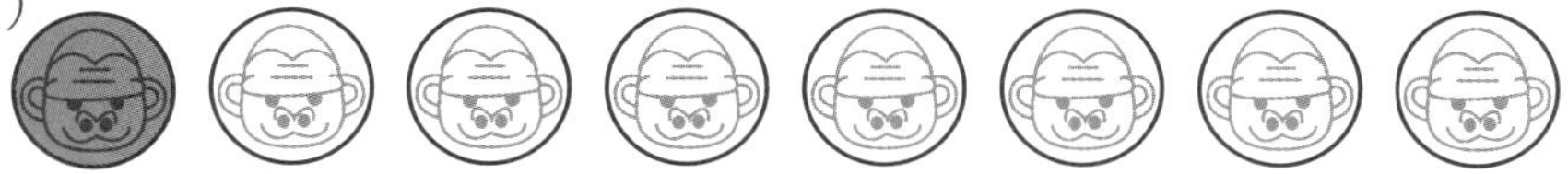

(2) 8は □ と □

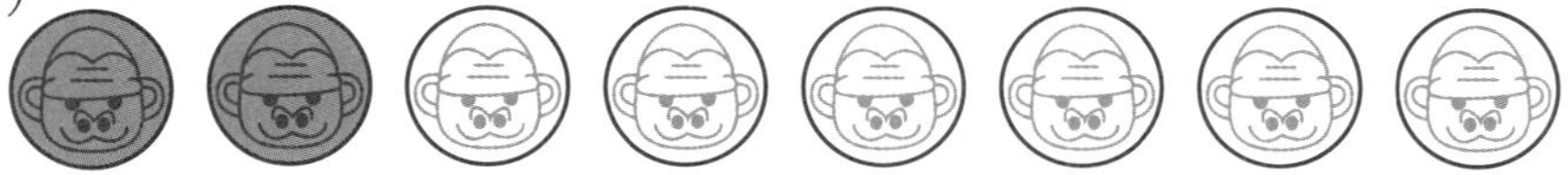

(3) 8は □ と □

(4) 8は □ と □

(5) 8は □ と □

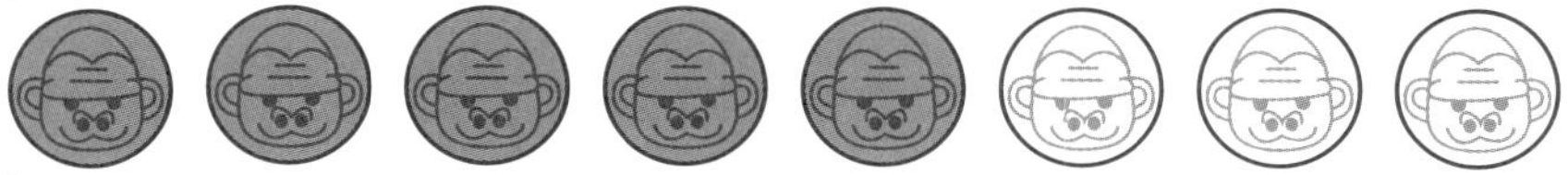

(6) 8は □ と □

(7) 8は □ と □

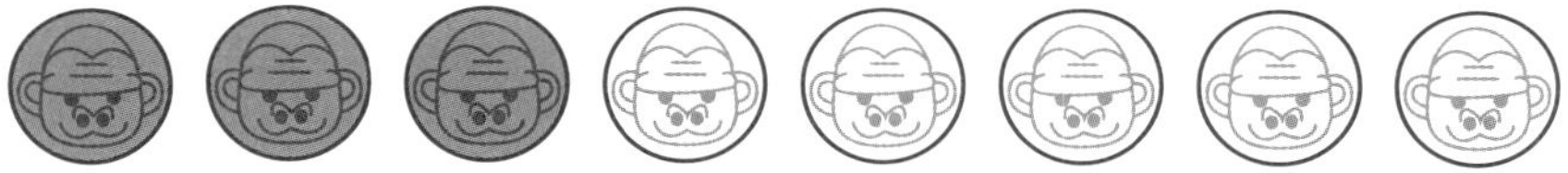

(141%に拡大してご使用ください。)

10までの かず (7)
9はいくつといくつ

なまえ　　　　がつ　にち

● □に かずを かきましょう。

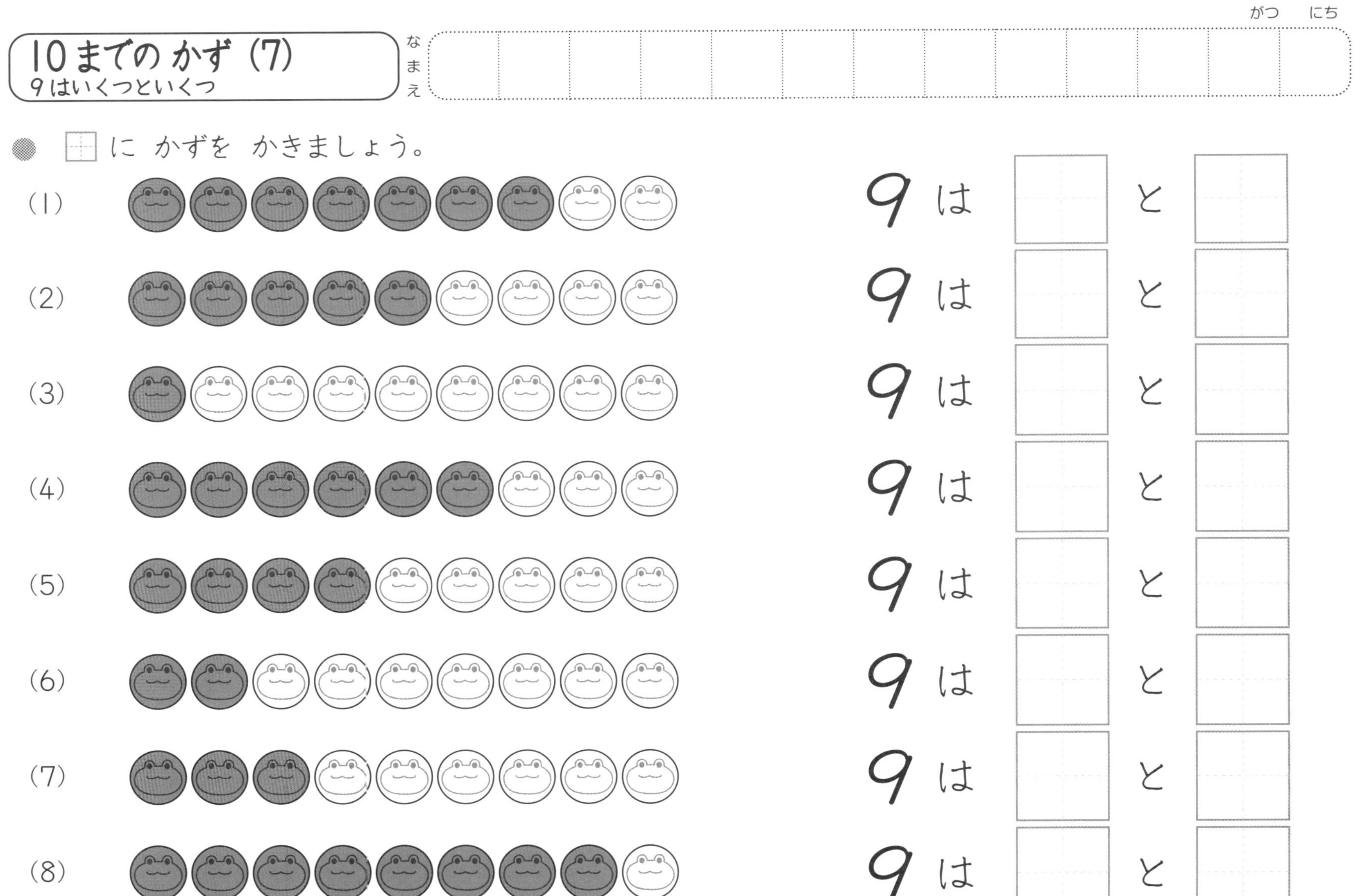

(1) 9 は □ と □

(2) 9 は □ と □

(3) 9 は □ と □

(4) 9 は □ と □

(5) 9 は □ と □

(6) 9 は □ と □

(7) 9 は □ と □

(8) 9 は □ と □

（141%に拡大してご使用ください。）

10までの かず (8)
10はいくつといくつ①

なまえ　　　　がつ　にち

● □に かずを かきましょう。

(1)　10は □ と □

(2)　10は □ と □

(3)　10は □ と □

(4)　10は □ と □

(5)　10は □ と □

(6)　10は □ と □

(7)　10は □ と □

(8)　10は □ と □

(9)　10は □ と □

（141%に拡大してご使用ください。）

10までの かず (9)

10はいくつといくつ②

なまえ　　　がつ　にち

● じぶんで　いろを　ぬって　いくつと　いくつを　つくりましょう。□ に　かずを　かきましょう。

(1) 10は □ と □

(2) 10は □ と □

(3) 10は □ と □

(4) 10は □ と □

(5) 10は □ と □

(6) 10は □ と □

(7) 10は □ と □

(8) 10は □ と □

(9) 10は □ と □

（141%に拡大してご使用ください。）

10までのかず (10)

なまえ ＿＿＿＿＿＿＿＿　がつ　にち

● □に　かずを　かきましょう。

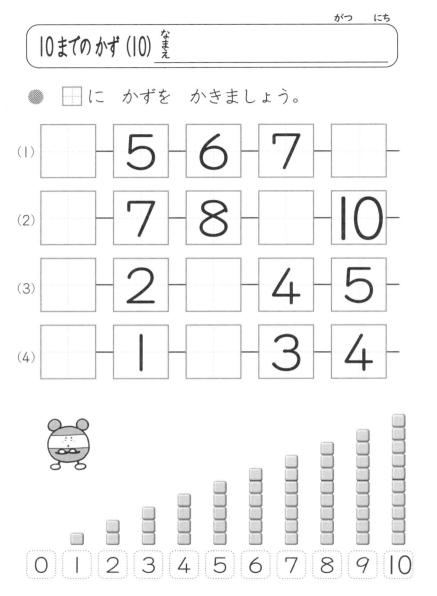

(1) □ − 5 − 6 − 7 − □

(2) □ − 7 − 8 − □ − 10

(3) □ − 2 − □ − 4 − 5

(4) □ − 1 − □ − 3 − 4

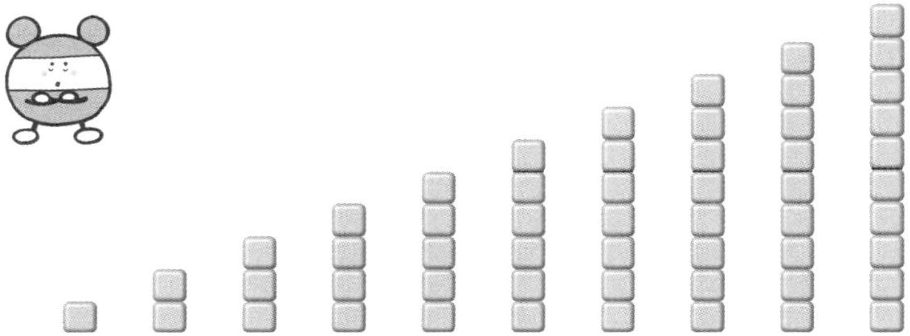

0　1　2　3　4　5　6　7　8　9　10

10までのかず (11)

なまえ ＿＿＿＿＿＿＿＿　がつ　にち

● おおきい　ほうの　□に　○を　つけましょう。

(1) 5　8

(2) 6　3

(3) 8　9

(4) 7　6

(5) 1　0

(6) 10　5

(7) 0　2

(8) 9　10

(9) 6　7

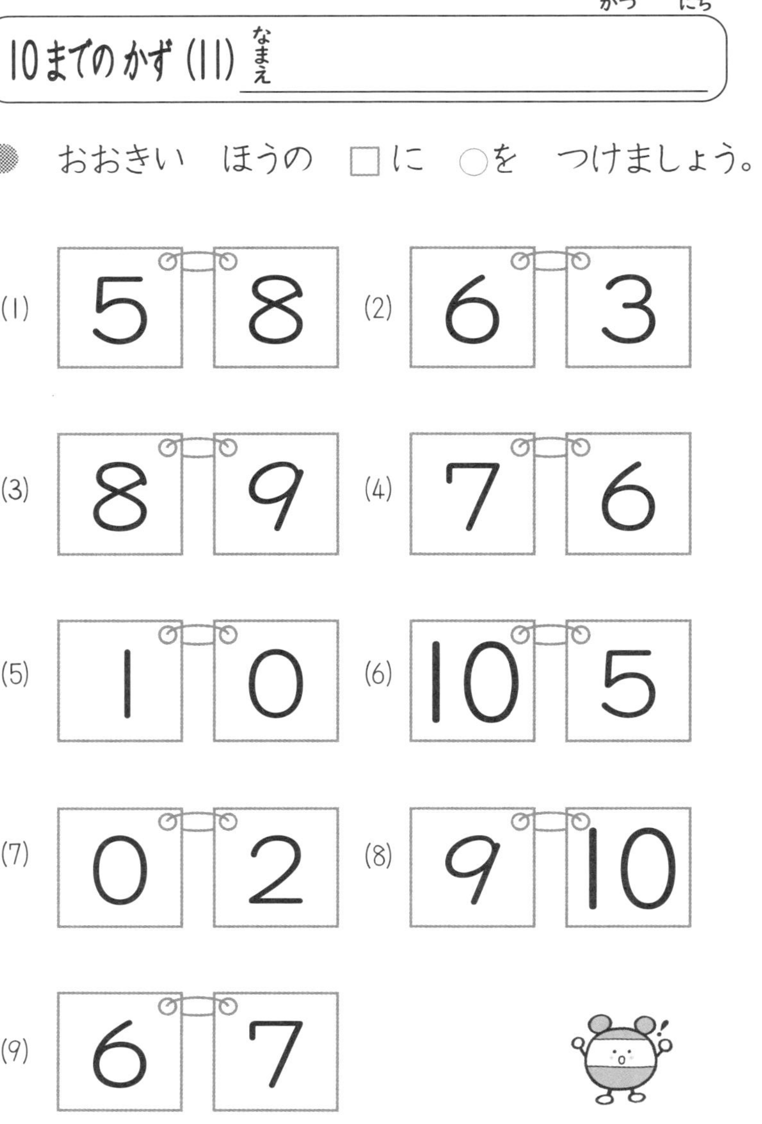

10までのかず (12)　10をつくろう①

がつ　にち

なまえ

● たて　よこ　ななめに　10を　みつけて
⬭で　かこみましょう。

7	1	9	2
3	4	3	5
8	5	6	5
1	2	2	9

10までのかず (13)　10をつくろう②

がつ　にち

なまえ

● たて　よこ　ななめに　10を　みつけて
⬭で　かこみましょう。

2	7	8	2
6	1	4	9
9	5	5	4
3	7	6	8

（141%に拡大してご使用ください。）

ふりかえり　10までの かず

なまえ

がつ　にち

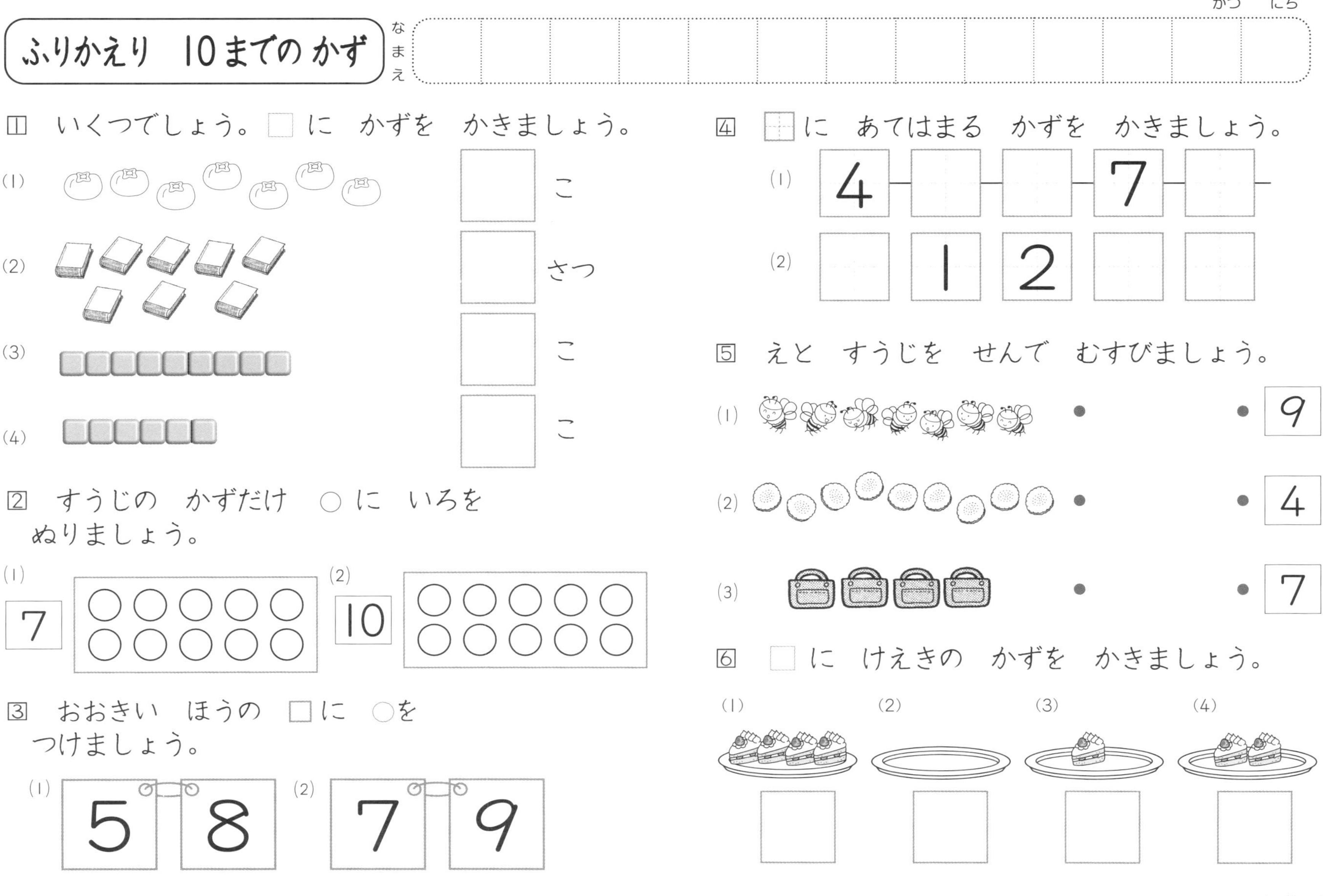

1 いくつでしょう。□に かずを かきましょう。

(1) □ こ

(2) □ さつ

(3) □ こ

(4) □ こ

2 すうじの かずだけ ○に いろを ぬりましょう。

(1) 7

(2) 10

3 おおきい ほうの □に ○を つけましょう。

(1) 5　8

(2) 7　9

4 □に あてはまる かずを かきましょう。

(1) 4 — □ — □ — 7 — □

(2) □　1　2　□　□

5 えと すうじを せんで むすびましょう。

(1) ・　・ 9

(2) ・　・ 4

(3) ・　・ 7

6 □に けえきの かずを かきましょう。

(1) □　(2) □　(3) □　(4) □

がつ　にち

10までのかず（テスト）

なまえ

【知識・技能】　（5×10）

1 いくつ　ありますか。□に　すうじを　かきましょう。

(1)  □ ひき

(2)  □ ひき

(3)  □ こ

(4) 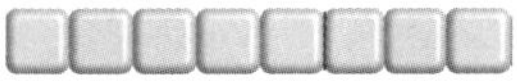 □ こ

(5)  □ こ

2 かずの　おおい　ほうの　□に　○を　かきましょう。

(1)

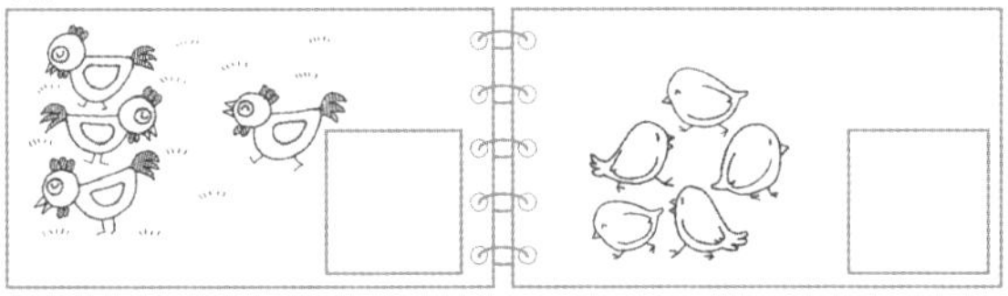

(2)

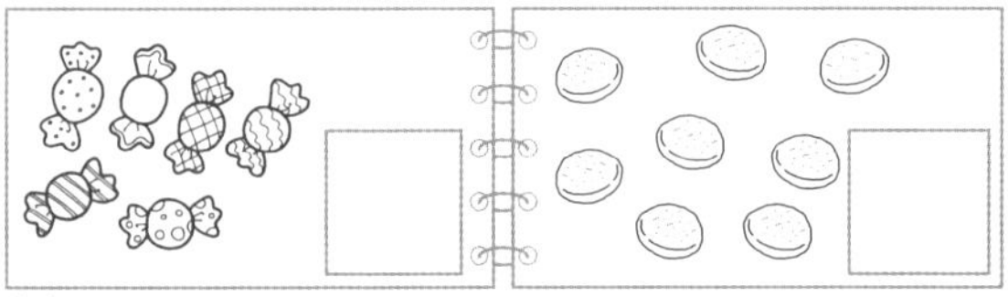

(3)

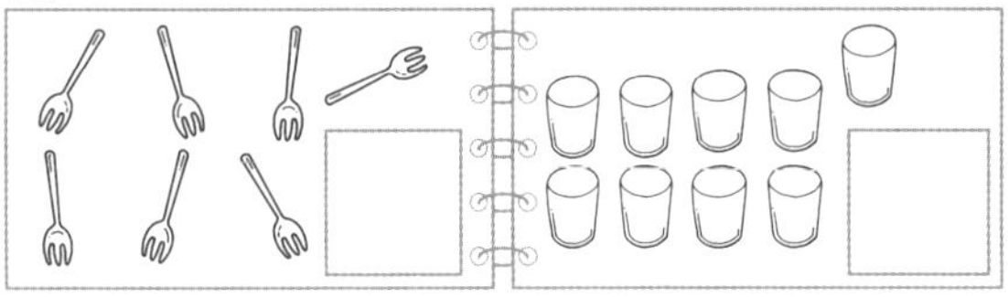

3 かずの　おおきい　ほうの　□に　○を　つけましょう。

(1) 6　8

(2) 9　10

【思考・判断・表現】

4 □に　あてはまる　すうじを　かいて，□の　かずだけ　いろを　ぬりましょう。　（5×5）

(1) 8 は　5 と　□

(2) 5 は　□　と　2

(3) 6 は　2 と　□

(4) 9 は　□　と　2

(5) 7 は　4 と　□

5 たて　よこ　ななめに　10を　みつけて　⬭で　かこみましょう。　（5×5）

8	6	3	8
4	5	6	2
1	5	7	9
7	9	4	3

　（141％に拡大してご使用ください。）

がつ　にち

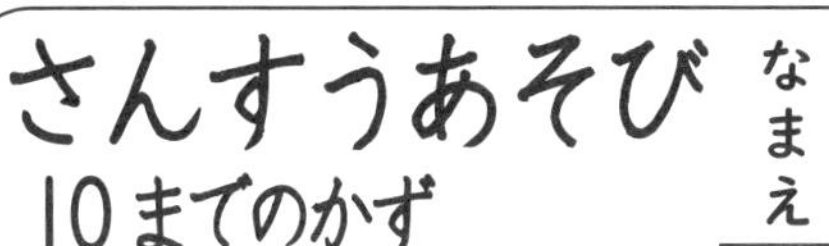

なまえ

● 1から　10まで　じゅんばんに　せんで　つなぎましょう。

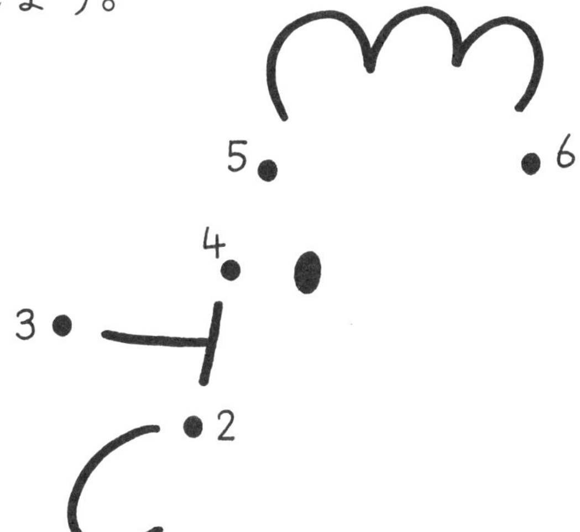

7
8

がつ　にち

さんすうあそび
10までのかず

なまえ

● 1から　10まで　じゅんばんに　せんで　つなぎましょう。

● おおい　ほうの　□に　○を　かきましょう。

（1）

（2）

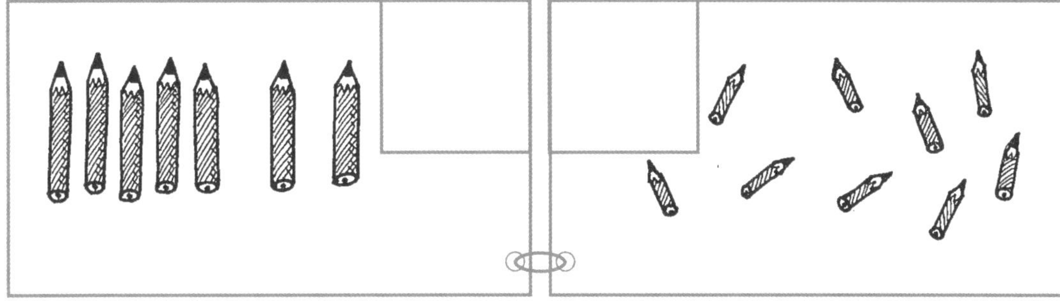

（3）

（4）

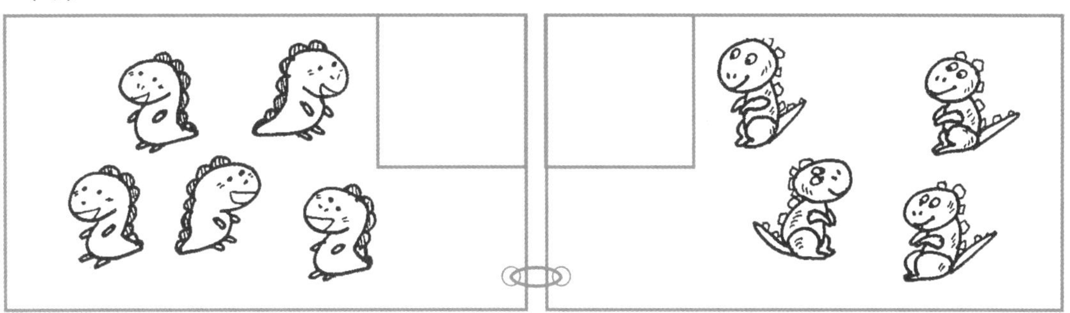

（141％に拡大してご使用ください。）

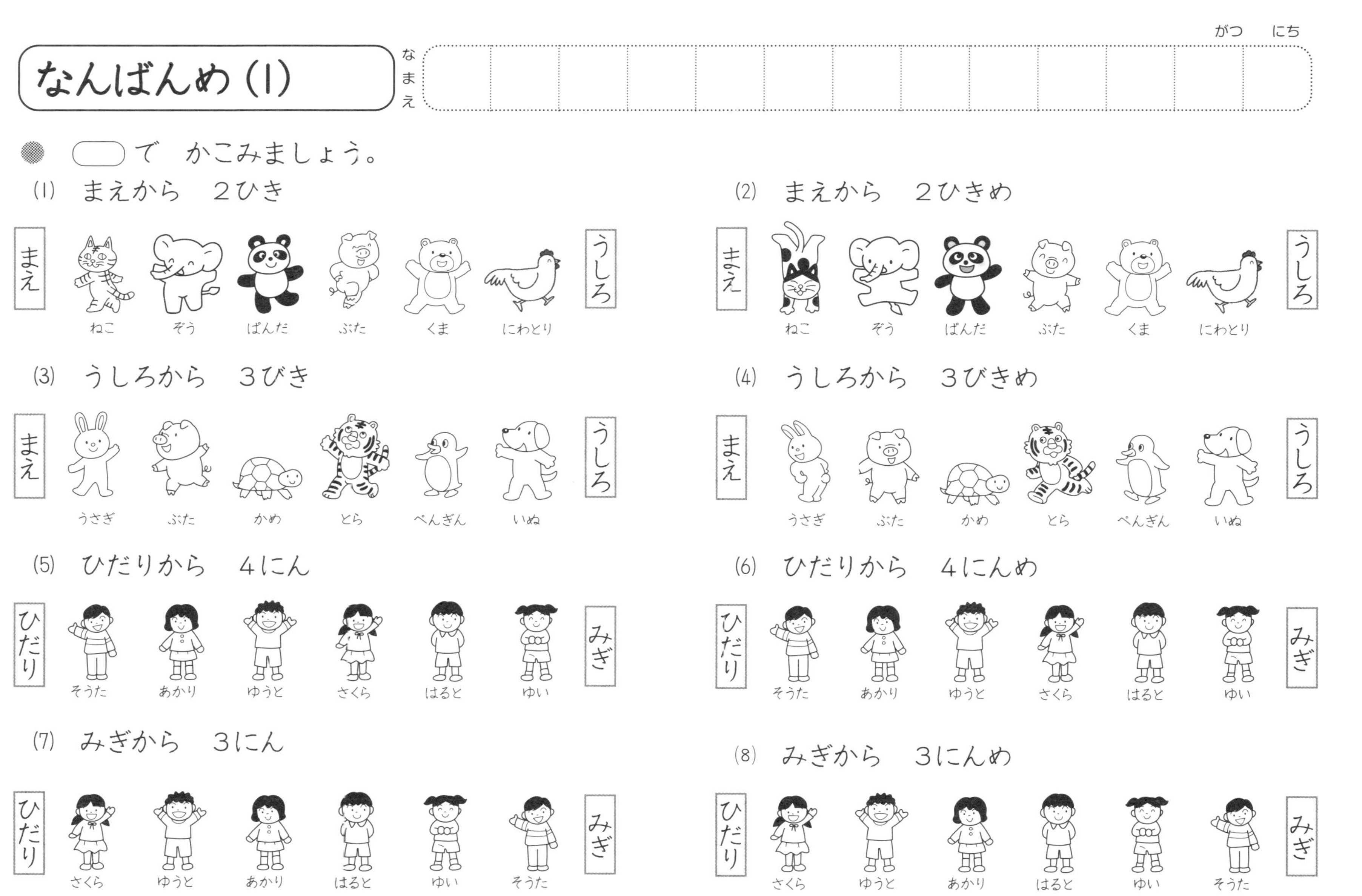

(141%に拡大してご使用ください。)

なんばんめ(2)

がつ　にち

なまえ

◉ （　） で　かこみましょう。

(1)　みぎから　6こ

ひだり　　　　みぎ

(2)　ひだりから　5こめ

ひだり　　　　みぎ

(3)　うえから　4ばんめ

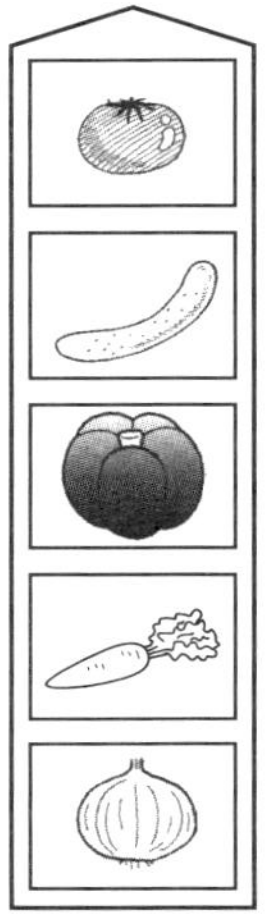

(4)　したから　2ばんめ

なんばんめ(3)

がつ　にち

なまえ

◉ （　） で　かこみましょう。

(1)　まえから　4にん

まえ　　　　うしろ

(2)　まえから　5にんめ

まえ　　　　うしろ

(3)　うしろから　6にん

まえ　　　　うしろ

(4)　うしろから　3にんめ

まえ　　　　うしろ

3分

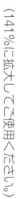

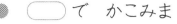

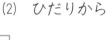

なんばんめ(4)

がつ　にち

なまえ

● ◯ で　かこみましょう。

(1)　ひだりから　6だいめ

(2)　ひだりから　4だい

(3)　みぎから　7だいめ

(4)　みぎから　3だい

(5)　ひだりから　8だいめ

なんばんめ(5)

がつ　にち

なまえ

● ◯ で　かこみましょう。

(1)　まえから　4ひき

(2)　うしろから　3びきめ

(3)　まえから　5ひき

(4)　まえから　6ひきめ

(5)　うしろから　7ひき

（141%に拡大してご使用ください。）

なんばんめ（6）

なまえ　　　がつ　にち

● なんばんめでしょう。□に　すうじを　かきましょう。

ばすてい　まえ　ぱんだ　くま　さる　いぬ　ねこ　とり　たぬき　りす　うしろ

(1)  は　うしろから　□ ばんめ

(2)  は　まえから　□ ばんめ

(3)  は　まえから　□ ばんめ

(4)  は　うしろから　□ ばんめ

(5)  は　うしろから　□ ばんめ

(6)  は　まえから　□ ばんめ

(7)  は　まえから　□ ばんめ

(8)  は　うしろから　□ ばんめ

10分

（141％に拡大してご使用ください。）

がつ　にち

5までのたしざん(1)
あわせて いくつ

なまえ

きんぎょは　あわせて　なんびきに　なりますか。

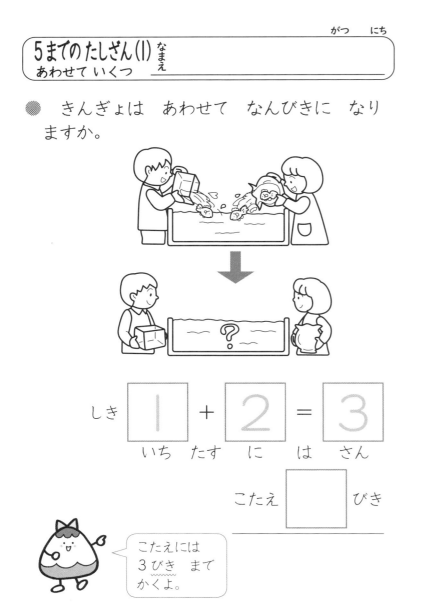

しき　1 ＋ 2 ＝ 3

いち　たす　に　は　さん

こたえ　　　びき

こたえには
3びき　まで
かくよ。

がつ　にち

5までのたしざん(2)
ふえると いくつ

なまえ

すいそうに　きんぎょが　3びき　います。2ひき　いれました。みんなで　なんびきに　なりますか。

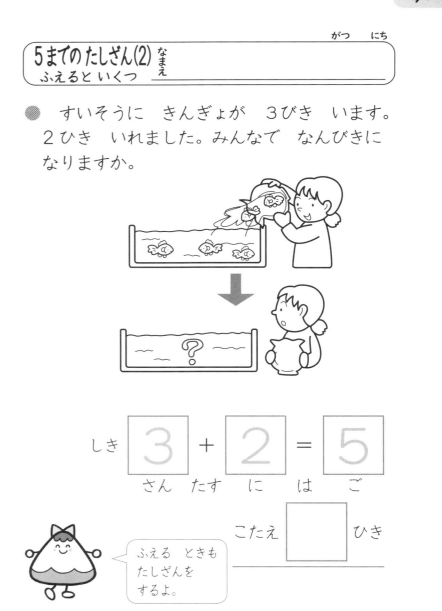

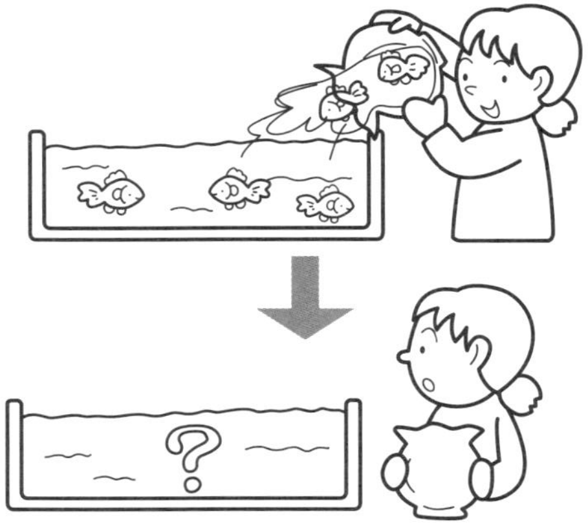

しき　3 ＋ 2 ＝ 5

さん　たす　に　は　ご

こたえ　　　ひき

ふえる　ときも
たしざんを
するよ。

　（141%に拡大してご使用ください。）

がつ　にち

5までの たしざん(3)
あわせて いくつ　なまえ ＿＿＿＿＿＿

● あわせると　いくつに　なりますか。

(1)

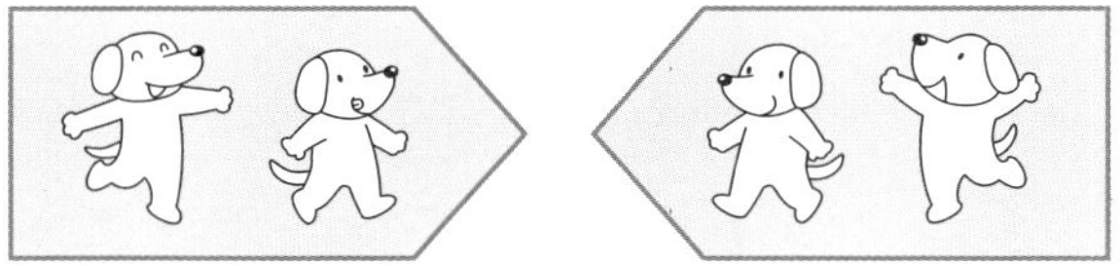

しき □ ＋ □ ＝ □　こたえ □ ひき

(2)

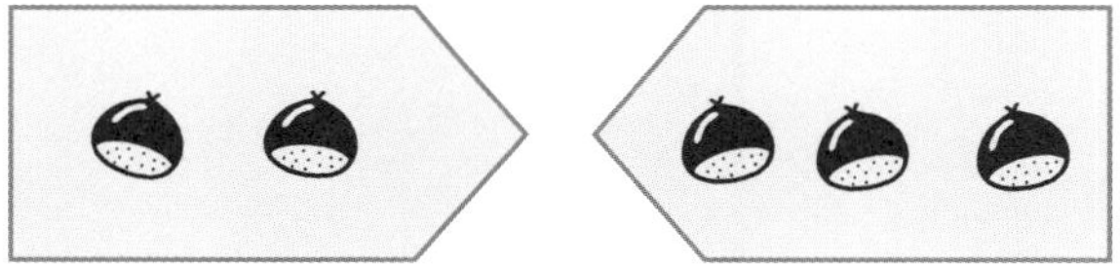

しき □ ＋ □ ＝ □　こたえ □ こ

(3)

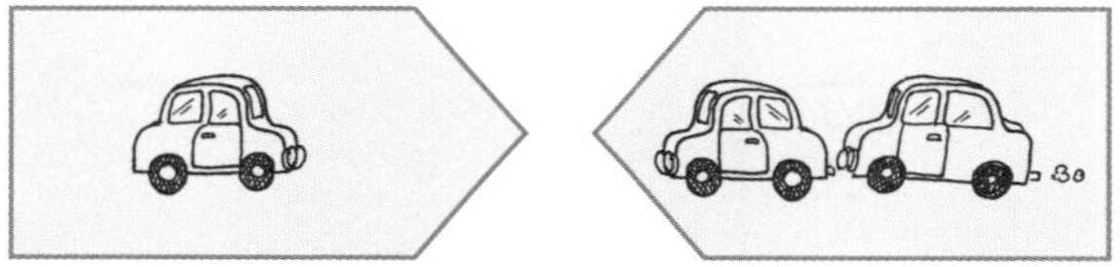

しき □ ＋ □ ＝ □　こたえ □ だい

がつ　にち

5までの たしざん(4)
ふえると いくつ　なまえ ＿＿＿＿＿＿

● ふえると　いくつに　なりますか。

(1)

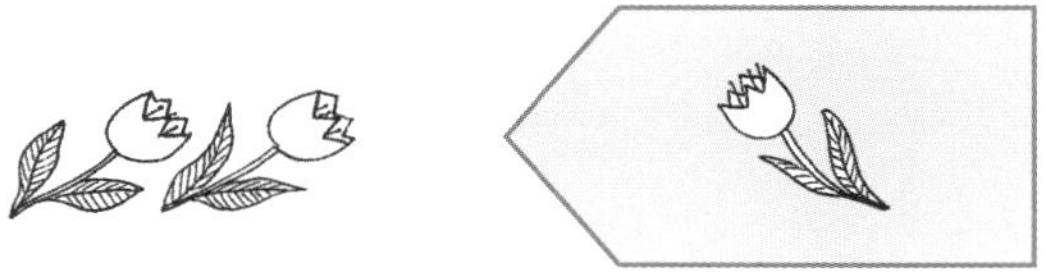

しき □ ＋ □ ＝ □　こたえ □ ぼん

(2)

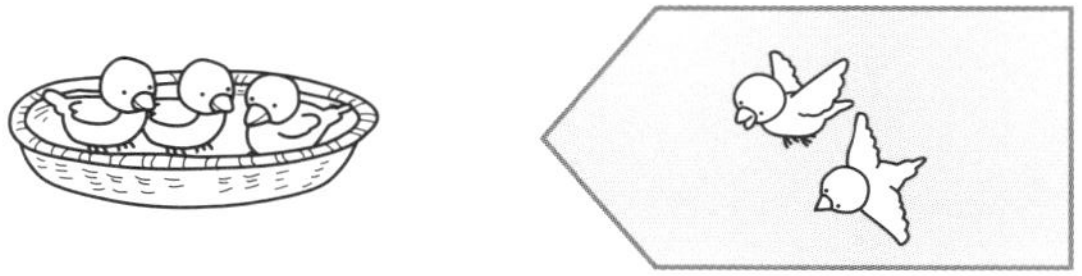

しき □ ＋ □ ＝ □　こたえ □ わ

(3)

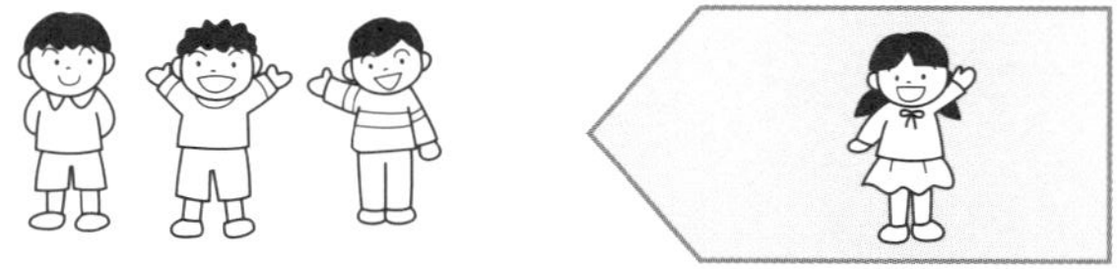

しき □ ＋ □ ＝ □　こたえ □ にん

3分

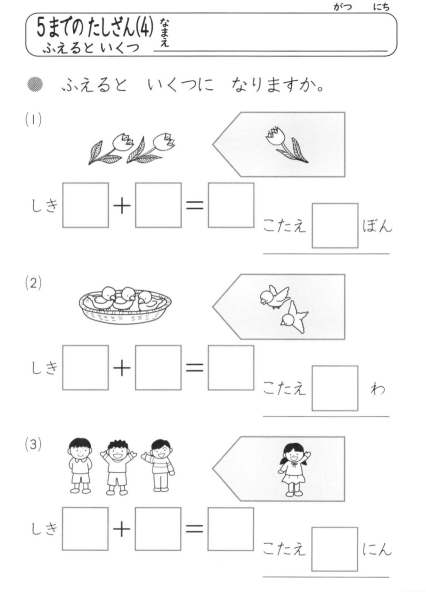

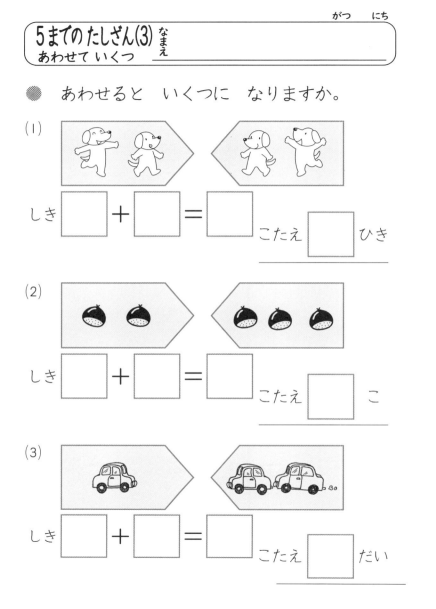

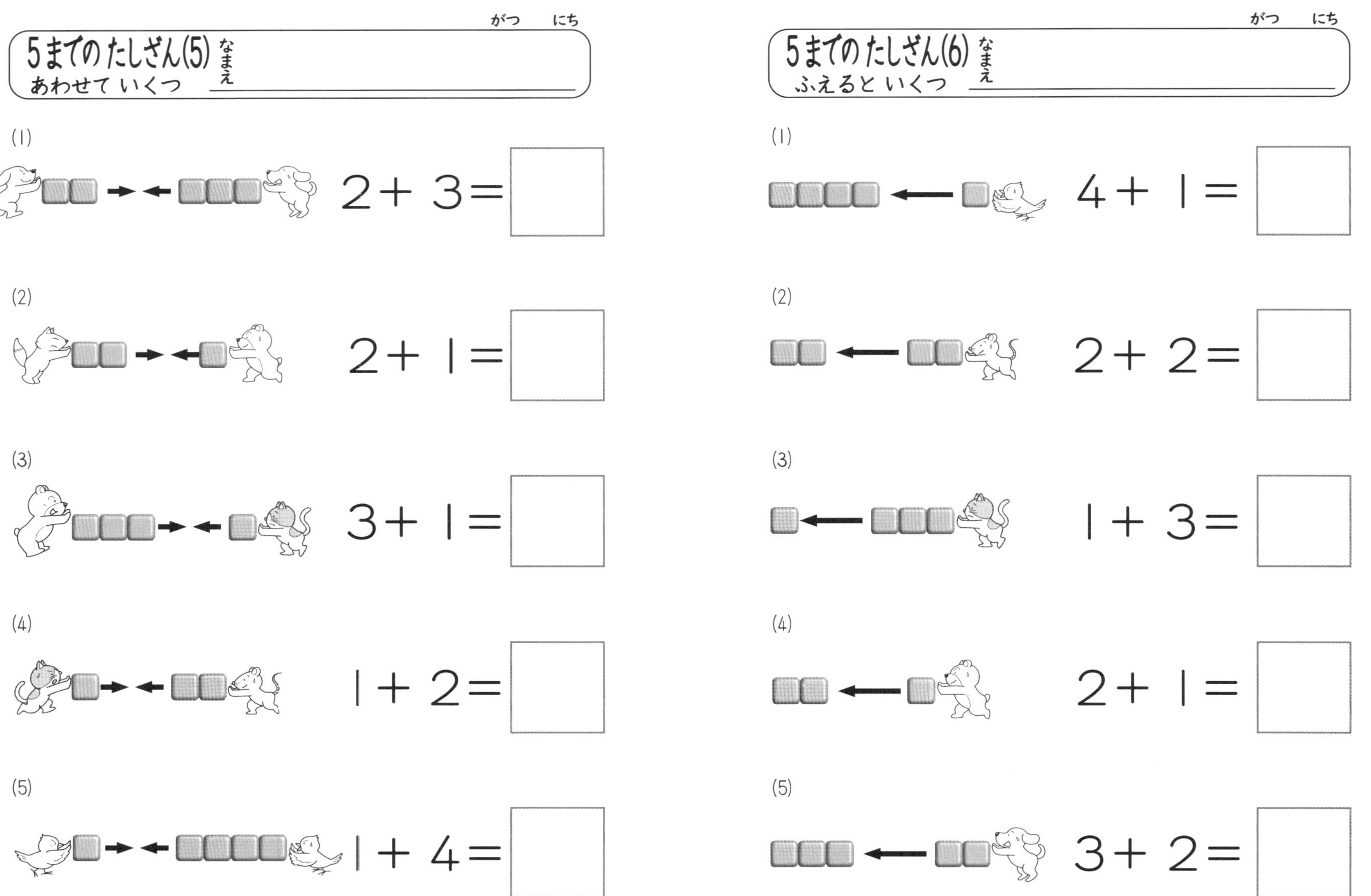

5までの たしざん(5)

あわせて いくつ

なまえ　　　　　　がつ　　にち

(1) 2＋3＝□

(2) 2＋1＝□

(3) 3＋1＝□

(4) 1＋2＝□

(5) 1＋4＝□

5までの たしざん(6)

ふえると いくつ

なまえ　　　　　　がつ　　にち

(1) 4＋1＝□

(2) 2＋2＝□

(3) 1＋3＝□

(4) 2＋1＝□

(5) 3＋2＝□

（141％に拡大してご使用ください。）

がつ　にち

5までの たしざん(7)

あわせて いくつ

なまえ

(1) 3＋1＝

(2) 2＋3＝

(3) 2＋2＝

(4) 1＋3＝

(5) 1＋2＝

(6) 4＋1＝

(7) 1＋4＝

(8) 2＋1＝

(9) 3＋2＝

(10) 1＋1＝

がつ　にち

5までの たしざん(8)

ふえると いくつ

なまえ

(1) 1＋4＝

(2) 2＋2＝

(3) 1＋3＝

(4) 1＋2＝

(5) 3＋2＝

(6) 2＋3＝

(7) 2＋1＝

(8) 1＋1＝

(9) 4＋1＝

(10) 3＋1＝

5分

（141％に拡大してご使用ください。）

5までの たしざん(9)

がつ　にち　なまえ

● こたえの　かずだけ　◯に　いろを　ぬってから　こたえを　かきましょう。

(1) 2 ＋ 2 ＝ □

(2) 4 ＋ 1 ＝ □

(3) 2 ＋ 3 ＝ □

(4) 3 ＋ 1 ＝ □

5までの たしざん(10)

がつ　にち　なまえ

● こたえの　かずだけ　◯に　いろを　ぬってから　こたえを　かきましょう。

(1) 1 ＋ 1 ＝ □

(2) 1 ＋ 3 ＝ □

(3) 3 ＋ 2 ＝ □

(4) 2 ＋ 1 ＝ □

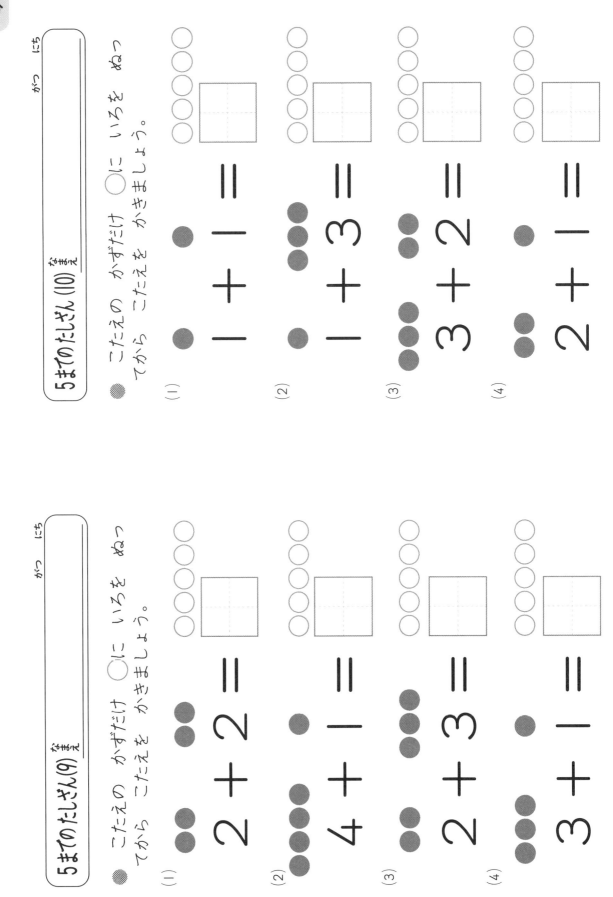

（141%に拡大してご使用ください。）

がつ　にち

5までの たしざん (11) なまえ

● たしざんを　しましょう。

(1) $2+2=$

(2) $4+1=$

(3) $1+1=$

(4) $1+3=$

(5) $3+2=$

(6) $2+1=$

がつ　にち

5までの たしざん (12) なまえ

● たしざんを　しましょう。

(1) $1+2=$

(2) $3+1=$

(3) $2+3=$

(4) $1+4=$

(5) $2+2=$

(6) $1+3=$

3分

がつ　にち

5までのたしざん(13)

なまえ

● たしざんを　しましょう。

(1) $2+1=$　　(2) $3+1=$

(3) $4+1=$　　(4) $1+1=$

(5) $1+2=$　　(6) $2+2=$

(7) $3+2=$　　(8) $1+3=$

(9) $1+4=$　　(10) $2+3=$

がつ　にち

5までのたしざん(14)

なまえ

● たしざんを　しましょう。

(1) $1+4=$　　(2) $2+2=$

(3) $2+3=$　　(4) $1+2=$

(5) $1+3=$　　(6) $2+1=$

(7) $1+1=$　　(8) $3+2=$

(9) $4+1=$　　(10) $3+1=$

（141%に拡大してご使用ください。）

がつ　にち

5までの たしざん (15)

あわせて いくつ　なまえ

● しきに　かいて　こたえましょう。

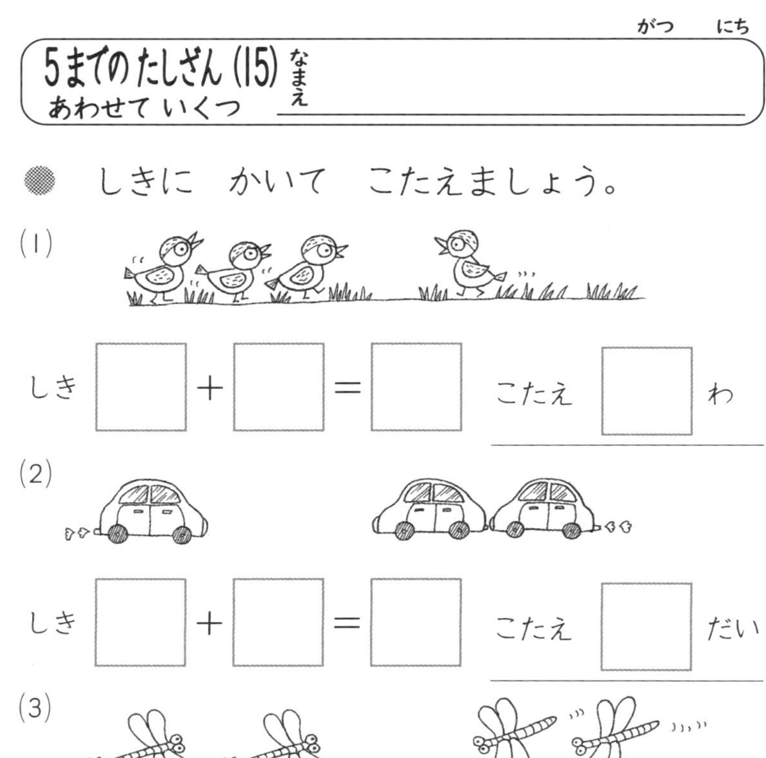

(1)

しき □ ＋ □ ＝ □　こたえ □ わ

(2)

しき □ ＋ □ ＝ □　こたえ □ だい

(3)

しき □ ＋ □ ＝ □　こたえ □ ひき

(4)

しき □ ＋ □ ＝ □　こたえ □ ひき

がつ　にち

5までの たしざん (16)

ふえると いくつ　なまえ

● しきに　かいて　こたえましょう。

(1)

しき □ ＋ □ ＝ □　こたえ □ だい

(2)

しき □ ＋ □ ＝ □　こたえ □ ひき

(3)

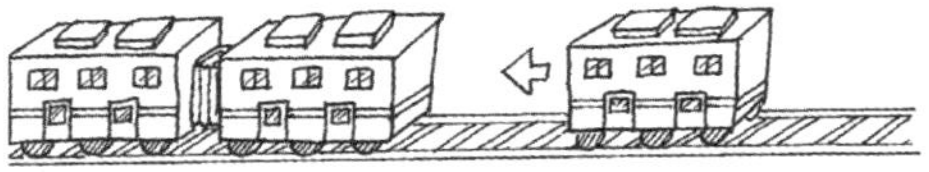

しき □ ＋ □ ＝ □　こたえ □ りょう

(4)

しき □ ＋ □ ＝ □　こたえ □ ひき

(141%に拡大してご使用ください。)

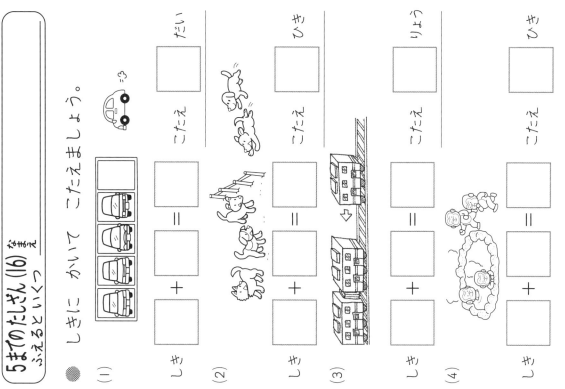

がつ　にち

5までのたしざん(17)　なまえ

● おはなしを　しきに　かきましょう。

(1)　すいそうに　きんぎょが　1ぴき
およいでいます。そこへ　3びき
いれました。きんぎょは　ぜんぶで
4ひきに　なりました。

しき　　　　＝

(2)　でんしゃが　2りょう　とまって
います。2りょう　くると　ぜんぶ
で　4りょうに　なりました。

しき　　　　＝

(3)　おかしを　2こ　たべました。おに
いさんは　1こ　たべました。ふたり
あわせて　3こ　たべました。

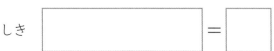

しき　　　　＝

がつ　にち

5までのたしざん(18)　なまえ

● おはなしを　しきに　かきましょう。

(1)　ねこが　3びき　います。
1ぴき　きました。ねこは
4ひきに　なりました。

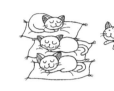

しき　　　　＝

(2)　しろい　りぼんが　2こ，しましま
の　りぼんが　3こ　あります。
りぼんは　ぜんぶで　5こ　あります。

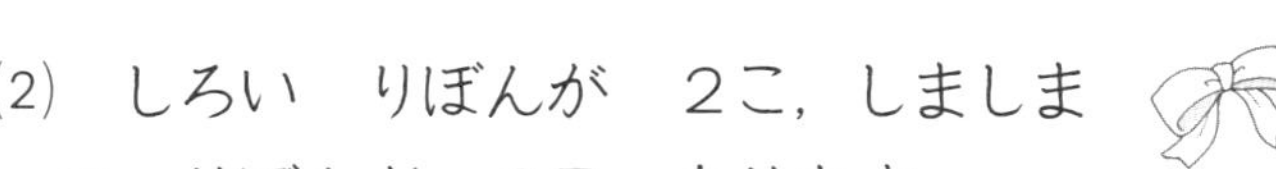

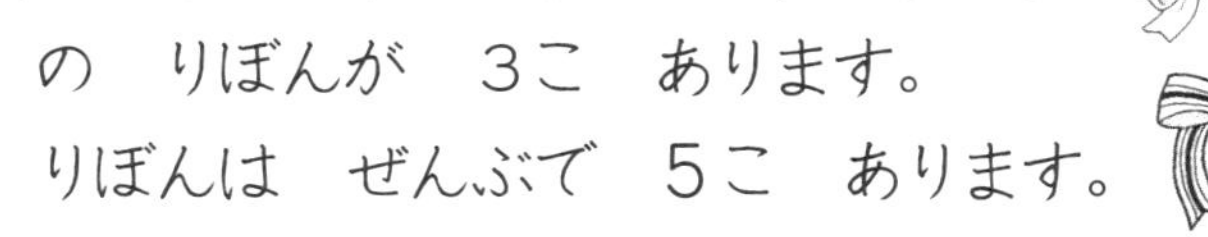

しき　　　　＝

(3)　ちゅうしゃじょうに　くるまが
4だい　とまっていました。
あとから　1だい　とまりました。
くるまは　ぜんぶで　5だいです。

しき　　　　＝

5までのひきざん(1)

のこりは いくつ

なまえ　　　　がつ　にち

● のこりの きんぎょは なんびきに なりますか。

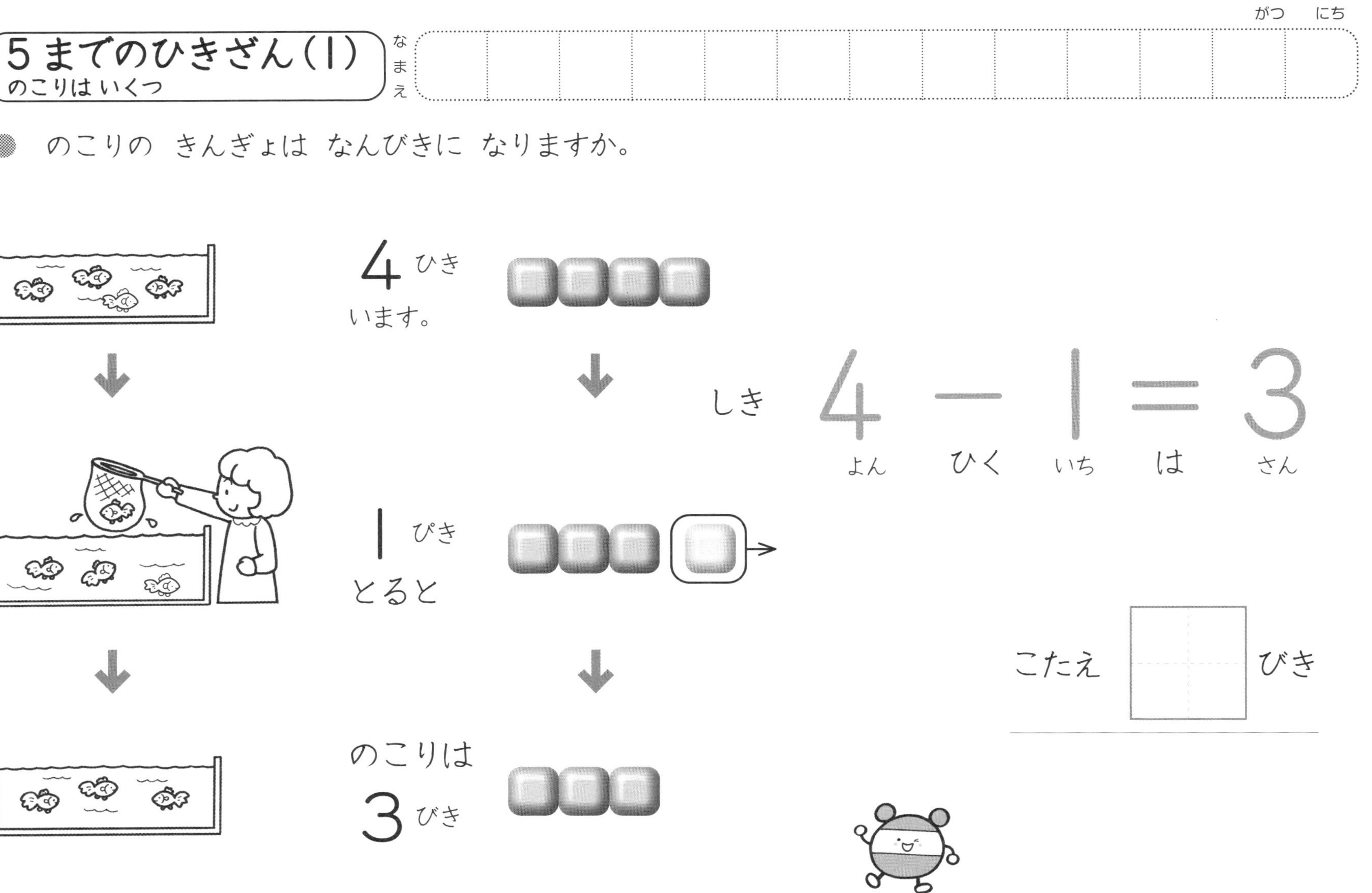

4 ひき います。

1 ぴき とると

のこりは 3 びき

しき 4 − 1 ＝ 3

よん ひく いち は さん

こたえ　　びき

3分

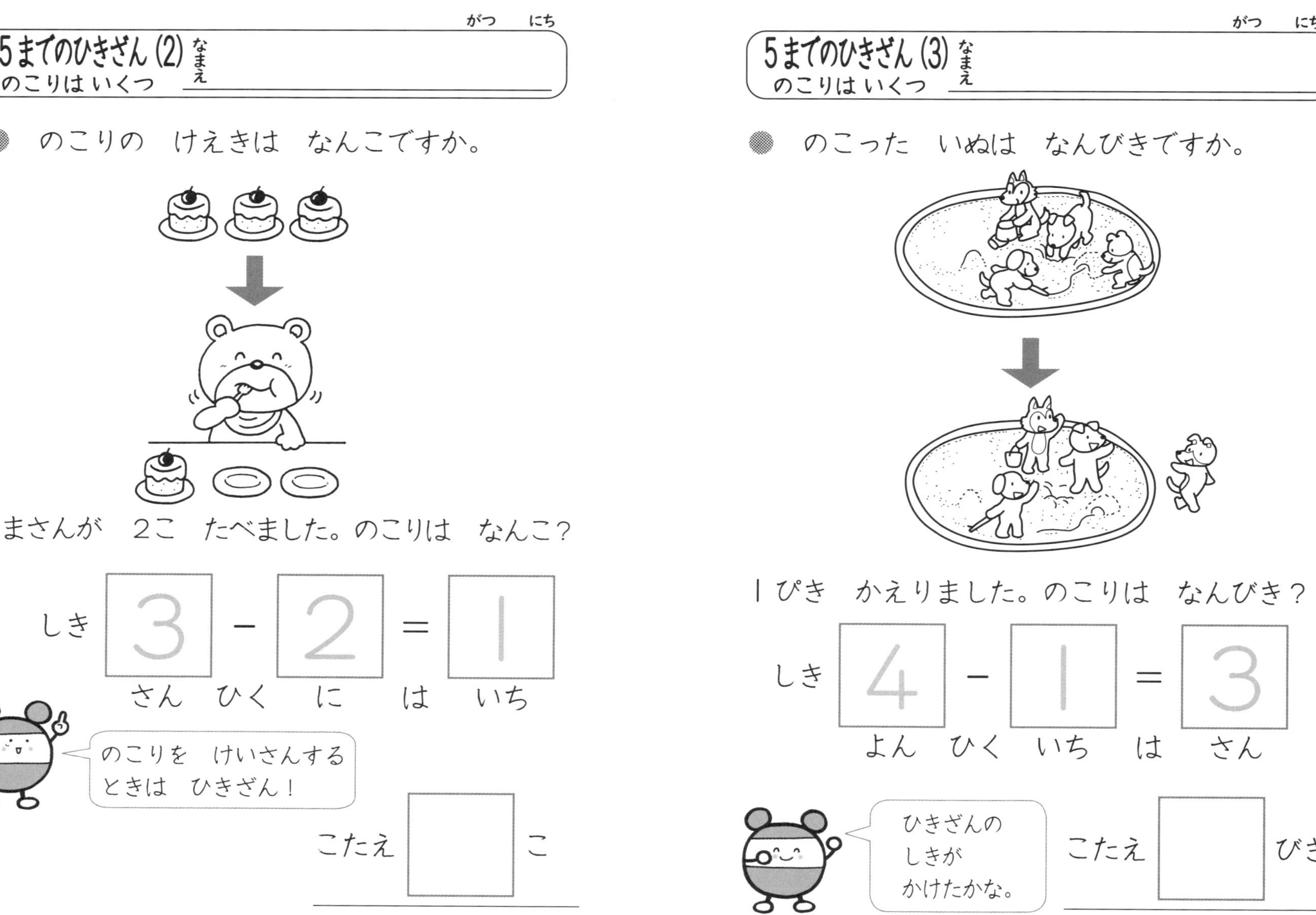

5までのひきざん (2) のこりは いくつ

がつ　にち

なまえ

● のこりの　けえきは　なんこですか。

くまさんが　2こ　たべました。のこりは　なんこ？

しき　3 － 2 ＝ 1

さん　ひく　に　は　いち

のこりを　けいさんする
ときは　ひきざん！

こたえ　□　こ

5までのひきざん (3) のこりは いくつ

がつ　にち

なまえ

● のこった　いぬは　なんびきですか。

1ぴき　かえりました。のこりは　なんびき？

しき　4 － 1 ＝ 3

よん　ひく　いち　は　さん

こたえ　□　びき

がつ　にち

5までのひきざん (4)
のこりは いくつ　なまえ

のこりの　くるまは　なんだいですか。

5だい　とまって います。　3だい　でて いきました。

しき　5 − 3 = 

こたえ 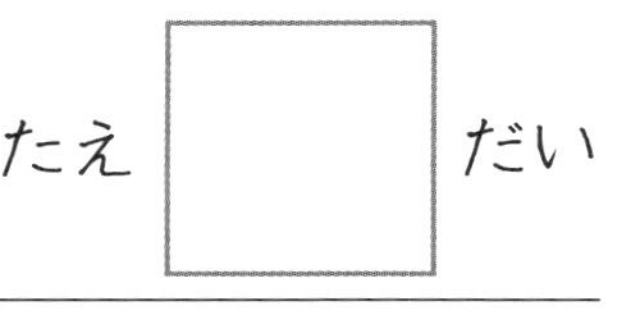 だい

がつ　にち

5までのひきざん (5)
のこりは いくつ　なまえ

のこりの　あめは　なんこですか。

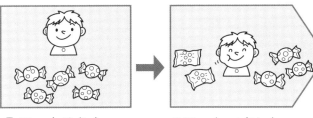

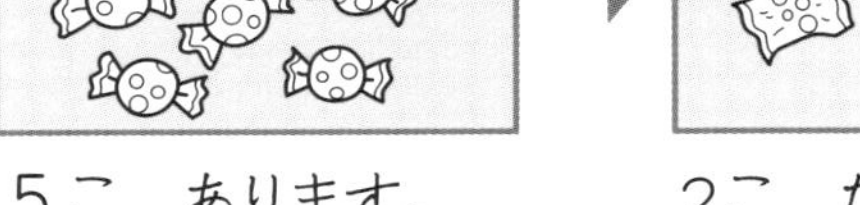

5こ　あります。　2こ　たべました。

しき　5 − 2 = 3

こたえ □ こ

3分

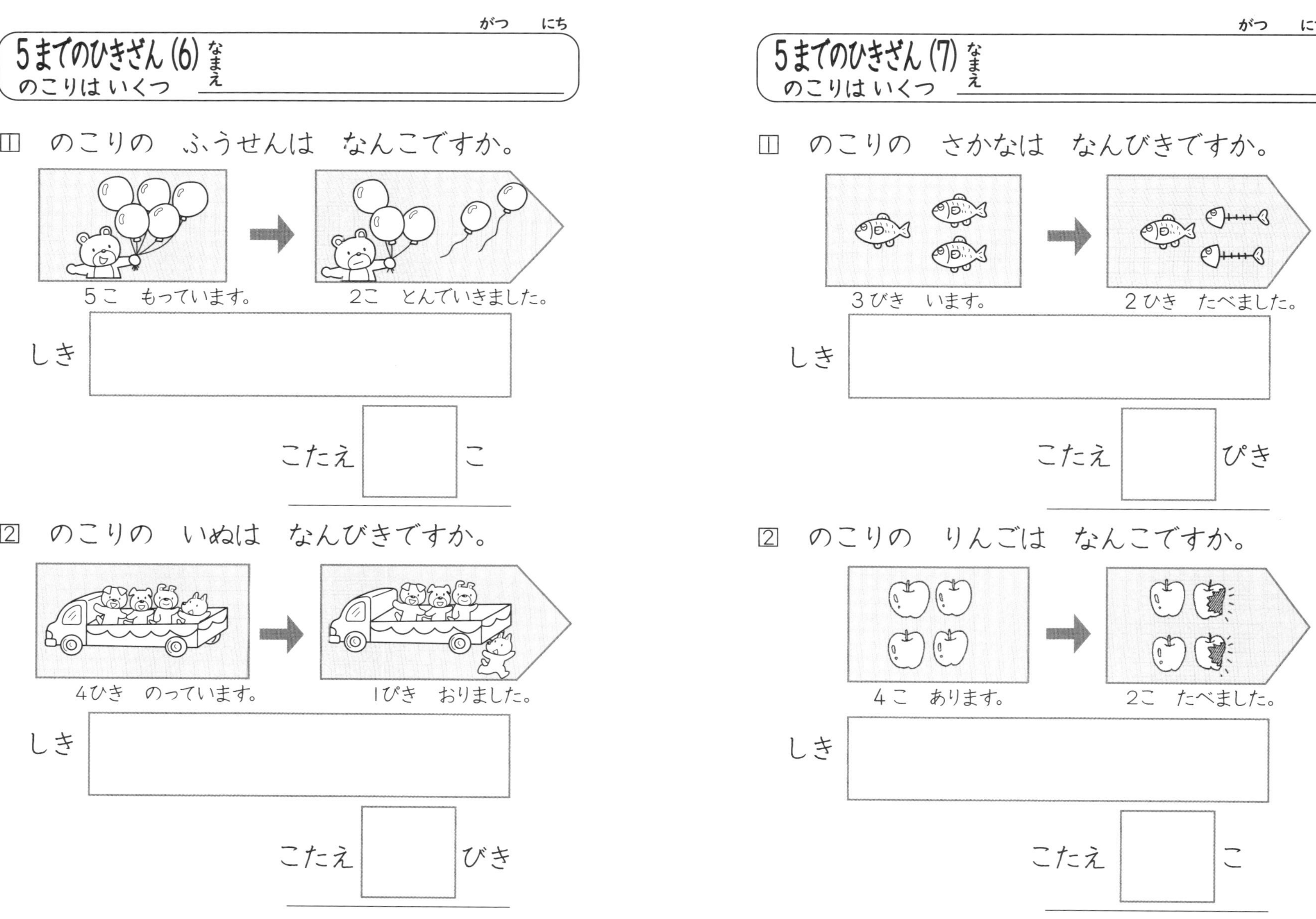

5までのひきざん (6)
のこりは いくつ

がつ　にち　なまえ

1 のこりの　ふうせんは　なんこですか。

5こ　もっています。 → 2こ　とんでいきました。

しき

こたえ　　こ

2 のこりの　いぬは　なんびきですか。

4ひき　のっています。 → 1ぴき　おりました。

しき

こたえ　　びき

5までのひきざん (7)
のこりは いくつ

がつ　にち　なまえ

1 のこりの　さかなは　なんびきですか。

3びき　います。 → 2ひき　たべました。

しき

こたえ　　ぴき

2 のこりの　りんごは　なんこですか。

4こ　あります。 → 2こ　たべました。

しき

こたえ　　こ

（141%に拡大してご使用ください。）

がつ　にち

5までのひきざん (8)
のこりは いくつ　なまえ

● のこりは　いくつに　なりますか。

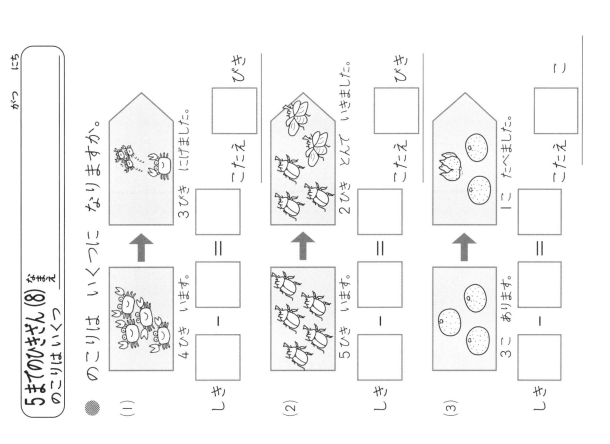

(1) 4ひき　います。→ 3びき　にげました。

しき □ － □ ＝ □　こたえ □ びき

(2) 5ひき　います。→ 2ひき　とんで　いきました。

しき □ － □ ＝ □　こたえ □ びき

(3) 3こ　あります。→ 1こ　たべました。

しき □ － □ ＝ □　こたえ □ こ

がつ　にち

5までのひきざん (9)
のこりは いくつ　なまえ

● のこりは　いくつに　なりますか。

(1) 4ひき　います。→ 2ひき　すくいました。

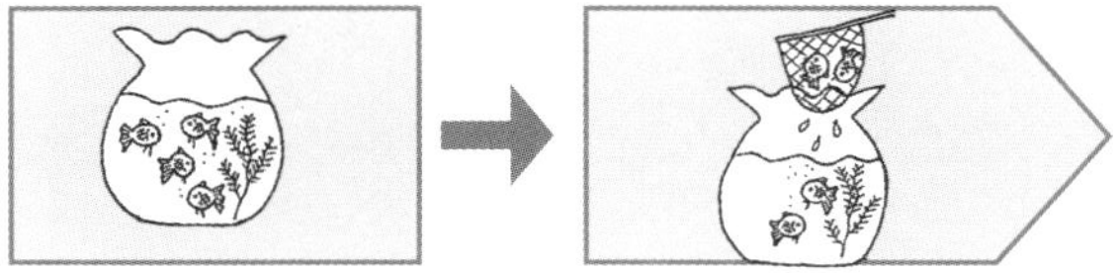

しき □ － □ ＝ □　こたえ □ ひき

(2) 4ひき　います。→ 1ぴき　いなくなりました。

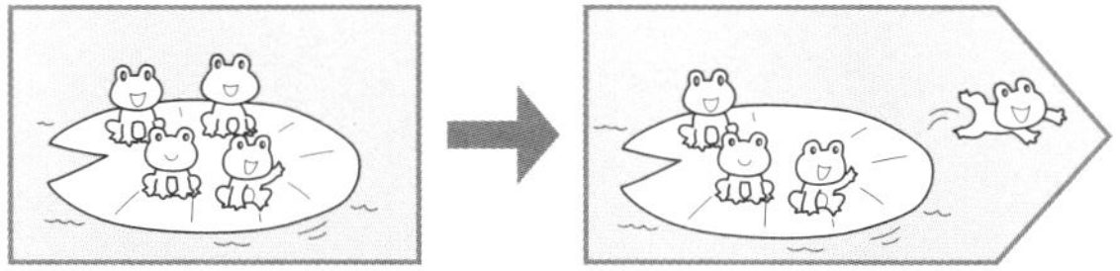

しき □ － □ ＝ □　こたえ □ びき

(3) 5こ　あります。→ 3こ　ひよこに　なりました。

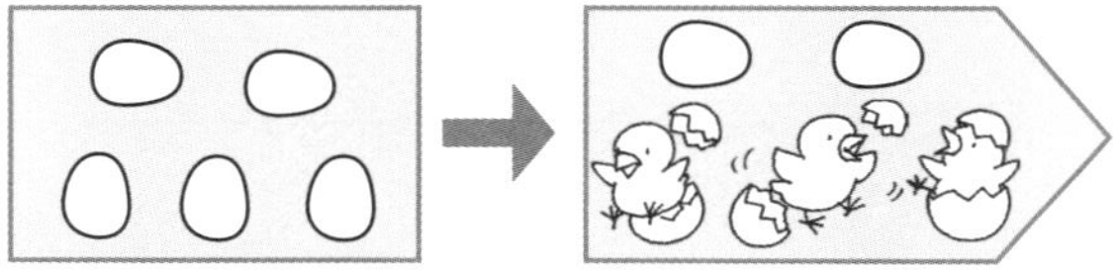

しき □ － □ ＝ □　こたえ □ こ

3分

（141%に拡大してご使用ください。）

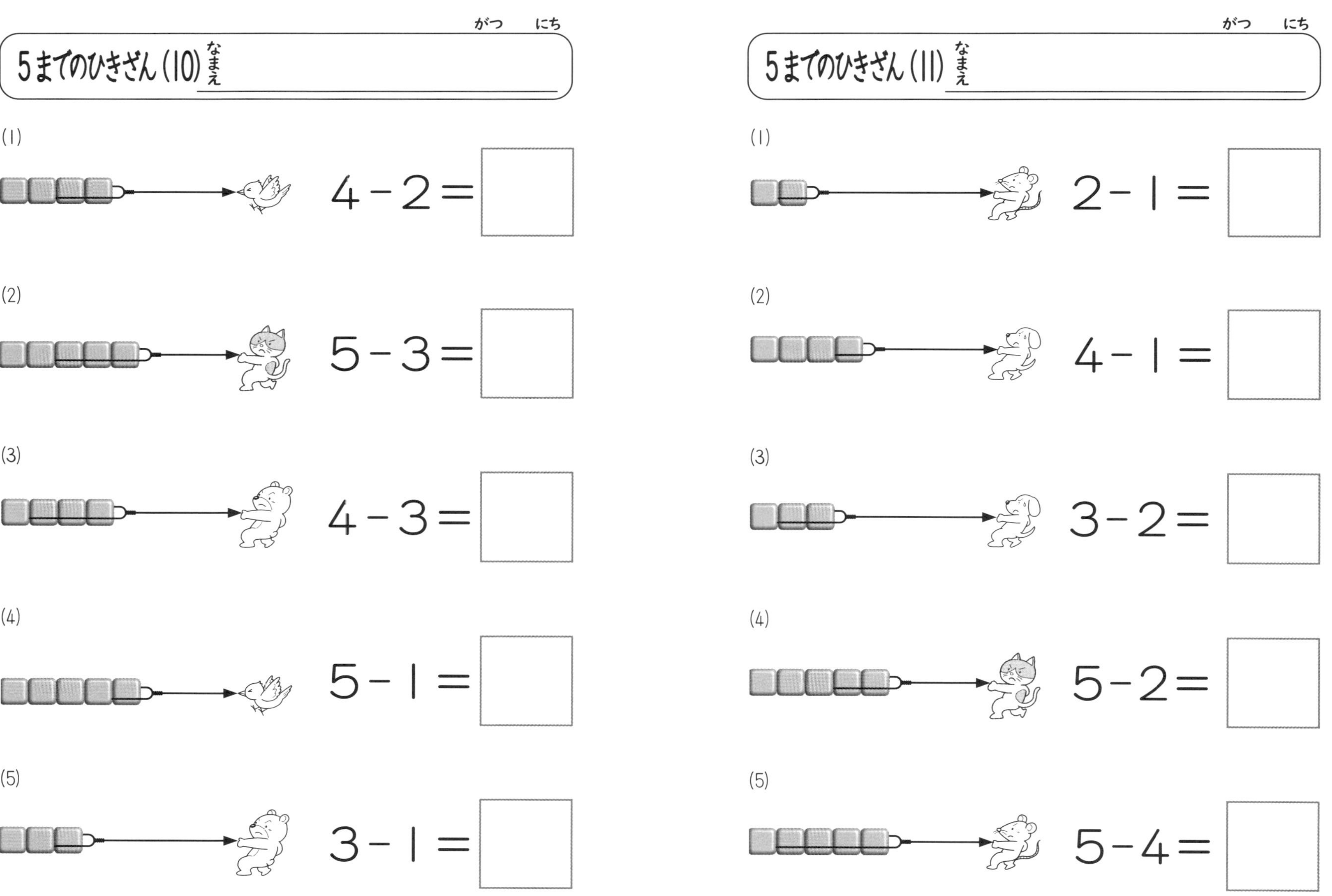

5までのひきざん(10)

なまえ　　がつ　にち

(1) 4－2＝□

(2) 5－3＝□

(3) 4－3＝□

(4) 5－1＝□

(5) 3－1＝□

5までのひきざん(11)

なまえ　　がつ　にち

(1) 2－1＝□

(2) 4－1＝□

(3) 3－2＝□

(4) 5－2＝□

(5) 5－4＝□

　(141%に拡大してご使用ください。)

5分

5までのひきざん(12)

がつ　にち

なまえ

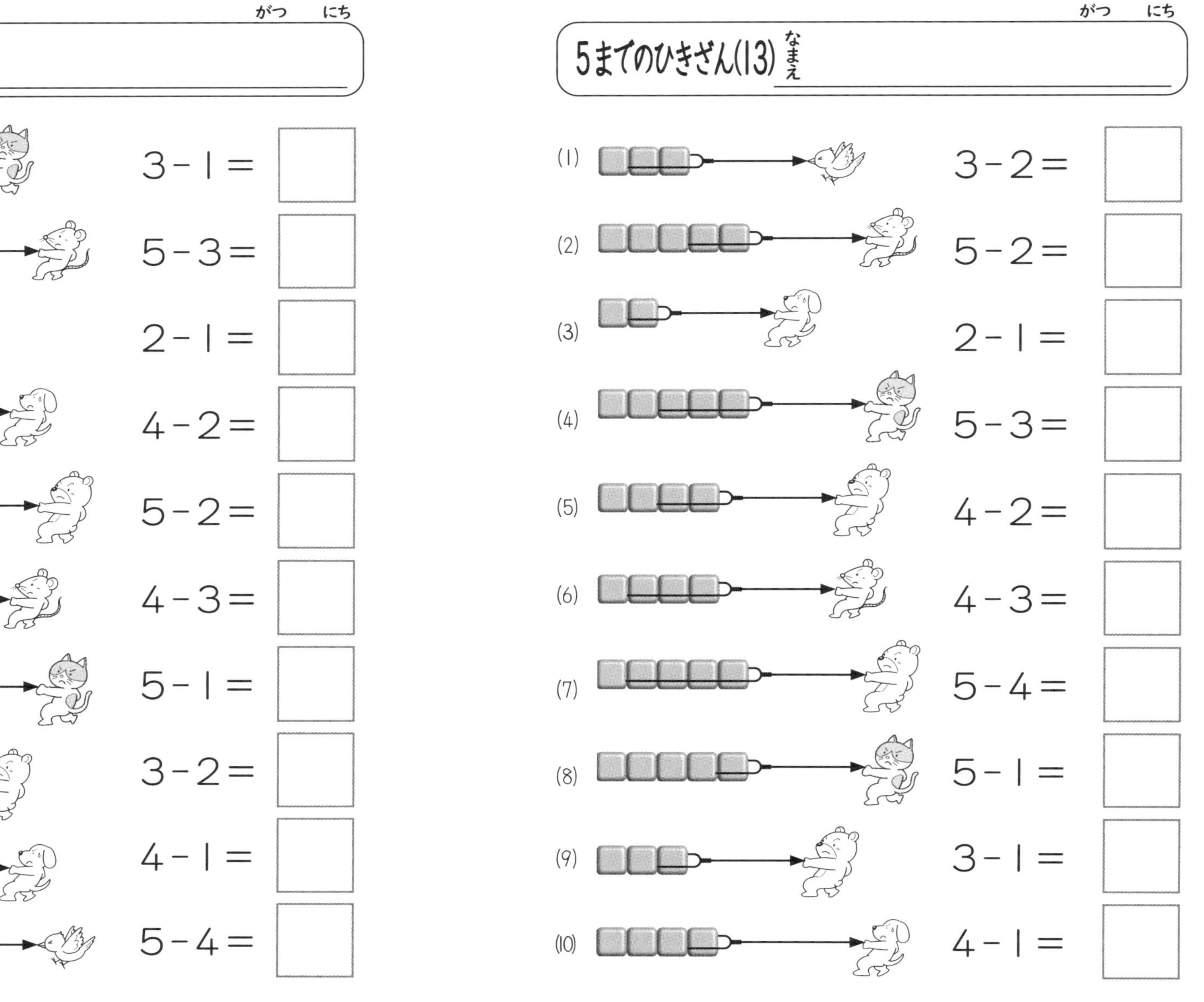

(1) 3－1＝

(2) 5－3＝

(3) 2－1＝

(4) 4－2＝

(5) 5－2＝

(6) 4－3＝

(7) 5－1＝

(8) 3－2＝

(9) 4－1＝

(10) 5－4＝

5までのひきざん(13)

がつ　にち

なまえ

(1) 3－2＝

(2) 5－2＝

(3) 2－1＝

(4) 5－3＝

(5) 4－2＝

(6) 4－3＝

(7) 5－4＝

(8) 5－1＝

(9) 3－1＝

(10) 4－1＝

(141%に拡大してご使用ください。)

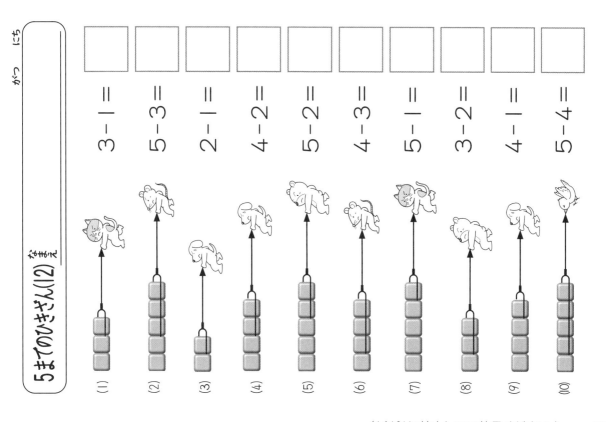

5までのひきざん (14)

がつ　にち

なまえ

● れいの　ように　ひくかずの　ブロックに　×を　してから　こたえを　かきましょう。

(れい)　3 － 1 ＝ 2

(1)　4 － 2 ＝ □

(2)　5 － 1 ＝ □

(3)　3 － 2 ＝ □

(4)　4 － 3 ＝ □

5までのひきざん (15)

がつ　にち

なまえ

● ひくかずの　ブロックに　×を　してから　こたえを　かきましょう。

(1)　5 － 3 ＝ □

(2)　5 － 4 ＝ □

(3)　4 － 1 ＝ □

(4)　2 － 1 ＝ □

(5)　5 － 2 ＝ □

（141%に拡大してご使用ください。）

がつ　にち

5までのひきざん (16)

なまえ

● ひきざんを　しましょう。

(1) 2 − 1 ＝

(2) 4 − 2 ＝

(3) 5 − 3 ＝

(4) 3 − 1 ＝

(5) 5 − 2 ＝

(6) 4 − 3 ＝

がつ　にち

5までのひきざん (17)

なまえ

● ひきざんを　しましょう。

(1) 5 − 1 ＝

(2) 3 − 2 ＝

(3) 5 − 4 ＝

(4) 4 − 1 ＝

(5) 4 − 2 ＝

(6) 5 − 3 ＝

3分

（141%に拡大してご使用ください。）

5までのひきざん (18)

なまえ　　　がつ　にち

● ひきざんを　しましょう。

(1) 3－2＝　　(2) 5－1＝

(3) 2－1＝　　(4) 4－2＝

(5) 5－3＝　　(6) 3－1＝

(7) 4－3＝　　(8) 5－2＝

(9) 4－1＝　　(10) 5－4＝

5までのひきざん (19)

なまえ　　　がつ　にち

● ひきざんを　しましょう。

(1) 4－2＝　　(2) 5－2＝

(3) 3－1＝　　(4) 5－1＝

(5) 5－4＝　　(6) 4－1＝

(7) 3－2＝　　(8) 2－1＝

(9) 5－3＝　　(10) 4－3＝

（141%に拡大してご使用ください。）

5までのひきざん (20)

なまえ　　　　がつ　　にち

● おはなしを　しきに　かきましょう。

(1) おにぎりが　3こ　ありました。
1こ　たべました。のこりは　2こに
なりました。

しき　　＝　□

(2) てんとうむしが　5ひき　いま
した。4ひき　とんでいきました。
のこりは　1ぴきに　なりました。

しき　□　＝　□

(3) おりがみが　4まい　ありました。
1まい　つかいました。
のこりは　3まいに　なりました。

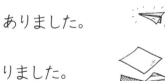

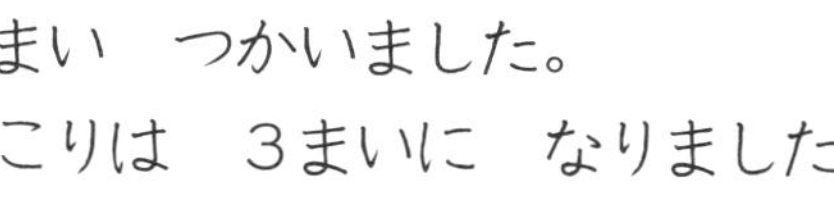

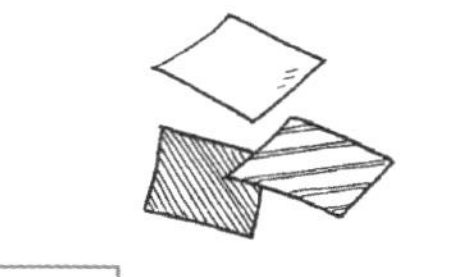

しき　□　＝　□

5までのひきざん (21)

なまえ　　　　がつ　　にち

● おはなしを　しきに　かきましょう。

(1) ふねに　さるが　4ひき　のって
いました。2ひき　おりました。
のこりは　2ひきに　なりました。

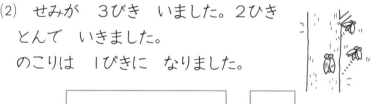

しき　□　＝　□

(2) せみが　3びき　いました。2ひき
とんで　いきました。
のこりは　1ぴきに　なりました。

しき　　＝　□

(3) ぎゅうにゅうが　5ほん　ありま
した。3ぼん　のみました。
のこりは　2ほんに　なりました。

しき　□　＝　□

5分

がつ　にち

5までのひきざん (22) なまえ

(1) ことりが　3わ　います。1わ　とんで
いきました。なんわ　のこっていますか。

しき　　こたえ　　わ

(2) せんべいが　5まい　ありました。4まい　たべると　のこりは
なんまいですか。

しき　　こたえ　　まい

(3) ゆきだるまが　4こ　ありました。
2こ　とけてしまいました。
なんこ　のこっていますか。

しき　　こたえ　　こ

がつ　にち

5までのひきざん (23) なまえ

(1) いぬが　4ひき　いました。3びき
かくれて　しまいました。のこりは
なんびきに　なりましたか。

しき　　こたえ　　ぴき

(2) ねこが　5ひき　いました。
1ぴき　おりました。のこりは
なんびきに　なりましたか。

しき　　こたえ　　ひき

(3) にんじんが　5ほん　ありました。
2ほん　たべました。にんじんは
なんぼん　のこっていますか。

しき　　こたえ　　ぼん

がつ　にち

ふりかえり　5までのたしざん ひきざん

なまえ

1　たしざんを　しましょう。

(1) $2+2=$　(2) $1+4=$

(3) $1+1=$　(4) $3+1=$

(5) $2+1=$　(6) $2+3=$

(7) $4+1=$　(8) $1+2=$

(9) $1+3=$　(10) $3+2=$

2　ぶたが　2ひき　いました。こぶたが　3びき　うまれました。ぜんぶで　なんびきに　なりましたか。

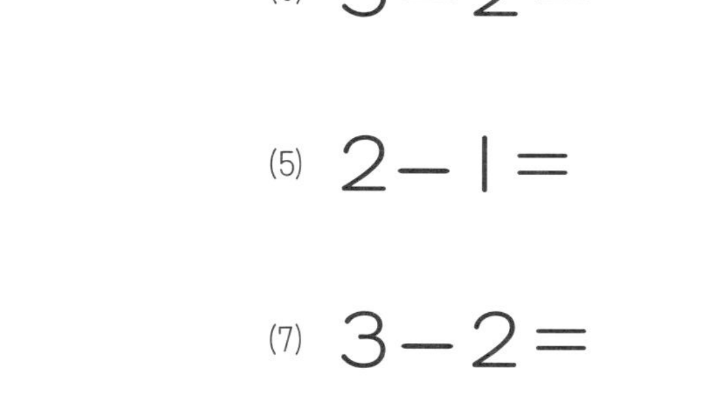

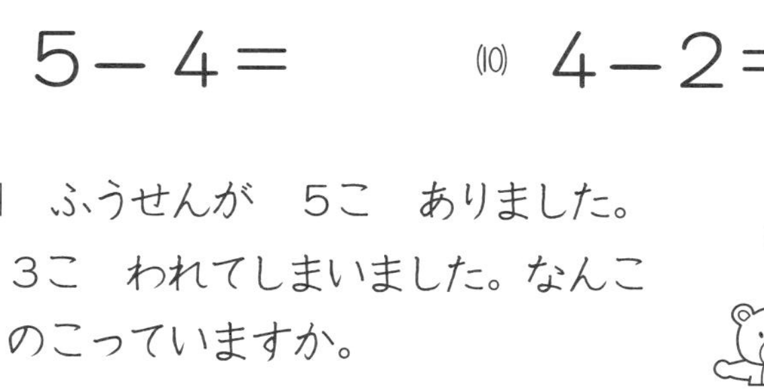

しき

こたえ

3　ひきざんを　しましょう。

(1) $4-3=$　(2) $3-1=$

(3) $5-2=$　(4) $4-1=$

(5) $2-1=$　(6) $5-3=$

(7) $3-2=$　(8) $5-1=$

(9) $5-4=$　(10) $4-2=$

4　ふうせんが　5こ　ありました。3こ　われてしまいました。なんこ　のこっていますか。

しき

こたえ

10分 ふりかえり

がつ　にち

5までのたしざん ひきざん（テスト）

なまえ

【知識・技能】

1　あわせると　なんびきに　なりますか。（5×2）

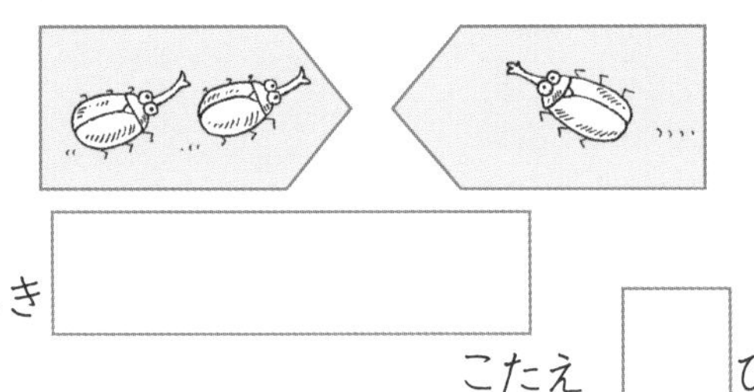

しき

こたえ　　びき

2　のこりは　いくつに　なりますか。（5×4）

(1)

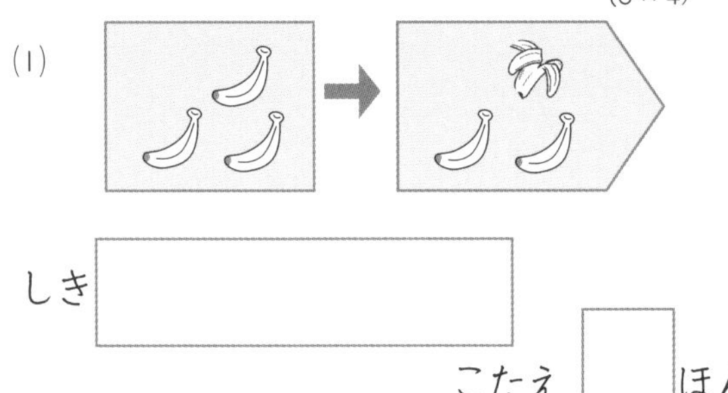

しき

こたえ　　ほん

(2)

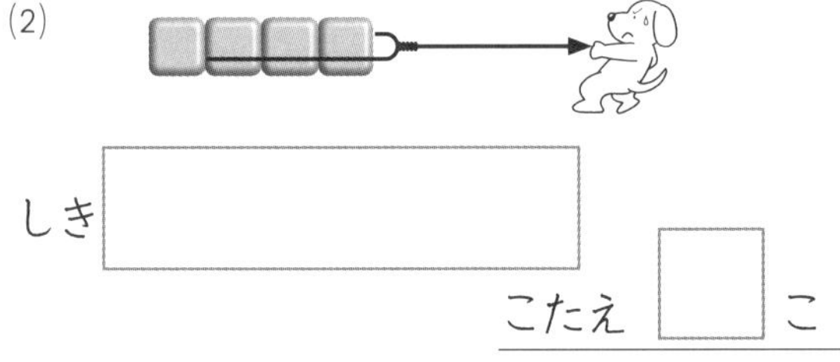

しき

こたえ　　こ

3　たしざんを　しましょう。（5×2）

(1) $1+2=$

(2) $2+3=$

4　ひきざんを　しましょう。（5×2）

(1) $4-2=$

(2) $5-3=$

【思考・判断・表現】

5　よんで　しきと　こたえを　かきましょう。（5×10）

(1) おさらに　いちごが　3こ　あります。そこへ　1こ　もらいました。あわせて　なんこに　なりましたか。

しき

こたえ　　こ

(2) つばめが　5わ　とまっていました。2わ　とんで　いきました。のこりは　なんわですか。

しき

こたえ　　わ

(3) みかんを　あさに　1こ　たべました。よるに　4こ　たべました。あわせて　なんこ　たべましたか。

しき

こたえ　　こ

(4) にわに　きが　4ほん　ありましたが　1ぽん　きりました。にわの　きは，なんぼん　のこっていますか。

しき

こたえ　　ぼん

(5) はなの　つぼみが　5こ　ありました。4こが　はなに　なり　さきました。まだ　つぼみのままは　なんこですか。

しき

こたえ　　こ

　（141%に拡大してご使用ください。）

がつ　　にち

さんすうあそび
5までのたしざん ひきざん

なまえ

● こたえの　おおきいほうを　とおって　ゴールまで　いきましょう。

がつ　　にち

さんすうあそび
5までのたしざん ひきざん

なまえ

● こたえの　おおきいほうを　とおって　ゴールまで　いきましょう。

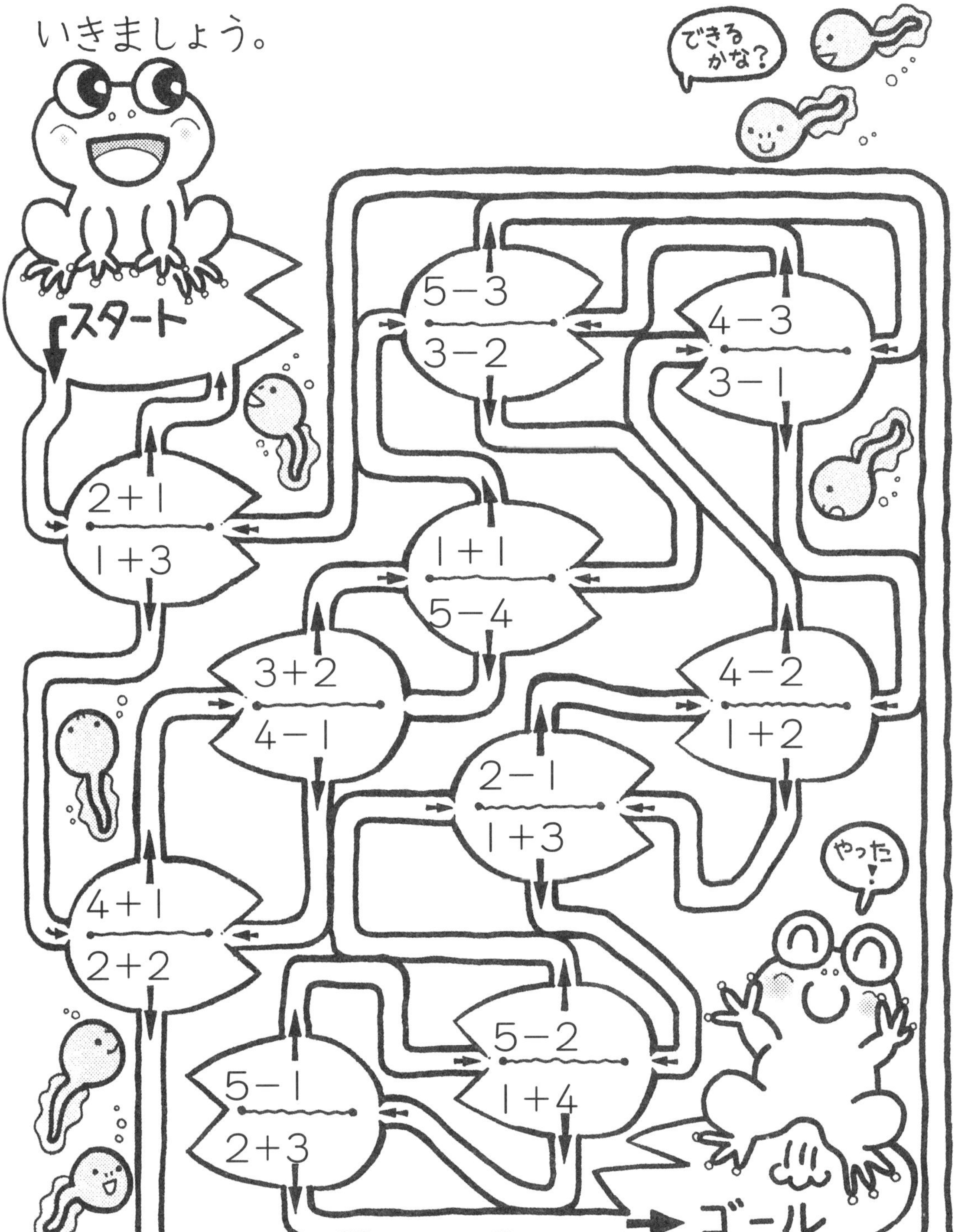

できるかな？

スタート

2+1 / 1+3

4+1 / 2+2

3+2 / 4−1

5−1 / 2+3

5−3 / 3−2

1+1 / 5−4

2−1 / 1+3

5−2 / 1+4

4−3 / 3−1

4−2 / 1+2

やった！

ゴール

10までの たしざん (1)
あわせて いくつ

なまえ　　　　　　　　がつ　にち

● れいの　ように　5を　○で　かこんでから　けいさん　しましょう。

(れい)　こどもは　あわせて　なんにんですか。

しき

こたえ　□　にん

(1)　りんごは　あわせて　なんこに　なりますか。

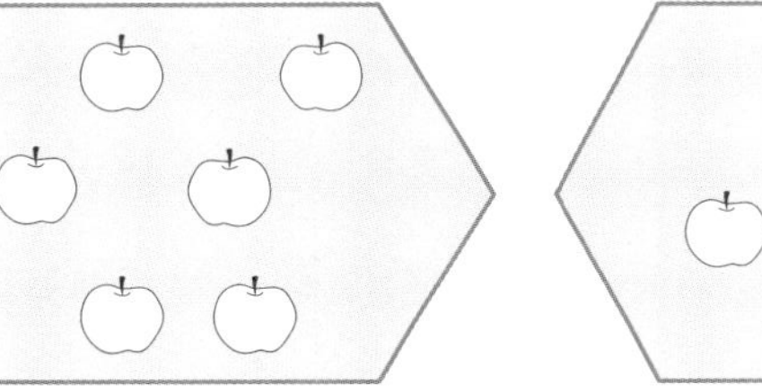
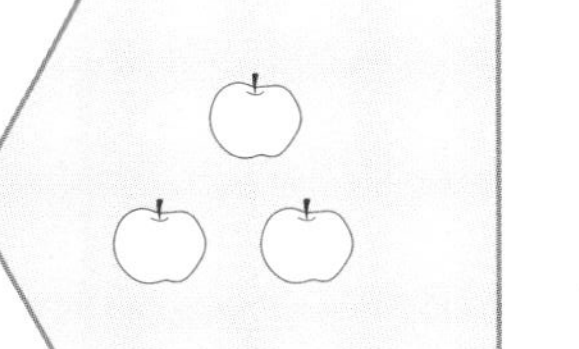
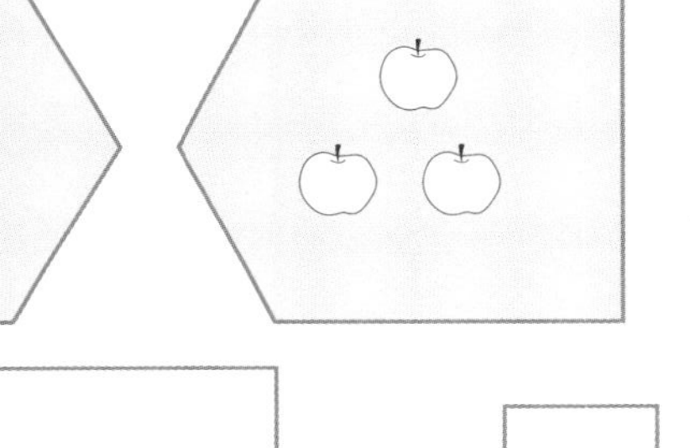

しき

こたえ　□　こ

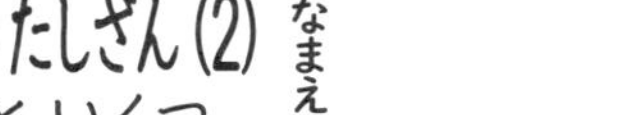

10までの たしざん (2)
ふえると いくつ

なまえ　　　　　　　　がつ　にち

● 5を　○で　かこんでから　けいさん　しましょう。

(1)　いぬが　5ひき　いました。あとから　3びき　きました。いぬは　ぜんぶで　なんびきですか。

しき

こたえ　□　ひ(ぴ)き

(2)　すずめが　7わ　とまっています。2わ　とんで　きました。すずめは　なんわに　なりますか。

しき

こたえ　□　わ

5分

がつ　にち

10までのたしざん(3)　なまえ

● れいの　ように　5を　○で　かこんでから　けいさん　しましょう。

(れい)　くれよんが　はこに　6ぽん　あります。3ぼん　ふえると　なんぼんに　なりますか。

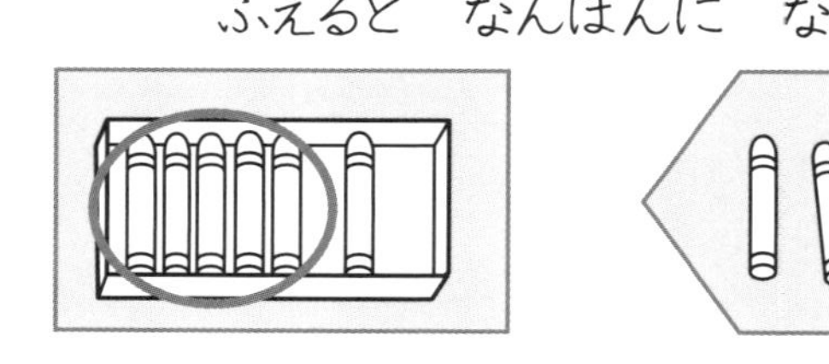

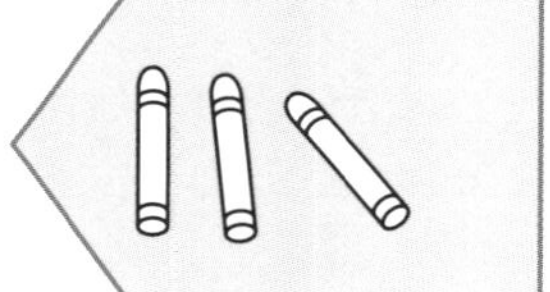

しき

こたえ　　ほん

(1)　いちごは　あわせて　なんこに　なりますか。

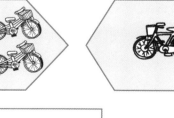

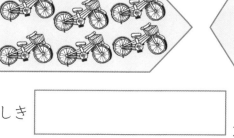

しき

こたえ　　こ

がつ　にち

10までのたしざん(4)　なまえ

● 5を　○で　かこんでから　けいさん　しましょう。

(1)　いぬが　7ひき　のっています。あとから　2ひき　きました。ぜんぶで　なんびきですか。

しき

こたえ　　ひき

(2)　じてんしゃは　あわせて　なんだいに　なりますか。

しき

こたえ　　だい

(141%に拡大してご使用ください。)

がつ　にち

10までの たしざん (5) なまえ

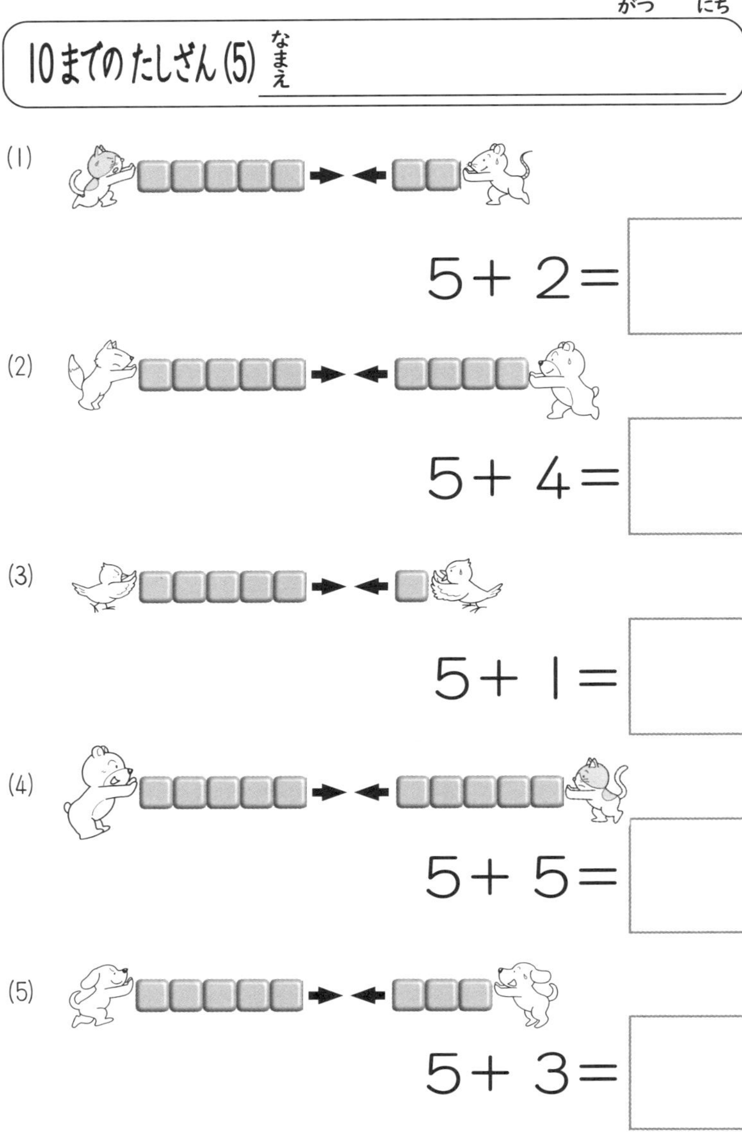

(1) 5＋2＝□

(2) 5＋4＝□

(3) 5＋1＝□

(4) 5＋5＝□

(5) 5＋3＝□

がつ　にち

10までの たしざん (6) なまえ

(1) 6＋3＝□

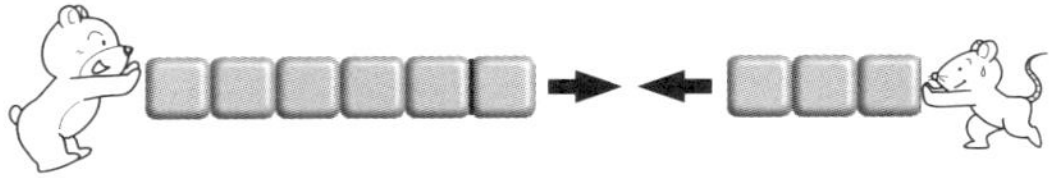

(2) 6＋4＝□

(3) 2＋6＝□

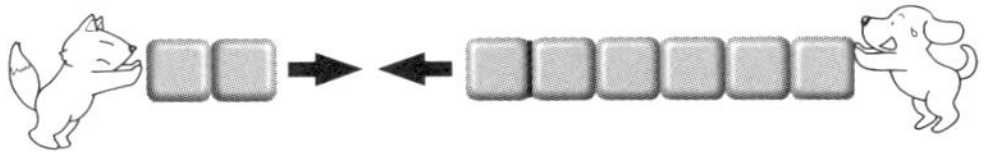

(4) 6＋1＝□

(5) 6＋2＝□

3分

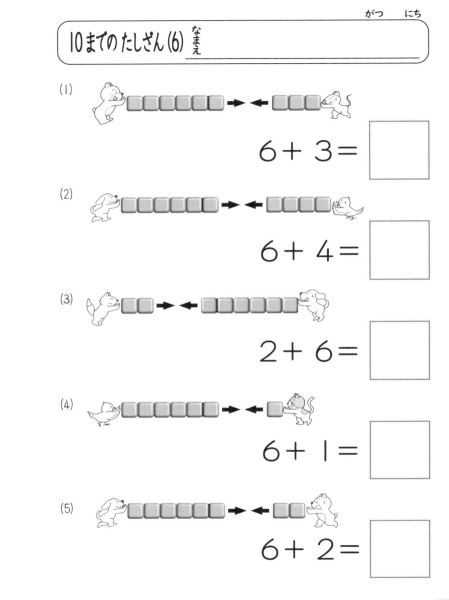

（141%に拡大してご使用ください。）

3分

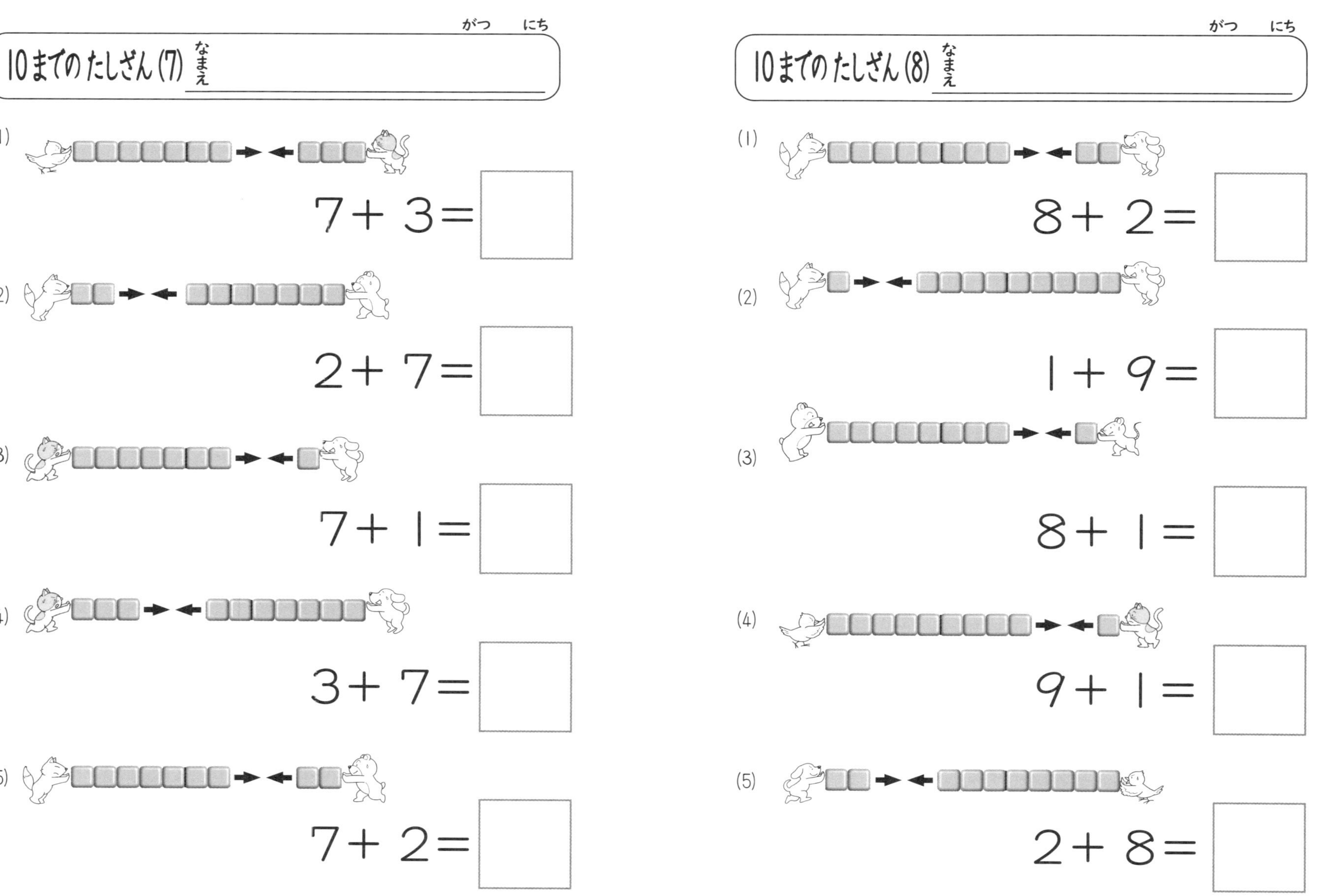

10までの たしざん (7)

がつ　にち

なまえ

(1) $7 + 3 =$ □

(2) $2 + 7 =$ □

(3) $7 + 1 =$ □

(4) $3 + 7 =$ □

(5) $7 + 2 =$ □

10までの たしざん (8)

がつ　にち

なまえ

(1) $8 + 2 =$ □

(2) $1 + 9 =$ □

(3) $8 + 1 =$ □

(4) $9 + 1 =$ □

(5) $2 + 8 =$ □

（141%に拡大してご使用ください。）

がつ　にち

10までの たしざん(9) なまえ

● たしざんを　しましょう。

(1) 5＋2＝　　(2) 3＋3＝

(3) 4＋6＝　　(4) 2＋4＝

(5) 2＋7＝　　(6) 4＋4＝

(7) 3＋5＝　　(8) 6＋4＝

(9) 5＋5＝　　(10) 3＋6＝

(11) 4＋3＝　　(12) 8＋2＝

がつ　にち

10までの たしざん(10) なまえ

● たしざんを　しましょう。

(1) 4＋2＝　　(2) 2＋5＝

(3) 3＋4＝　　(4) 5＋4＝

(5) 6＋3＝　　(6) 3＋7＝

(7) 2＋6＝　　(8) 7＋3＝

(9) 5＋3＝　　(10) 4＋5＝

(11) 2＋8＝　　(12) 7＋2＝

(13) 6＋2＝

3分

10までのたしざん(11)

がつ　にち

なまえ

● たしざんを　しましょう。

(1) 3+3=　　(2) 5+5=

(3) 6+3=　　(4) 3+5=

(5) 2+6=　　(6) 4+2=

(7) 5+3=　　(8) 2+5=

(9) 4+4=　　(10) 7+3=

(11) 3+7=　　(12) 4+6=

10までのたしざん(12)

がつ　にち

なまえ

● たしざんを　しましょう。

(1) 7+2=　　(2) 4+5=

(3) 2+4=　　(4) 6+2=

(5) 5+4=　　(6) 3+4=

(7) 5+2=　　(8) 8+2=

(9) 3+6=　　(10) 2+7=

(11) 2+8=　　(12) 6+4=

(13) 4+3=

（141%に拡大してご使用ください。）

5分

10までの たしざん(13)

がつ　にち

なまえ

● たしざんを　しましょう。

① 2+4=　② 5+2=

③ 5+5=　④ 1+1=

⑤ 3+1=　⑥ 4+6=

⑦ 8+1=　⑧ 1+9=

⑨ 1+4=　⑩ 6+1=

⑪ 6+4=　⑫ 3+4=

⑬ 2+5=　⑭ 5+4=

⑮ 4+2=　⑯ 1+5=

⑰ 7+3=　⑱ 2+1=

⑲ 1+8=　⑳ 4+3=

㉑ 3+5=　㉒ 2+8=

10までの たしざん(14)

がつ　にち

なまえ

● たしざんを　しましょう。

① 4+5=　② 3+7=

③ 2+6=　④ 3+2=

⑤ 1+2=　⑥ 9+1=

⑦ 6+3=　⑧ 1+6=

⑨ 2+2=　⑩ 8+2=

⑪ 3+6=　⑫ 5+1=

⑬ 7+1=　⑭ 1+3=

⑮ 4+1=　⑯ 6+2=

⑰ 1+7=　⑱ 2+7=

⑲ 3+3=　⑳ 7+2=

㉑ 5+3=　㉒ 2+3=

㉓ 4+4=

（141%に拡大してご使用ください。）

10までのたしざん(15)

がつ　にち　なまえ

たしざんを　しましょう。

① 2+1=	② 9+1=
③ 6+3=	④ 1+5=
⑤ 3+5=	⑥ 4+3=
⑦ 1+1=	⑧ 5+2=
⑨ 5+5=	⑩ 2+4=
⑪ 1+9=	⑫ 7+1=
⑬ 4+4=	⑭ 2+8=
⑮ 2+5=	⑯ 1+2=
⑰ 7+3=	⑱ 6+2=
⑲ 1+6=	⑳ 3+4=
㉑ 3+1=	㉒ 8+1=

10までのたしざん(16)

がつ　にち　なまえ

たしざんを　しましょう。

① 3+2=	② 4+2=
③ 5+4=	④ 6+4=
⑤ 1+3=	⑥ 3+7=
⑦ 4+1=	⑧ 2+6=
⑨ 1+7=	⑩ 6+1=
⑪ 3+6=	⑫ 4+5=
⑬ 5+3=	⑭ 1+4=
⑮ 2+2=	⑯ 5+1=
⑰ 7+2=	⑱ 3+3=
⑲ 2+7=	⑳ 1+8=
㉑ 4+6=	㉒ 2+3=
㉓ 8+2=	

(141%に拡大してご使用ください。)

10分

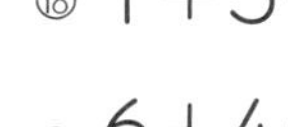

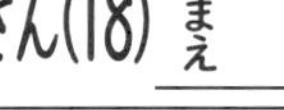
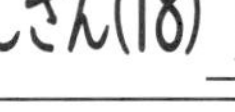

10までの たしざん(17)

なまえ　　　　　　がつ　　にち

① 6+1=	② 2+7=	③ 3+4=
④ 2+1=	⑤ 5+3=	⑥ 1+5=
⑦ 4+6=	⑧ 1+1=	⑨ 7+2=
⑩ 3+3=	⑪ 4+3=	⑫ 5+4=
⑬ 1+6=	⑭ 3+7=	⑮ 2+6=
⑯ 8+1=	⑰ 2+4=	⑱ 1+2=
⑲ 2+8=	⑳ 5+5=	㉑ 4+1=
㉒ 1+3=	㉓ 8+2=	㉔ 3+2=
㉕ 4+2=	㉖ 1+7=	㉗ 4+5=
㉘ 2+3=	㉙ 3+5=	㉚ 6+4=
㉛ 6+2=	㉜ 9+1=	㉝ 2+2=
㉞ 3+6=	㉟ 1+4=	㊱ 7+3=
㊲ 5+1=	㊳ 4+4=	㊴ 1+8=
㊵ 1+9=	㊶ 7+1=	㊷ 5+2=
㊸ 6+3=	㊹ 3+1=	㊺ 2+5=

10までの たしざん(18)

なまえ　　　　　　がつ　　にち

① 1+7=	② 5+5=	③ 4+4=
④ 1+1=	⑤ 2+2=	⑥ 7+2=
⑦ 6+3=	⑧ 8+2=	⑨ 3+5=
⑩ 3+2=	⑪ 1+3=	⑫ 6+1=
⑬ 4+5=	⑭ 5+2=	⑮ 2+3=
⑯ 1+8=	⑰ 3+4=	⑱ 1+5=
⑲ 4+1=	⑳ 7+1=	㉑ 6+4=
㉒ 1+2=	㉓ 2+6=	㉔ 2+8=
㉕ 5+3=	㉖ 4+6=	㉗ 4+3=
㉘ 2+4=	㉙ 2+1=	㉚ 5+4=
㉛ 5+1=	㉜ 1+4=	㉝ 3+1=
㉞ 3+3=	㉟ 4+2=	㊱ 6+2=
㊲ 2+5=	㊳ 3+6=	㊴ 2+7=
㊵ 9+1=	㊶ 1+9=	㊷ 1+6=
㊸ 3+7=	㊹ 7+3=	㊺ 8+1=

（141％に拡大してご使用ください。）

10までのたしざん(19)

なまえ　　　がつ　　にち

① 5+3=	② 1+9=	③ 6+3=
④ 2+1=	⑤ 7+2=	⑥ 1+6=
⑦ 8+2=	⑧ 4+5=	⑨ 3+5=
⑩ 4+1=	⑪ 2+2=	⑫ 2+8=
⑬ 1+3=	⑭ 3+4=	⑮ 5+4=
⑯ 3+7=	⑰ 2+7=	⑱ 4+2=
⑲ 9+1=	⑳ 5+2=	㉑ 1+1=
㉒ 2+6=	㉓ 1+4=	㉔ 3+6=
㉕ 3+3=	㉖ 6+2=	㉗ 2+3=
㉘ 1+2=	㉙ 4+3=	㉚ 1+7=
㉛ 6+1=	㉜ 2+4=	㉝ 8+1=
㉞ 4+4=	㉟ 1+5=	㊱ 5+1=
㊲ 2+5=	㊳ 3+1=	㊴ 4+6=
㊵ 1+8=	㊶ 7+3=	㊷ 7+1=
㊸ 3+2=	㊹ 5+5=	㊺ 6+4=

10までのたしざん(20)

なまえ　　　がつ　　にち

① 5+1=	② 3+6=	③ 1+4=
④ 1+9=	⑤ 9+1=	⑥ 4+4=
⑦ 7+2=	⑧ 2+7=	⑨ 1+8=
⑩ 1+2=	⑪ 6+3=	⑫ 8+1=
⑬ 8+2=	⑭ 4+3=	⑮ 3+2=
⑯ 2+6=	⑰ 2+3=	⑱ 5+2=
⑲ 5+5=	⑳ 1+1=	㉑ 3+7=
㉒ 1+3=	㉓ 6+4=	㉔ 2+2=
㉕ 4+2=	㉖ 3+5=	㉗ 6+2=
㉘ 3+3=	㉙ 3+1=	㉚ 1+5=
㉛ 2+1=	㉜ 2+4=	㉝ 5+4=
㉞ 4+6=	㉟ 7+1=	㊱ 4+1=
㊲ 1+6=	㊳ 4+5=	㊴ 2+8=
㊵ 5+3=	㊶ 1+7=	㊷ 7+3=
㊸ 2+5=	㊹ 3+4=	㊺ 6+1=

（141%に拡大してご使用ください。）

10までの たしざん(21)　なまえ
0のたしざん

がつ　にち

1　たまいれを　しました。はいった　かずを　かきましょう。

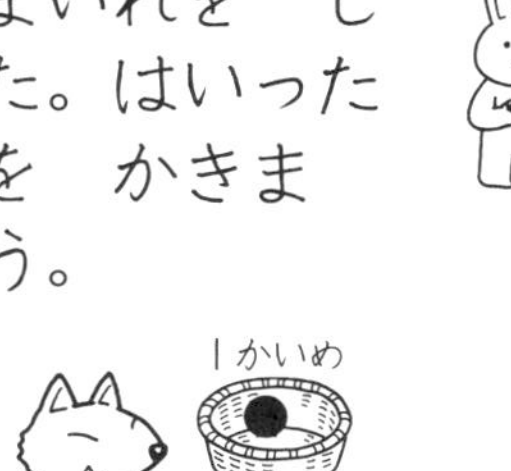

(1)  1かいめ  2かいめ 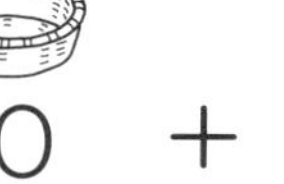

1 ＋ 2 ＝ □

(2) 1かいめ  2かいめ 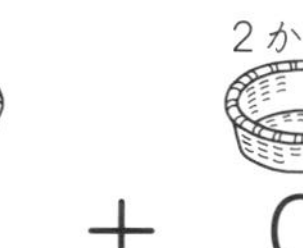

0 ＋ 2 ＝ □

(3) 1かいめ  2かいめ 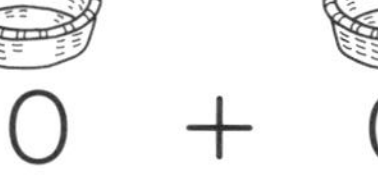

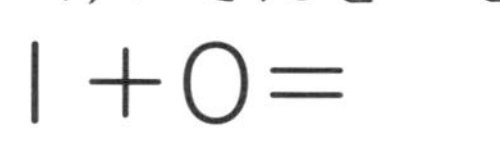

0 ＋ 0 ＝ □

2　けいさんを　しましょう。

(1) 1＋0＝　　(2) 0＋5＝

(3) 7＋0＝　　(4) 0＋4＝

(5) 8＋0＝　　(6) 0＋9＝

(7) 3＋0＝　　(8) 0＋6＝

10までの たしざん(22)　なまえ
ぶんしょうだい

がつ　にち

1　れいぞうこに　けえきが　3こ　はいっていました。おかあさんが　2こ　かってきました。けえきは　ぜんぶで　なんこに　なりますか。

しき

こたえ

2　こうえんに　いぬが　4ひき　いました。あとから　5ひき　やってきました。いぬは　ぜんぶで　なんびきですか。

しき

こたえ

3　どんぐりを　6こ　ひろいました。おにいさんから　3こ　もらいました。どんぐりは　ぜんぶで　なんこに　なりますか。

しき

こたえ

5分

10までの たしざん(23) ぶんしょうだい

がつ　にち　なまえ

1　まなさんは つるを 4こ おりました。おねえさんは 6こ おりました。つるは あわせて なんこに なりますか。

しき

こたえ

2　たんじょうびに ぷれぜんとを 5こ もらいました。あとから 2こ もらいました。あわせて なんこ もらいましたか。

しき

こたえ

3　ちゅうしゃじょうに くるまが 7だい とまっています。そこへ くるまが 1だい はいってきました。くるまは なんだいに なりましたか。

しき

こたえ

4　さるは どんぐりを 6こ ひろいました。りすは 3こ ひろいました。あわせて なんこ どんぐりを ひろいましたか。

しき

こたえ

5　きのう あさがおが 3こ さきました。きょうは あさがおが 4こ さきました。あわせて いくつ さきましたか。

しき

こたえ

10までの たしざん(24) ぶんしょうだい

がつ　にち　なまえ

1　ひよこが 5わ います。あとから ひよこが 1わ きました。ひよこは なんわに なりましたか。

しき

こたえ

2　ばすに 3にん のっています。ばすていで 5にん のりました。ばすには なんにん のっていますか。

しき

こたえ

3　りんごが おさらに 2こ あります。かごに 4こ はいっています。りんごは あわせて なんこに なりますか。

しき

こたえ

4　かさたてに かさが 6ぽん あります。あとから 2ほん ふえました。かさは ぜんぶで なんぼんですか。

しき

こたえ

5　おとこのこが 4にん，おんなのこが 5にんで あそんでいます。みんなで なんにんで あそんでいますか。

しき

こたえ

（141%に拡大してご使用ください。）

10までの たしざん (25)
チャレンジ　おはなしづくり

なまえ

がつ　にち

10分

1　えを みて，3+4の しきに なる おはなしを つくりましょう。

2　えを みて，5+2の しきに なる おはなしを つくりましょう。

(141%に拡大してご使用ください。)

10分

10までの たしざん(26)
チャレンジ　おはなしづくり

なまえ　　がつ　にち

1　えを みて，3+3の しきに なる おはなしを つくりましょう。

2　えを みて，4+4の しきに なる おはなしを つくりましょう。

（141%に拡大してご使用ください。）

ふりかえり　10までのたしざん

なまえ　　　　がつ　　にち

□1 たしざんを　しましょう。

① 4+2=	② 3+3=	③ 9+1=
④ 4+6=	⑤ 2+8=	⑥ 6+2=
⑦ 5+1=	⑧ 2+4=	⑨ 7+3=
⑩ 5+5=	⑪ 3+4=	⑫ 3+7=
⑬ 2+5=	⑭ 5+2=	⑮ 6+3=
⑯ 3+5=	⑰ 1+7=	⑱ 8+1=
⑲ 4+3=	⑳ 2+6=	㉑ 3+6=
㉒ 7+2=	㉓ 5+3=	㉔ 4+4=
㉕ 2+7=	㉖ 8+2=	㉗ 6+4=
㉘ 5+4=	㉙ 4+5=	㉚ 1+6=

□2 ことりが　3わ　きに　とまっています。あとから　2わ　とんできました。ぜんぶで　なんわに　なりましたか。

しき

こたえ

□3 わたしは　ほんを　4さつ，いもうとは　2さつ　もっています。ほんは　あわせて　なんさつに　なりますか。

しき

こたえ

□4 いぬが　2ひき　いました。5ひき　こどもが　うまれました。いぬは　なんびきに　なりましたか。

しき

こたえ

10分 ふりかえり

がつ　にち

10までのたしざん（テスト）

なまえ

【知識・技能】

1 あわせると　いくつに　なりますか。（完答 5x4）

(1) 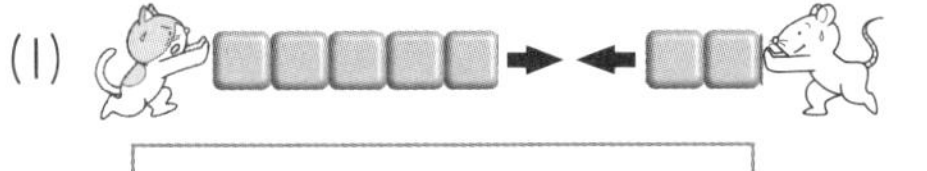

しき　　こたえ

(2) 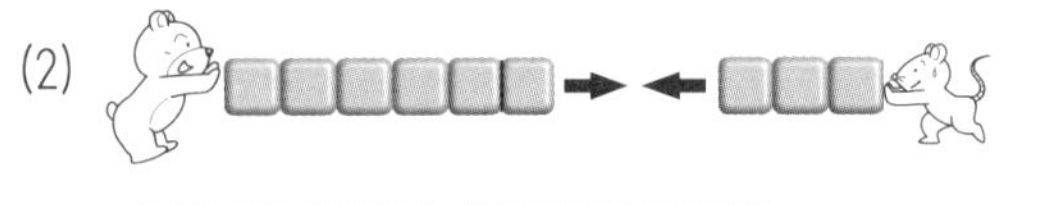

しき　　こたえ

(3) 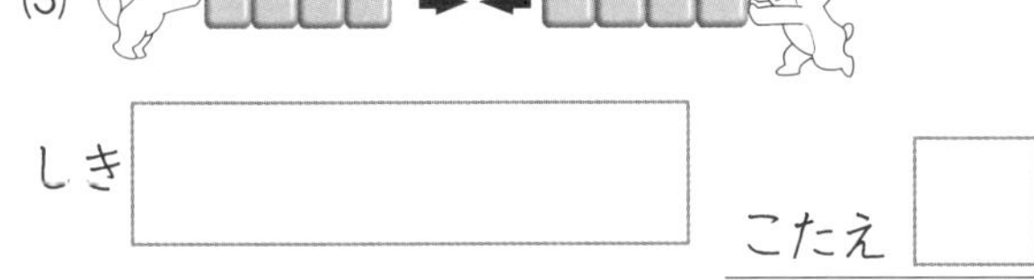

しき　　こたえ

(4) 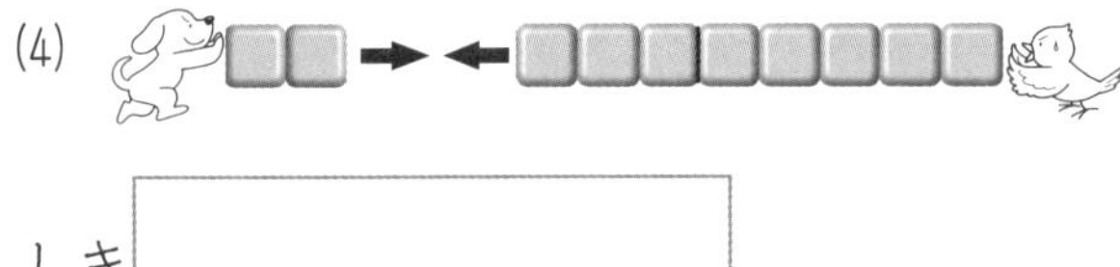

しき　　こたえ

2 たしざんを　しましょう。（5x6）

(1) 5＋4＝

(2) 9＋1＝

(3) 4＋3＝

(4) 3＋7＝

(5) 6＋4＝

(6) 8＋0＝

【思考・判断・表現】

3 よんで　しきと　こたえを　かきましょう。（5x10）

(1) はなが 3こ さいていました。きょう また 6こ さきました。あわせて なんこ さいていますか。

しき　　こたえ　　こ

(2) おとこのこが 3にん，おんなのこが 4にんで あそんでいます。みんなで なんにんですか。

しき　　こたえ　　にん

(3) おりがみを 5まい もっていました。おねえさんから 5まい もらいました。あわせて なんまいに なりましたか。

しき　　こたえ　　まい

(4) ちゅうしゃじょうに ばすが 4だいと，とらっくが 5だい とまっています。ぜんぶで なんだいに なりますか。

しき　　こたえ　　だい

(5) きんぎょすくいで 1かいめは 0ひきでした。2かいめでは 3びき すくいました。あわせて なんびき すくいましたか。

しき　　こたえ　　びき

（141%に拡大してご使用ください。）

がつ　　にち

さんすうあそび
10までのたしざん

なまえ

● まんなかの　かずと　まわりの　かずを　たして，こたえを　はなびらに　かきましょう。

がつ　にち

さんすうあそび 10までのたしざん

なまえ

● こたえの　おおきいほうを　とおって　ゴールまで　いきましょう。

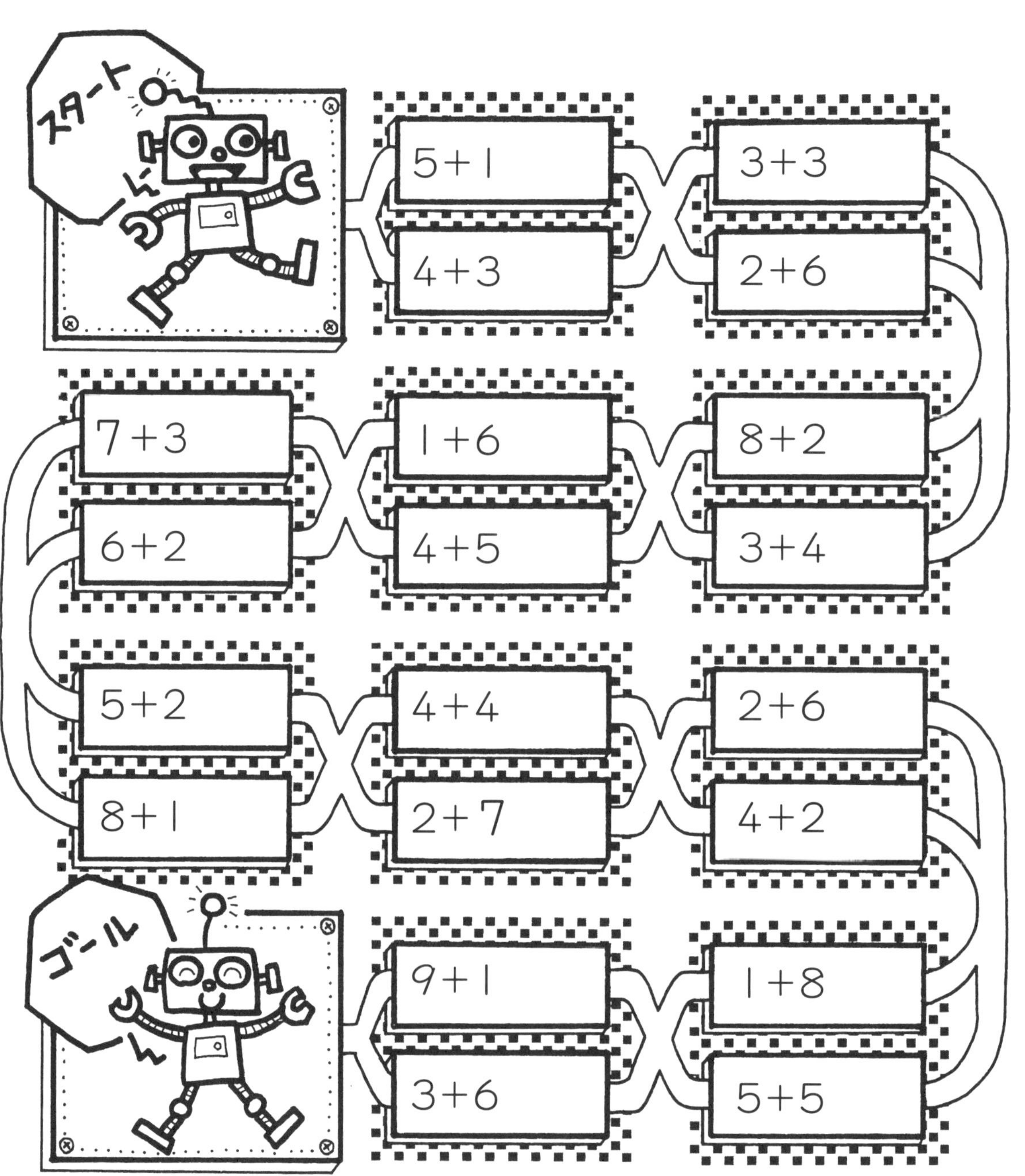

がつ　にち

10までのひきざん(1)

なまえ

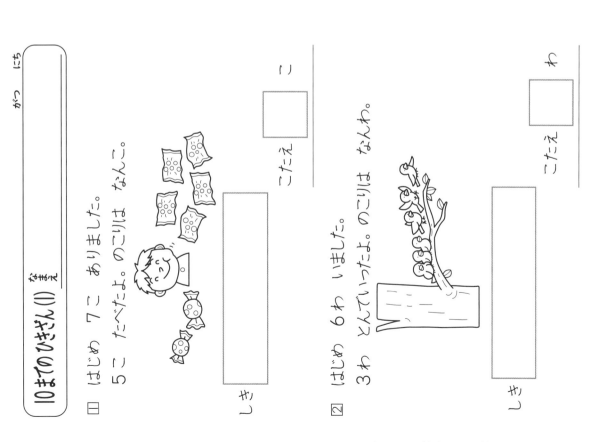

1　はじめ　7こ　ありました。
5こ　たべたよ。のこりは　なんこ。

しき

こたえ　　こ

2　はじめ　6わ　いました。
3わ　とんでいったよ。のこりは　なんわ。

しき

こたえ　　わ

がつ　にち

10までのひきざん(2)

なまえ

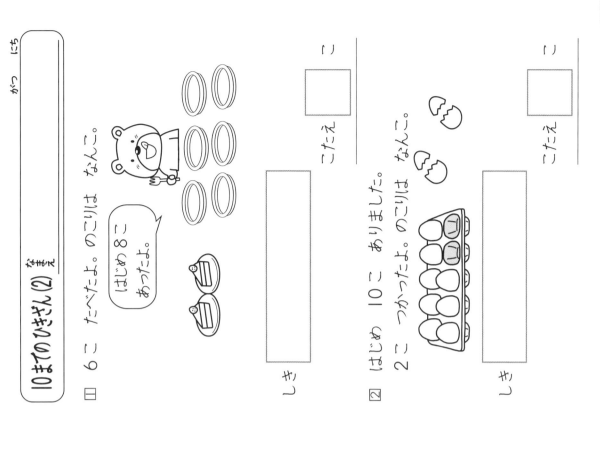

1　6こ　たべたよ。のこりは　なんこ。

しき

こたえ　　こ

2　はじめ　10こ　ありました。
2こ　つかったよ。のこりは　なんこ。

しき

こたえ　　こ

3分

がつ　にち

10までの ひきざん (3)

なまえ

1 はじめ　7ほん　ありました。
1ぽん　つかったよ。のこりは　なんぽん。

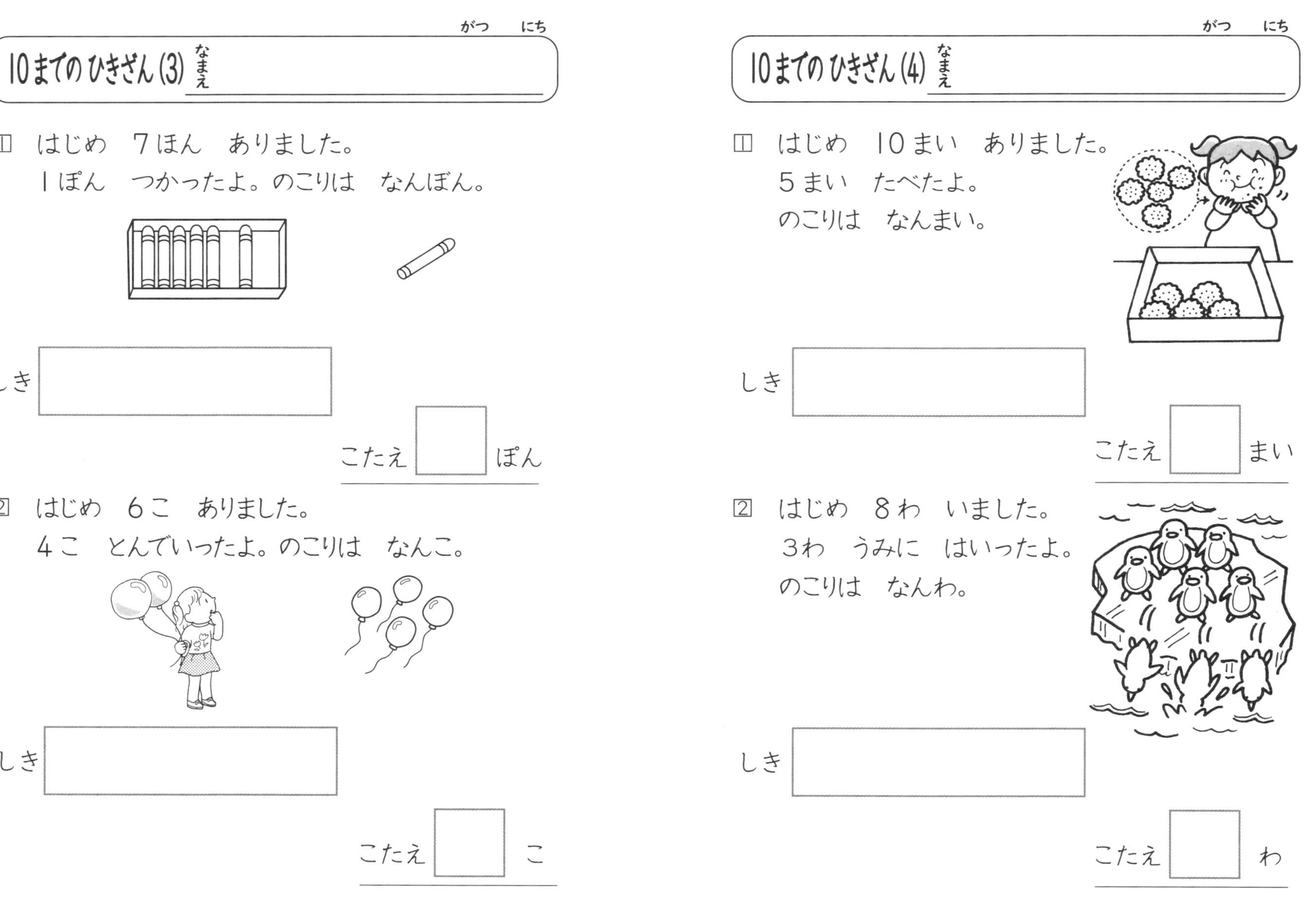

しき

こたえ　□　ぽん

2 はじめ　6こ　ありました。
4こ　とんでいったよ。のこりは　なんこ。

しき

こたえ　□　こ

がつ　にち

10までの ひきざん (4)

なまえ

1 はじめ　10まい　ありました。
5まい　たべたよ。
のこりは　なんまい。

しき

こたえ　□　まい

2 はじめ　8わ　いました。
3わ　うみに　はいったよ。
のこりは　なんわ。

しき

こたえ　□　わ

（141%に拡大してご使用ください。）

10までの ひきざん(5)

がつ　にち

なまえ ＿＿＿＿＿＿＿＿

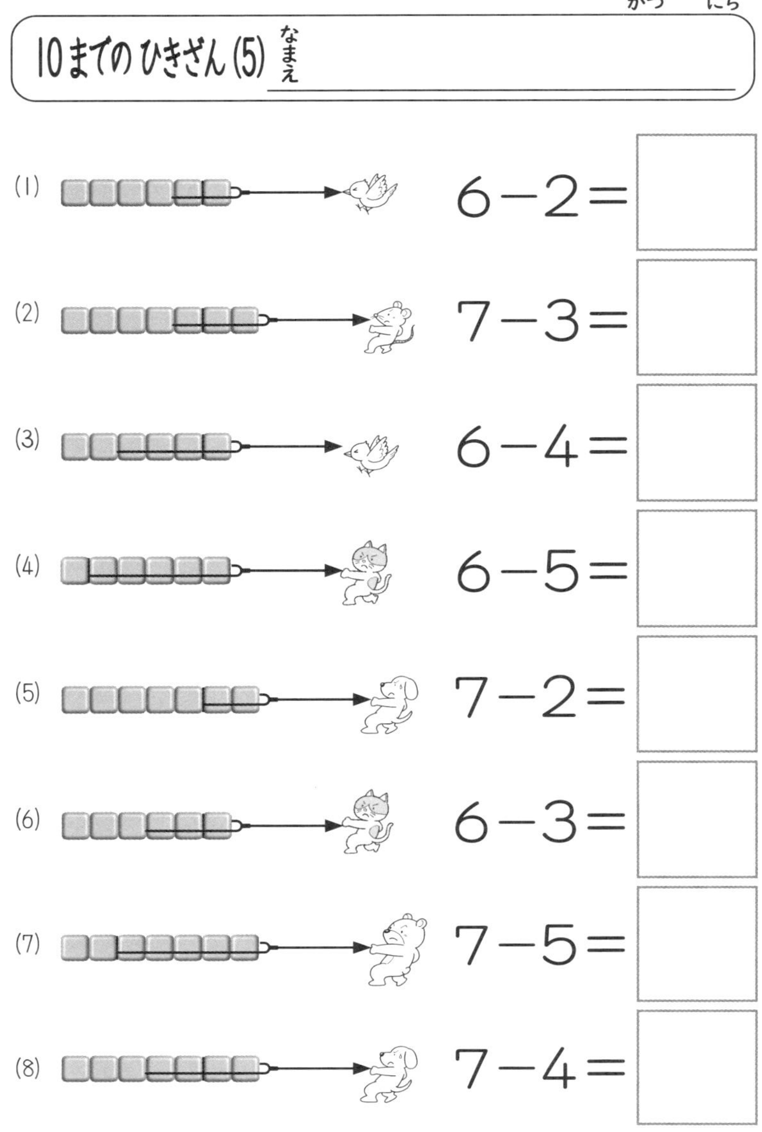

(1) 6－2＝□

(2) 7－3＝□

(3) 6－4＝□

(4) 6－5＝□

(5) 7－2＝□

(6) 6－3＝□

(7) 7－5＝□

(8) 7－4＝□

10までの ひきざん(6)

がつ　にち

なまえ ＿＿＿＿＿＿＿＿

3分

(1)  8－2＝□

(2)  7－6＝□

(3)  8－7＝□

(4) 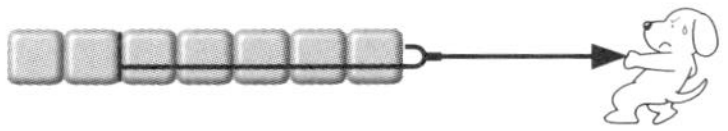 7－5＝□

(5) 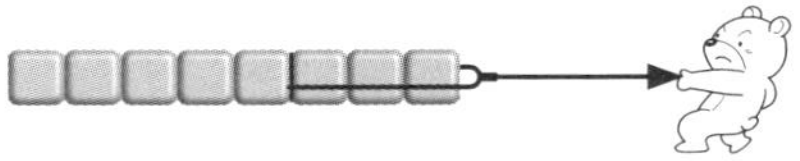 8－3＝□

(6)  8－5＝□

(7)  8－6＝□

(8)  8－4＝□

(141%に拡大してご使用ください。)

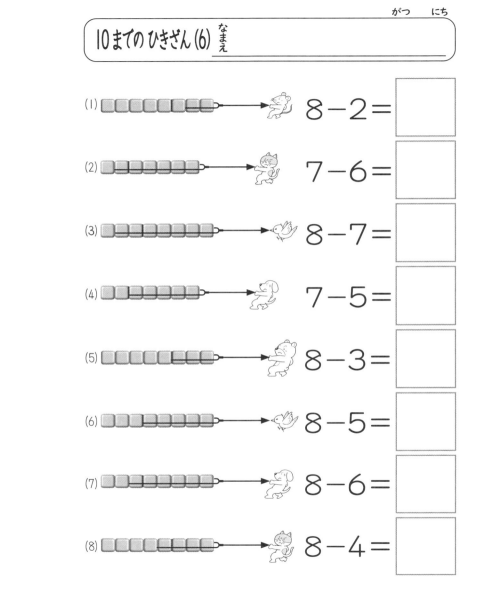

3分

がつ　にち

10までのひきざん(7)

なまえ

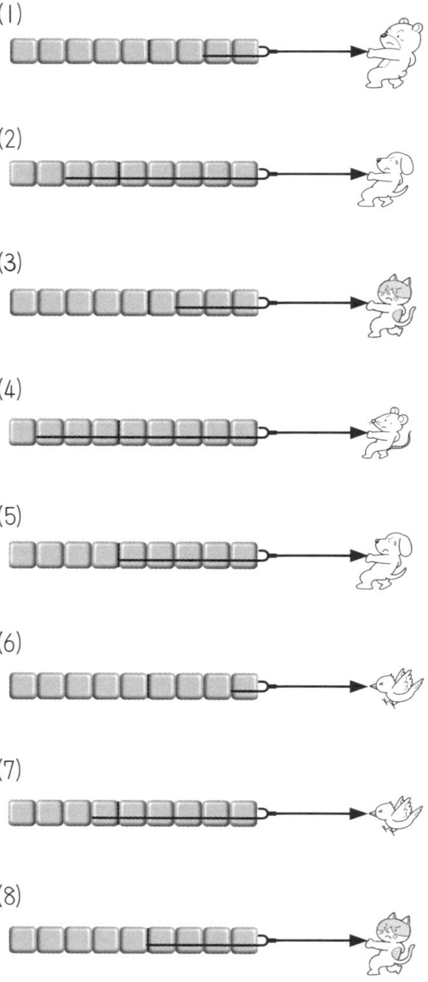

(1) 9−2=

(2) 9−7=

(3) 9−3=

(4) 9−8=

(5) 9−5=

(6) 9−1=

(7) 9−6=

(8) 9−4=

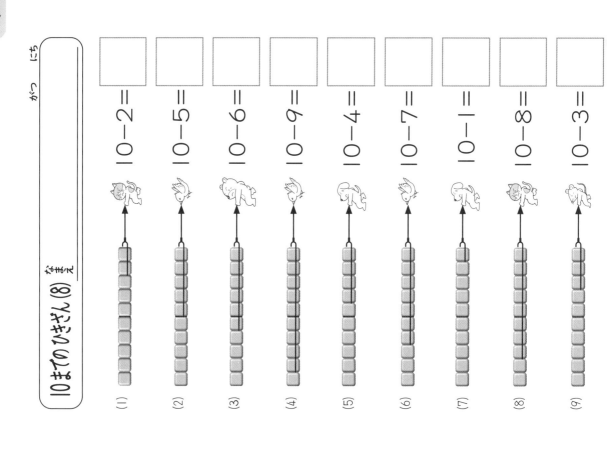

がつ　にち

10までのひきざん(8)

なまえ

(1) 10−2=

(2) 10−5=

(3) 10−6=

(4) 10−9=

(5) 10−4=

(6) 10−7=

(7) 10−1=

(8) 10−8=

(9) 10−3=

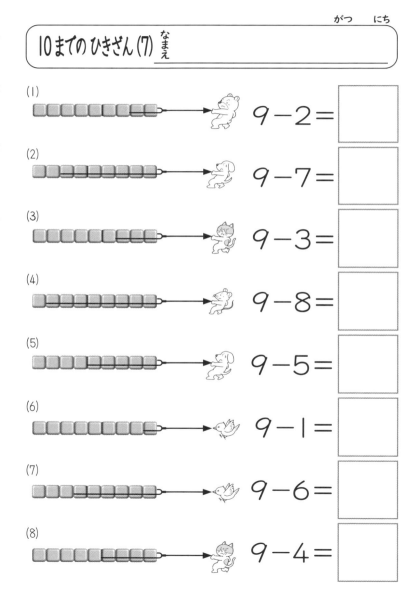

(141%に拡大してご使用ください。)

がつ　にち

10までの ひきざん (9)　なまえ

● ひきざんを　しましょう。

(1) 7−2＝　(2) 8−5＝

(3) 9−4＝　(4) 6−2＝

(5) 10−3＝　(6) 9−7＝

(7) 6−5＝　(8) 8−3＝

(9) 8−7＝　(10) 10−9＝

(11) 10−7＝　(12) 7−4＝

(13) 7−6＝　(14) 9−8＝

(15) 9−3＝

がつ　にち

10までの ひきざん (10)　なまえ

● ひきざんを　しましょう。

(1) 8−2＝　(2) 7−3＝

(3) 9−5＝　(4) 10−4＝

(5) 10−5＝　(6) 8−6＝

(7) 6−3＝　(8) 10−6＝

(9) 10−8＝　(10) 6−4＝

(11) 9−6＝　(12) 9−2＝

(13) 7−5＝　(14) 10−2＝

(15) 8−4＝

3分

（141%に拡大してご使用ください。）

10までのひきざん(11)

なまえ　がつ　にち

● ひきざんを　しましょう。

(1) 9−5＝　(2) 7−2＝

(3) 6−4＝　(4) 10−8＝

(5) 10−2＝　(6) 7−6＝

(7) 7−5＝　(8) 8−4＝

(9) 10−6＝　(10) 9−8＝

(11) 8−3＝　(12) 6−5＝

(13) 9−2＝　(14) 8−7＝

(15) 10−3＝

10までのひきざん(12)

なまえ　がつ　にち

● ひきざんを　しましょう。

(1) 8−5＝　(2) 9−6＝

(3) 9−3＝　(4) 6−2＝

(5) 10−9＝　(6) 10−7＝

(7) 6−3＝　(8) 9−4＝

(9) 10−4＝　(10) 8−6＝

(11) 8−2＝　(12) 7−3＝

(13) 9−7＝　(14) 10−5＝

(15) 7−4＝

(141%に拡大してご使用ください。)

5分

がつ　にち

10までの ひきざん(13)

なまえ

ひきざんを　しましょう。

① 10－5＝	② 8－6＝
③ 6－2＝	④ 10－3＝
⑤ 10－7＝	⑥ 7－4＝
⑦ 7－5＝	⑧ 9－5＝
⑨ 9－3＝	⑩ 6－3＝
⑪ 8－4＝	⑫ 10－6＝
⑬ 9－6＝	⑭ 7－6＝
⑮ 6－4＝	⑯ 10－2＝
⑰ 10－9＝	⑱ 8－3＝
⑲ 9－2＝	⑳ 9－4＝
㉑ 9－8＝	㉒ 6－5＝
㉓ 7－3＝	㉔ 8－7＝
㉕ 8－5＝	㉖ 10－8＝
㉗ 10－4＝	㉘ 7－2＝
㉙ 8－2＝	㉚ 9－7＝

がつ　にち

10までの ひきざん(14)

なまえ

ひきざんを　しましょう。

① 9－4＝	② 8－5＝
③ 7－2＝	④ 10－3＝
⑤ 10－6＝	⑥ 7－4＝
⑦ 8－7＝	⑧ 9－8＝
⑨ 9－6＝	⑩ 6－2＝
⑪ 7－5＝	⑫ 10－8＝
⑬ 10－2＝	⑭ 8－6＝
⑮ 6－3＝	⑯ 9－5＝
⑰ 8－4＝	⑱ 8－2＝
⑲ 10－5＝	⑳ 7－3＝
㉑ 9－2＝	㉒ 10－9＝
㉓ 6－4＝	㉔ 9－3＝
㉕ 8－3＝	㉖ 10－4＝
㉗ 9－7＝	㉘ 6－5＝
㉙ 7－6＝	㉚ 10－7＝

（141%に拡大してご使用ください。）

がつ　にち

10までの ひきざん(15) なまえ

● ひきざんを　しましょう。

① 8−2＝	② 9−4＝
③ 10−3＝	④ 10−7＝
⑤ 6−5＝	⑥ 7−2＝
⑦ 10−9＝	⑧ 8−3＝
⑨ 7−3＝	⑩ 10−5＝
⑪ 9−6＝	⑫ 8−7＝
⑬ 6−4＝	⑭ 9−5＝
⑮ 10−2＝	⑯ 6−3＝
⑰ 8−6＝	⑱ 8−4＝
⑲ 7−4＝	⑳ 9−3＝
㉑ 10−8＝	㉒ 6−2＝
㉓ 9−2＝	㉔ 10−4＝
㉕ 7−6＝	㉖ 9−7＝
㉗ 8−5＝	㉘ 7−5＝
㉙ 9−8＝	㉚ 10−6＝

がつ　にち

10までの ひきざん(16) なまえ

● ひきざんを　しましょう。

① 10−4＝	② 7−2＝
③ 6−5＝	④ 9−3＝
⑤ 8−6＝	⑥ 10−8＝
⑦ 7−3＝	⑧ 9−6＝
⑨ 10−6＝	⑩ 8−2＝
⑪ 6−4＝	⑫ 10−7＝
⑬ 9−7＝	⑭ 8−4＝
⑮ 8−7＝	⑯ 6−3＝
⑰ 7−6＝	⑱ 10−3＝
⑲ 10−2＝	⑳ 9−2＝
㉑ 6−2＝	㉒ 8−5＝
㉓ 9−4＝	㉔ 7−4＝
㉕ 9−8＝	㉖ 10−5＝
㉗ 8−3＝	㉘ 9−5＝
㉙ 10−9＝	㉚ 7−5＝

（141%に拡大してご使用ください。）

10までの ひきざん(17)

がつ　にち　なまえ

① 6−1=	② 9−5=	③ 8−3=
④ 4−2=	⑤ 10−1=	⑥ 7−4=
⑦ 8−4=	⑧ 2−1=	⑨ 10−4=
⑩ 7−3=	⑪ 10−7=	⑫ 6−3=
⑬ 3−1=	⑭ 9−4=	⑮ 9−6=
⑯ 8−7=	⑰ 5−2=	⑱ 7−5=
⑲ 6−5=	⑳ 10−6=	㉑ 3−2=
㉒ 9−7=	㉓ 4−1=	㉔ 10−5=
㉕ 8−2=	㉖ 8−5=	㉗ 5−1=
㉘ 5−3=	㉙ 10−2=	㉚ 10−9=
㉛ 9−1=	㉜ 6−4=	㉝ 7−2=
㉞ 6−2=	㉟ 4−3=	㊱ 8−6=
㊲ 10−8=	㊳ 8−1=	㊴ 9−2=
㊵ 7−1=	㊶ 9−8=	㊷ 5−4=
㊸ 9−3=	㊹ 7−6=	㊺ 10−3=

10までの ひきざん(18)

がつ　にち　なまえ

① 10−5=	② 3−1=	③ 6−4=
④ 8−3=	⑤ 9−8=	⑥ 7−2=
⑦ 4−3=	⑧ 8−2=	⑨ 9−1=
⑩ 10−1=	⑪ 7−3=	⑫ 3−2=
⑬ 6−3=	⑭ 5−4=	⑮ 10−4=
⑯ 9−2=	⑰ 8−7=	⑱ 8−1=
⑲ 2−1=	⑳ 10−3=	㉑ 6−5=
㉒ 9−7=	㉓ 4−1=	㉔ 9−3=
㉕ 7−1=	㉖ 8−4=	㉗ 6−2=
㉘ 4−2=	㉙ 7−4=	㉚ 10−2=
㉛ 7−6=	㉜ 10−6=	㉝ 5−3=
㉞ 9−4=	㉟ 5−2=	㊱ 10−7=
㊲ 6−1=	㊳ 10−9=	㊴ 8−5=
㊵ 9−6=	㊶ 7−5=	㊷ 5−1=
㊸ 8−6=	㊹ 10−8=	㊺ 9−5=

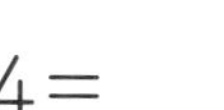

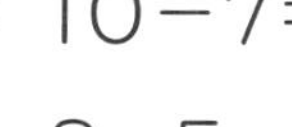

10分

(141%に拡大してご使用ください。)

10までの ひきざん(19)

がつ　にち

なまえ

① 4−1=	② 9−3=	③ 5−3=
④ 10−9=	⑤ 6−4=	⑥ 10−7=
⑦ 8−3=	⑧ 10−5=	⑨ 3−2=
⑩ 5−4=	⑪ 7−1=	⑫ 7−6=
⑬ 9−4=	⑭ 4−2=	⑮ 6−3=
⑯ 8−5=	⑰ 10−4=	⑱ 10−2=
⑲ 5−2=	⑳ 8−1=	㉑ 5−1=
㉒ 7−2=	㉓ 6−2=	㉔ 9−7=
㉕ 3−1=	㉖ 10−6=	㉗ 8−2=
㉘ 9−2=	㉙ 8−7=	㉚ 4−3=
㉛ 8−4=	㉜ 7−3=	㉝ 9−5=
㉞ 10−3=	㉟ 2−1=	㊱ 6−5=
㊲ 7−5=	㊳ 9−6=	㊴ 9−1=
㊵ 6−1=	㊶ 8−6=	㊷ 7−4=
㊸ 9−8=	㊹ 10−1=	㊺ 10−8=

10までの ひきざん(20)

がつ　にち

なまえ

① 10−8=	② 4−1=	③ 5−4=
④ 7−3=	⑤ 6−5=	⑥ 10−4=
⑦ 10−1=	⑧ 9−3=	⑨ 2−1=
⑩ 5−3=	⑪ 8−5=	⑫ 9−8=
⑬ 10−6=	⑭ 6−1=	⑮ 4−2=
⑯ 7−2=	⑰ 10−9=	⑱ 9−5=
⑲ 8−6=	⑳ 4−3=	㉑ 8−3=
㉒ 3−1=	㉓ 9−2=	㉔ 6−4=
㉕ 9−4=	㉖ 7−1=	㉗ 5−2=
㉘ 7−6=	㉙ 8−2=	㉚ 9−1=
㉛ 6−2=	㉜ 10−5=	㉝ 7−4=
㉞ 9−7=	㉟ 3−2=	㊱ 10−2=
㊲ 8−1=	㊳ 8−7=	㊴ 8−4=
㊵ 10−3=	㊶ 5−1=	㊷ 10−7=
㊸ 7−5=	㊹ 9−6=	㊺ 6−3=

（141%に拡大してご使用ください。）

がつ　にち

10までの ひきざん(21)
0のひきざん

なまえ

1　すいそうに　きんぎょが　3びき　いました。あみで　すくうと　のこりは　なんびきに　なりますか。

(1) 1ぴき　すくうと・・・

3−1=

(2) 3びき　すくうと・・・

3−3=

(3) すくえませんでした。

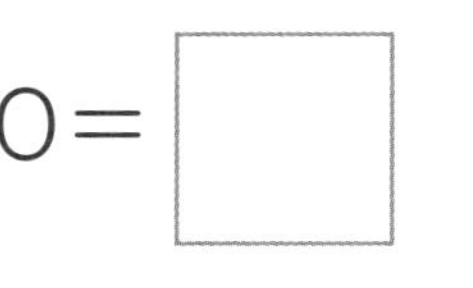

3−0=

2　けいさんを　しましょう。

(1) 4−0=　　(2) 10−0=

(3) 7−0=　　(4) 8−0=

(5) 9−0=　　(6) 5−0=

(7) 6−0=　　(8) 2−0=

がつ　にち

10までの ひきざん(22)
ぶんしょうだい（のこりはいくつ）

なまえ

1　うさぎが　6ぴき　ふねに　のっていました。3びき　おりました。ふねに　なんびき　のこって　いますか。

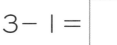

しき

こたえ

2　りすが　きの　うえに　8ぴき　いました。3びき　きから　おりました。きの　うえには，なんびきの　りすが　いますか。

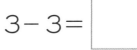

しき

こたえ

3　みかんが　7こ　ありました。5こ　たべました。のこりは　なんこに　なりますか。

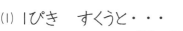

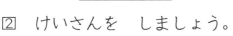

しき

こたえ

5分

（141%に拡大してご使用ください。）

がつ　にち

10までの ひきざん(23)

ぶんしょうだい（こちらはいくつ）　なまえ

1　こどもが 10にん いました。おんなのこは 6にんです。おとこのこは なんにんですか。

しき

こたえ

2　のうとと ほんが あわせて 8さつ あります。のうとは 6さつです。ほんは なんさつですか。

しき

こたえ

3　かきと りんごが あわせて 7こ あります。かきは 3こです。りんごは なんこですか。

あわせて　7こ
3こ
こちらは　いくつ

しき

こたえ

がつ　にち

10までの ひきざん(24)

ぶんしょうだい（こちらはいくつ）　なまえ

1　えんぴつが 9ほん あります。4ほん けずってあります。けずって いない えんぴつは なんぼんですか。

あわせて　9ほん
4ほん
こちらは なんぼん

しき

こたえ

2　けえきと ぷりんを あわせて 6こ もらいました。けえきは 4こです。ぷりんは なんこですか。

あわせて　6こ
4こ
こちらは いくつ

しき

こたえ

3　たおると はんかちが あわせて 7まい ほしてありました。たおるは 5まいです。はんかちは なんまいですか。

あわせて　7まい
5まい
こちらは なんまい

しき

こたえ

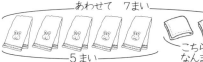

がつ　にち

10までの ひきざん(25)

ぶんしょうだい(ちがいは いくつ)　なまえ

1　どうぶつえんに きりんが 7とう，ぞうが 4とう います。どちらが なんとう おおいですか。

7とう　?　4とう

しき

こたえ

2　ちょうちょを 6ぴき，とんぼを 2ひき つかまえました。どちらが なんびき おおいですか。

6ぴき　?　2ひき

しき

こたえ

3　こうえんで おとこのこが 7にん，おんなのこが 10にん あそんでいます。どちらが なんにん おおいですか。

10にん　?　7にん

しき

こたえ

がつ　にち

10までの ひきざん(26)

ぶんしょうだい(ちがいは いくつ)　なまえ

1　りょうたさんは じゃがいもを 7こ ほりました。りかさんは 8こ ほりました。どちらが なんこ おおく ほりましたか。

7こ　りょうたさん　?　りかさん　8こ

しき

こたえ

2　やきゅうぼうるが 5こ，てにすぼうるが 9こ あります。どちらが なんこ おおいですか。

5こ　?　9こ

しき

こたえ

3　おりがみで つるを 7こ，かぶとを 5こ おりました。どちらが なんこ おおいですか。

7こ　?　5こ

しき

こたえ

5分

(141%に拡大してご使用ください。)

10までのひきざん(27)

ぶんしょうだい(ちらはいくつ)　なまえ

がつ　にち

⑴ わたしと いもうとで どんぐりを 10こ ひろいました。いもうとは 3こ ひろいました。わたしは なんこ ひろいましたか。

しき

こたえ

⑵ くわがたと かぶとむしを あわせて 9ひき つかまえました。くわがたは 5ひきです。かぶとむしは なんびきですか。

しき

こたえ

⑶ こうえんで こどもが 8にん あそんでいます。おとこのこが 4にんです。おんなのこは なんにんですか。

しき

こたえ

⑷ しろと あかの りぼんが あわせて 9こ あります。しろの りぼんは 3こです。あかの りぼんは なんこですか。

しき

こたえ

⑸ たまごが 7こ ありました。3こ たまごやきに つかいました。つかって いない たまごは なんこですか。

しき

こたえ

10までのひきざん(28)

ぶんしょうだい(ちがいはいくつ)　なまえ

がつ　にち

⑴ いぬが 6ぴき, ねこが 4ひき います。どちらが なんびき おおいでしょうか。

しき

こたえ

⑵ ゆかさんは 9さい, あゆさんは 7さいです。どちらが なんさい としうえですか。

しき

こたえ

⑶ りすが きの うえに 8ぴき, きのしたに 5ひき います。どちらにいる りすが なんびき おおいですか。

しき

こたえ

⑷ ぼくじょうに やぎが 10ぴき, ひつじが 8ぴき います。どちらが なんびき おおいでしょうか。

しき

こたえ

⑸ かきが 7こ, りんごが 4こ あります。どちらが なんこ おおいでしょうか。

しき

こたえ

がつ　にち

10までの ひきざん(29)
ぶんしょうだい(ちがいはいくつ)　なまえ

1　じてんしゃが　6だい，ばいくが　7だい　あります。どちらが　なんだい　おおいでしょうか。

しき

こたえ

2　ぷりんが　6こ，ぜりいが　4こ　あります。どちらが　なんこ　おおいでしょうか。

しき

こたえ

3　はるとさんは　ほんを　9さつ，おにいさんは　8さつ　もっています。どちらが　なんさつ　おおく　もっていますか。

しき

こたえ

4　いすが　9きゃく　あります。6にんの　こどもが　すわりました。どちらが　どれだけ　おおいでしょうか。

しき

こたえ

5　にんじんが　5ほん，だいこんが　8ぽん　あります。どちらが　なんぼん　おおいでしょうか。

しき

こたえ

がつ　にち

10までの ひきざん(30)
ぶんしょうだい　なまえ

1　たまごが　10こ　ありました。3こ　われました。たまごは　なんこ　のこっていますか。

しき

こたえ

2　すいかが　4こ，めろんが　7こ　うっています。めろんは　なんこ　おおいでしょうか。

しき

こたえ

3　おもちゃが　ぜんぶで　8こ　あります。ゆなさんは　5こ　もっています。いもうとは　なんこ　もっていますか。

しき

こたえ

4　ななさんは　6さい，おにいさんは　10さいです。おにいさんは　なんさい　としうえですか。

しき

こたえ

5　ぼくと　おとうとで　たこやきを　9こ　たべました。おとうとは　3こ　たべました。ぼくは　なんこ　たべましたか。

しき

こたえ

10分

がつ　にち

10までの ひきざん(31) ぶんしょうだい

なまえ

1 かだんに あかと きいろの ちゅうりっぷが あわせて 7ほん さきました。あかい ちゅうりっぷは 2ほんです。きいろの ちゅうりっぷは なんぼんですか。

しき

こたえ

2 でんしゃが 8りょう ありました。4りょう きりはなしました。でんしゃは なんりょうに なりますか。

しき

こたえ

3 からすが 3わ, すずめが 6わ とんでいます。すずめが なんわ おおいでしょうか。

しき

こたえ

4 きんぎょすくいを しました。あおいさんは 5ひき, りこさんは 7ひき すくいました。りこさんは なんびき おおく すくいましたか。

しき

こたえ

5 かえると おたまじゃくしが あわせて 10ぴき います。かえるは 3びきです。おたまじゃくしは なんびきですか。

しき

こたえ

がつ　にち

10までの ひきざん(32) ぶんしょうだい

なまえ

1 ばすに 10にん のっています。おとなは 7にんです。こどもは なんにん のっていますか。

しき

こたえ

2 くりを 3こ, どんぐりを 6こ ひろいました。どんぐりを なんこ おおく ひろいましたか。

しき

こたえ

3 のうとを 9さつ かいました。5さつ つかいました。のうとは なんさつ のこっていますか。

しき

こたえ

4 くろと しろの ひもが あわせて 7ほん あります。くろい ひもは 3ぼん あります。しろい ひもは なんぼんですか。

しき

こたえ

5 うしが 2とう, うまが 8とう います。うまが なんとう おおいでしょうか。

しき

こたえ

(141%に拡大してご使用ください。)

10までの ひきざん (33)
チャレンジ　おはなしづくり

なまえ　　　がつ　にち

1 えを みて，6−4の しきになる おはなしを つくりましょう。

2 えを みて，5−3の しきになる おはなしを つくりましょう。

3 えを みて，4−2の しきになる おはなしを つくりましょう。

10分

10までの ひきざん (34)

チャレンジ　おはなしづくり

なまえ　　がつ　にち

1 えを みて，7−3の しきになる おはなしを つくりましょう。

2 えを みて，5−4の しきになる おはなしを つくりましょう。

3 えを みて，6−5の しきになる おはなしを つくりましょう。

がつ　にち

ふりかえり　10までのひきざん

なまえ

1　ひきざんを　しましょう。

① 8−6=	② 10−2=	③ 7−2=
④ 8−4=	⑤ 9−3=	⑥ 10−7=
⑦ 9−8=	⑧ 6−3=	⑨ 7−5=
⑩ 10−4=	⑪ 9−2=	⑫ 9−7=
⑬ 10−3=	⑭ 7−3=	⑮ 6−2=
⑯ 9−4=	⑰ 8−3=	⑱ 8−7=
⑲ 10−9=	⑳ 6−5=	㉑ 9−5=
㉒ 8−2=	㉓ 6−4=	㉔ 10−5=
㉕ 7−6=	㉖ 7−4=	㉗ 8−5=
㉘ 10−8=	㉙ 10−6=	㉚ 9−6=

2　おにぎりが　7こ　ありました。6こ　たべました。おにぎりは　なんこ　のこっていますか。

しき

こたえ

3　たまねぎが　9こ，じゃがいもが　2こ　ありました。どちらが　なんこ　おおいでしょうか。

しき

こたえ

4　こやに　にわとりと　ひよこが　あわせて　10わ　います。にわとりは　4わです。ひよこは　なんわいますか。

しき

こたえ

10分 ふりかえり

がつ　にち

10までのひきざん（テスト）

なまえ

【知識・技能】

1 のこりは　いくつに　なりますか。（完答 5x2）

(1)

しき

こたえ

(2)

しき

こたえ

2 ちがいは　いくつに　なりますか。（完答 5x2）

(1)

しき

こたえ

(2)

しき

こたえ

3 ひきざんを　しましょう。（5x6）

(1) 8−5＝

(2) 9−6＝

(3) 10−4＝

(4) 7−4＝

(5) 6−4＝

(6) 6−0＝

【思考・判断・表現】

4 よんで しきと こたえを かきましょ（5x1C

(1) りんごが 7こ ありました。きょう 5
たべました。りんごは なんこ のこって
いますか。

しき

こたえ　こ

(2) こうえんで こどもが 9にん あそんでい
ます。おとこのこが 3にんです。おんなの
こは なんにんですか。

しき

こたえ　に

(3) わたしは えんぴつを 8ほん もってい
ます。いもうとは 6ぽん もっています。
ちがいは なんぼんですか。

しき

こたえ　ほ

(4) くるまが 10だい とまっていました。
8だいが でていきました。なんだい
のこっていますか。

しき

こたえ　だ

(5) きんぎょすくいで わたしは 6ぴき すくい
した。おにいさんは 10ぴき すくいました
どちらが なんびき おおいですか。

しき

こたえ　のほうが　ひき お

　（141%に拡大してご使用ください。）

がつ　　にち

さんすうあそび 10までのひきざん

なまえ

● ふうせんに　いろを　ぬりましょう。
　こたえが　1には　あか，2には　あお，3には　きいろ，4には　みどりを　ぬりましょう。

がつ　にち

さんすうあそび
10までのひきざん

なまえ

● まんなかの　かずから　まわりの　かずを　ひいて，こたえを　はなびらに　かきましょう。

がつ　にち

たしざんかな ひきざんかな（1）

なまえ

①　おりがみを　7まい　もっています。おねえさんから　3まい　もらいました。おりがみは　ぜんぶで　なんまいですか。

しき

こたえ

②　ばったを　6ぴき　つかまえました。2ひき　にげました。ばったは　なんびき　のこっていますか。

しき

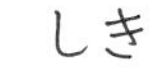

こたえ

③　ばすに　5にん　のっています。ばすていで　4にん　のりました。ばすには　なんにん　のっていますか。

しき

こたえ

④　うまが　さくの　なかに　8とう　います。6とう　でて　いきました。なんとう　のこっていますか。

しき

こたえ

がつ　にち

たしざんかな ひきざんかな（2）

なまえ

①　ちょこれいとが　10こ　ありました。5こ　たべました。ちょこれいとは　なんこ　のこっていますか。

しき

こたえ

②　くりが　4こ　あります。かごには　6こ　はいって　います。あわせて　なんこに　なりますか。

しき

こたえ

③　すずめが　やねに　3わ　とまって　います。5わ　とんできました。ぜんぶで　なんわ　とまっていますか。

しき

こたえ

④　そうたさんは　くっきいを　9まい，こうきさんは　7まい　たべました。そうたさんは　なんまい　おおく　たべましたか。

しき

こたえ

10分

（141％に拡大してご使用ください。）

がつ　にち

たしざんかな ひきざんかな (3)

なまえ

1 しろい　うさぎと　くろい　うさぎが　あわせて　9ひき　います。しろい　うさぎは　3びきです。くろい　うさぎは　なんびきですか。

しき

こたえ

2 はんかちが　4まい，たおるが　7まい　あります。たおるは　なんまい　おおいですか。

しき

こたえ

3 ふうせんが　8こ　あります。2こ　われて　しまいました。ふうせんは　なんこ　のこって　いますか。

しき

こたえ

4 けえきが　おさらのうえに　4こ，はこの　なかに　4こ　あります。けえきは　あわせて　なんこに　なりますか。

しき

こたえ

がつ　にち

たしざんかな ひきざんかな (4)

なまえ

1 ちょうが　3びき，とんぼが　6ぴき　います。ちょうと　とんぼの　かずの　ちがいは　なんびきですか。

しき

こたえ

2 なわとびを　しました。しおりさんは　9かい，ゆなさんは　8かい　とびました。しおりさんは　なんかい　おおく　とびましたか。

しき

こたえ

3 でんしゃが　7りょう　とまって　いました。2りょう　れんけつしました。でんしゃは　ぜんぶで　なんりょうですか。

しき

こたえ

4 みかんが　10こ　ありました。6こ　たべました。のこりは　なんこに　なりますか。

しき

こたえ

がつ　　にち

たしざんかなひきざんかな（テスト）

なまえ

すべて【思考・判断・表現】　（5x20）

1　おりがみを　おかあさんから　7まい，おねえさんから　3まい　もらいました。おりがみは　ぜんぶで　なんまいですか。

しき

こたえ

2　ばななが　9ほん　ありました。そのうち　2ほん　たべました。のこりは　なんぼんですか。

しき

こたえ

3　こどもが　10にん　あそんでいます。そのうち，4にんは　おんなのこです。おとこのこは　なんにんですか。

しき

こたえ

4　5にんで　すなばで　あそんでいました。おともだちが，3にん　やってきました。ぜんぶで　なんにんに　なりましたか。

しき

こたえ

5　みゆさんは　いちごを　8こ　たべました。だいきさんは　5こ　たべました。みゆさんは　なんこ　おおく　たべましたか。

しき

こたえ

6　さかなが　いけに　7ひき　いました。7ひき　つりました。なんびき　いけに　のこっていますか。

しき

こたえ

7　あかいはなが　4ほん　さいています。しろいはなが　6ぽん　さいています。ちがいは　なんぼんですか。

しき

こたえ

8　みかんが　こたつの　うえに　4こ　あります。はこの　なかに　5こ　あります。みかんは　あわせて　なんこ　ありますか。

しき

こたえ

9　ゆうたさんは　ほんを　6さつ　よみました。れなさんは　9さつ　よみました。れなさんは　なんさつ　おおく　よみましたか。

しき

こたえ

10　えんぴつを　10ぽん　もっています。そのうち　7ほんを　けずりました。けずっていない　えんぴつは　なんぼんですか。

しき

こたえ

（141%に拡大してご使用ください。）

3分

ながさくらべ(1)

がつ　にち

なまえ

● どちらが　ながいでしょうか。ながい　ほうや　たかい　ほうの　[　]に　○を　つけましょう。

(1)

(2)

(3)

(4)

(5)

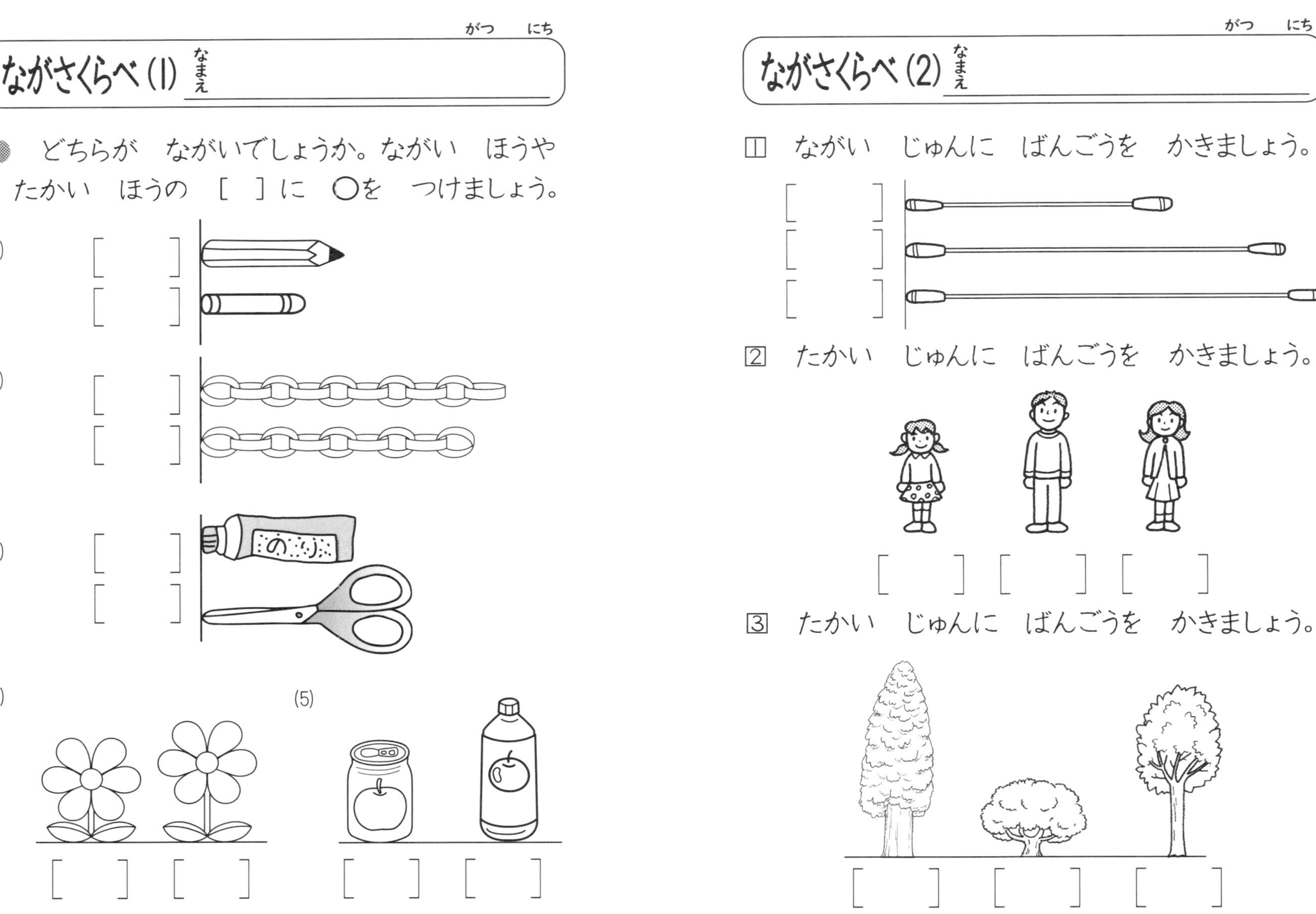

ながさくらべ(2)

がつ　にち

なまえ

1 ながい　じゅんに　ばんごうを　かきましょう。

2 たかい　じゅんに　ばんごうを　かきましょう。

3 たかい　じゅんに　ばんごうを　かきましょう。

がつ　にち

ながさくらべ (3)　なまえ

● どちらが　ながいでしょうか。ながい　ほうや　たかい　ほうの　[　]に　○を　つけましょう。

(1) [　　]
[　　]

(2) [　　]
[　　]

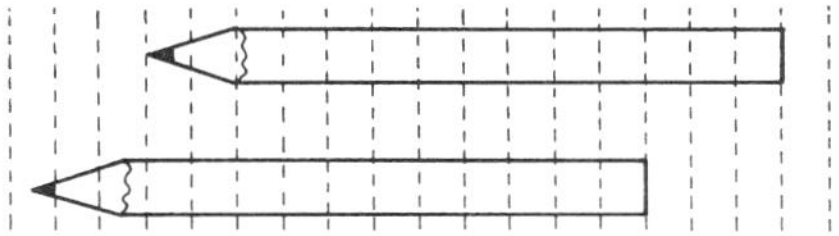

(3) [　　]
[　　]

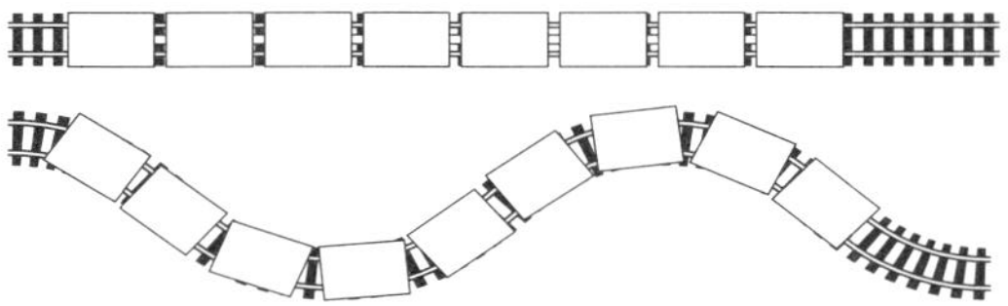

(4) [　　]
[　　]

(5) 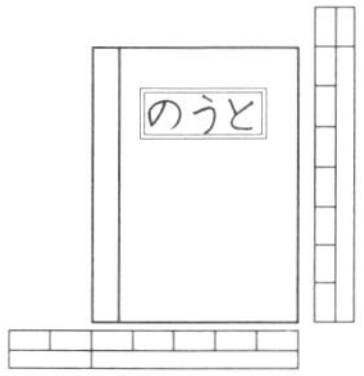 のうと
たて [　　]
よこ [　　]

がつ　にち

ながさくらべ (4)　なまえ

● ながい　じゅんに　ばんごうを　かきましょう。

(1) ㋐[　　]　㋑[　　]　㋒[　　]
けしゴム
スティックのり
クレパス
㋓[　　]　㋔[　　]

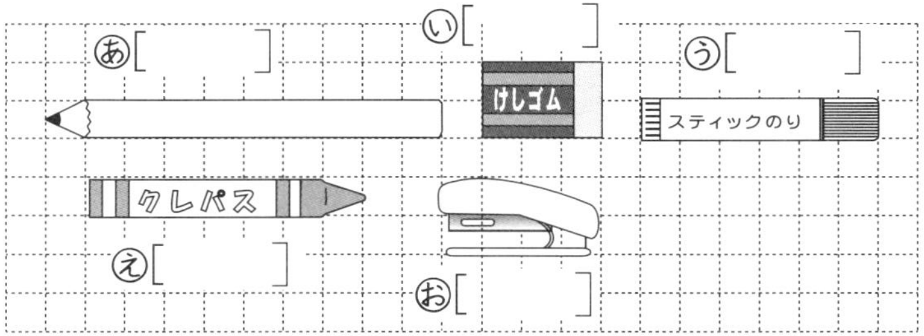

(2) [　　]
[　　]
[　　]

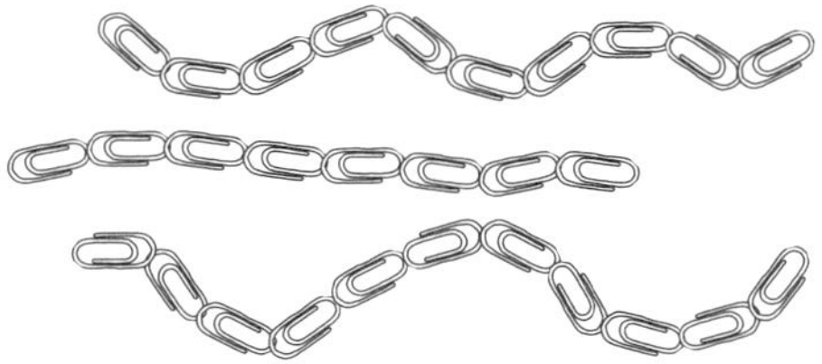

(3) [　　]
[　　]
[　　]
[　　]

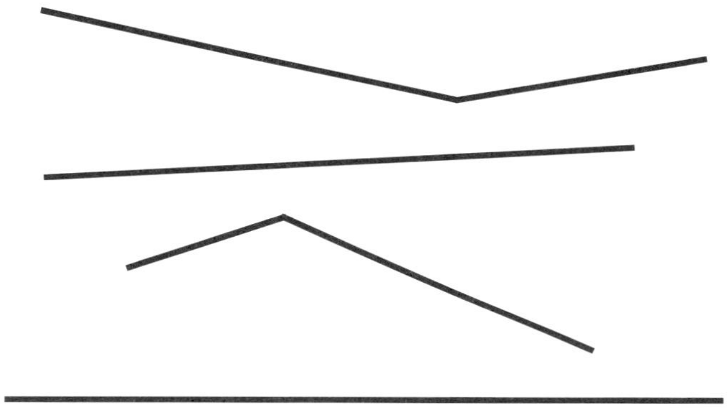

5分

がつ　にち

ながさくらべ（テスト）

なまえ

【知識・技能】

1 ながい　ほうに　○を　つけましょう。 （10×3）

（1）

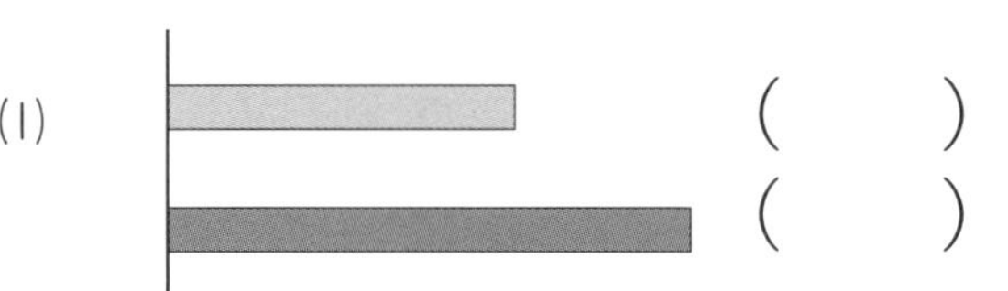

（　　）
（　　）

（2）

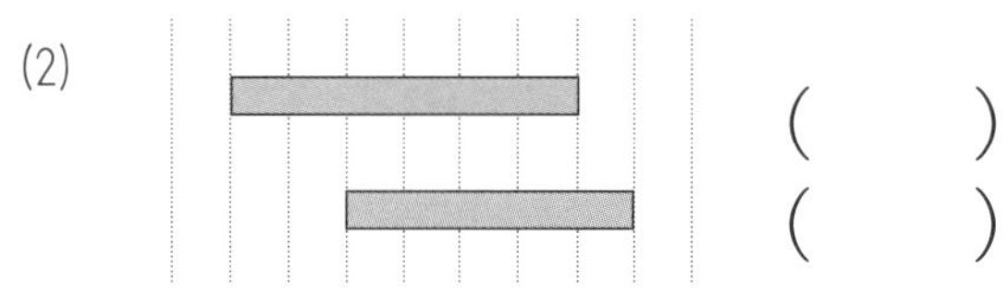

（　　）
（　　）

（3）

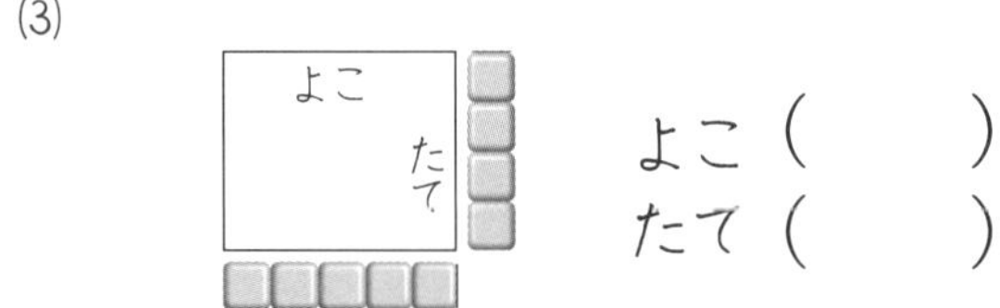

よこ（　　）
たて（　　）

2 ながい　じゅんに　1,2,3を　かきましょう。 （10×2）

（1）

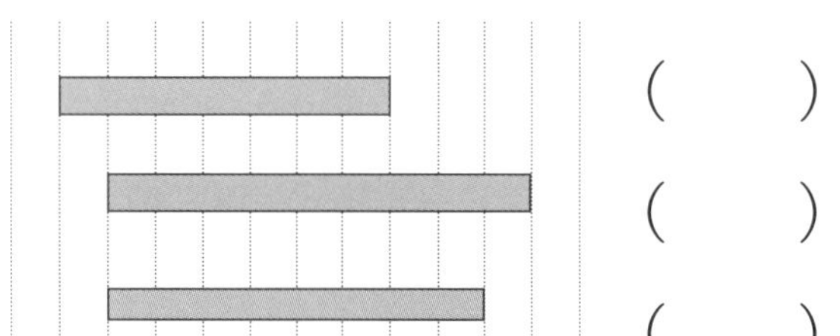

（　　）
（　　）
（　　）

（2）

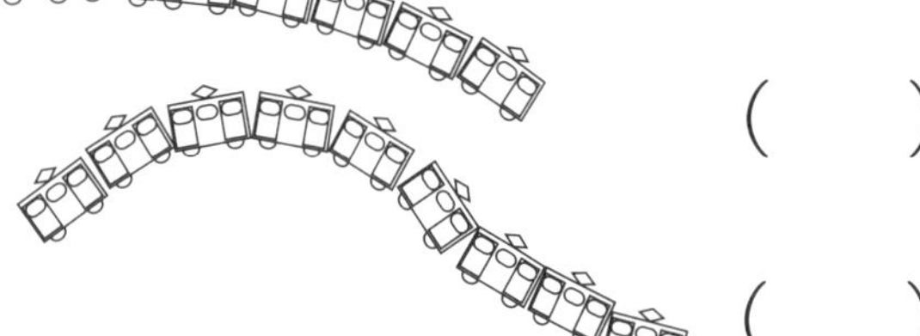

（　　）
（　　）
（　　）

【思考・判断・表現】

3 ながさ　くらべを　していますが，くらべかたが　まちがっています。
ただしい　くらべかたを　したから　えらんで　かきましょう。 （10×3）

（1）

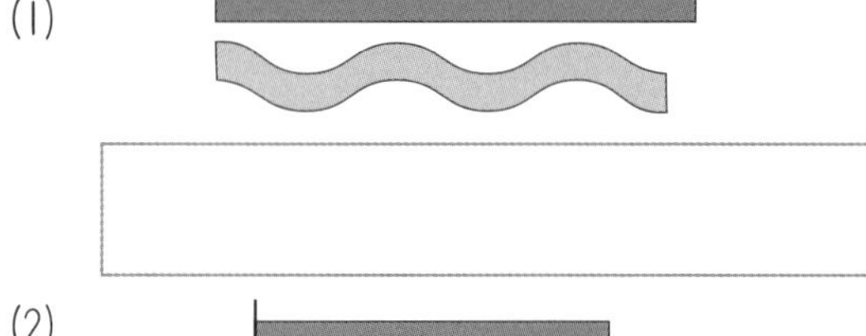

（2）

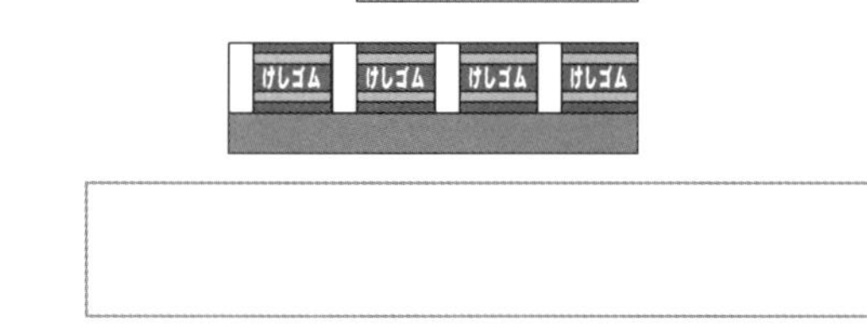

（3）

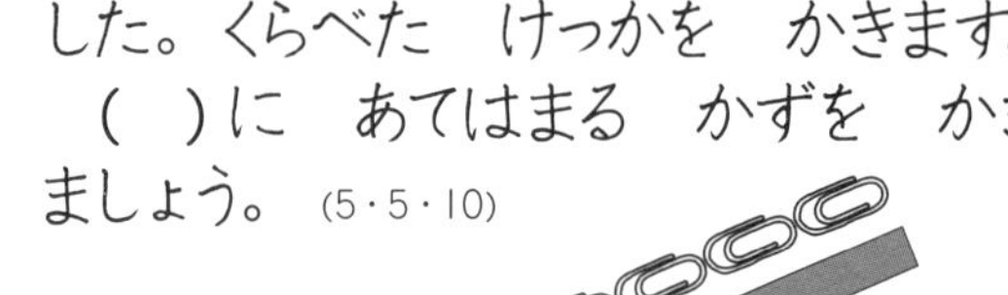

・おなじものの　こすうで　くらべる。
・まっすぐに　のばして　くらべる。
・はしを　そろえて　くらべる。

4 ㋐と㋑の　ながさ　くらべを　しました。くらべた　けっかを　かきます。
（　）に　あてはまる　かずを　かきましょう。 （5・5・10）

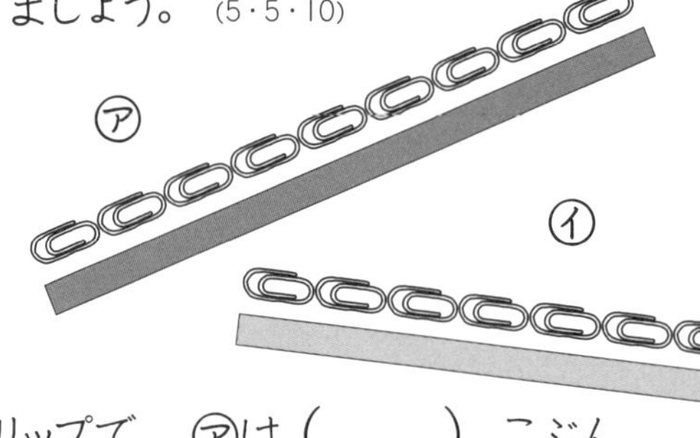

クリップで，㋐は（　　）こぶん
㋑は（　　）こぶん　です。
㋐の　ほうが（　　）こぶん　ながいです。

　（141％に拡大してご使用ください。）

さんすうあそび
ながさくらべ

なまえ　　　がつ　にち

● おなじ　ばんごうの　ながさを　くらべて　ながい　ほうへ　すすんで，ゴールまで　いきましょう。

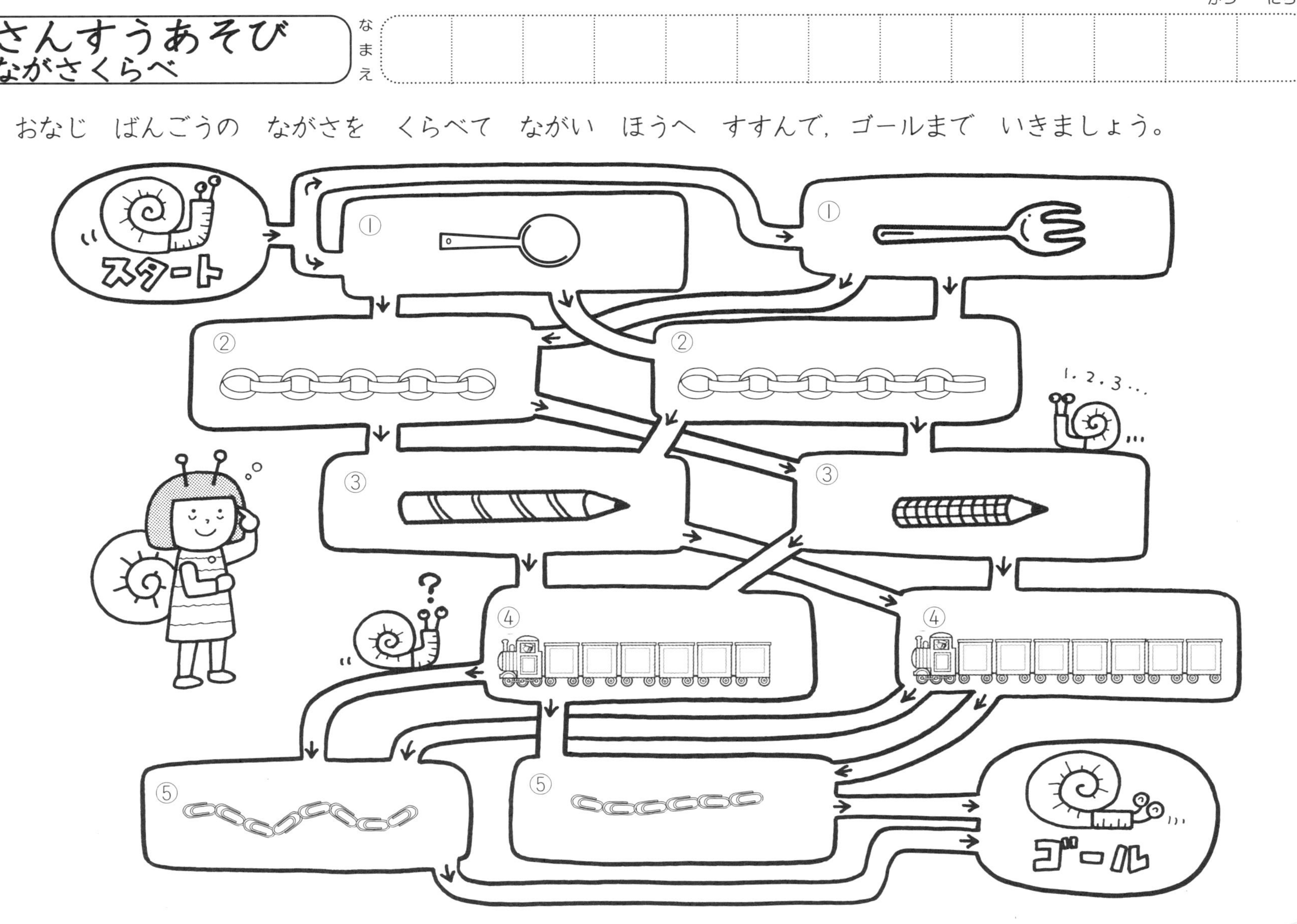

5分

がつ　にち

かずを せいりしよう (1)

なまえ

● したの　どうぶつの　かずだけ　いろを　ぬりましょう。いちばん　おおいのは　どれですか。（　）に　○を　しましょう。

（141％に拡大してご使用ください。）

がつ　にち

かずを せいりしよう (2)

なまえ

10分

● どうぶつの　かずを　しらべましょう。

① したから　じゅんに　どうぶつの　かずだけ　いろを　ぬりましょう。

うさぎ　ねこ　りす　いぬ　ひつじ

② いちばん　おおい　どうぶつは　なんですか。
また，なんびきですか。

[　　　　　　]，[　　]ぴき

③ いちばん　すくない　どうぶつは　なんですか。
また，なんびきですか。

[　　　　　　]，[　　]ぴき

がつ　にち

20までのかず (1)

なまえ

● かずを　かぞえましょう。
10を　つくって　⬭で　かこみましょう。
10と　いくつか　したに　かいて　こたえを
かきましょう。

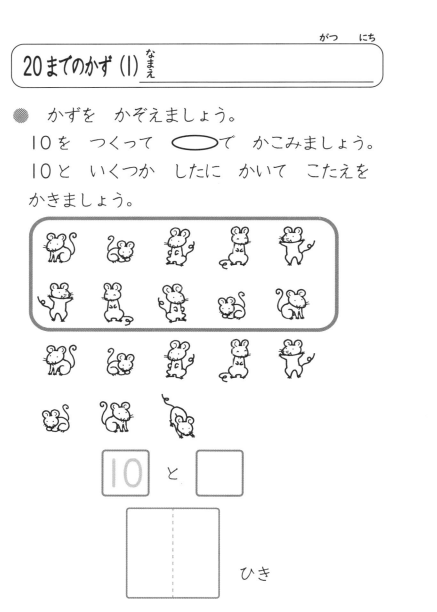

10　と　□

□　ひき

がつ　にち

20までのかず (2)

なまえ

● かずを　かぞえましょう。
10を　つくって　⬭で　かこみましょう。
10と　いくつか　したに　かいて　こたえを
かきましょう。

□　と　□

□　わ

（141%に拡大してご使用ください。）

がつ　にち

20までのかず (3) なまえ

かずを　かぞえましょう。

10を　つくって　⬭で　かこみましょう。

10と　いくつか　したに　かいて　こたえを　かきましょう。

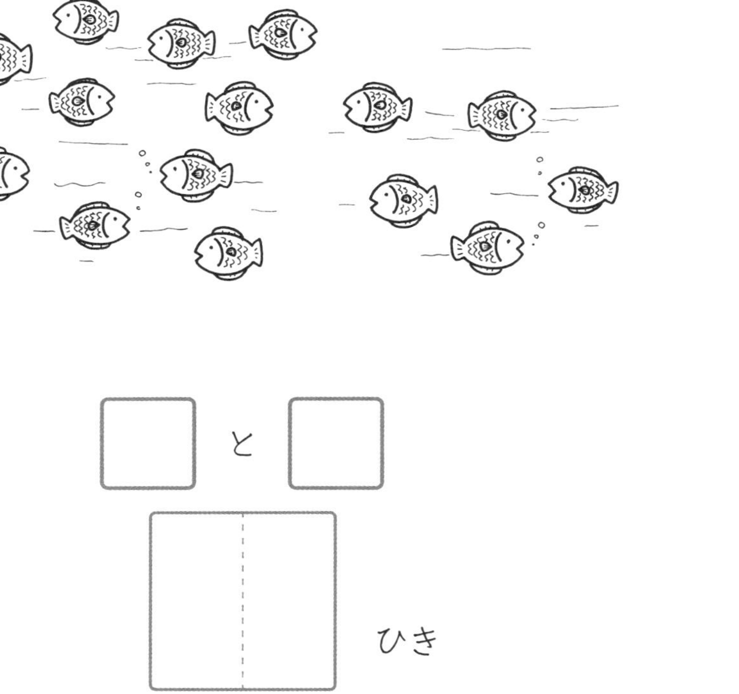

□ と □

□ ひき

がつ　にち

20までのかず (4) なまえ

かずを　かぞえましょう。

10を　つくって　⬭で　かこみましょう。

10と　いくつか　したに　かいて　こたえを　かきましょう。

□ と □

□ ひき

3分

20までのかず (5) なまえ

がつ　にち

● かずを　かぞえましょう。
10を　つくって　◯で　かこみましょう。
10と　いくつか　したに　かいて　こたえを
かきましょう。

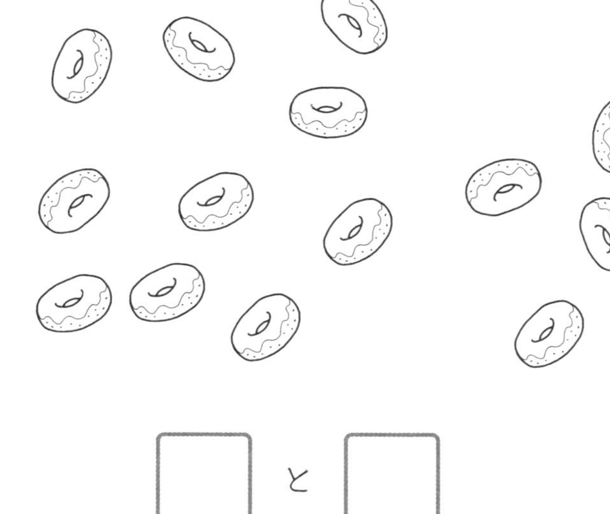

□ と □

□ こ

20までのかず (6) なまえ

がつ　にち

● かずを　かぞえましょう。
10を　つくって　◯で　かこみましょう。
10と　いくつか　したに　かいて　こたえを
かきましょう。

□ と □

□ こ

20までのかず（7）

なまえ　　がつ　にち

5分

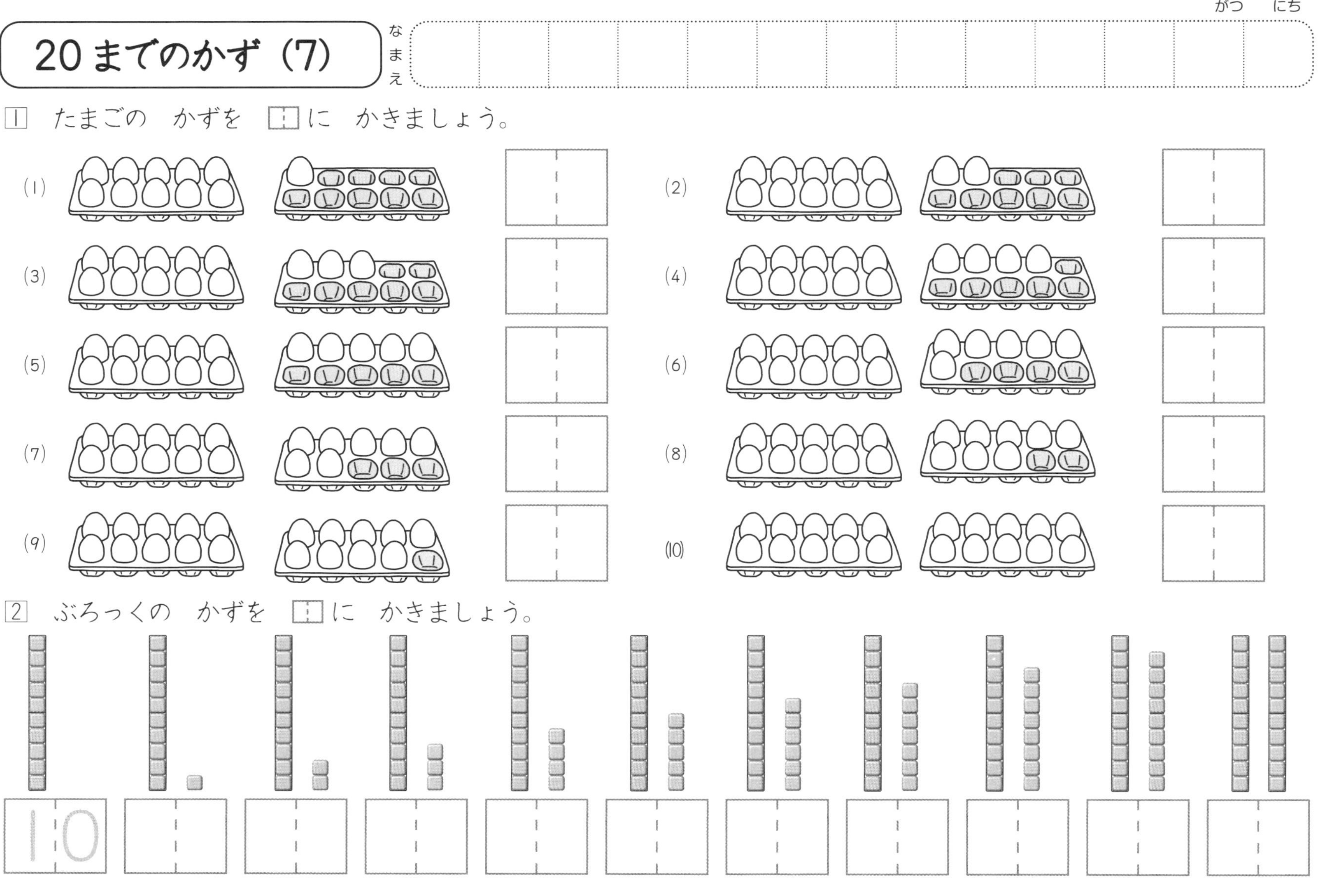

1　たまごの　かずを　□に　かきましょう。

(1)　(2)　(3)　(4)　(5)　(6)　(7)　(8)　(9)　(10)

2　ぶろっくの　かずを　□に　かきましょう。

10

（141%に拡大してご使用ください。）

20までのかず (8)

がつ　にち
なまえ

● □に　かずを　かきましょう。

(1) 10と　3で　□
(2) 10と　5で　□
(3) 10と　8で　□
(4) 10と　2で　□
(5) 10と　10で　□
(6) 10と　6で　□
(7) 10と　4で　□
(8) 10と　1で　□
(9) 10と　9で　□
(10) 10と　7で　□

20までのかず (9)

がつ　にち
なまえ

● □に　かずを　かきましょう。

(1) 18は　10と　□
(2) 16は　10と　□
(3) 11は　10と　□
(4) 17は　□と　10
(5) 13は　□と　10
(6) 20は　□と　10
(7) 19は　10と　□
(8) 14は　10と　□
(9) 12は　□と　10
(10) 15は　□と　10

（141%に拡大してご使用ください。）

がつ　にち

20までのかず(10)

なまえ

● ２ずつ　まとめて　かぞえましょう。

(1) □ ぽん

(2) □ こ

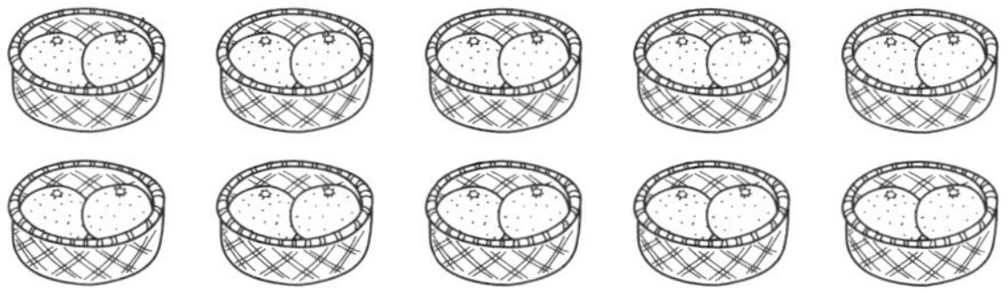

(3) □ こ

(4) □ こ

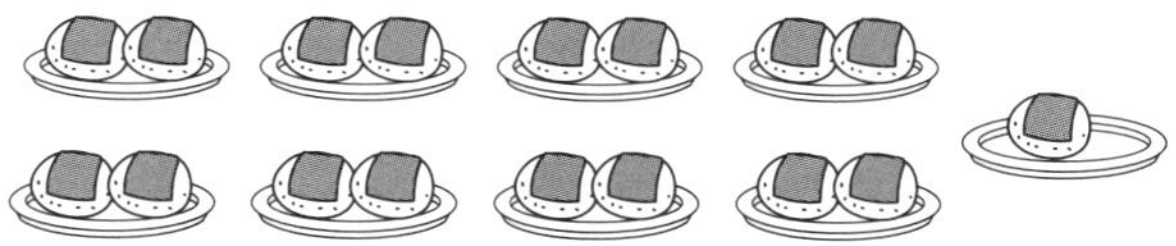

がつ　にち

20までのかず(11)

なまえ

● ５ずつ　まとめて　かぞえましょう。

(1) □ ほん

(2) □ こ

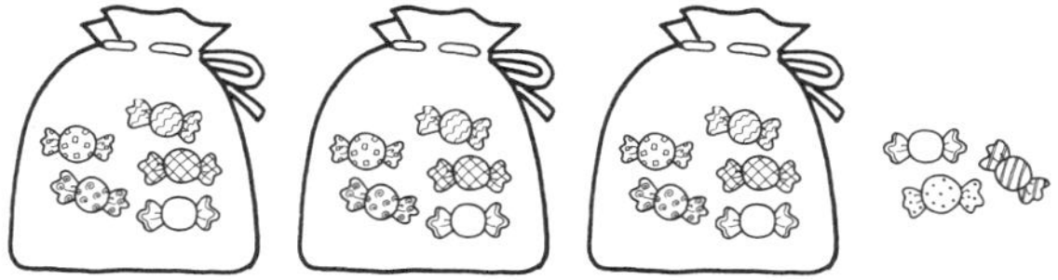

(3) □ こ

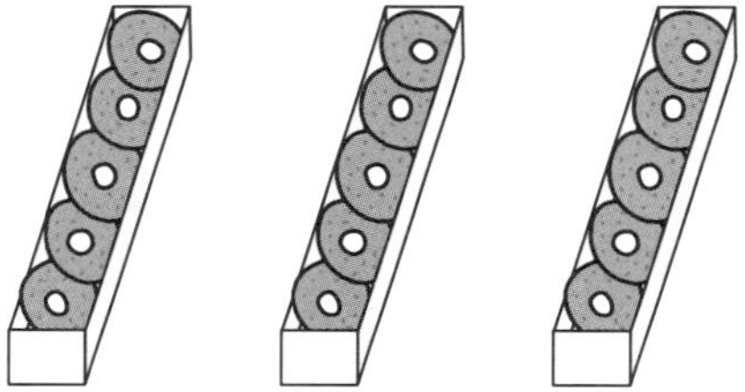

(4) □ ぽん

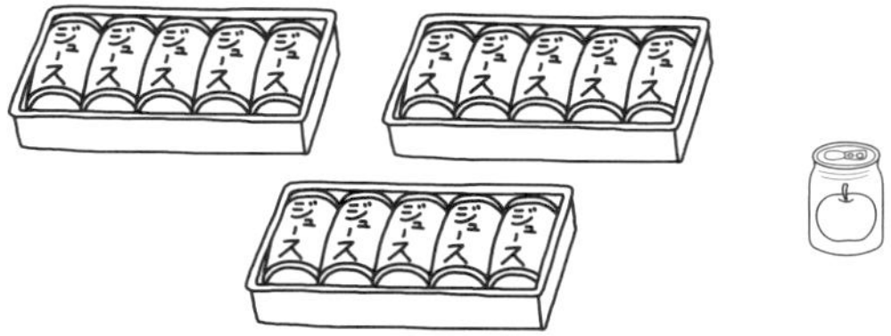

(141%に拡大してご使用ください。)

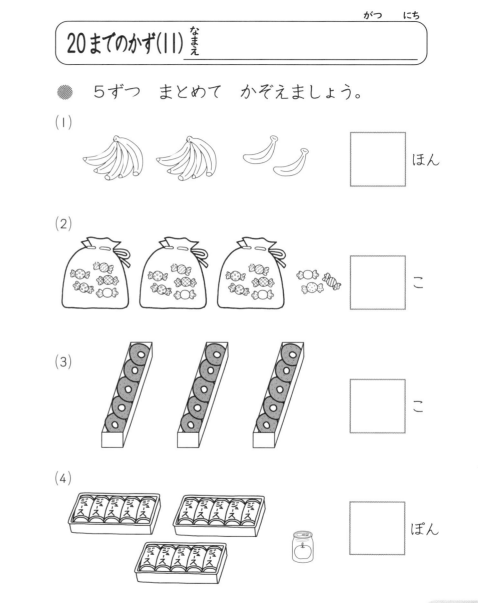

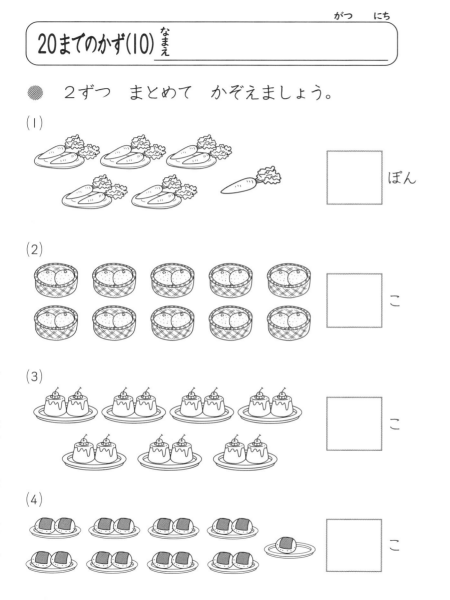

20までのかず(12) なまえ

がつ　にち

● □に　あてはまる　かずを　かきましょう。

(1)

(2)

(3)

20までのかず(13) なまえ

がつ　にち

● □に　あてはまる　かずを　かきましょう。

(1)

(2)

(3)

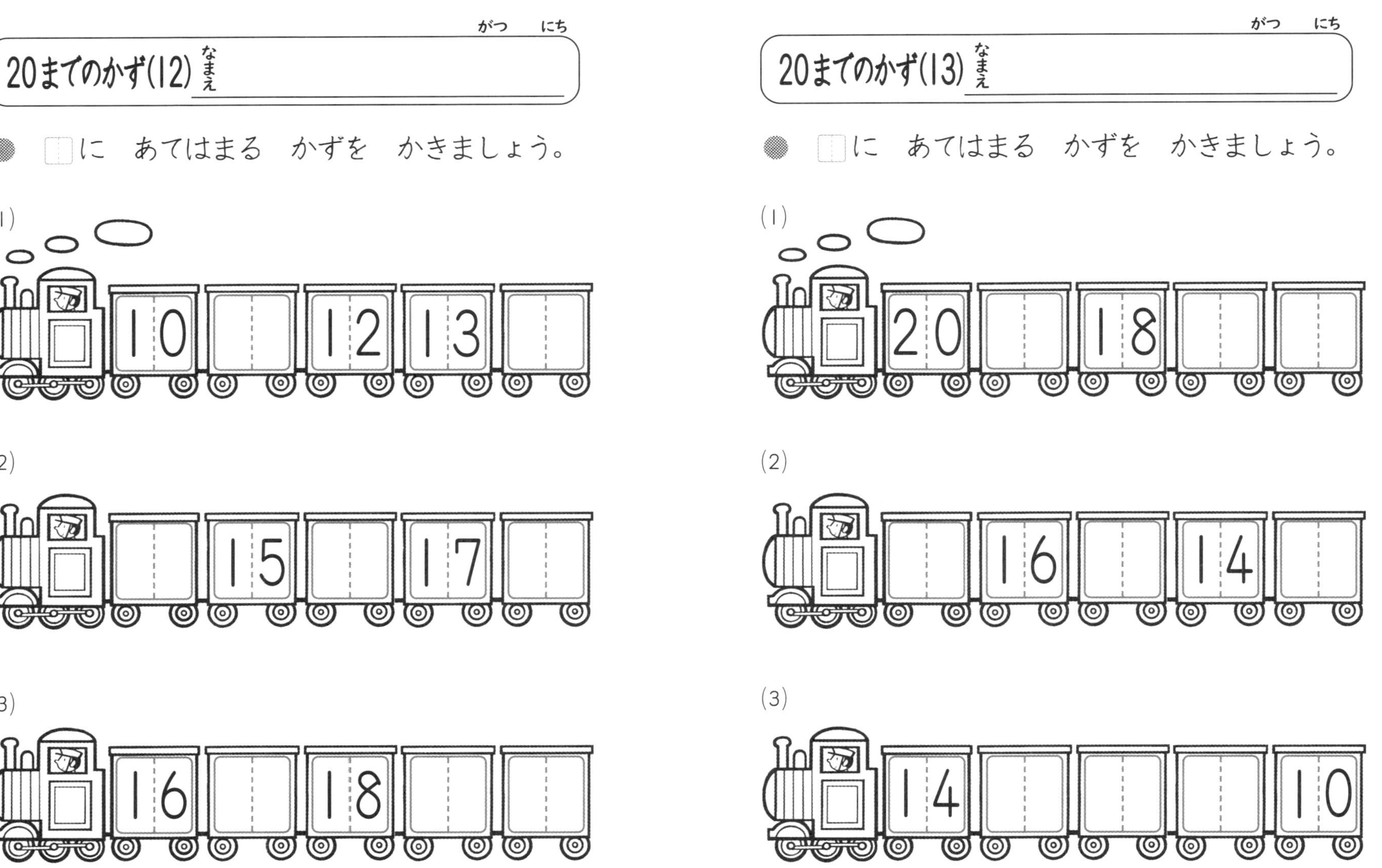

（141%に拡大してご使用ください。）

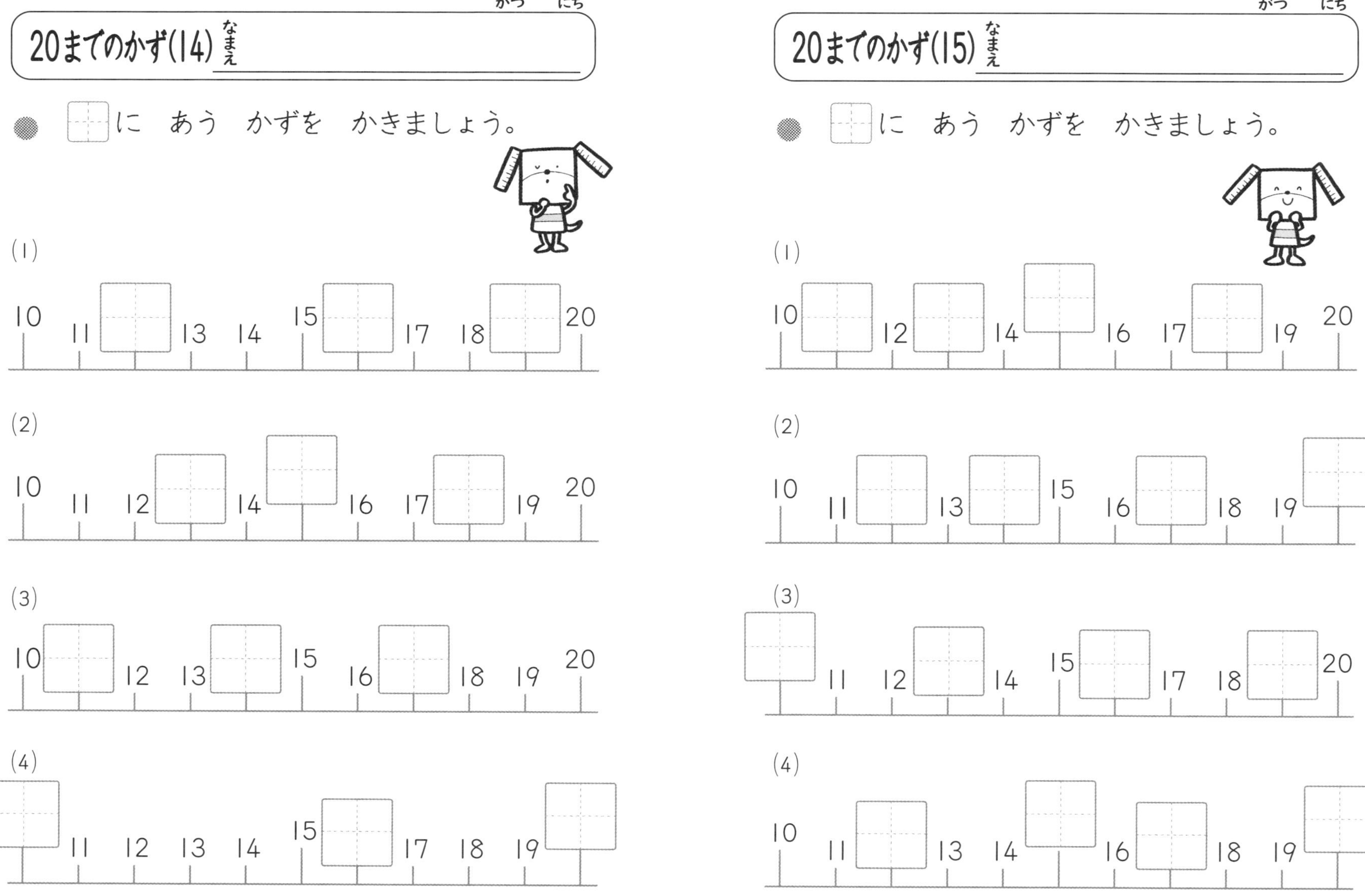

20までのかず(14) なまえ

がつ　にち

● □に　あう　かずを　かきましょう。

(1) 10　11　□　13　14　15　□　17　18　□　20

(2) 10　11　12　□　14　□　16　17　□　19　20

(3) 10　□　12　13　□　15　16　□　18　19　20

(4) □　11　12　13　14　15　□　17　18　19　□

20までのかず(15) なまえ

がつ　にち

● □に　あう　かずを　かきましょう。

(1) 10　□　12　□　14　□　16　17　□　19　20

(2) 10　11　□　13　□　15　16　□　18　19　□

(3) □　11　12　□　14　15　□　17　18　□　20

(4) 10　11　□　13　14　□　16　□　18　19　□

3分

20までのかず（16）

なまえ　がつ　にち

● □に　あう　かずを　かきましょう。

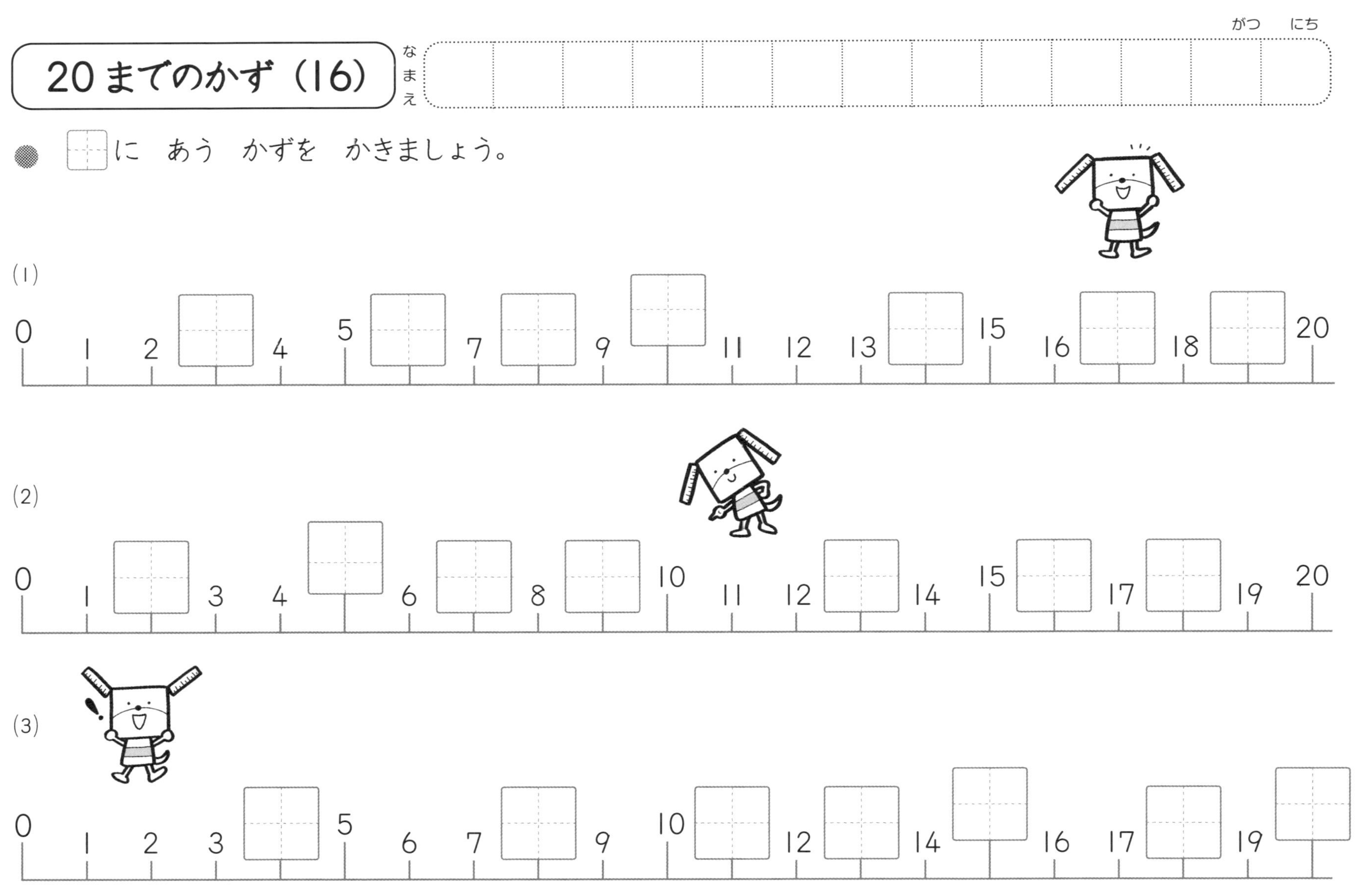

　（141%に拡大してご使用ください。）

20までのかず（17）

なまえ　　がつ　にち

● かずの　せんを　つかって，かんがえましょう。

0　1　2　3　4　5　6　7　8　9　10　11　12　13　14　15　16　17　18　19　20

1 どちらの　かずが　おおきいですか。おおきい　ほうに　○を　かきましょう。

(1)（17　と　13）　(2)（12　と　15）

(3)（20　と　18）　(4)（14　と　13）

(5)（16　と　19）　(6)（10　と　11）

(7)（15　と　14）　(8)（17　と　12）

(9)（18　と　16）　(10)（19　と　20）

2 つぎの　かずは　いくつですか。□に　かずを　かきましょう。

(1) 12より　7　おおきい　かず　□

(2) 16より　3　ちいさい　かず　□

(3) 19より　2　ちいさい　かず　□

(4) 14より　4　おおきい　かず　□

(5) 17より　5　ちいさい　かず　□

(6) 11より　3　おおきい　かず　□

(7) 18より　2　おおきい　かず　□

(8) 15より　4　ちいさい　かず　□

(9) 10より　6　おおきい　かず　□

(10) 20より　5　ちいさい　かず　□

5分

がつ　にち

さんすうあそび
20までのかず

なまえ

● 1から　20まで　じゅんばんに　せんで　つなぎましょう。

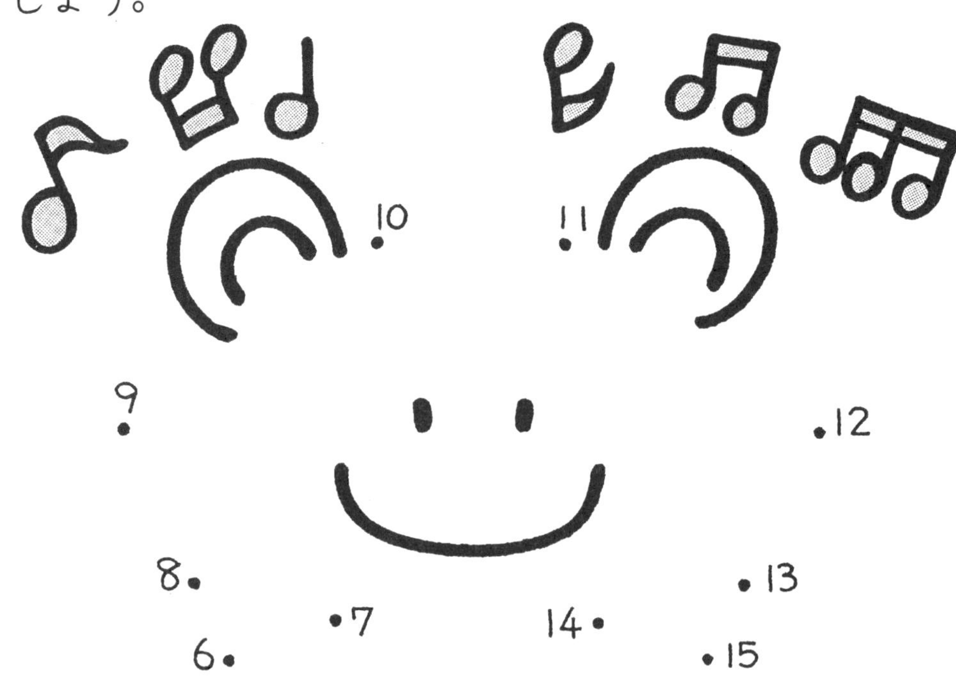

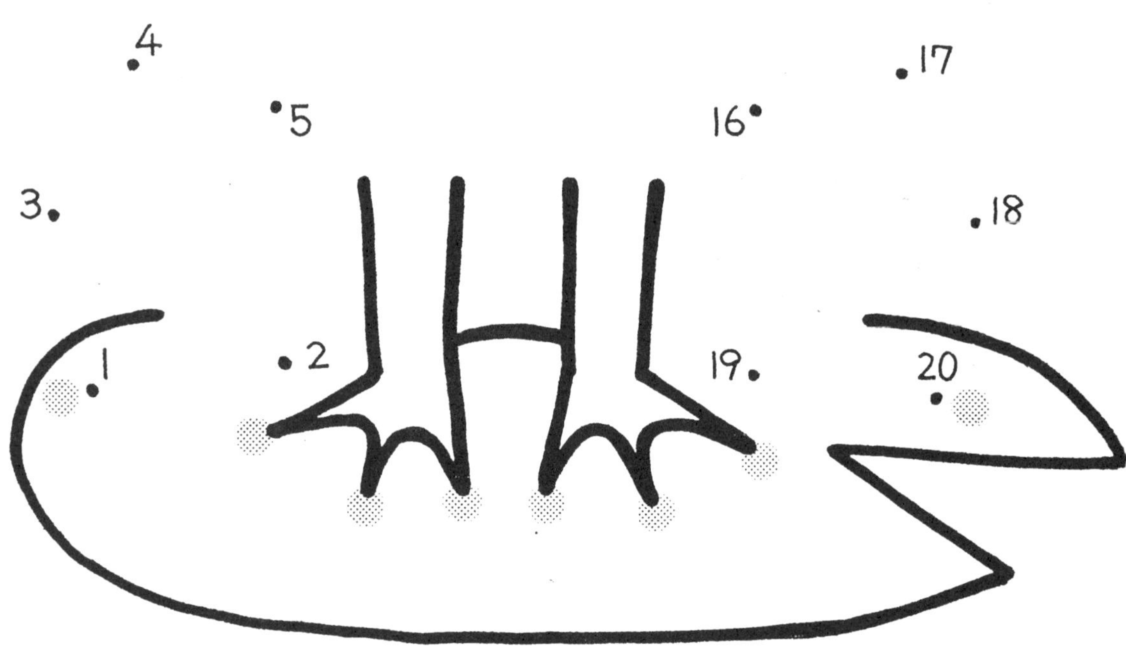

がつ　にち

さんすうあそび
20までのかず

なまえ

● 1から　20まで　じゅんばんに　せんで　つなぎましょう。

20までのかず(18) たしざん

がつ　にち　なまえ

● けいさんを　しましょう。

① 17+2=

② 15+3=

③ 12+4=

④ 10+9=

⑤ 11+5=

⑥ 13+2=

20までのかず(19) たしざん

がつ　にち　なまえ

● けいさんを　しましょう。

① 16+3=

② 14+4=

③ 12+2=

④ 11+6=

⑤ 18+1=

⑥ 13+5=

(141%に拡大してご使用ください。)

がつ　にち

20までのかず (20) たしざん

なまえ

● けいさんを　しましょう。

① 10+3=　② 15+4=

③ 13+6=　④ 11+7=

⑤ 14+3=　⑥ 10+8=

⑦ 12+7=　⑧ 15+2=

⑨ 11+2=　⑩ 16+1=

がつ　にち

20までのかず (21) たしざん

なまえ

● けいさんを　しましょう。

① 12+5=　② 14+2=

③ 10+6=　④ 11+8=

⑤ 17+1=　⑥ 14+5=

⑦ 13+5=　⑧ 12+3=

⑨ 11+4=　⑩ 10+7=

（141%に拡大してご使用ください。）

10分

20までのかず(22) たしざん

なまえ　　　　がつ　　にち

けいさんを　しましょう。

① 12+6=	② 18+1=
③ 15+4=	④ 10+2=
⑤ 13+5=	⑥ 14+5=
⑦ 10+10=	⑧ 12+6=
⑨ 13+3=	⑩ 12+3=
⑪ 15+1=	⑫ 11+8=
⑬ 12+4=	⑭ 10+8=
⑮ 16+3=	⑯ 13+1=
⑰ 14+4=	⑱ 15+3=
⑲ 12+1=	⑳ 11+5=

20までのかず(23) たしざん

なまえ　　　　がつ　　にち

けいさんを　しましょう。

① 14+5=	② 15+2=
③ 10+4=	④ 11+3=
⑤ 11+7=	⑥ 10+9=
⑦ 17+2=	⑧ 10+1=
⑨ 13+4=	⑩ 14+2=
⑪ 11+1=	⑫ 10+6=
⑬ 12+3=	⑭ 16+2=
⑮ 11+6=	⑯ 13+6=
⑰ 10+5=	⑱ 13+2=
⑲ 14+1=	⑳ 12+7=

(141%に拡大してご使用ください。)

がつ　にち

20までのかず(24) たしざん

なまえ

● けいさんを　しましょう。

① 12+1=　② 14+4=

③ 10+7=　④ 15+4=

⑤ 14+1=　⑥ 13+3=

⑦ 11+2=　⑧ 10+1=

⑨ 12+3=　⑩ 14+3=

⑪ 10+5=　⑫ 12+6=

⑬ 13+6=　⑭ 11+3=

⑮ 16+1=　⑯ 17+2=

⑰ 11+8=　⑱ 10+4=

⑲ 15+2=　⑳ 13+5=

㉑ 10+9=　㉒ 12+7=

㉓ 16+3=

がつ　にち

20までのかず(25) たしざん

なまえ

● けいさんを　しましょう。

① 14+5=　② 12+2=

③ 10+8=　④ 10+3=

⑤ 11+1=　⑥ 11+5=

⑦ 15+3=　⑧ 13+4=

⑨ 13+2=　⑩ 12+5=

⑪ 10+2=　⑫ 15+1=

⑬ 16+2=　⑭ 11+4=

⑮ 11+7=　⑯ 14+2=

⑰ 13+1=　⑱ 17+1=

⑲ 12+4=　⑳ 10+10=

㉑ 10+6=　㉒ 11+6=

㉓ 18+1=

10分

20までのかず(26) ひきざん

がつ　にち

なまえ

● けいさんを　しましょう。

① 14−3＝

② 18−2＝

③ 19−7＝

④ 12−2＝

⑤ 17−4＝

⑥ 15−3＝

20までのかず(27) ひきざん

がつ　にち

なまえ

● けいさんを　しましょう。

① 19−2＝

② 15−4＝

③ 19−5＝

④ 18−8＝

⑤ 16−3＝

⑥ 17−5＝

（141％に拡大してご使用ください。）

がつ　にち

20までのかず(28) ひきざん

なまえ

● けいさんを　しましょう。

① 14－4＝　② 19－3＝

③ 17－3＝　④ 18－3＝

⑤ 18－5＝　⑥ 13－2＝

⑦ 19－9＝　⑧ 17－7＝

⑨ 18－7＝　⑩ 16－5＝

がつ　にち

20までのかず(29) ひきざん

なまえ

● けいさんを　しましょう。

① 17－6＝　② 15－2＝

③ 13－3＝　④ 19－6＝

⑤ 17－2＝　⑥ 16－4＝

⑦ 14－2＝　⑧ 18－6＝

⑨ 19－4＝　⑩ 16－6＝

5分

20までのかず(30) ひきざん

なまえ＿＿＿＿＿＿ がつ にち

● けいさんを　しましょう。

① 12−2=　② 17−6=

③ 19−4=　④ 19−1=

⑤ 16−2=　⑥ 18−6=

⑦ 17−7=　⑧ 18−3=

⑨ 14−1=　⑩ 19−9=

⑪ 17−2=　⑫ 16−4=

⑬ 18−7=　⑭ 14−3=

⑮ 15−4=　⑯ 19−2=

⑰ 18−2=　⑱ 17−5=

⑲ 19−8=　⑳ 16−6=

20までのかず(31) ひきざん

なまえ＿＿＿＿＿＿ がつ にち

● けいさんを　しましょう。

① 15−3=　② 14−2=

③ 17−4=　④ 18−8=

⑤ 19−5=　⑥ 16−3=

⑦ 18−1=　⑧ 14−4=

⑨ 19−3=　⑩ 15−5=

⑪ 15−2=　⑫ 18−4=

⑬ 13−3=　⑭ 17−3=

⑮ 18−5=　⑯ 19−6=

⑰ 19−7=　⑱ 17−1=

⑲ 16−5=　⑳ 13−2=

（141％に拡大してご使用ください。）

20までのかず(32) ひきざん

なまえ ＿＿＿＿＿＿＿＿　がつ　にち

● けいさんを　しましょう。

① 11−1＝　② 16−3＝
③ 19−2＝　④ 15−1＝
⑤ 14−3＝　⑥ 17−7＝
⑦ 17−2＝　⑧ 18−6＝
⑨ 16−4＝　⑩ 18−1＝
⑪ 19−9＝　⑫ 12−2＝
⑬ 13−1＝　⑭ 19−5＝
⑮ 18−7＝　⑯ 15−2＝
⑰ 14−4＝　⑱ 17−3＝
⑲ 19−1＝　⑳ 16−5＝
㉑ 18−2＝　㉒ 18−8＝

20までのかず(33) ひきざん

なまえ ＿＿＿＿＿＿＿＿　がつ　にち

● けいさんを　しましょう。

① 17−1＝　② 19−7＝
③ 18−3＝　④ 13−2＝
⑤ 19−4＝　⑥ 15−5＝
⑦ 12−1＝　⑧ 19−8＝
⑨ 15−3＝　⑩ 16−6＝
⑪ 17−6＝　⑫ 18−5＝
⑬ 16−2＝　⑭ 14−1＝
⑮ 17−4＝　⑯ 19−3＝
⑰ 13−3＝　⑱ 17−5＝
⑲ 19−6＝　⑳ 15−4＝
㉑ 14−2＝　㉒ 18−4＝
㉓ 16−1＝

10分

（141%に拡大してご使用ください。）

ふりかえり　20までのかず

なまえ　　　　がつ　　にち

○に　なる　かず

①②③④⑤
⑥⑦⑧⑨

□に　なる　かず

[10] [11] [12] [13] [14]
[15] [16] [17] [18] [19]

1　うえの　○の　すうじと　□の　すうじを　つかって　○＋□の　こたえが　18に　なる　たしざんの　しきを　2つ　かきましょう。

（れい）⑦＋[11]＝18

(1)

(2)

2　うえの　○の　すうじと　□の　すうじを　つかって　□－○の　こたえが　11に　なる　ひきざんの　しきを　2つ　かきましょう。

（れい）[18]－⑦＝11

(1)

(2)

3　けいさんの　しかたを　せつめいします。
□に　かずを　かきましょう。

(1)　12＋5の　けいさんの　しかたです。

12の　10は　そのままにして□＋□を

します。こたえは□です。

(2)　18－4のけいさんの　しかたです。

18の　10は　そのままにして□－□を

します。こたえは□です。

4　どんぐりが　13こ　あります。3こ　ふえると　なんこに　なりますか。

しき

こたえ

5　えんぴつが　19ほん　ありました。6ぽん　つかうと　のこりは，なんぼんですか。

しき

こたえ

　（141％に拡大してご使用ください。）

がつ　にち

20までの かず（テスト）

なまえ

【知識・技能】

1　つぎの　ぶろっくの　かずを □ に　かきましょう。(5x2)

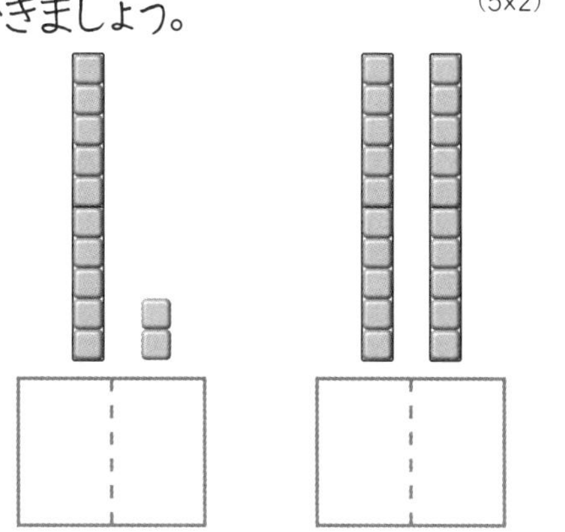

2　□ に　かずを　かきましょう。(5x4)

(1)　10と　5で □ です。

(2)　10と □ で　18です。

(3)　12は　10と □ です。

(4)　17は □ と　7です。

3　□ に　あう　かずを　かきましょう。(5x2)

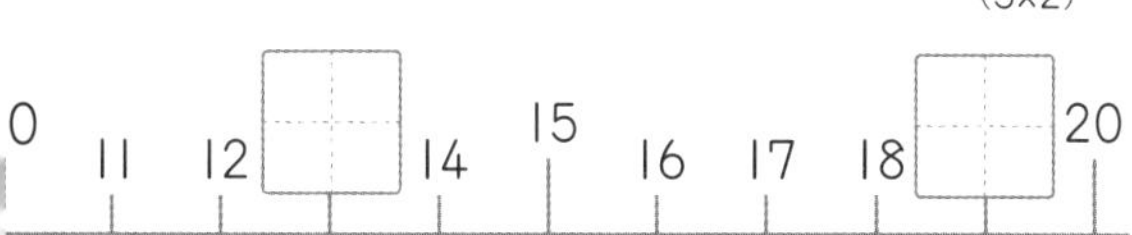

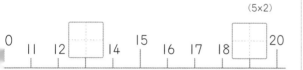

4　どちらの　かずの　ほうが　おおきい　ですか。おおきい　かずに　○を　つけましょう。(5x2)

(1)　（ 19 と 20 ）

(2)　（ 11 と 9 ）

【思考・判断・表現】(5x10)

5　こどもが　15にんで　あそんでいました。5にん　かえりました。こどもは　なんにんに　なりましたか。

しき

こたえ

6　たまごが　5こ　あります。また，10こ　かってきました。たまごは　あわせて　なんこに　なりましたか。

しき

こたえ

7　ぼくじょうには　めすの　うしが　12とう，おすの　うしが　4とう　います。あわせて　なんとうに　なりますか。

しき

こたえ

8　あかと　くろの　ぺんが　ぜんぶで　16ぽん　あります。あかの　ぺんは　5ほんです。くろの　ぺんは　なんぼんに　なりますか。

しき

こたえ

9　ことさんは　こまを　18こ　もっています。たいきさんは　6こ　もっています。ちがいは　なんこ　ですか。

しき

こたえ

（141%に拡大してご使用ください。）

がつ　にち

さんすうあそび 20までのかず

なまえ

● こたえの おおきいほうを とおって ごうるまで いきましょう。

がつ　にち

とけい①（1）

なまえ

なんじ・なんじはん

● とけいを　よみましょう。

(1)（　　　）じ

(2)（　　　）じ

(3)（　　　）じ

(4)（　　　）じ

(5)（　　　）じ

がつ　にち

とけい①（2）

なまえ

なんじ・なんじはん

● とけいを　よみましょう。

(1)（　　　）じ

(2)（　　　）じ

(3)（　　　）じ

(4)（　　　）じ

(5)（　　　）じ

3分

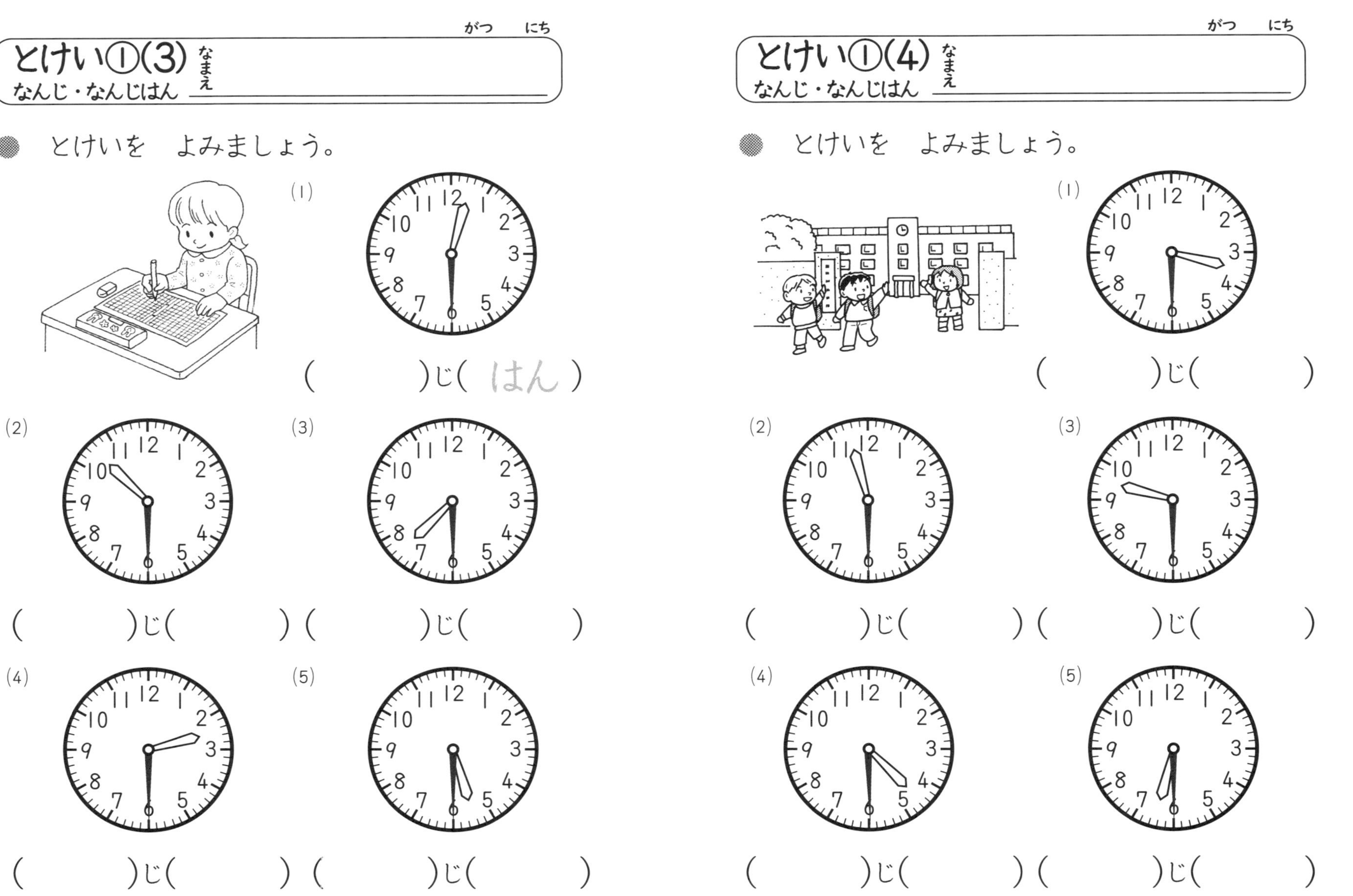

とけい①(3)

なんじ・なんじはん　なまえ

がつ　にち

● とけいを　よみましょう。

(1) (　　　)じ(はん)

(2) (　　　)じ(　　　)

(3) (　　　)じ(　　　)

(4) (　　　)じ(　　　)

(5) (　　　)じ(　　　)

とけい①(4)

なんじ・なんじはん　なまえ

がつ　にち

● とけいを　よみましょう。

(1) (　　　)じ(　　　)

(2) (　　　)じ(　　　)

(3) (　　　)じ(　　　)

(4) (　　　)じ(　　　)

(5) (　　　)じ(　　　)

(141%に拡大してご使用ください。)

とけい① (5)
なんじ・なんじはん

なまえ　　　がつ　にち

● とけいを　よみましょう。

(1)

(2)

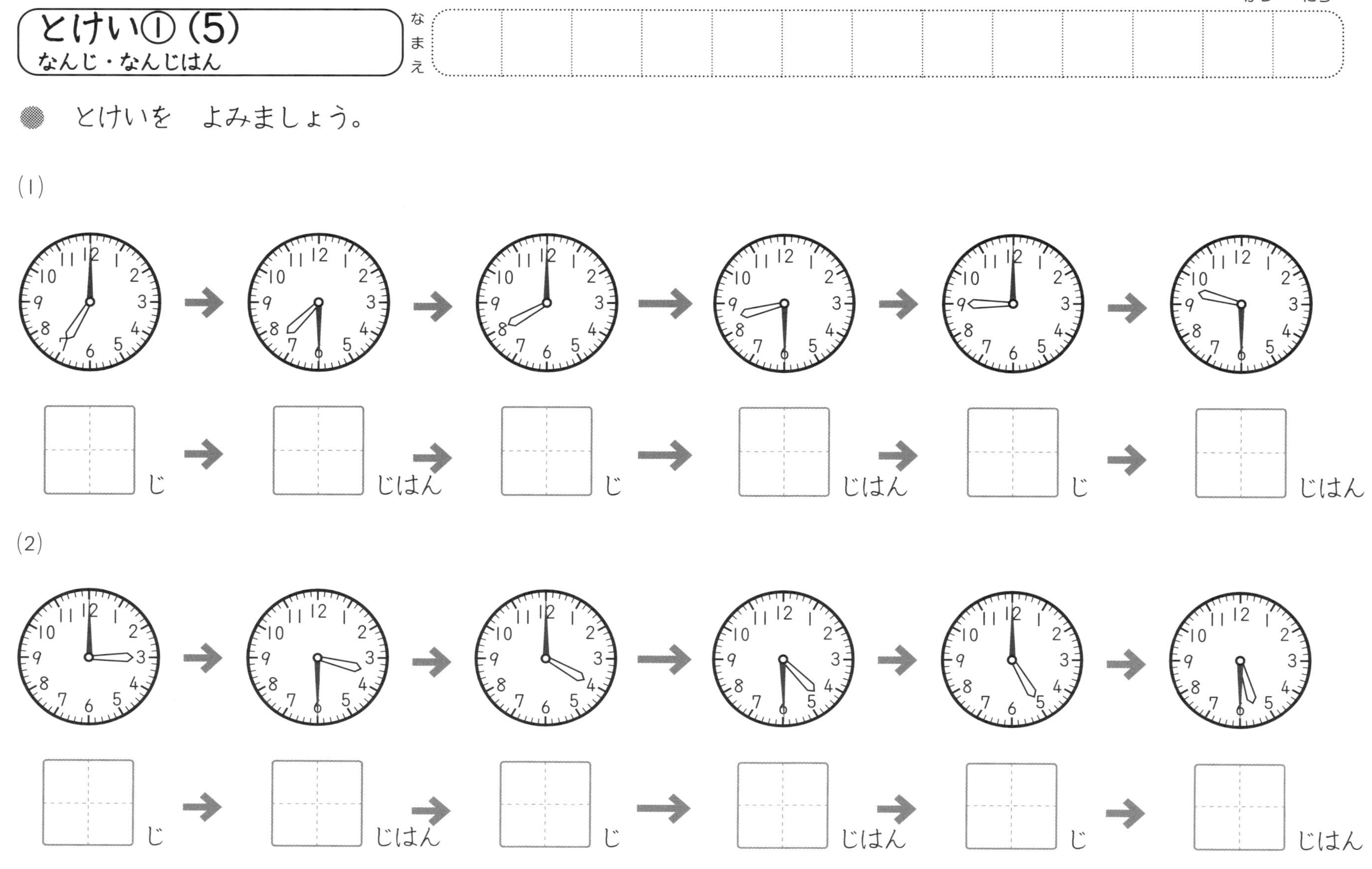

5分

3つの かずの けいさん(1) たしざん

がつ　にち　なまえ

うさぎは　みんなで　なんびきに　なりますか。

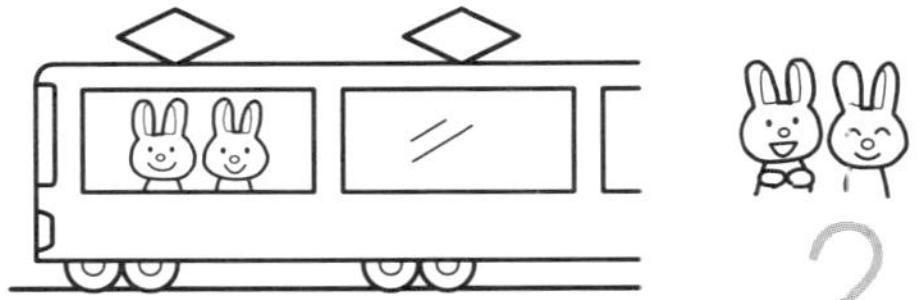

2ひき　のって　います。

2

3びき　のります。

2＋3

また　2ひき　のります。

2＋3＋2

しき □ ＋ □ ＋ □ ＝ □

こたえ □ ひき

3つの かずの けいさん(2) たしざん

がつ　にち　なまえ

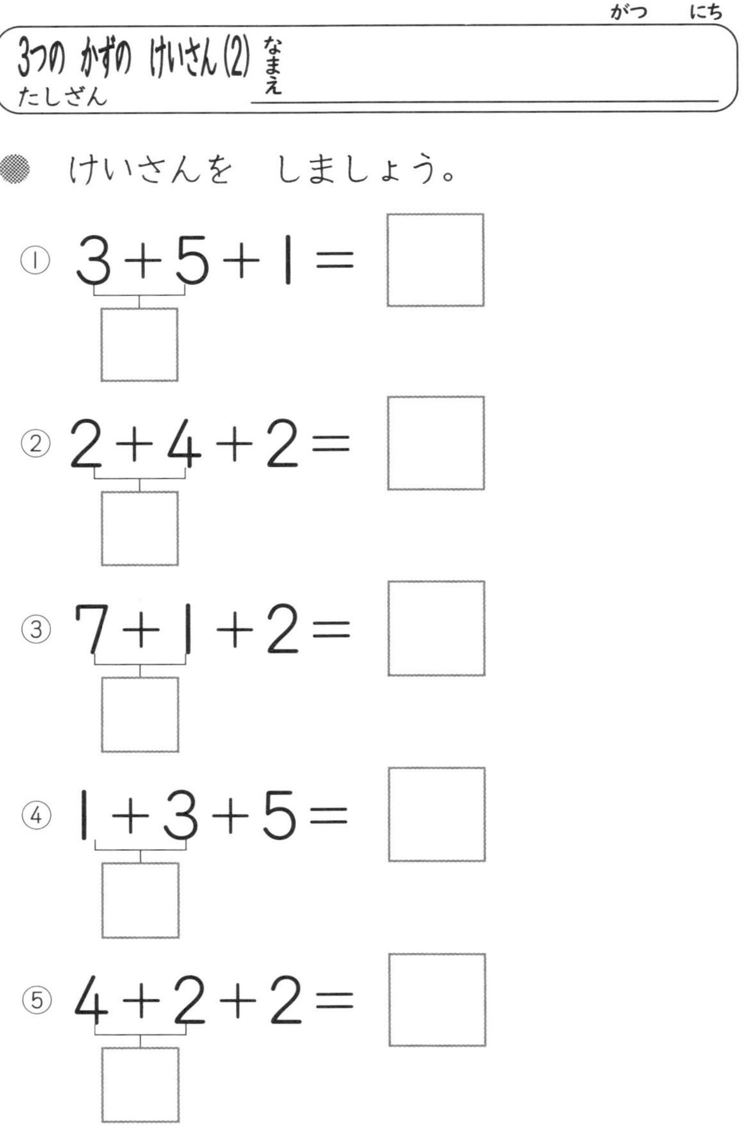

けいさんを　しましょう。

① 3＋5＋1＝ □

② 2＋4＋2＝ □

③ 7＋1＋2＝ □

④ 1＋3＋5＝ □

⑤ 4＋2＋2＝ □

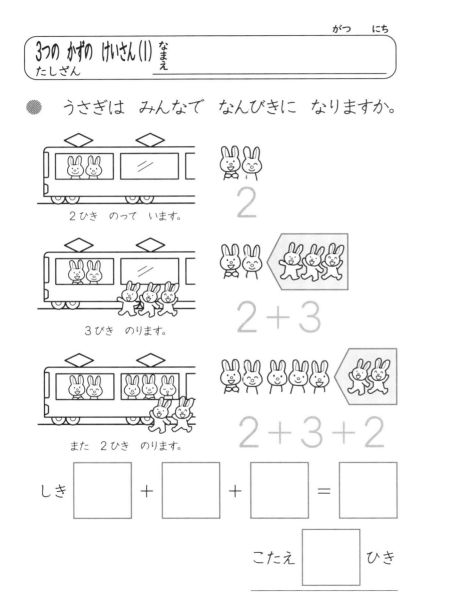

3分

（141％に拡大してご使用ください。）

3つの かずの けいさん(3) たしざん

がつ　にち　なまえ

● けいさんを　しましょう。

①$4+3+2=$　②$2+2+3=$

③$1+5+2=$　④$6+1+3=$

⑤$7+1+2=$　⑥$5+2+2=$

⑦$3+1+3=$　⑧$4+1+4=$

⑨$6+2+1=$　⑩$7+3+1=$

3つの かずの けいさん(4) たしざん

がつ　にち　なまえ

● けいさんを　しましょう。

①$5+1+3=$　②$3+2+2=$

③$4+2+1=$　④$3+1+4=$

⑤$1+2+3=$　⑥$6+1+2=$

⑦$8+1+1=$　⑧$2+3+3=$

⑨$5+5+2=$　⑩$4+4+1=$

5分

3つの かずの けいさん(5) ひきざん

なまえ　　　　がつ　にち

● ねこは　なんびき　のっていますか。

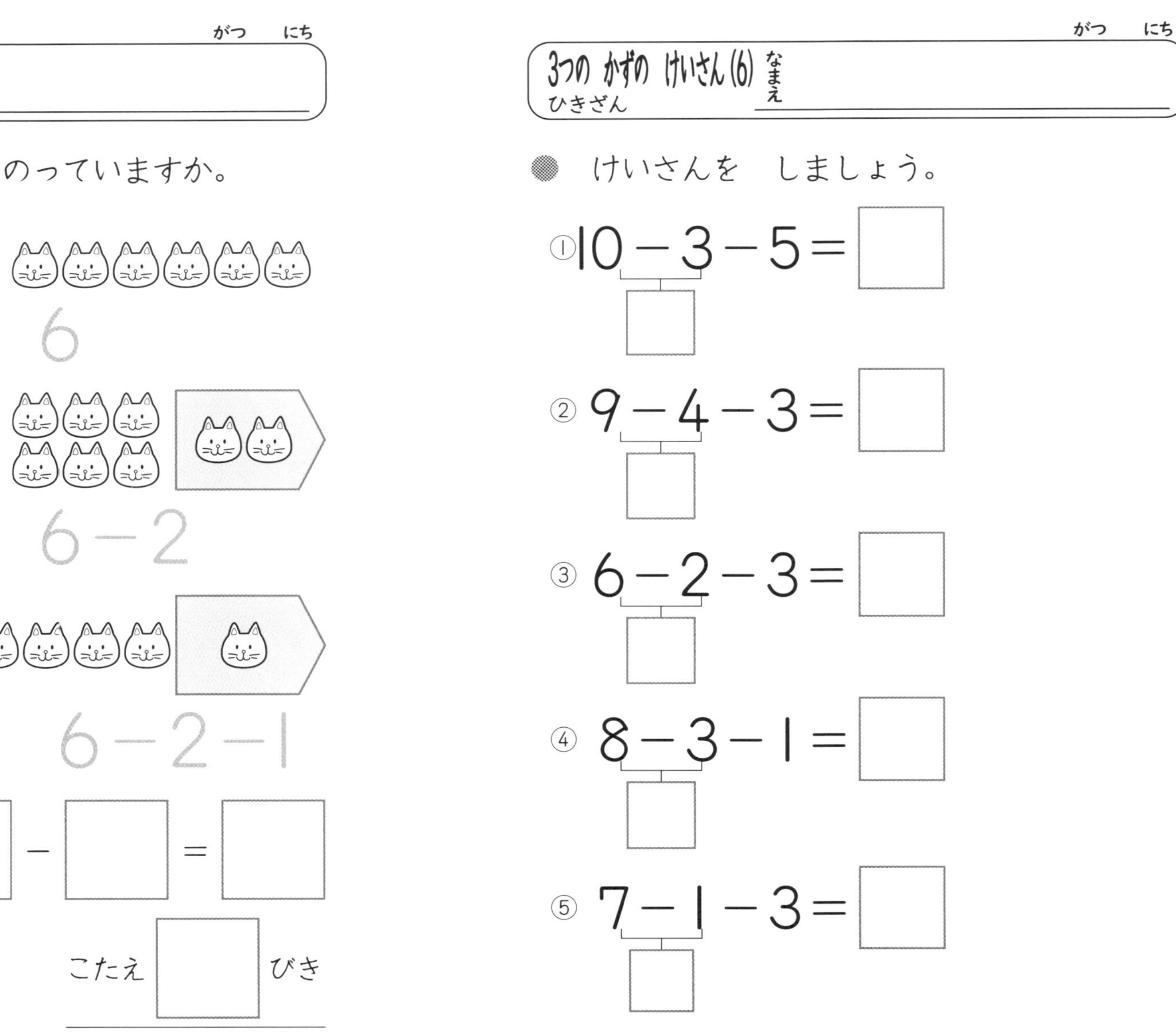

6ぴき　のっています。
6
2ひき　おりました。
6－2
つぎに　1ぴき　おりました。
6－2－1

しき □ － □ － □ ＝ □

こたえ □ びき

3つの かずの けいさん(6) ひきざん

なまえ　　　　がつ　にち

● けいさんを　しましょう。

① 10－3－5＝□

② 9－4－3＝□

③ 6－2－3＝□

④ 8－3－1＝□

⑤ 7－1－3＝□

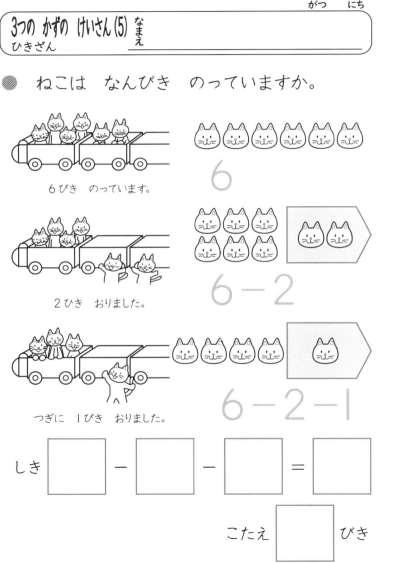

がつ　にち

3つの かずの けいさん(7) ひきざん

なまえ

● けいさんを　しましょう。

① 5-2-2=　② 7-1-3=

③ 10-6-1=　④ 8-4-2=

⑤ 4-2-1=　⑥ 9-5-2=

⑦ 8-1-2=　⑧ 6-2-1=

⑨ 13-3-4=　⑩ 10-1-5=

がつ　にち

3つの かずの けいさん(8) ひきざん

なまえ

● けいさんを　しましょう。

① 8-2-4=　② 9-1-4=

③ 5-3-1=　④ 7-2-2=

⑤ 10-6-2=　⑥ 6-3-2=

⑦ 9-2-3=　⑧ 8-4-1=

⑨ 17-7-2=　⑩ 10-3-2=

5分

(141%に拡大してご使用ください。)

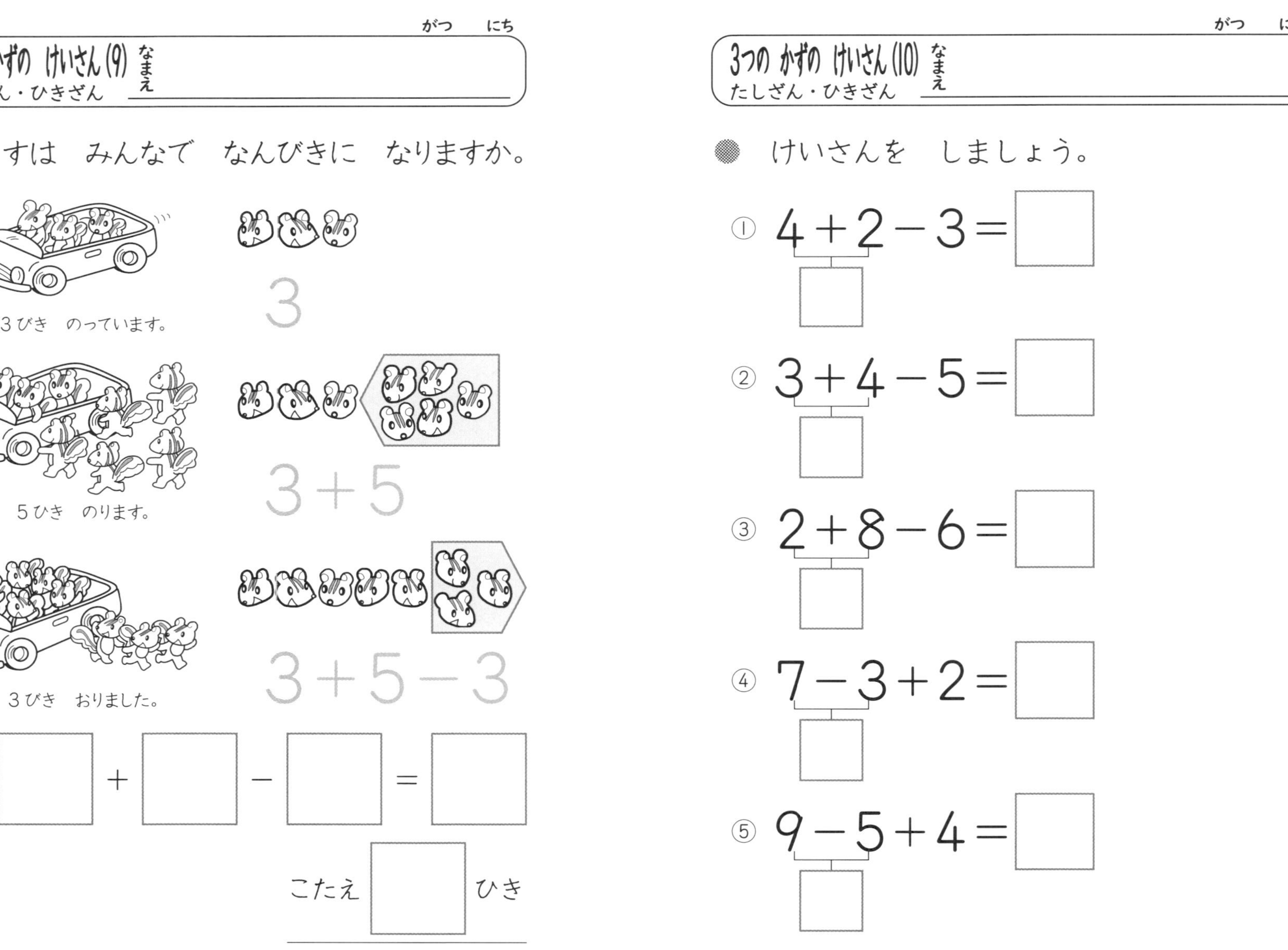

3分

がつ　にち

3つの かずの けいさん(9)
たしざん・ひきざん　なまえ

● りすは　みんなで　なんびきに　なりますか。

3びき　のっています。

3

5ひき　のります。

3＋5

3びき　おりました。

3＋5－3

しき □＋□－□＝□

こたえ □ ひき

がつ　にち

3つの かずの けいさん(10)
たしざん・ひきざん　なまえ

● けいさんを　しましょう。

① 4＋2－3＝□

② 3＋4－5＝□

③ 2＋8－6＝□

④ 7－3＋2＝□

⑤ 9－5＋4＝□

10分

がつ　にち

3つの かずの けいさん(11)
たしざん・ひきざん

なまえ

● けいさんを　しましょう。

① $2+7-4=$　② $9-2+3=$

③ $10-5+2=$　④ $1+6-3=$

⑤ $7-3+4=$　⑥ $4+3-4=$

⑦ $6+2-4=$　⑧ $8-6+1=$

⑨ $3+5-2=$　⑩ $6-2+3=$

がつ　にち

3つの かずの けいさん(12)
たしざん・ひきざん

なまえ

● けいさんを　しましょう。

① $1+8-3=$　② $3+3-2=$

③ $10-9+6=$　④ $7-5+8=$

⑤ $2+6-4=$　⑥ $8-2+3=$

⑦ $9-7+4=$　⑧ $4+3-5=$

⑨ $5+2-6=$　⑩ $6-4+3=$

（141%に拡大してご使用ください。）

がつ　にち

3つの かずの けいさん(13)
たしざん・ひきざん　なまえ

● けいさんを　しましょう。

① 1+5-3=　② 7-6+5=

③ 4+6-8=　④ 2+4+3=

⑤ 8-2+1=　⑥ 9-3-3=

⑦ 3+2+3=　⑧ 6+2-4=

⑨ 7-4-1=　⑩ 5+3+2=

がつ　にち

3つの かずの けいさん(14)
たしざん・ひきざん　なまえ

● けいさんを　しましょう。

① 3-2+8=　② 4+3+2=

③ 6-2-2=　④ 2+8-5=

⑤ 1+7+2=　⑥ 7+2-6=

⑦ 8-4+3=　⑧ 4+1+3=

⑨ 5-2+5=　⑩ 9-6-1=

（141%に拡大してご使用ください。）

ふりかえり　3つの　かずの　けいさん

なまえ　　　　がつ　　にち

1　けいさんを　しましょう。

① $7+2+1=$　② $3+4+2=$

③ $1+5+2=$　④ $2+2+3=$

2　けいさんを　しましょう。

① $9-5-3=$　② $5-2-2=$

③ $7-4-1=$　④ $8-3-2=$

3　けいさんを　しましょう。

① $8-6+4=$　② $2+8-9=$

③ $7+3-6=$　④ $5-3+5=$

4　けいさんを　しましょう。

① $2+6+2=$　② $9-1-5=$

③ $4+5-3=$　④ $3-2+8=$

10分　ふりかえり

（141%に拡大してご使用ください。）

がつ　にち

3つの かずの けいさん（テスト）

なまえ

【知識・技能】　(5x10)

□1 けいさんを　しましょう。

(1) 3+4+2=

(2) 7+3+5=

(3) 4+6+2=

(4) 9−3−2=

(5) 14−4−2=

(6) 15−5−6=

(7) 9−6+5=

(8) 10−4+3=

(9) 6+3−5=

(10) 3+7−4=

【思考・判断・表現】　(5x1(

□2 こうえんで　4にんで　あそんでいます。そこへ　3にん　やってきました。また　3にん　やってきました。みんなで　なんにんですか。

しき

こたえ

□3 きれいな　いしを　12こ　ひろいました。おとうとに　2こ　あげました。いもうとにも　3こ　あげました。
のこりは　なんこですか。

しき

こたえ

□4 くるまが　ちゅうしゃじょうに　4だい　とまっています。3だい　はいってきました。2だい　でていきました。とまっているのは　なんだいですか。

しき

こたえ

□5 おりがみを　10まい　もっていました。4まい　つかいました。3まい　もらいました。おりがみは　なんまいに　なりましたか。

しき

こたえ

□6 ばすに　7にん　のっていました。つぎの　ばすていで　3にんのって，つぎの　ばすていで　6にん　おりました。ばすには　なんにん　のっていますか。

しき

こたえ

（141%に拡大してご使用ください。）

がつ　にち

さんすうあそび
3つの かずの けいさん

なまえ

● こたえの　おおきいほうを　とおって　ゴールまで　いきましょう。

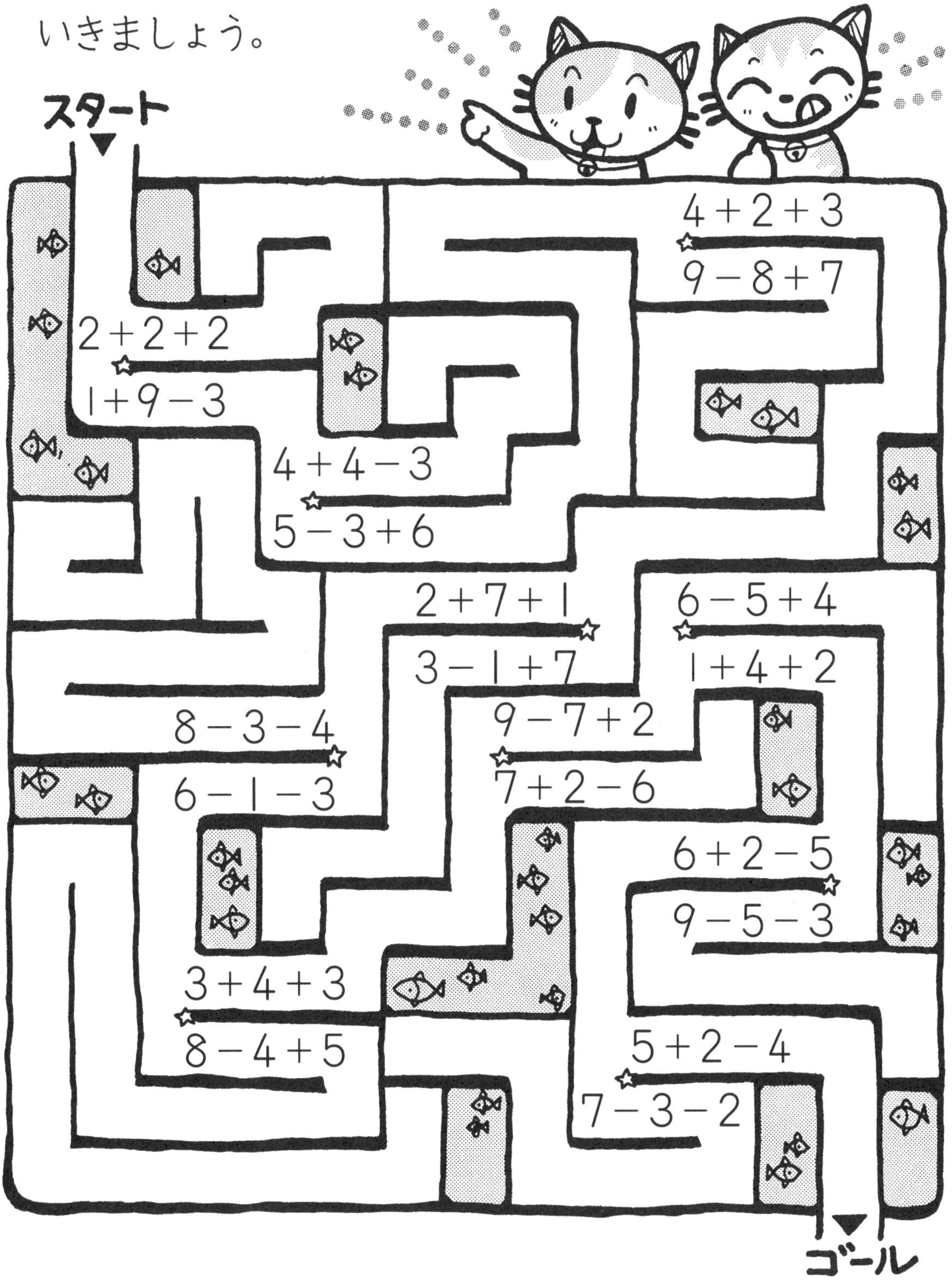

3分

かさくらべ(1)

がつ　にち

なまえ

● おおい　ほうの　[　]に　○を　つけましょう。

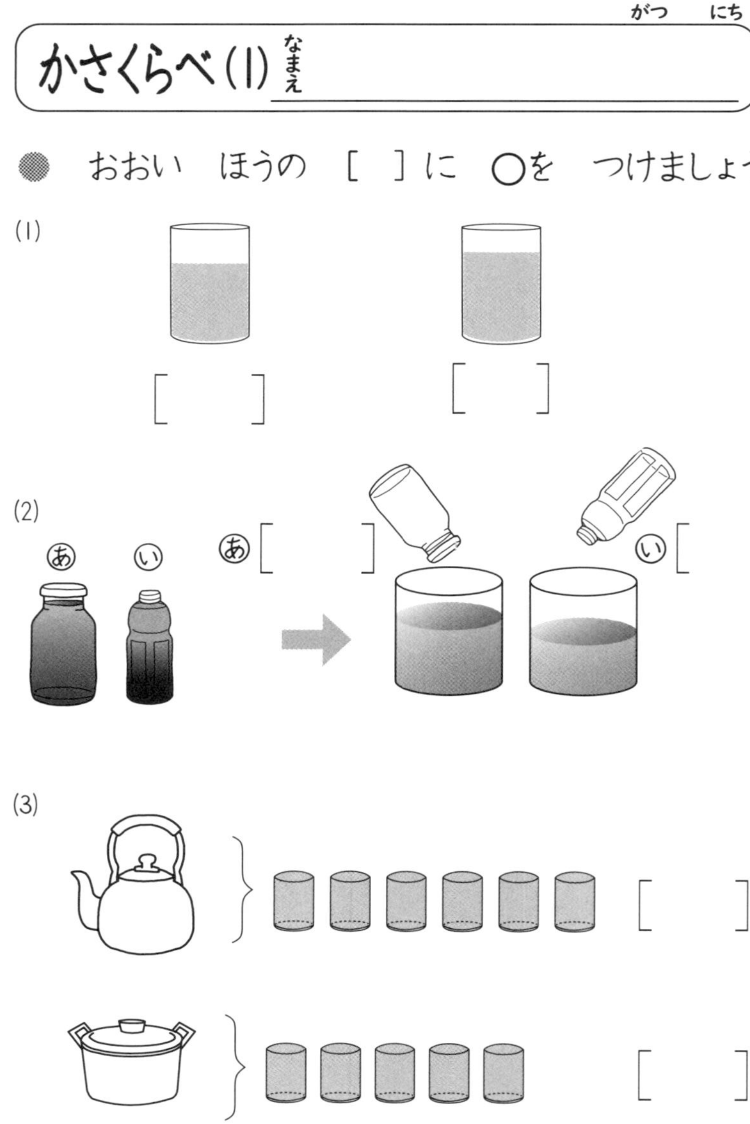

かさくらべ(2)

がつ　にち

なまえ

● どちらの　はこの　かさが　おおきいでしょう。
おおきい　ほうの　[　]に　○を　かきましょう。

(1) [　]　[　]

(2) [　]　[　]

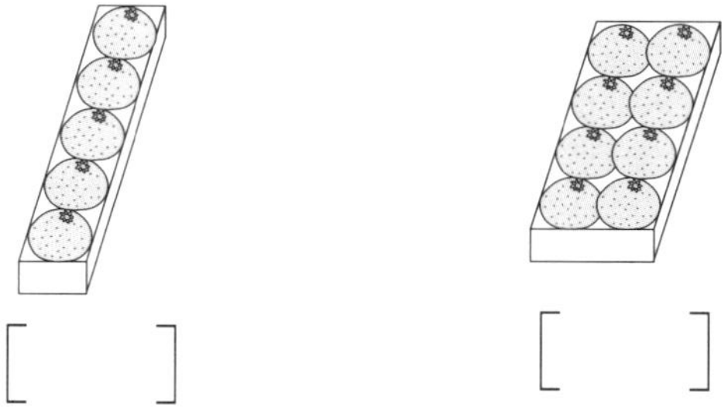

(3) [　]　[　]

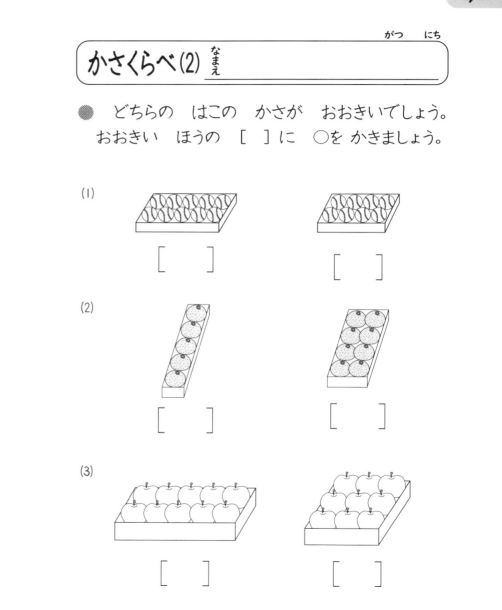

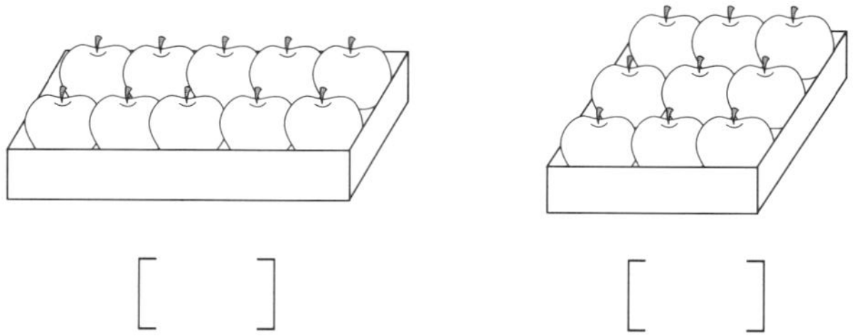

（141%に拡大してご使用ください。）

がつ　にち

かさくらべ(3)

なまえ

● おおい　じゅんに　[　]に　ばんごうを　かきましょう。

(1)

[　]　[　]　[　]

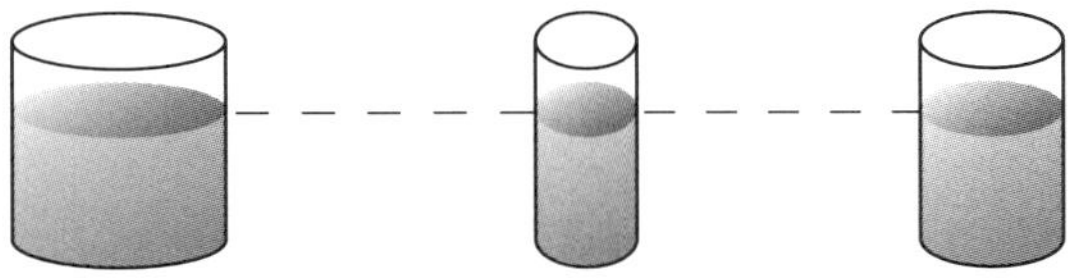

(2)

[　]　[　]　[　]

(3)

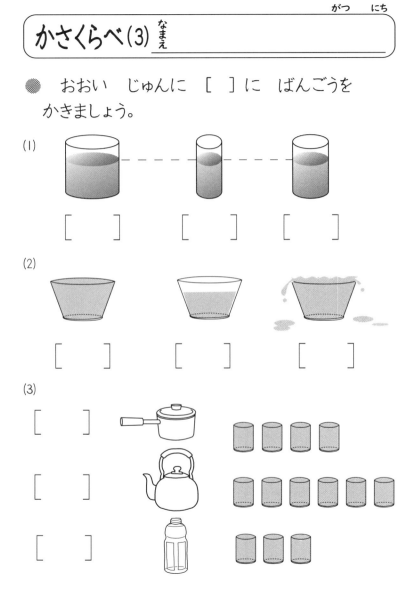

[　]

[　]

[　]

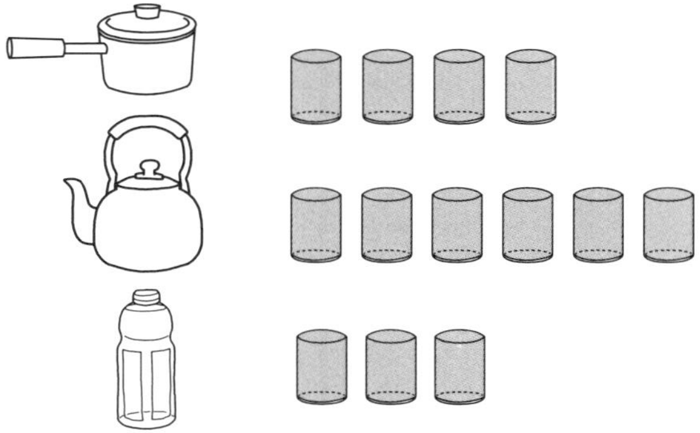

がつ　にち

かさくらべ(4)

なまえ

● はこの　かさが　おおきい　じゅんに　ばんごうを　かきましょう。

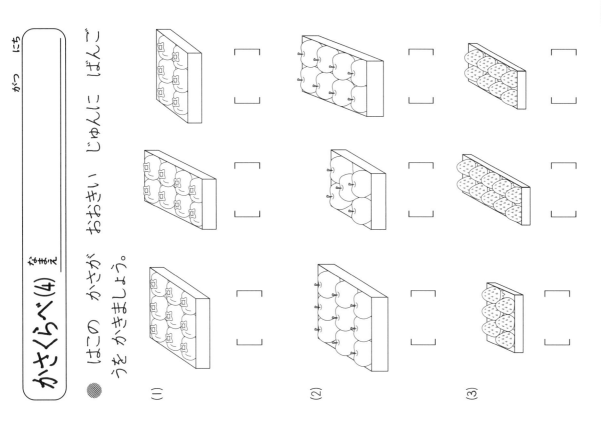

(1)

[　]　[　]　[　]

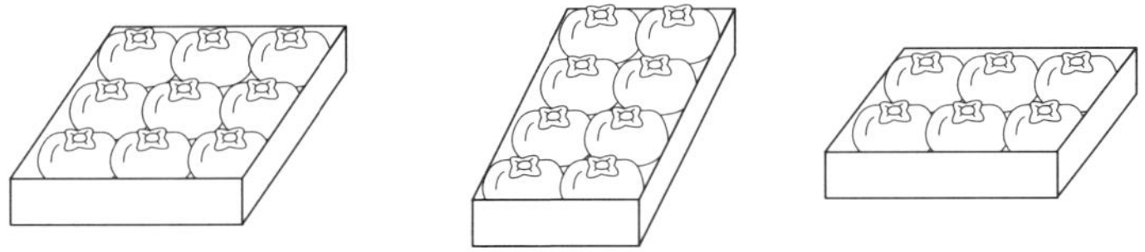

(2)

[　]　[　]　[　]

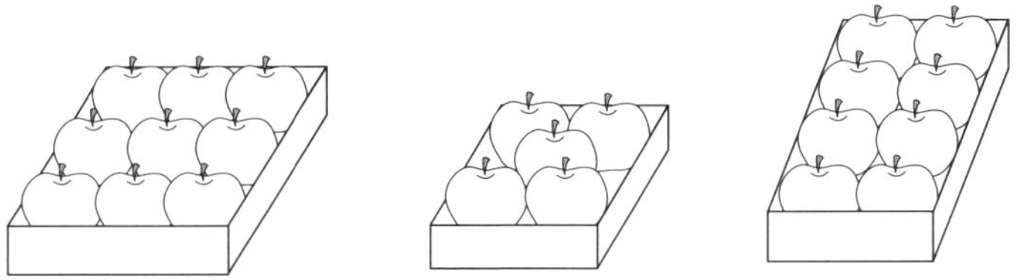

(3)

[　]　[　]　[　]

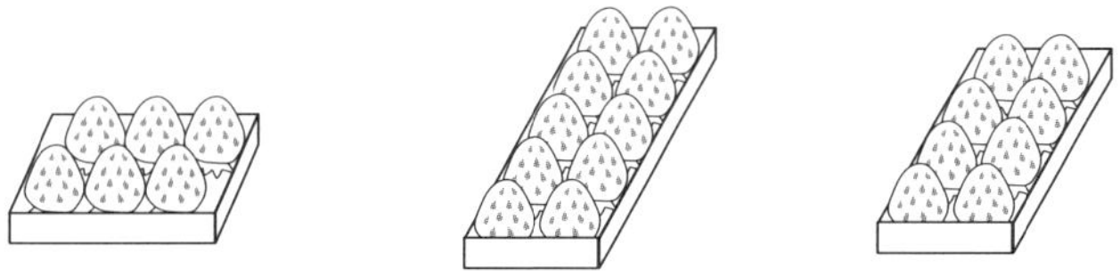

5分

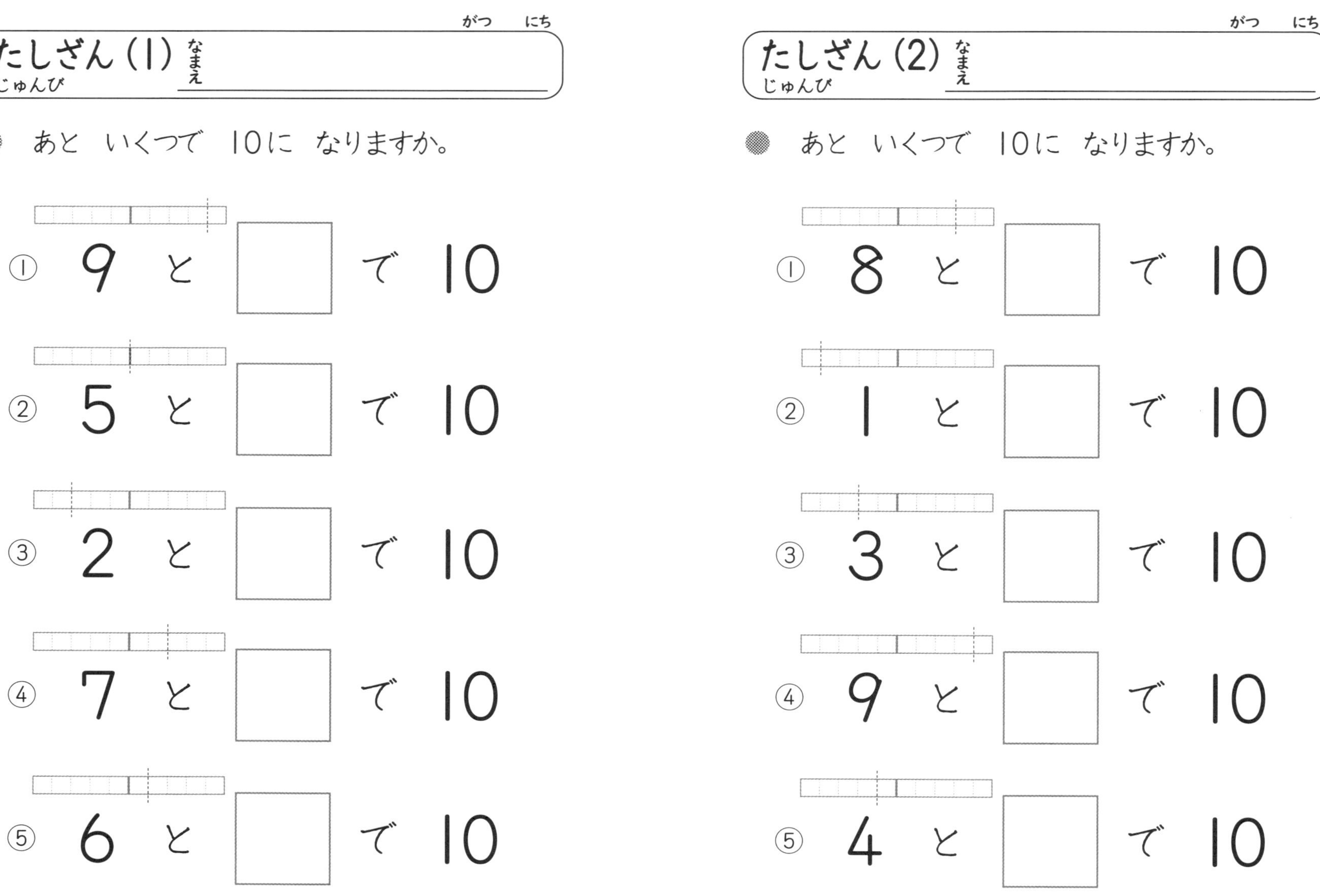

たしざん(1) じゅんび

なまえ　　　がつ　にち

● あと　いくつで　10に　なりますか。

① 9 と □ で 10

② 5 と □ で 10

③ 2 と □ で 10

④ 7 と □ で 10

⑤ 6 と □ で 10

たしざん(2) じゅんび

なまえ　　　がつ　にち

● あと　いくつで　10に　なりますか。

① 8 と □ で 10

② 1 と □ で 10

③ 3 と □ で 10

④ 9 と □ で 10

⑤ 4 と □ で 10

（141%に拡大してご使用ください。）

がつ　にち

たしざん (3)

9+□, □+9　なまえ

● 9+□の　けいさんを　しましょう。

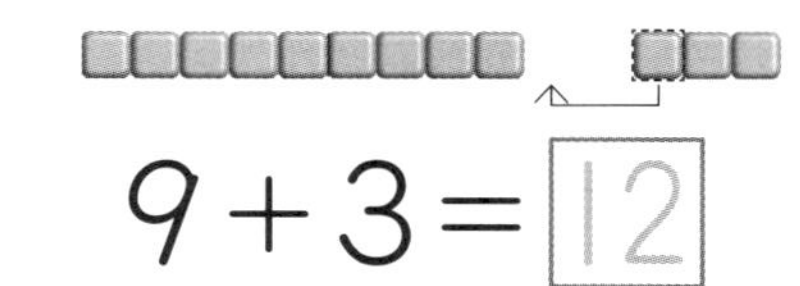

9 + 3 = 12

① 9 + 6 =　② 9 + 4 =

③ 9 + 7 =　④ 9 + 9 =

⑤ 9 + 5 =　⑥ 9 + 2 =

がつ　にち

たしざん (4)

9+□, □+9　なまえ

● □+9 の　けいさんを　しましょう。

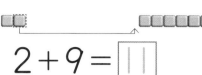

2 + 9 = 11

① 3 + 9 =　② 8 + 9 =

③ 7 + 9 =　④ 5 + 9 =

⑤ 6 + 9 =　⑥ 4 + 9 =

3分

（141%に拡大してご使用ください。）

たしざん (5)

9+□, □+9

なまえ　　　がつ　にち

● けいさんを　しましょう。

① 9＋4＝　② 9＋9＝

③ 9＋7＝　④ 9＋5＝

⑤ 9＋5＝　⑥ 9＋2＝

⑦ 9＋3＝　⑧ 9＋8＝

⑨ 9＋6＝　⑩ 9＋7＝

たしざん (6)

9+□, □+9

なまえ　　　がつ　にち

● けいさんを　しましょう。

① 2＋9＝　② 7＋9＝

③ 8＋9＝　④ 5＋9＝

⑤ 6＋9＝　⑥ 3＋9＝

⑦ 4＋9＝　⑧ 9＋9＝

⑨ 7＋9＝　⑩ 8＋9＝

がつ　にち

たしざん (7)

8+□, □+8

なまえ

● 8+□の　けいさんを　しましょう。

8＋4＝12

① 8＋8＝　　② 8＋5＝

③ 8＋3＝　　④ 8＋7＝

⑤ 8＋9＝　　⑥ 8＋6＝

がつ　にち

たしざん (8)

8+□, □+8

なまえ

● □+8の　けいさんを　しましょう。

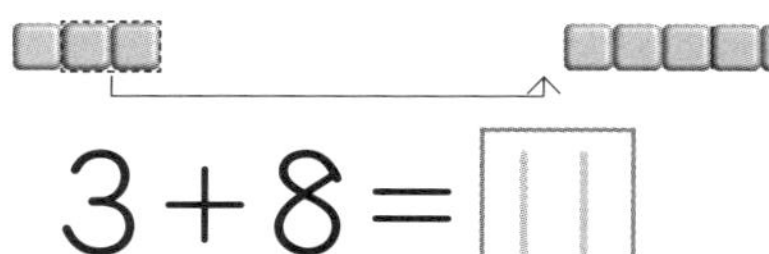

3＋8＝11

① 9＋8＝　　② 4＋8＝

③ 5＋8＝　　④ 8＋8＝

⑤ 7＋8＝　　⑥ 6＋8＝

3分

(141%に拡大してご使用ください。)

たしざん (9)
8+□, □+8

がつ　にち　なまえ

● けいさんを　しましょう。

① 8＋3＝　② 8＋8＝

③ 8＋9＝　④ 8＋6＝

⑤ 8＋7＝　⑥ 4＋8＝

⑦ 3＋8＝　⑧ 9＋8＝

⑨ 5＋8＝　⑩ 6＋8＝

たしざん (10)
8+□, □+8

がつ　にち　なまえ

● けいさんを　しましょう。

① 8＋7＝　② 8＋5＝

③ 8＋4＝　④ 8＋9＝

⑤ 8＋8＝　⑥ 7＋8＝

⑦ 5＋8＝　⑧ 4＋8＝

⑨ 3＋8＝　⑩ 6＋8＝

（141%に拡大してご使用ください。）

がつ　にち

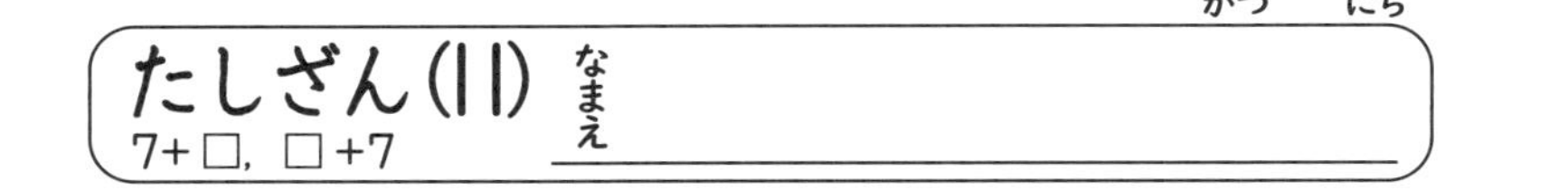

たしざん(11)

7+□，□+7

なまえ

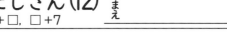

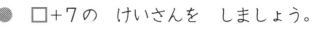

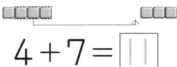

● 7+□の　けいさんを　しましょう。

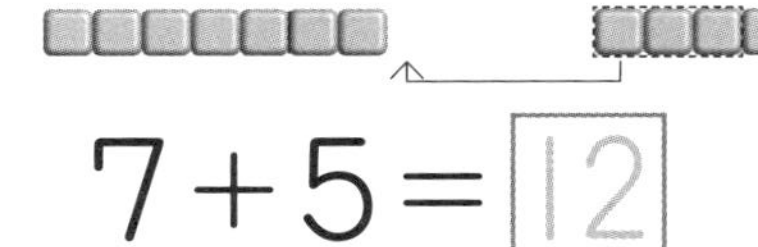

7+5=12

① 7+7=　　② 7+9=

③ 7+8=　　④ 7+6=

⑤ 7+4=　　⑥ 7+7=

がつ　にち

たしざん(12)

7+□，□+7

なまえ

● □+7の　けいさんを　しましょう。

4+7=11

① 8+7=　　② 7+7=

③ 6+7=　　④ 5+7=

⑤ 9+7=　　⑥ 8+7=

3分

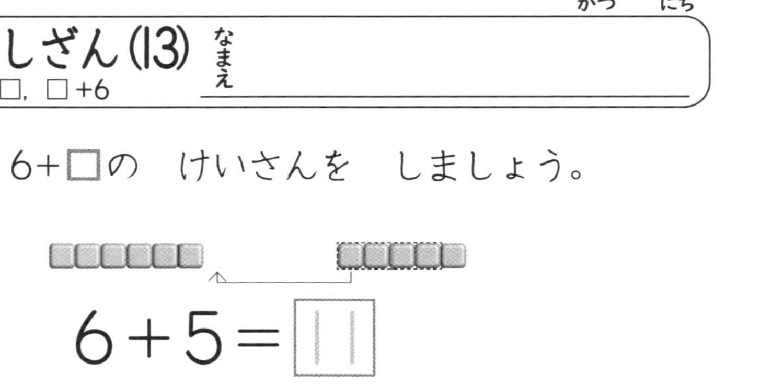

たしざん(13)

6+□, □+6

がつ　にち　なまえ

● 6+□の　けいさんを　しましょう。

6＋5＝□

①6＋6＝　②6＋8＝

③6＋9＝　④6＋7＝

⑤6＋8＝　⑥6＋6＝

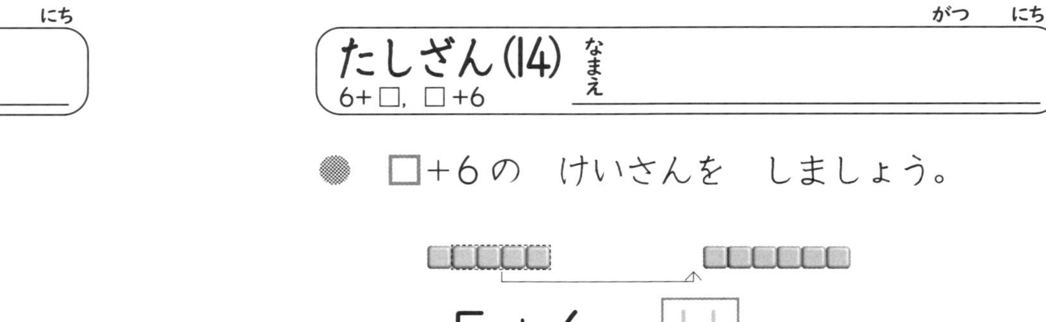

たしざん(14)

6+□, □+6

がつ　にち　なまえ

● □+6の　けいさんを　しましょう。

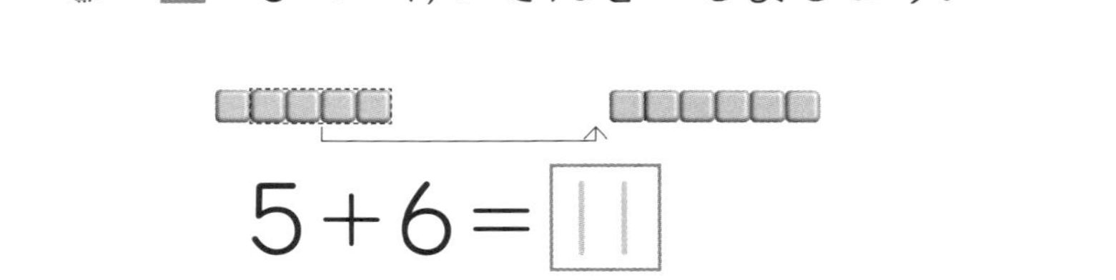

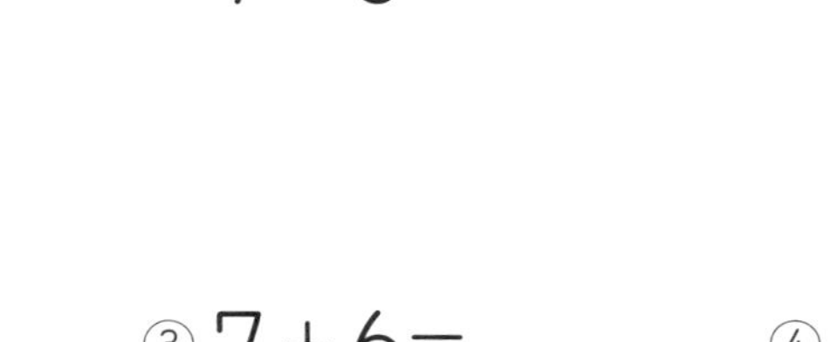

5＋6＝□

①9＋6＝　②6＋6＝

③7＋6＝　④5＋6＝

⑤8＋6＝　⑥9＋6＝

たしざん(15)

7+□, □+7, 6+□, □+6

がつ　にち　なまえ

● けいさんを　しましょう。

① 6＋9＝	② 7＋4＝
③ 7＋7＝	④ 8＋7＝
⑤ 6＋6＝	⑥ 6＋5＝
⑦ 7＋6＝	⑧ 5＋7＝
⑨ 6＋8＝	⑩ 9＋7＝

たしざん(16)

7+□, □+7, 6+□, □+6

がつ　にち　なまえ

● けいさんを　しましょう。

① 6＋6＝	② 7＋9＝
③ 7＋5＝	④ 5＋6＝
⑤ 7＋7＝	⑥ 7＋8＝
⑦ 6＋7＝	⑧ 8＋6＝
⑨ 4＋7＝	⑩ 9＋6＝

5分

（141%に拡大してご使用ください。）

たしざん(17)

なまえ　　　　がつ　　にち

● けいさんを　しましょう。

① $7+4=$	② $9+2=$
③ $4+9=$	④ $7+5=$
⑤ $9+6=$	⑥ $5+8=$
⑦ $6+6=$	⑧ $8+5=$
⑨ $8+9=$	⑩ $7+8=$

たしざん(18)

なまえ　　　　がつ　　にち

● けいさんを　しましょう。

① $8+6=$	② $2+9=$
③ $3+8=$	④ $4+7=$
⑤ $9+3=$	⑥ $6+7=$
⑦ $7+5=$	⑧ $8+8=$
⑨ $9+7=$	⑩ $7+9=$

（141%に拡大してご使用ください。）

たしざん(19) なまえ　　　がつ　にち

けいさんを　しましょう。

① 2＋9＝　② 8＋7＝

③ 9＋4＝　④ 4＋8＝

⑤ 5＋7＝　⑥ 9＋9＝

⑦ 8＋3＝　⑧ 6＋5＝

⑨ 3＋9＝　⑩ 7＋6＝

たしざん(20) なまえ　　　がつ　にち

けいさんを　しましょう。

① 9＋5＝　② 4＋7＝

③ 5＋6＝　④ 9＋8＝

⑤ 8＋4＝　⑥ 6＋8＝

⑦ 7＋7＝　⑧ 5＋9＝

⑨ 6＋9＝　⑩ 3＋9＝

5分

(141%に拡大してご使用ください。)

がつ　にち

たしざん(21)

なまえ

● けいさんを　しましょう。

① $9+2=$	② $7+4=$
③ $6+8=$	④ $9+9=$
⑤ $8+5=$	⑥ $4+7=$
⑦ $7+7=$	⑧ $9+3=$
⑨ $3+9=$	⑩ $6+6=$
⑪ $9+7=$	⑫ $8+4=$
⑬ $3+8=$	⑭ $8+8=$
⑮ $8+6=$	⑯ $8+7=$
⑰ $7+8=$	⑱ $6+7=$
⑲ $5+6=$	⑳ $9+8=$

がつ　にち

たしざん(22)

なまえ

● けいさんを　しましょう。

① $7+9=$	② $6+5=$
③ $5+9=$	④ $8+7=$
⑤ $9+4=$	⑥ $4+9=$
⑦ $8+3=$	⑧ $7+5=$
⑨ $2+9=$	⑩ $6+9=$
⑪ $8+8=$	⑫ $9+5=$
⑬ $3+9=$	⑭ $4+8=$
⑮ $9+6=$	⑯ $7+6=$
⑰ $9+9=$	⑱ $6+8=$
⑲ $5+8=$	⑳ $8+9=$

（141％に拡大してご使用ください。）

たしざん(23) なまえ

がつ　にち

● けいさんを　しましょう。

① 7＋4＝　② 6＋8＝

③ 5＋7＝　④ 9＋3＝

⑤ 9＋8＝　⑥ 7＋7＝

⑦ 4＋8＝　⑧ 8＋3＝

⑨ 9＋4＝　⑩ 7＋5＝

⑪ 3＋9＝　⑫ 6＋6＝

⑬ 7＋8＝　⑭ 9＋6＝

⑮ 8＋4＝　⑯ 5＋8＝

⑰ 3＋8＝　⑱ 8＋8＝

⑲ 9＋9＝　⑳ 2＋9＝

たしざん(24) なまえ

がつ　にち

● けいさんを　しましょう。

① 9＋2＝　② 8＋7＝

③ 6＋8＝　④ 7＋7＝

⑤ 8＋5＝　⑥ 8＋9＝

⑦ 5＋6＝　⑧ 9＋7＝

⑨ 7＋6＝　⑩ 6＋5＝

⑪ 9＋3＝　⑫ 5＋9＝

⑬ 6＋7＝　⑭ 8＋6＝

⑮ 9＋5＝　⑯ 4＋7＝

⑰ 4＋8＝　⑱ 7＋9＝

⑲ 8＋9＝　⑳ 6＋9＝

10分

(141%に拡大してご使用ください。)

がつ　にち

たしざん(25)
ぶんしょうだい　なまえ

1　ケーキが　はこに　9こ　はいっています。おさらには　3こあります。　ケーキは　あわせて　なんこ　ありますか。

しき

こたえ　　　こ

2　おとこのこ　8にんと，おんなのこ　7にんに　おりがみを　1まいずつ　くばります。　おりがみは　なんまい　いりますか。

しき

こたえ　　　まい

3　きのう　ほんを　5ページ，　きょう　9ページ　よみました。　きのうと　きょう　あわせて　なんページ　よみましたか。

しき

こたえ　　　ページ

がつ　にち

たしざん(26)
ぶんしょうだい　なまえ

1　あおい　えんぴつが　7ほん，あかい　えんぴつが　6ぽん　あります。　あわせて　なんぼん　ありますか。

しき

こたえ　　　ぼん

2　バスに　4にん　のっています。つぎの　バスていで　8にん　のってきました。ぜんぶで　なんにんに　なりましたか。

しき

こたえ　　　にん

3　つみきが　6こ　つんであります。　その　うえに　5こ　つみました。つみきは　なんこに　なりましたか。

しき

こたえ　　　こ

（141%に拡大してご使用ください。）

たしざん(27)
ぶんしょうだい

なまえ　　　がつ　にち

1　むしかごに　かぶとむしが　8ぴき　います。　おにいさんが　3びき　いれました。　ぜんぶで　なんびきに　なりましたか。

しき

こたえ　　　ぴき

2　りすが　きの　うえに　6ぴき、きの　したに　7ひき　います。ぜんぶで　りすは　なんびき　いますか。

しき

こたえ　　　びき

3　たまねぎが　7こ　ありました。　おかあさんが　4こ　かってきました。　あわせて　なんこに　なりますか。

しき

こたえ　　　こ

4　くるまが　9だい　とまっています。　そこへ　5だい　きました。　あわせて　くるまは　なんだいですか。

しき

こたえ　　　だい

5　あさがおの　はなが　6こ　さいていました。　きょう　8こ　さきました。　みんなで　なんこ　さきましたか。

しき

こたえ　　　こ

たしざん(28)
ぶんしょうだい

なまえ　　　がつ　にち

1　すずめが　でんせんに　9わ　とまっていました。4わ　とんできました。　すずめは　みんなで　なんわですか。

しき

こたえ　　　わ

2　わたしは　おはじきを　5こ　もっています。　おねえさんから　7こ　もらいました。　ぜんぶで　なんこに　なりましたか。

しき

こたえ　　　こ

3　みかんが　さらに　2こ　あります，　かごには　9こ　あります，　みかんは　ぜんぶで　なんこに　なりますか。

しき

こたえ　　　こ

4　うさぎが　8ぴき　いました。　5ひき　こどもが　うまれました。　うさぎは　なんびきに　なりましたか。

しき

こたえ　　　びき

5　きんぎょすくいを　しました。　ぼくは　9ひき，　おとうとは　6ぴき　すくいました。　あわせて　なんびき　すくいましたか。

しき

こたえ　　　ひき

10分

10分

たしざん (29)
チャレンジ　おはなしづくり

なまえ　　がつ　にち

1 えを みて，4+7の しきに なる おはなしを つくりましょう。

2 えを みて，8+5の しきに なる おはなしを つくりましょう。

ふりかえり　たしざん

なまえ　　　　　　がつ　にち

1　けいさんを　しましょう。

① 2＋9＝　② 6＋8＝

③ 8＋4＝　④ 7＋7＝

⑤ 9＋5＝　⑥ 9＋3＝

⑦ 6＋5＝　⑧ 4＋9＝

⑨ 7＋4＝　⑩ 6＋6＝

⑪ 6＋7＝　⑫ 7＋5＝

⑬ 9＋6＝　⑭ 8＋7＝

⑮ 3＋8＝

2　なわとびを　しました。　1かいめは　8かい，　2かいめは　9かい　とべました。　ぜんぶで　なんかい　とべましたか。

しき

こたえ　　　かい

3　かきが　5こ　ありました。　おばさんに　8こ　もらいました。　かきは　ぜんぶで　なんこに　なりましたか。

しき

こたえ　　　こ

4　ぼくは　どんぐりを　4こ　ひろいました。　おにいさんは　どんぐりを　7こ　ひろいました。　あわせて　なんこ　どんぐりを　ひろいましたか。

しき

こたえ　　　こ

がつ　にち

たしざん　くりあがり（テスト）

なまえ

(5x3)

1　8+5の　けいさんの　しかたです。
□に　あう　かずを　かきましょう。

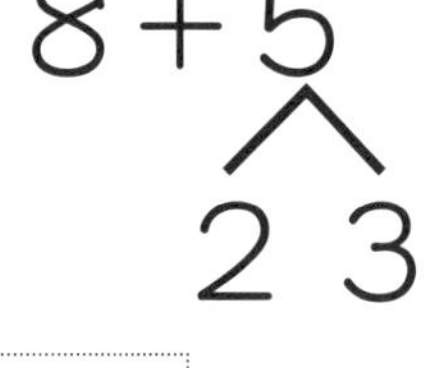

(1) 8に □ を　たして　10

(2) 10と □ で □。

(3) 8+5= □

2　たしざんを　しましょう。　(5x7)

(1) 9+4=

(2) 6+5=

(3) 4+8=

(4) 7+7=

(5) 2+9=

(6) 5+7=

(7) 6+8=

(5x10)

3　みきさんは　おりづるを　9わ　おりました。ここなさんは　7わ　おりました。
あわせて　なんわ　おりましたか。

しき

こたえ

4　7にんで　あそんでいました。
とちゅうから　8にん　きました。
あわせて　なんにんに　なりましたか。

しき

こたえ

5　こうえんには　おとこのこが　8にん，
おんなのこが　9にん　います。
あわせて　なんにんですか。

しき

こたえ

6　たまごが　3こしか　なかったので
1ぱっく　8こいりの　たまごを　かいました。あわせて　なんこに　なりましたか。

しき

こたえ

7　みかんを　きのう　7こ　たべました。
きょうは　8こ　たべました。
きのうと　きょうで　なんこ　たべましたか。

しき

こたえ

　（141%に拡大してご使用ください。）

がつ　にち

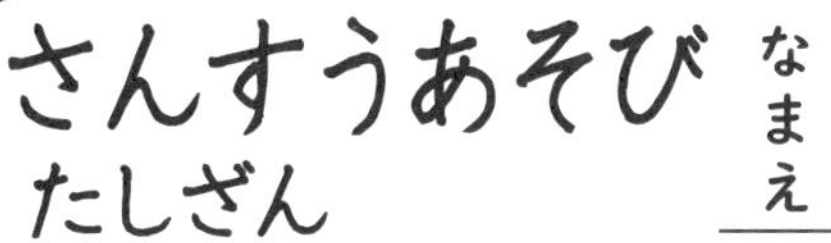

さんすうあそび
たしざん

なまえ

● こたえの　おおきいほうへ
すすみましょう。

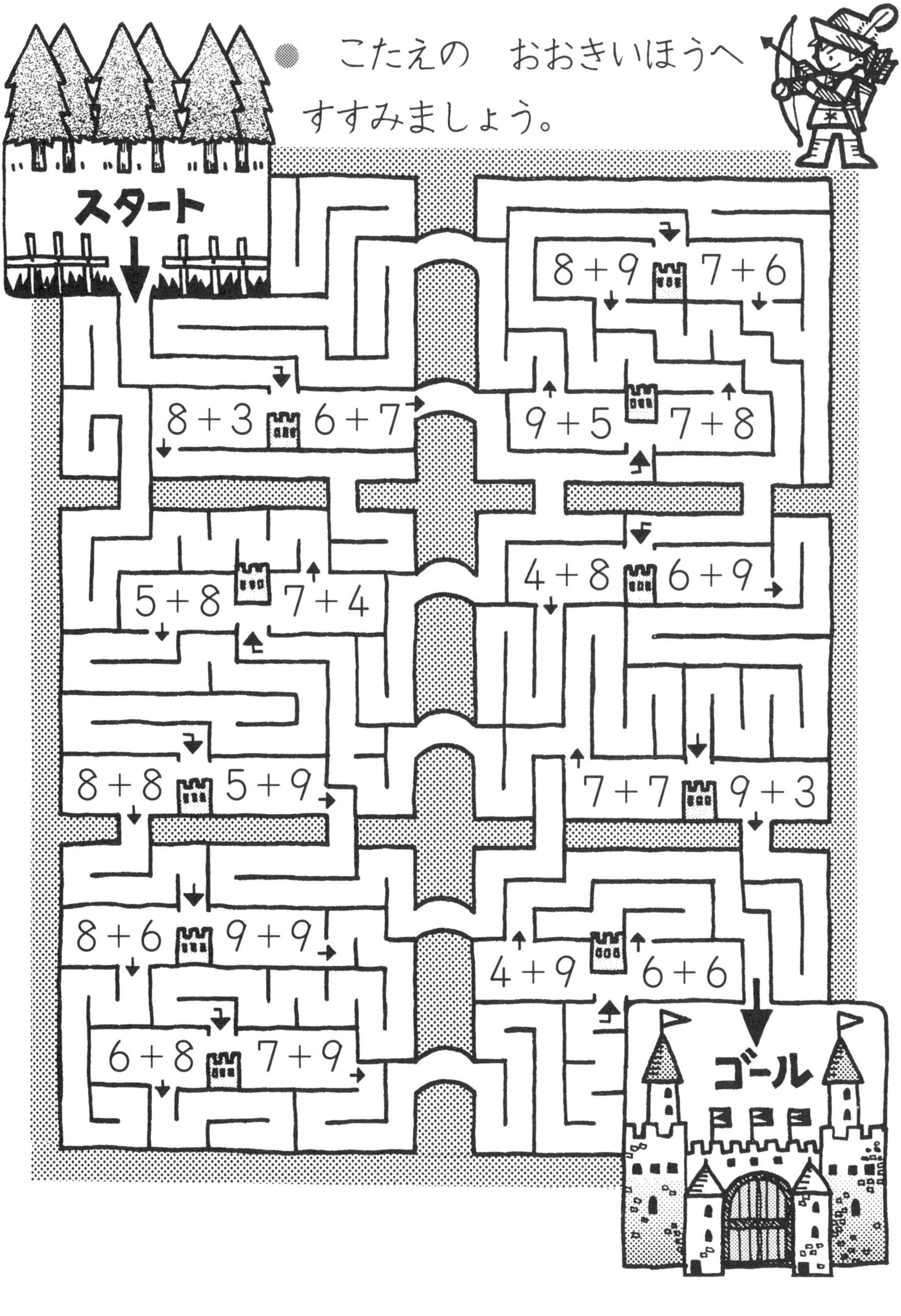

かたち①(1)

がつ　にち

なまえ

● いろいろな　かたちの　ものを
なかまに　わけました。
どのような　わけかたを　したか
あてはまる　ほうに　○を
しましょう。

(1) 
(　　) よく　ころがって
うえに　つみやすい　かたち。
(　　) よく　ころがって
うえに　つみにくい　かたち。

(2) 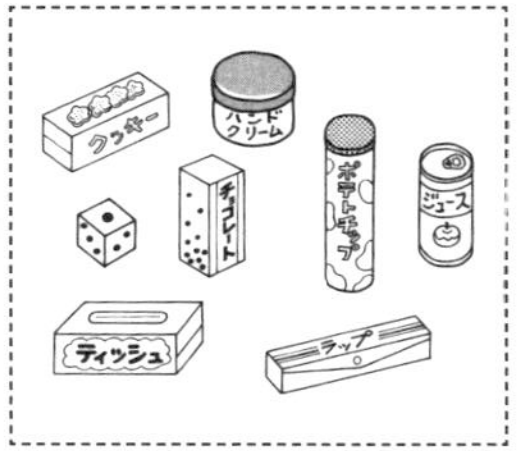
(　　) つむ　ことが　できる
かたち。
(　　) ころがる　かたち。

(3) 
(　　) つむ　ことが　できる
かたち。
(　　) ころがる　かたち。

かたち①(2)

がつ　にち

なまえ

1  と　にている　かたち　2つに　○を　しま
しょう。

2  と　にている　かたち　2つに　○を　しま
しょう。

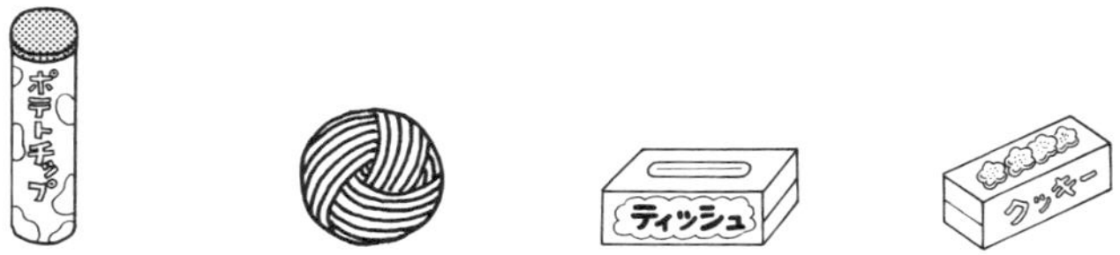

3 かみに　うつすと　どのような　かたちに
なりますか。せんで　むすびましょう。

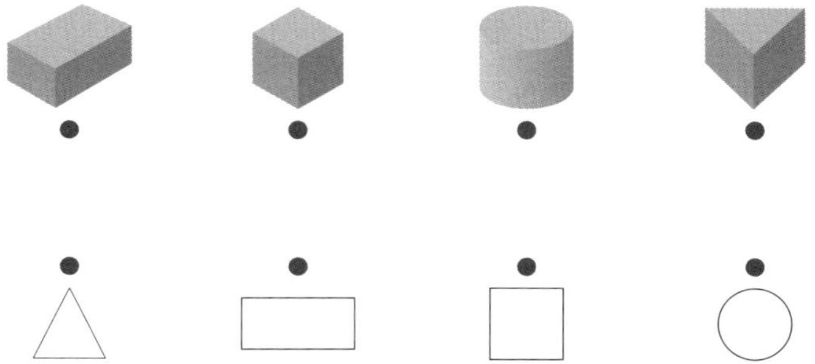

かたち①(3)

がつ　にち

なまえ

● いろいろな　かたちの　ものを　なかまに　わけました。どのような　わけかたを　したか　かきましょう。

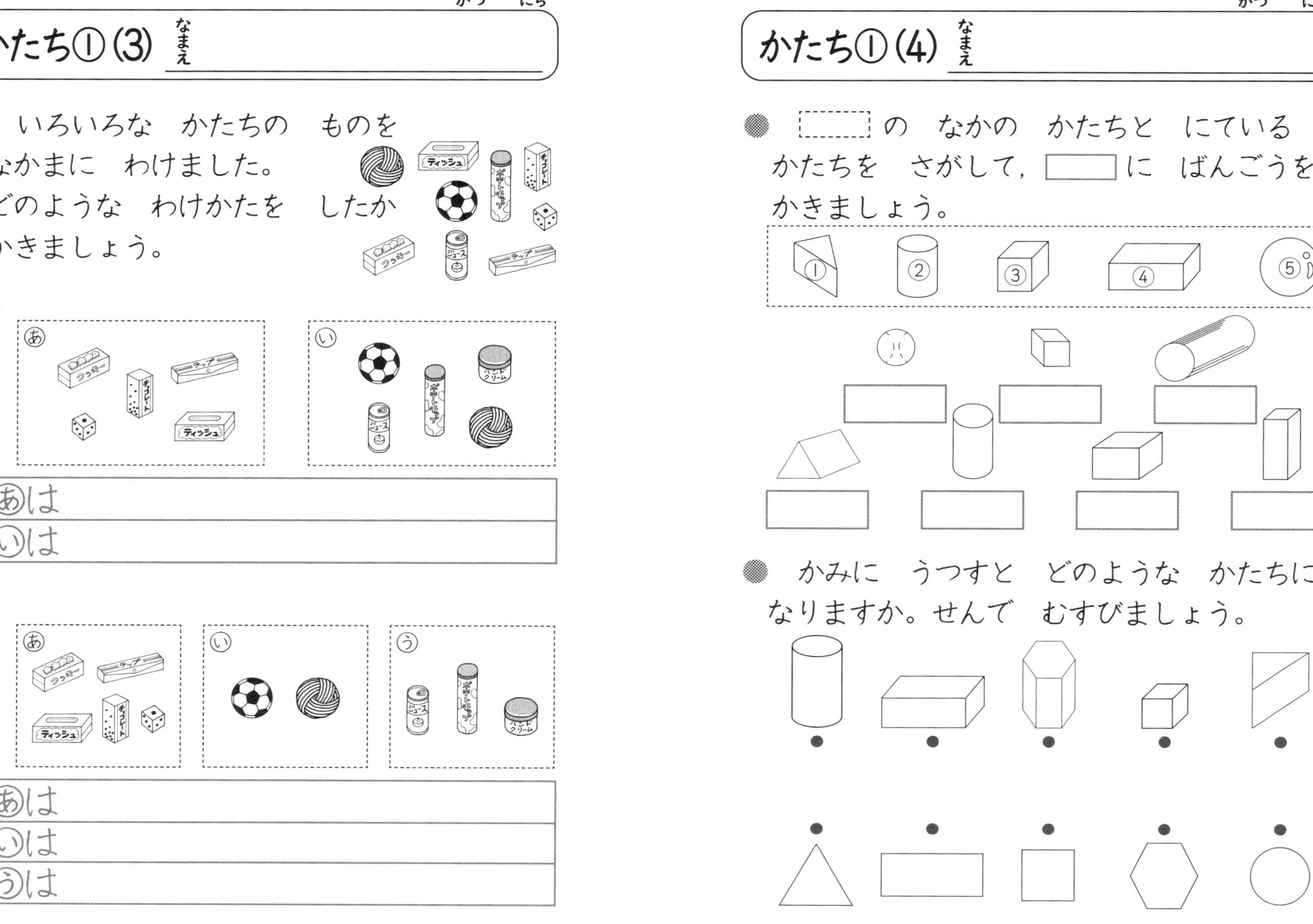

(1)

Ⓐは

Ⓘは

(2)

Ⓐは

Ⓘは

Ⓤは

かたち①(4)

がつ　にち

なまえ

● ［　］の　なかの　かたちと　にている　かたちを　さがして，［　］に　ばんごうを　かきましょう。

① ② ③ ④ ⑤

● かみに　うつすと　どのような　かたちに　なりますか。せんで　むすびましょう。

5分

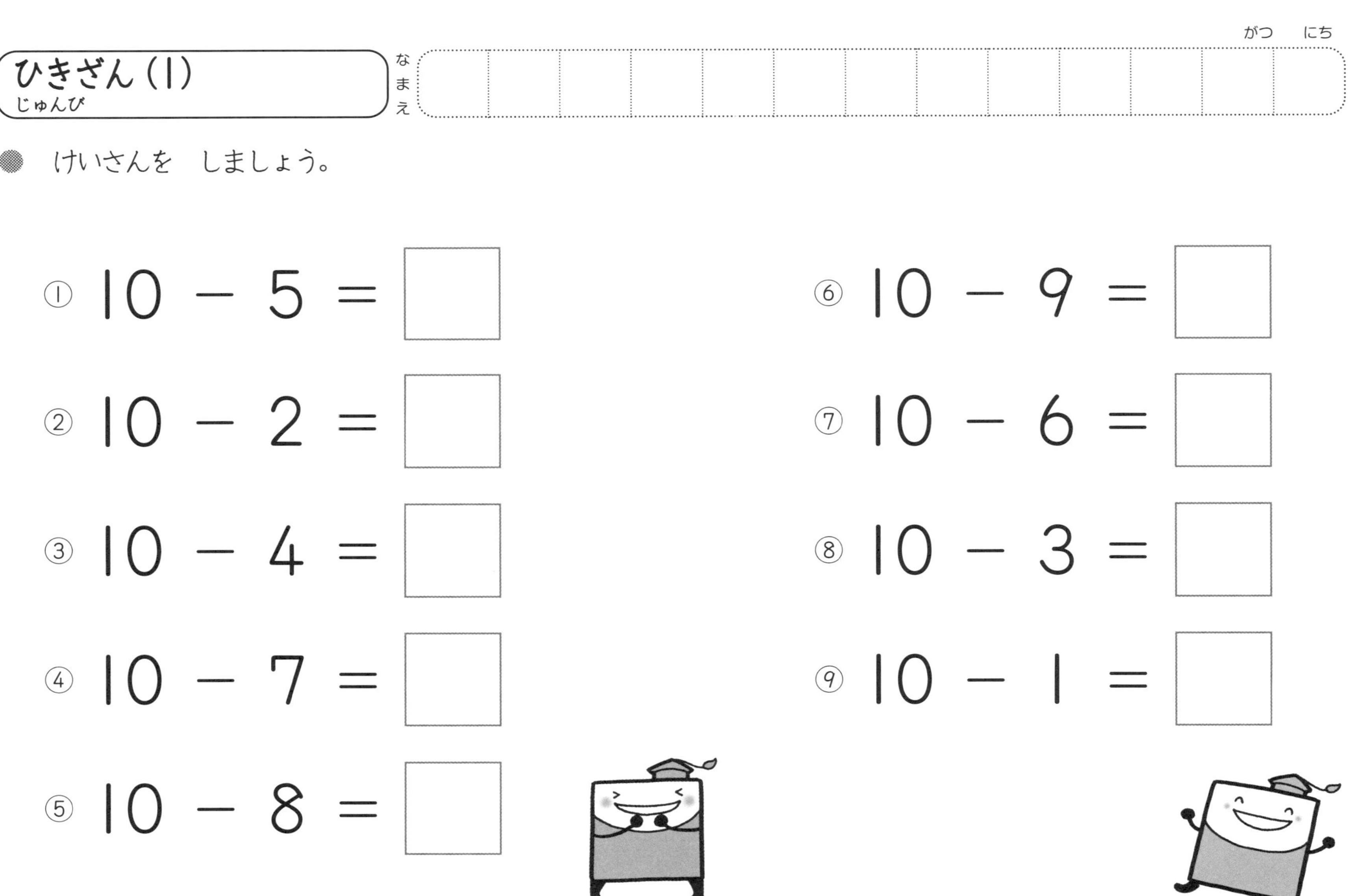

ひきざん (1)
じゅんび

なまえ　　　　がつ　にち

● けいさんを　しましょう。

① 10 − 5 = □

② 10 − 2 = □

③ 10 − 4 = □

④ 10 − 7 = □

⑤ 10 − 8 = □

⑥ 10 − 9 = □

⑦ 10 − 6 = □

⑧ 10 − 3 = □

⑨ 10 − 1 = □

がつ　にち

ひきざん (2)　なまえ

□-9

● けいさんを　しましょう。

13 － 9 ＝ □

10　3　1

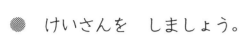

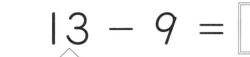

①15-9=　②17-9=

③18-9=　④12-9=

⑤16-9=　⑥11-9=

がつ　にち

ひきざん (3)　なまえ

□-8

● けいさんを　しましょう。

15 － 8 ＝ □

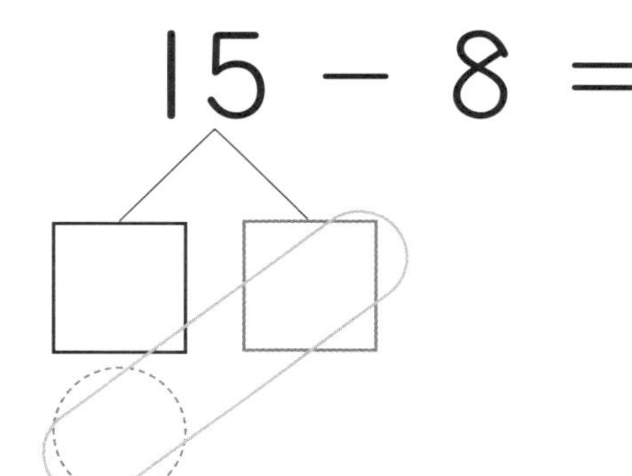

①16-8=　②13-8=

③12-8=　④17-8=

⑤11-8=　⑥14-8=

3分

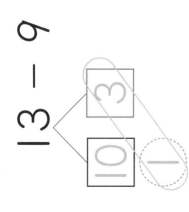

ひきざん (4)

□-9

なまえ　　　　がつ　　にち

● けいさんを　しましょう。

① 15－9＝　② 18－9＝

③ 17－9＝　④ 11－9＝

⑤ 12－9＝　⑥ 16－9＝

⑦ 18－9＝　⑧ 13－9＝

⑨ 14－9＝　⑩ 17－9＝

ひきざん (5)

□-8

なまえ　　　　がつ　　にち

● けいさんを　しましょう。

① 15－8＝　② 12－8＝

③ 13－8＝　④ 16－8＝

⑤ 11－8＝　⑥ 14－8＝

⑦ 17－8＝　⑧ 13－8＝

⑨ 14－8＝　⑩ 15－8＝

（141%に拡大してご使用ください。）

ひきざん (6) なまえ
□-7

がつ　にち

● けいさんを　しましょう。

$$14 - 7 = \square$$

①13-7=　②12-7=

③16-7=　④11-7=

⑤14-7=　⑥15-7=

ひきざん (7) なまえ
□-6

がつ　にち

● けいさんを　しましょう。

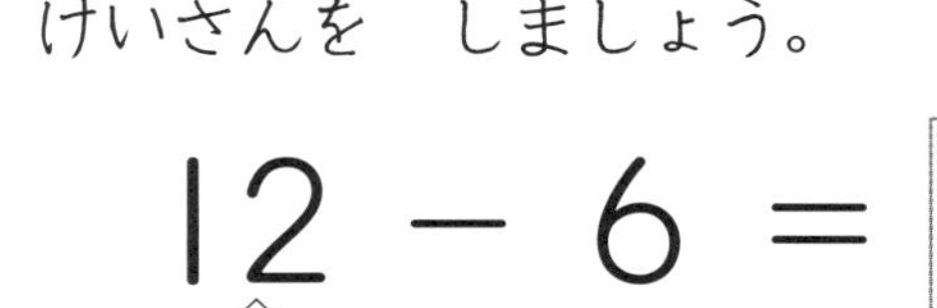

$$12 - 6 = \square$$

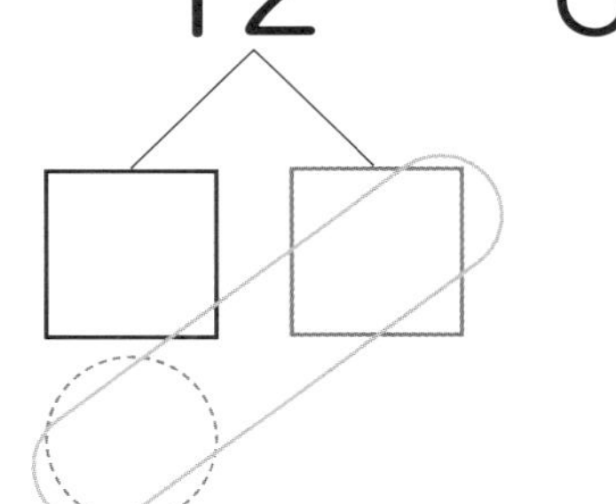

①13-6=　②11-6=

③15-6=　④14-6=

⑤12-6=　⑥13-6=

3分

ひきざん (8)

□-7, □-6

なまえ

がつ　にち

● けいさんを　しましょう。

① 13－7＝　② 12－6＝

③ 16－7＝　④ 11－7＝

⑤ 14－6＝　⑥ 15－7＝

⑦ 12－7＝　⑧ 13－6＝

⑨ 11－6＝　⑩ 14－7＝

ひきざん (9)

□-7, □-6

なまえ

がつ　にち

● けいさんを　しましょう。

① 11－7＝　② 13－6＝

③ 14－6＝　④ 13－7＝

⑤ 15－6＝　⑥ 16－7＝

⑦ 14－7＝　⑧ 11－6＝

⑨ 12－6＝　⑩ 15－7＝

（141%に拡大してご使用ください。）

ひきざん(10)

□-5, □-4

なまえ

がつ　にち

● けいさんを　しましょう。

① 12－4＝　② 11－5＝

③ 13－5＝　④ 11－4＝

⑤ 14－5＝　⑥ 12－5＝

ひきざん(11)

□-4, □-3, □-2

なまえ

がつ　にち

● けいさんを　しましょう。

① 13－4＝　② 11－2＝

③ 11－3＝　④ 12－4＝

⑤ 11－4＝　⑥ 12－3＝

がつ　にち

ひきざん(12)

□-5,□-4,□-3,□-2　なまえ

● けいさんを　しましょう。

① 12－3＝　② 13－4＝

③ 14－5＝　④ 11－2＝

⑤ 11－5＝　⑥ 12－4＝

⑦ 11－3＝　⑧ 13－5＝

⑨ 12－5＝　⑩ 11－4＝

がつ　にち

ひきざん(13)

□-5,□-4,□-3,□-2　なまえ

● けいさんを　しましょう。

① 11－2＝　② 13－4＝

③ 12－5＝　④ 14－5＝

⑤ 11－3＝　⑥ 12－4＝

⑦ 13－5＝　⑧ 11－4＝

⑨ 11－5＝　⑩ 12－3＝

がつ　にち

ひきざん(14)　なまえ

● けいさんを　しましょう。

① 12－3＝　② 15－6＝

③ 13－5＝　④ 11－2＝

⑤ 17－9＝　⑥ 12－6＝

⑦ 14－5＝　⑧ 16－7＝

⑨ 11－7＝　⑩ 14－8＝

がつ　にち

ひきざん(15)　なまえ

● けいさんを　しましょう。

① 12－9＝　② 17－8＝

③ 15－7＝　④ 11－9＝

⑤ 18－9＝　⑥ 14－6＝

⑦ 11－3＝　⑧ 16－8＝

⑨ 13－6＝　⑩ 12－5＝

5分

がつ　にち

ひきざん(16)

なまえ

● けいさんを　しましょう。

① $15-8=$　② $13-7=$

③ $11-4=$　④ $11-2=$

⑤ $12-6=$　⑥ $14-9=$

⑦ $16-9=$　⑧ $11-5=$

⑨ $12-7=$　⑩ $13-8=$

がつ　にち

ひきざん(17)

なまえ

● けいさんを　しましょう。

① $11-6=$　② $18-9=$

③ $13-9=$　④ $12-8=$

⑤ $12-4=$　⑥ $14-7=$

⑦ $16-8=$　⑧ $11-8=$

⑨ $15-9=$　⑩ $13-4=$

ひきざん（18）

がつ　にち

なまえ

● けいさんを　しましょう。

① 12－7＝　② 11－9＝

③ 14－6＝　④ 13－5＝

⑤ 11－2＝　⑥ 15－7＝

⑦ 17－8＝　⑧ 12－3＝

⑨ 13－4＝　⑩ 16－7＝

⑪ 14－7＝　⑫ 11－5＝

⑬ 13－9＝　⑭ 15－8＝

⑮ 11－6＝　⑯ 14－5＝

⑰ 13－8＝　⑱ 12－4＝

⑲ 12－8＝　⑳ 16－9＝

ひきざん（19）

がつ　にち

なまえ

● けいさんを　しましょう。

① 14－7＝　② 11－8＝

③ 11－3＝　④ 13－5＝

⑤ 16－8＝　⑥ 12－9＝

⑦ 12－5＝　⑧ 13－8＝

⑨ 15－9＝　⑩ 15－6＝

⑪ 13－6＝　⑫ 11－4＝

⑬ 18－9＝　⑭ 14－8＝

⑮ 11－7＝　⑯ 17－9＝

⑰ 14－9＝　⑱ 12－6＝

⑲ 13－7＝　⑳ 12－3＝

10分

（141％に拡大してご使用ください。）

ひきざん(20)

なまえ　　　　がつ　　にち

● けいさんを　しましょう。

①14－6＝　　②12－7＝

③15－9＝　　④13－6＝

⑤16－7＝　　⑥11－4＝

⑦15－8＝　　⑧14－5＝

⑨13－5＝　　⑩12－3＝

⑪11－7＝　　⑫14－8＝

⑬17－9＝　　⑭12－4＝

⑮14－9＝　　⑯11－3＝

⑰12－6＝　　⑱15－7＝

⑲16－8＝　　⑳13－9＝

ひきざん(21)

なまえ　　　　がつ　　にち

● けいさんを　しましょう。

①16－7＝　　②11－9＝

③11－5＝　　④13－4＝

⑤18－9＝　　⑥17－8＝

⑦13－8＝　　⑧12－4＝

⑨12－9＝　　⑩16－9＝

⑪11－2＝　　⑫14－6＝

⑬15－9＝　　⑭13－7＝

⑮12－8＝　　⑯11－6＝

⑰14－7＝　　⑱12－5＝

⑲11－8＝　　⑳15－6＝

（141%に拡大してご使用ください。）

がつ　にち

ひきざん(22) ぶんしょうだい

なまえ

1　おねえさんの　としは　13さいです。わたしは　7さいです。なんさい　ちがいますか。

しき

こたえ　　さい

2　おりがみを　15まい　もっていました。6まい　つかいました。おりがみは　なんまい　のこっていますか。

しき

こたえ　　まい

3　バスに　12にん　のっています。　おとなは　8にんです。　こどもは　なんにんですか。

しき

こたえ　　にん

がつ　にち

ひきざん(23) ぶんしょうだい

なまえ

1　ももが　11こ　ありました。　おとなりに　4こ　あげました。　のこりは　なんこですか。

しき

こたえ　　こ

2　うしと　うまを　あわせて　17とう　かっています。　そのうち　うしは　8とうです。うまは　なんとうですか。

しき

こたえ　　とう

3　あかい　リボンが　13こ，しろい　リボンが　9こ　あります。　どちらが　なんこ　おおいですか。

しき

こたえ

5分

ひきざん(24)

ぶんしょうだい

がつ　にち

なまえ

1　どんぐりを　17こ　ひろいました。　いもうとに　9こ　あげました。　どんぐりは　なんこ　のこっていますか。

しき

こたえ　　こ

2　おとこのこが　6にん，おんなのこが　13にんで　あそんでいます。　どちらが　なんにん　おおいですか。

しき

こたえ

3　きいろと　しろの　ちょうが　あわせて　12ひき　とんでいます。　きいろの　ちょうは　3びきです。　しろい　ちょうは　なんびきですか。

しき

こたえ　　ひき

4　さんすうの　もんだいが　15ページ　あります。　9ページまで　おわりました。　あと　なんページ　のこっていますか。

しき

こたえ　　ページ

5　いぬが　11ぴき　います。　ねこは　いぬより　2ひき　すくないそうです。　ねこは　なんびき　いますか。

しき

こたえ　　ひき

ひきざん(25)

ぶんしょうだい

がつ　にち

なまえ

1　バスが　5だい，タクシーが　12だい　とまっています。　どちらが　なんだい　おおく　とまっていますか。

しき

こたえ

2　プリンと　ゼリーが　あわせて　16こ　あります。　その　うち　プリンは　9こです。　ゼリーは　なんこ　ありますか。

しき

こたえ　　こ

3　たまごが　13こ　ありました。　おべんとうを　つくるのに　4こ　つかいました。　のこりの　たまごは　なんこですか。

しき

こたえ　　こ

4　くるまが　ぜんぶで　17だい　とめられる　ちゅうしゃじょうが　あります。　いま　8だい　とまっています。　あと　なんだい　とめられますか。

しき

こたえ　　だい

5　あめが　14こ　あります。　チョコレートは　あめより　6こ　すくないそうです。　チョコレートは　なんこ　ありますか。

しき

こたえ　　こ

ひきざん(26)
チャレンジおはなしづくり

なまえ　　がつ　にち

1 12-3の のこりは いくつでしょう。 に なる おはなしを つくりましょう。

2 14-8の どちらが いくつ おおいでしょう。 に なる おはなしを つくりましょう。

10分

がつ　にち

ふりかえり　ひきざん

なまえ

1 けいさんを　しましょう。

① 15－6＝	② 13－4＝
③ 13－7＝	④ 17－9＝
⑤ 14－5＝	⑥ 11－4＝
⑦ 11－3＝	⑧ 12－8＝
⑨ 13－9＝	⑩ 16－9＝
⑪ 14－8＝	⑫ 11－6＝
⑬ 12－7＝	⑭ 14－9＝
⑮ 15－8＝	

2 みかんと　りんごが　あわせて　12こ　あります。　そのうち　みかんが　7こです。　りんごは　なんこ　ありますか。

しき

こたえ　　こ

3 おにいさんは　14さいです。　わたしは　おにいさんより　5さい　とししたです。　わたしは　なんさいですか。

しき

こたえ　　さい

4 おにぎりを　11こ　つくりました。
そのうち　3こ　たべました。
のこりは　なんこに　なりましたか。

しき

こたえ　　こ

　（141%に拡大してご使用ください。）

がつ　にち

ひきざん　くりさがり（テスト）

なまえ

【知識・技能】 (5x3)

1 14－9の　けいさんの　しかたです。
□に　あう　かずを　かきましょう。

(1) 10から □ を　ひいて　1

(2) 1と □ で □。

(3) 14－9＝□

2 ひきざんを　しましょう。 (5x7)

(1) 16－8＝

(2) 13－7＝

(3) 11－6＝

(4) 12－5＝

(5) 11－3＝

(6) 13－4＝

(7) 14－6＝

【思考・判断・表現】 (5x10)

3 いちごが　11こ　ありました。
8こ　たべました。
のこりは　なんこに　なりましたか。

しき

こたえ

4 えんぴつが　12ほん　あります。
8ほん　けずりました。
けずっていない　えんぴつは
なんぼんですか。

しき

こたえ

5 こうえんには　おとこのこが　5にん，
おんなのこが　13にん　います。
ちがいは　なんにんですか。

しき

こたえ

6 あかい　はなが　7ほん　さいて
います。きいろい　はなは　11ぽん
さいています。どちらが　なんぼん
おおく　さいていますか。

しき

こたえ

7 ケーキを　12にんで　たべます。
ケーキを　たべる　フォークは　9ほん
あります。フォークは，なんぼん
たりませんか。

しき

こたえ

（141%に拡大してご使用ください。）

がつ　にち

さんすうあそび ひきざん

なまえ

● こたえの　おおきいほうへ すすみましょう。

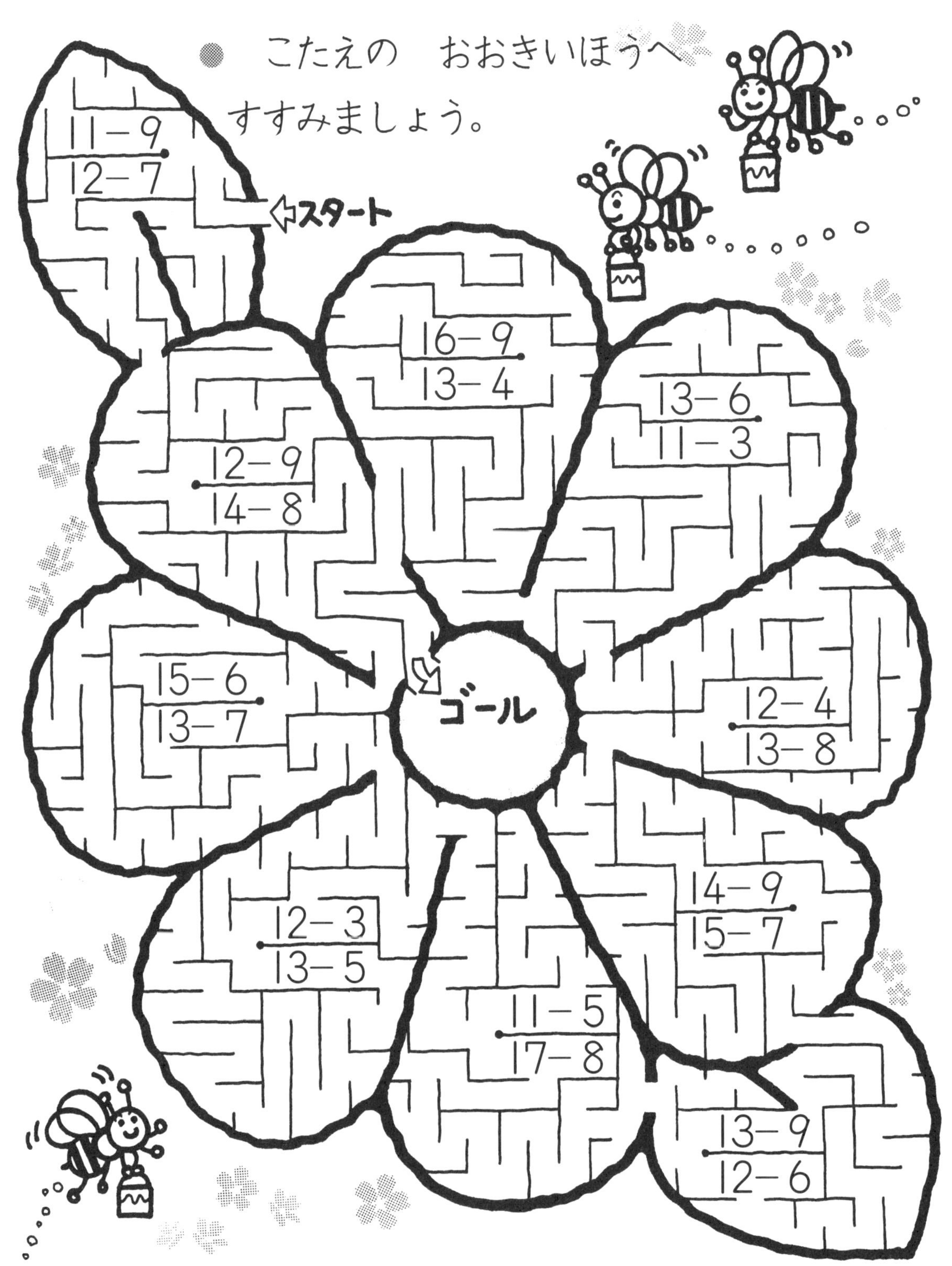

100までの　かず(1)

なまえ　　　　がつ　にち

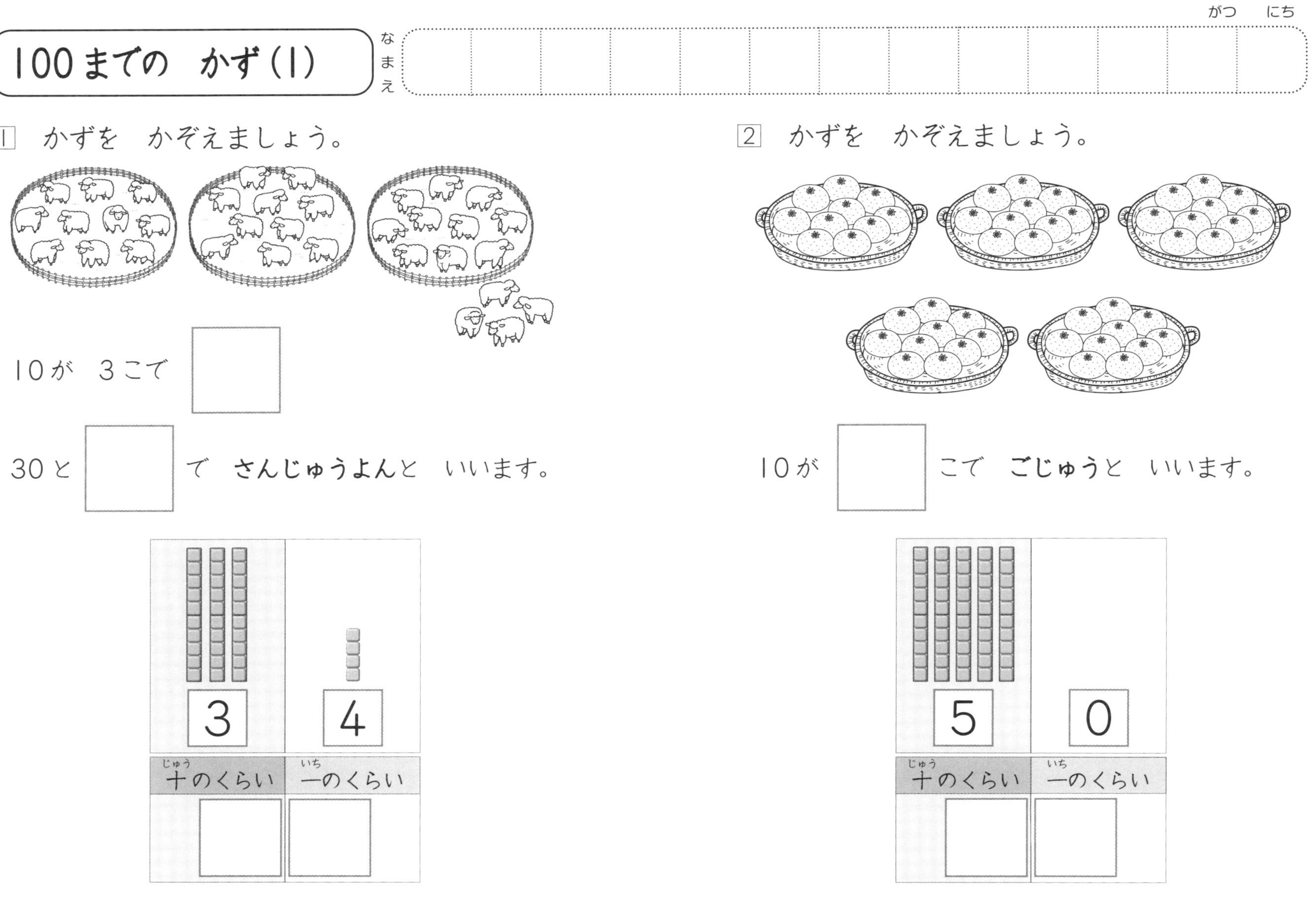

1　かずを　かぞえましょう。

10が　3こで　□

30と　□　で　**さんじゅうよん**と　いいます。

じゅう 十のくらい	いち 一のくらい
3	4
□	□

2　かずを　かぞえましょう。

10が　□　こで　**ごじゅう**と　いいます。

じゅう 十のくらい	いち 一のくらい
5	0
□	□

3分

(141%に拡大してご使用ください。)

5分

がつ　にち

100までの かず (2)

なまえ

● □に あてはまる かずを かきましょう。

①

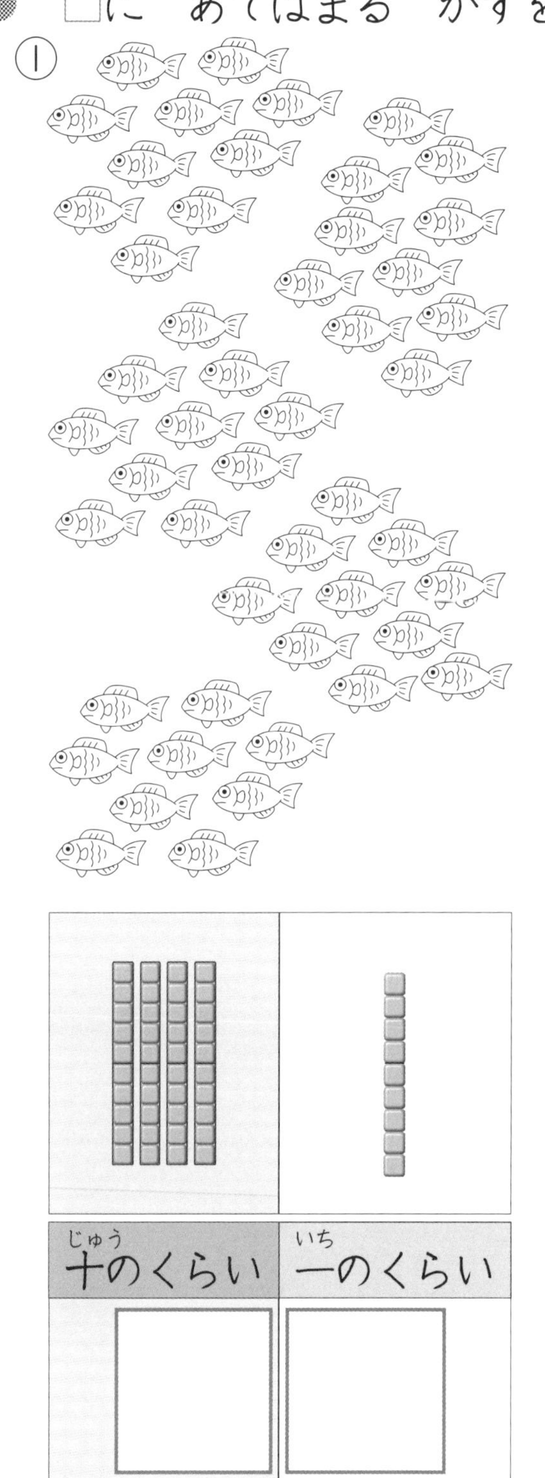

十のくらい（じゅう）	一のくらい（いち）
□	□

②

十のくらい（じゅう）	一のくらい（いち）
□	□

 （141％に拡大してご使用ください。）

がつ　　にち

100までの　かず (3)

なまえ

□に　あてはまる　かずを　かきましょう。

①

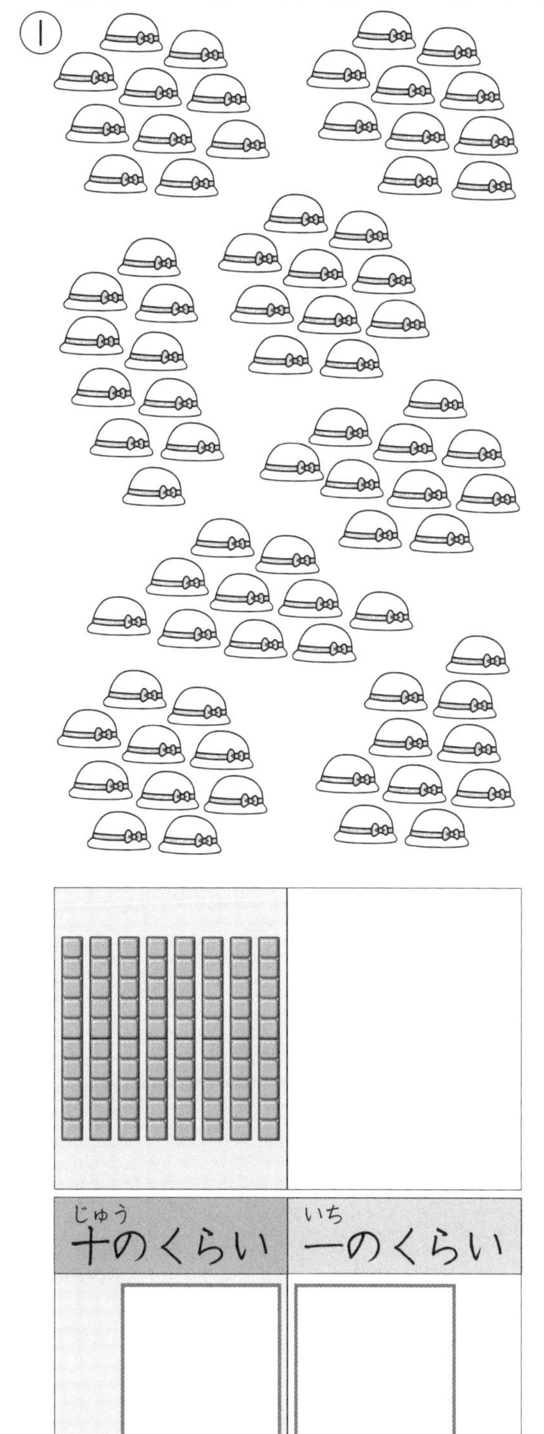

十のくらい（じゅう）	一のくらい（いち）
□	□

②

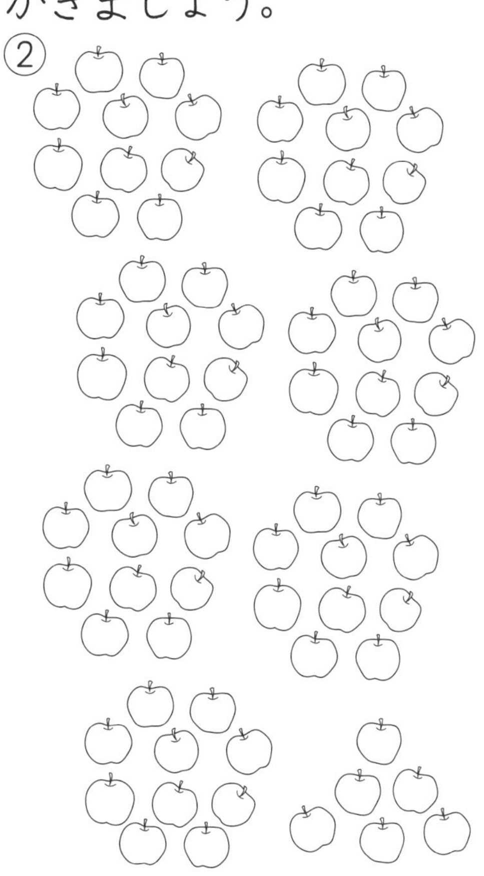

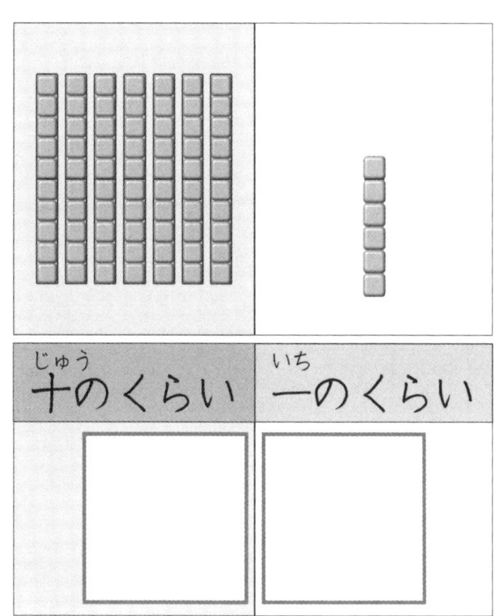

十のくらい（じゅう）	一のくらい（いち）
□	□

がつ　にち

100までの かず(4)

なまえ

● プリンの　かずを　かぞえましょう。

こ

がつ　にち

100までの かず(5)

なまえ

● りすの　かずを　かぞえましょう。

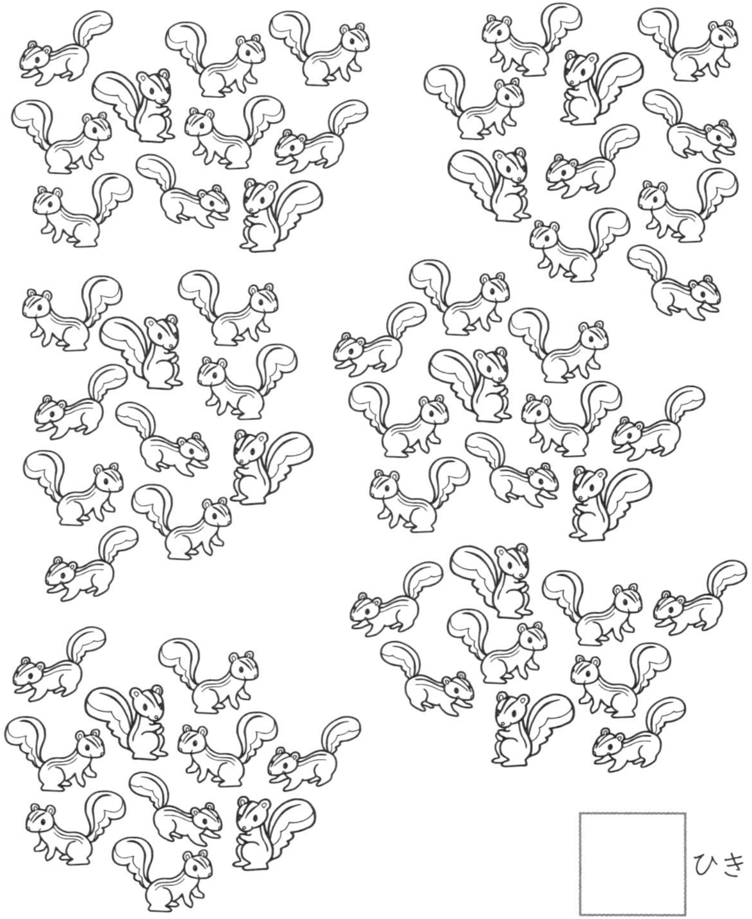

ひき

（141%に拡大してご使用ください。）

がつ　にち

100までの　かず(6)

なまえ

● □に　あてはまる　かずを　かきましょう。

(1)　10が　7こで　□，1が　3こで　□，70と　3で　□

(2)　10が　6こで　□

(3)　85は，10が　□こと　1が　□こ

(4)　90は，10が　□こ

(5)　十(じゅう)のくらいが　4，一(いち)のくらいが　2の　かずは　□

(6)　50の　十のくらいの　すうじは　□，一のくらいの　すうじは　□

がつ　にち

100までの　かず(7)

なまえ

● □に　あてはまる　かずを　かきましょう。

(1)　10が　9こで　□，1が　4こで　□，90と　4で　□

(2)　10が　5こで　□

(3)　46は，10が　□こと　1が　□こ

(4)　69は，10が　□こと　1が　□こ

(5)　70は，10が　□こ

(6)　十(じゅう)のくらいが　5，一(いち)のくらいが　8の　かずは　□

(7)　十のくらいが　8，一のくらいが　0の　かずは　□

(8)　57の　十のくらいの　すうじは　□，一のくらいの　すうじは　□

5分

(141%に拡大してご使用ください。)

がつ　にち

さんすうあそび せんむすび

なまえ

● 1から　50まで　じゅんばんに　せんで　つなぎましょう。

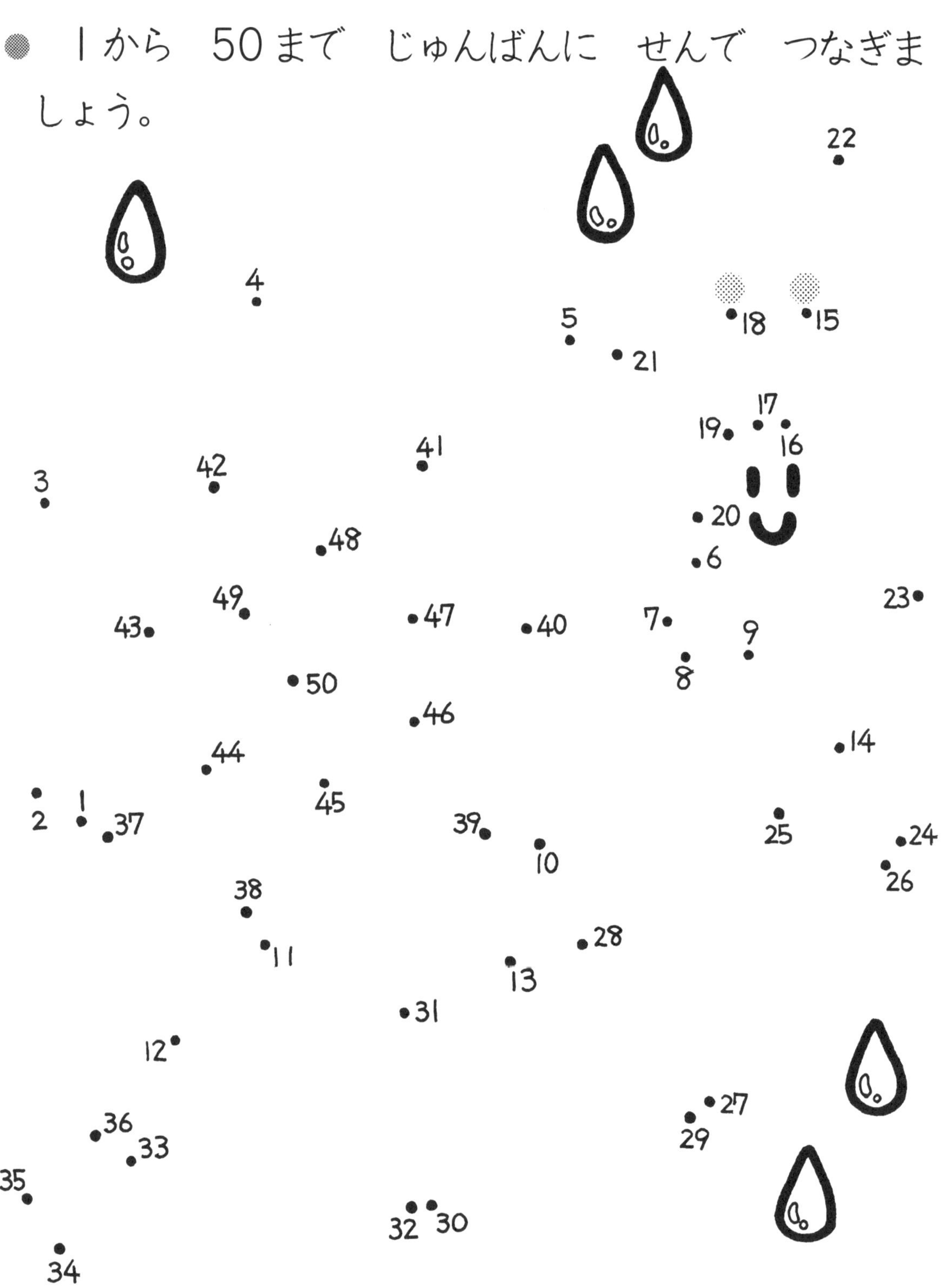

がつ　にち

さんすうあそび
せんむすび

なまえ

● 1から　100まで　じゅんばんに　せんで　つなぎましょう。

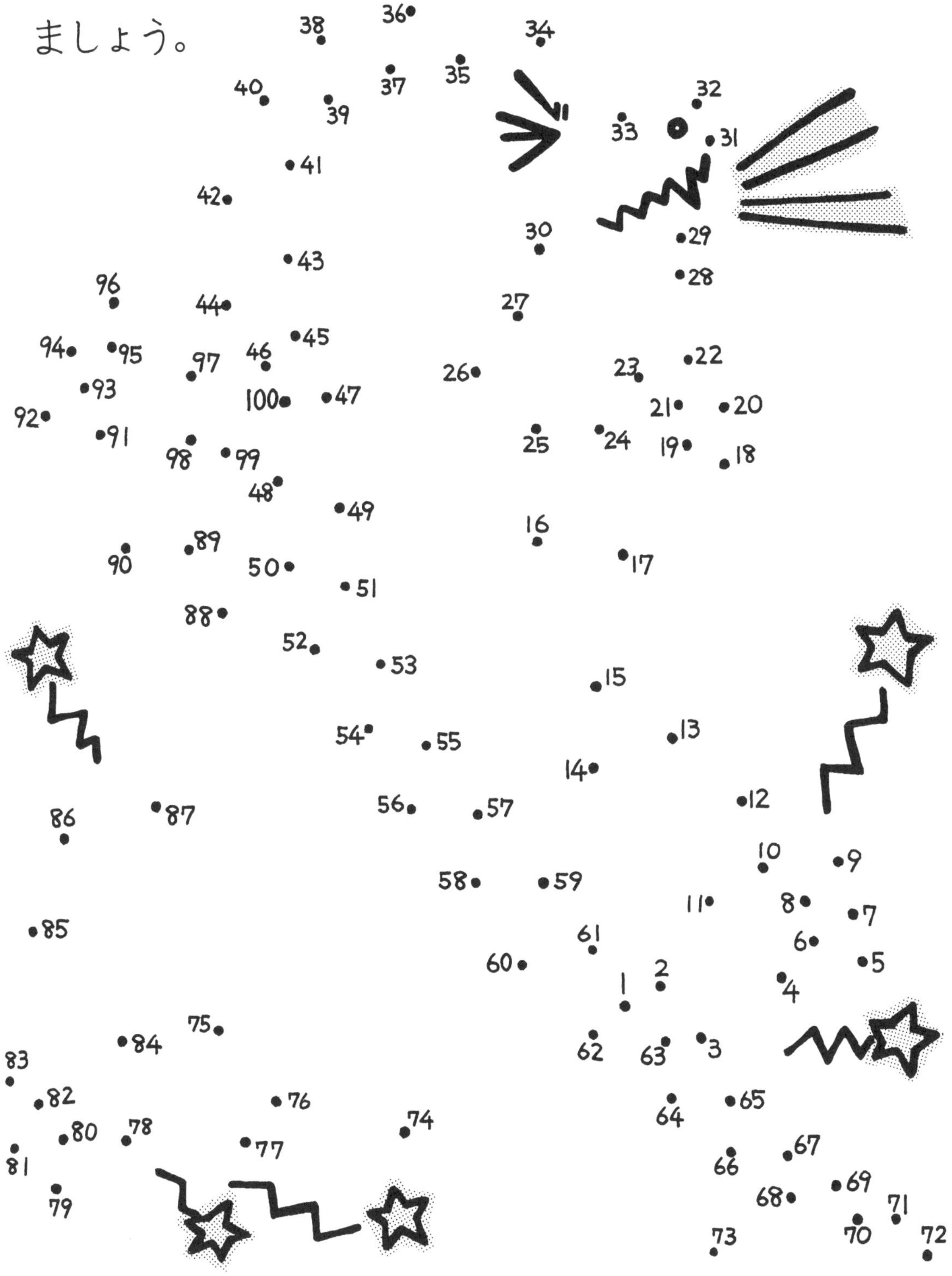

5分

がつ　　にち

100よりおおきい　かず(1)

なまえ

● たまごの　かずを　かぞえましょう。

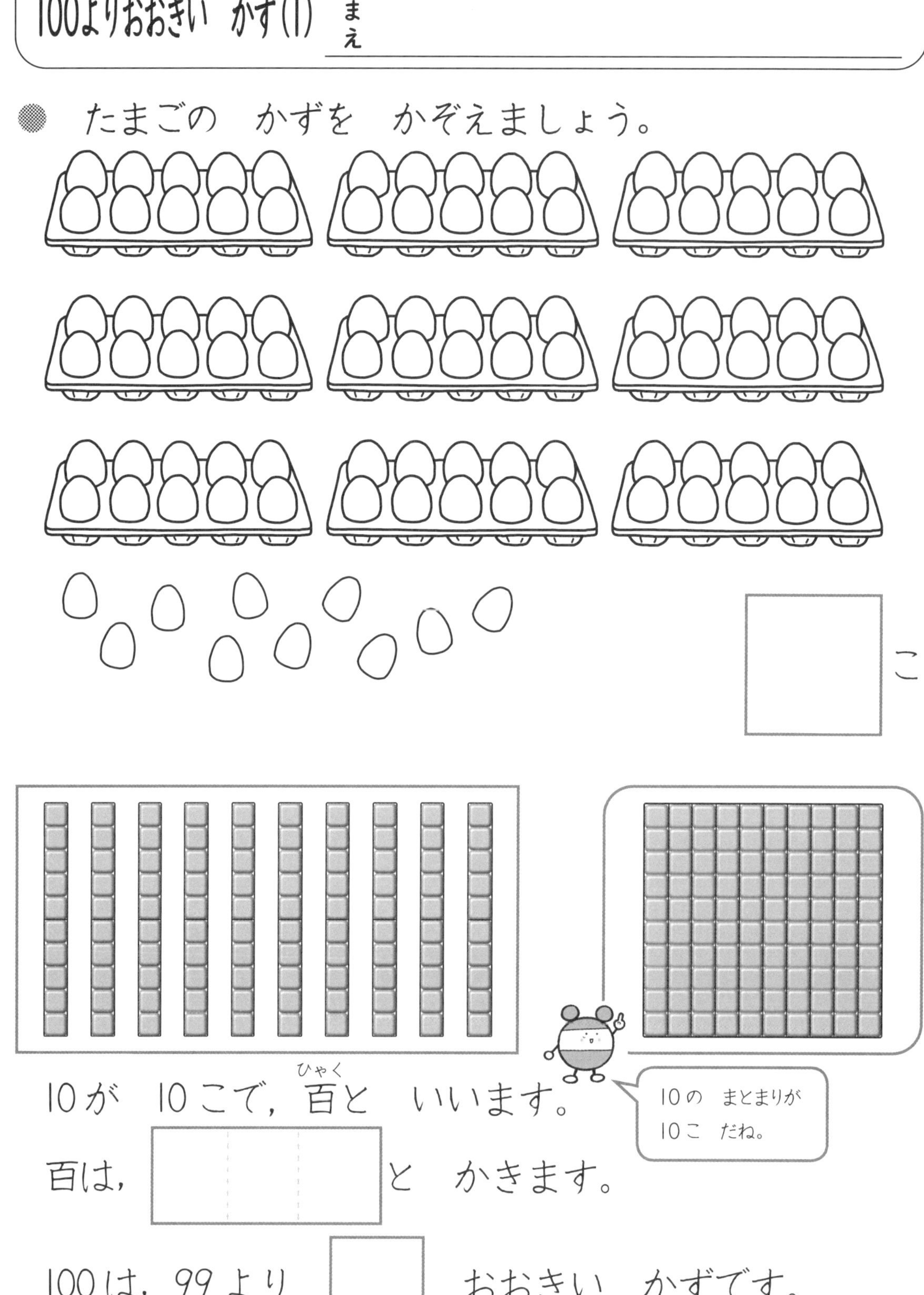

[　　　] こ

10が　10こで，百(ひゃく)と　いいます。

百は，[　　　]と　かきます。

100は，99より [　　] おおきい　かずです。

（141％に拡大してご使用ください。）

がつ　にち

100よりおおきい　かず(2)

なまえ

□に　あてはまる　かずを　かきましょう。

①

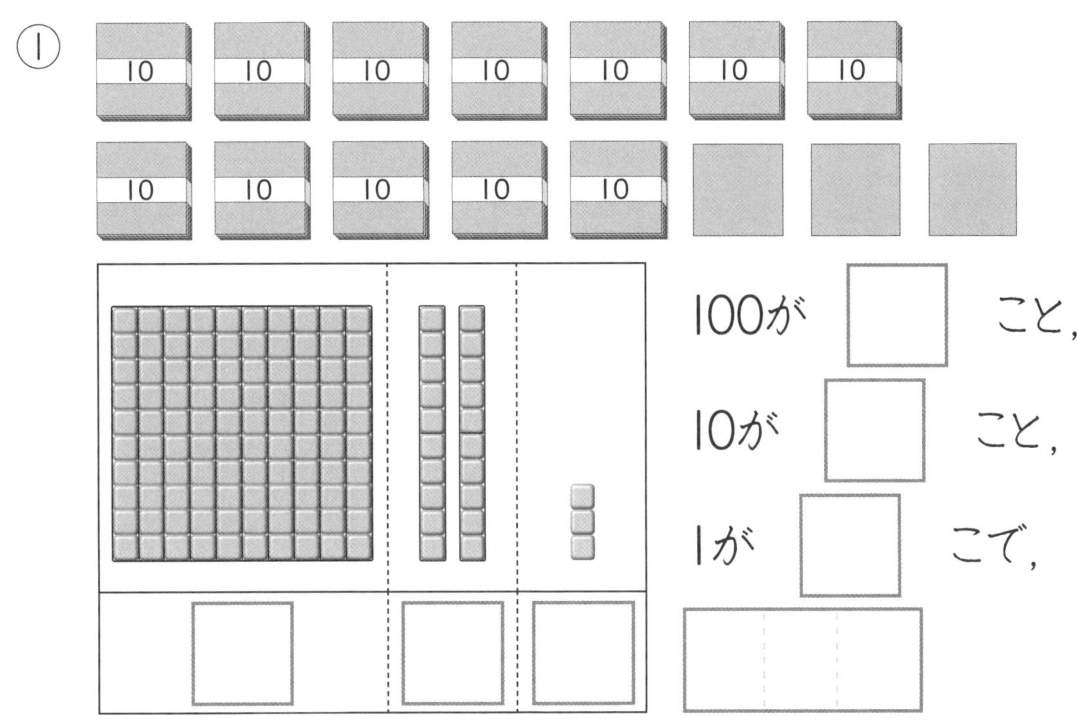

100が □ こと，
10が □ こと，
1が □ こで，

②

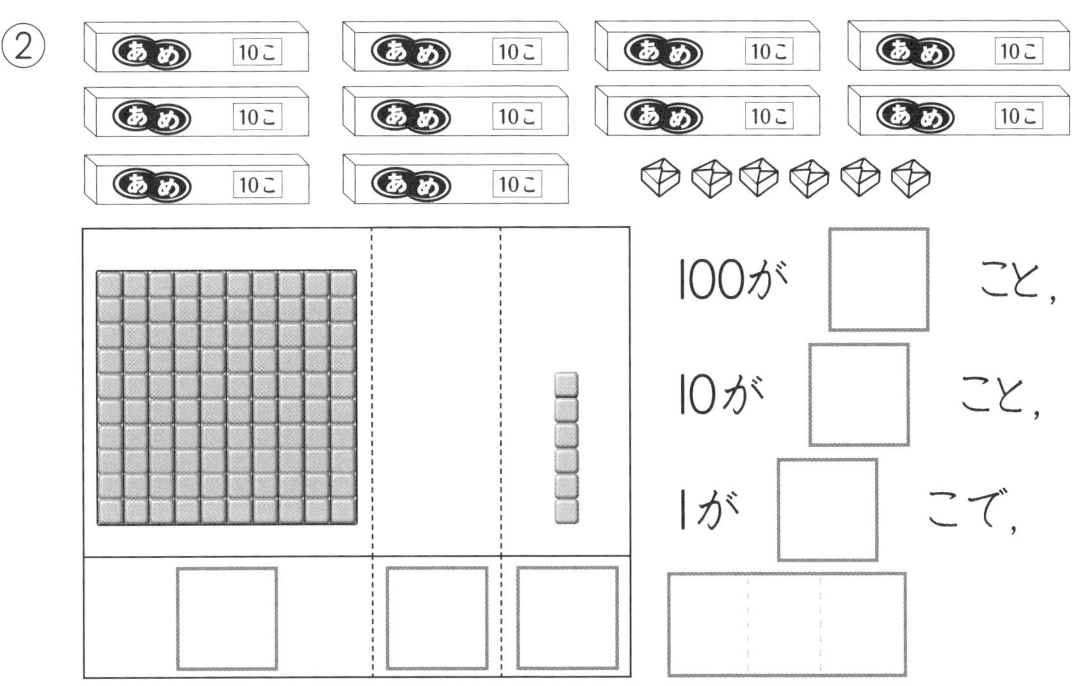

100が □ こと，
10が □ こと，
1が □ こで，

10分

100よりおおきい　かず(3)

なまえ

がつ　にち

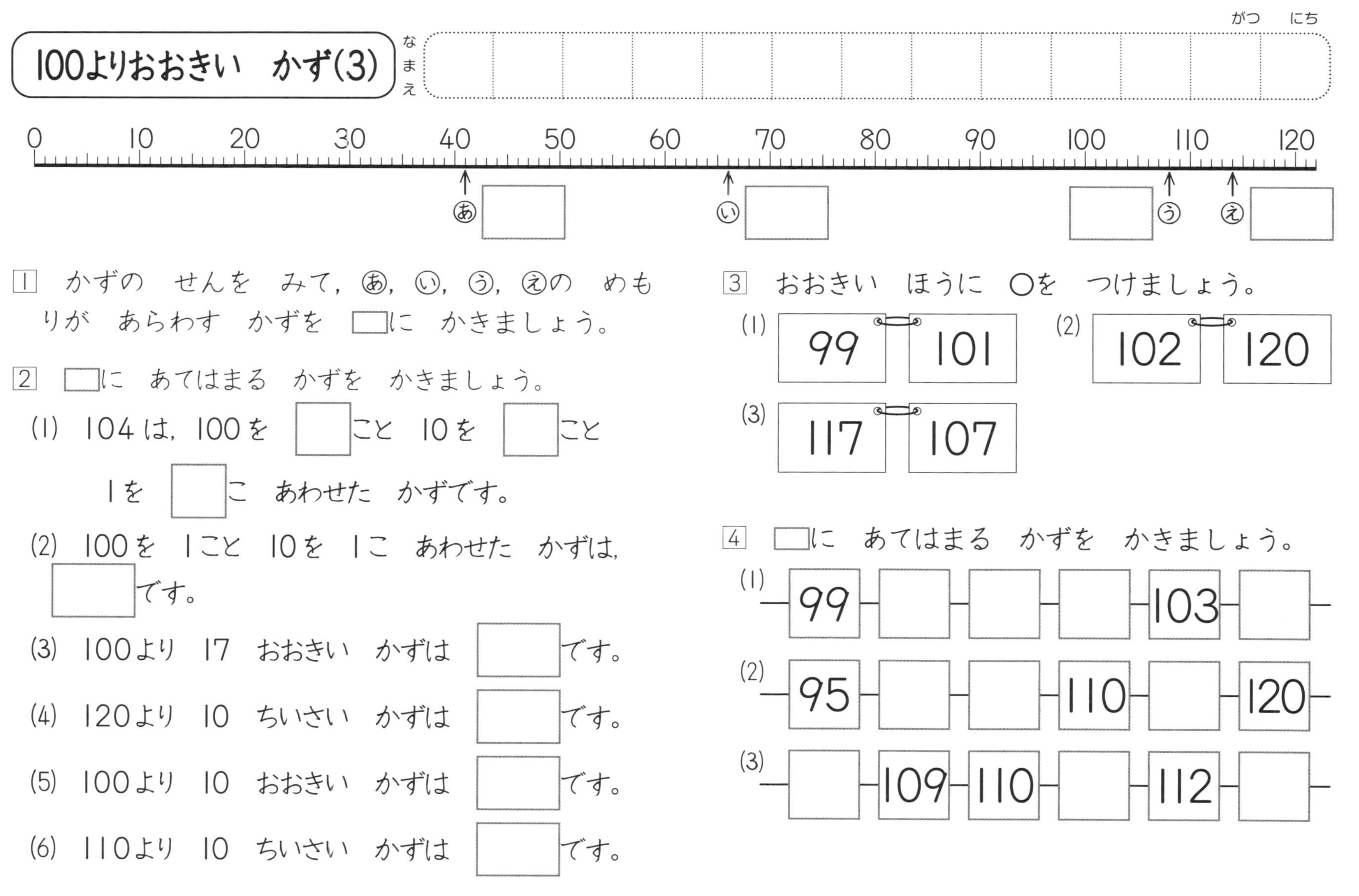

1 かずの　せんを　みて，㋐，㋑，㋒，㋓の　めもりが　あらわす　かずを　□に　かきましょう。

2 □に　あてはまる　かずを　かきましょう。

(1) 104は，100を □こと　10を □こと　1を □こ　あわせた　かずです。

(2) 100を　1こと　10を　1こ　あわせた　かずは，□です。

(3) 100より　17　おおきい　かずは □です。

(4) 120より　10　ちいさい　かずは □です。

(5) 100より　10　おおきい　かずは □です。

(6) 110より　10　ちいさい　かずは □です。

3 おおきい　ほうに　○を　つけましょう。

(1) 99　101

(2) 102　120

(3) 117　107

4 □に　あてはまる　かずを　かきましょう。

(1) 99 － □ － □ － □ － 103 － □

(2) 95 － □ － □ － 110 － □ － 120

(3) □ － 109 － 110 － □ － 112 － □

（141%に拡大してご使用ください。）

かんたんな 2けたの たしざん（1）

なまえ　　がつ　にち

● けいさんを　しましょう。

①40＋50＝　　②20＋70＝

③60＋ 4 ＝　　④80＋ 6 ＝

⑤90＋ 3 ＝　　⑥70＋ 5 ＝

⑦72＋ 7 ＝　　⑧83＋ 4 ＝

⑨34＋ 2 ＝　　⑩66＋ 3 ＝

かんたんな 2けたの ひきざん（1）

なまえ　　がつ　にち

● けいさんを　しましょう。

①70－40＝　　②60－20＝

③36－ 6 ＝　　④67－ 7 ＝

⑤42－ 2 ＝　　⑥81－ 1 ＝

⑦96－ 4 ＝　　⑧77－ 6 ＝

⑨85－ 3 ＝　　⑩58－ 5 ＝

【1 年】WS　No. 207

3分

（141%に拡大してご使用ください。）

かんたんな 2けたの たしざん (2)

がつ　にち

なまえ

1　2けた＋2けたの けいさんをしましょう。

① 30＋60＝
② 40＋20＝
③ 60＋30＝
④ 50＋40＝
⑤ 70＋10＝
⑥ 20＋70＝
⑦ 10＋50＝
⑧ 80＋10＝
⑨ 40＋30＝
⑩ 70＋20＝

2　2けた＋1けたの けいさんをしましょう。

① 50＋6＝
② 80＋2＝
③ 20＋8＝
④ 60＋3＝
⑤ 30＋7＝
⑥ 70＋4＝
⑦ 40＋9＝
⑧ 50＋5＝
⑨ 90＋8＝
⑩ 80＋6＝

かんたんな 2けたの たしざん (3)

がつ　にち

なまえ

● 2けた＋1けたの　けいさんを　しましょう。

① 42＋5＝　② 33＋4＝
③ 26＋1＝　④ 91＋8＝
⑤ 54＋4＝　⑥ 45＋3＝
⑦ 37＋2＝　⑧ 72＋6＝
⑨ 63＋3＝　⑩ 86＋2＝
⑪ 52＋6＝　⑫ 95＋1＝
⑬ 74＋4＝　⑭ 36＋2＝
⑮ 48＋1＝　⑯ 64＋5＝
⑰ 82＋4＝　⑱ 53＋5＝
⑲ 96＋3＝　⑳ 77＋2＝

　(141%に拡大してご使用ください。)

かんたんな 2けたの ひきざん (2)

なまえ　　　　がつ　にち

1　2けた－2けたの けいさんを しましょう。

① 70－40＝

② 50－30＝

③ 90－50＝

④ 30－20＝

⑤ 60－40＝

⑥ 40－30＝

⑦ 50－20＝

⑧ 60－10＝

⑨ 90－80＝

⑩ 80－60＝

2　2けた－1けたの けいさんを しましょう。

① 92－2＝

② 54－4＝

③ 86－6＝

④ 43－3＝

⑤ 65－5＝

⑥ 79－9＝

⑦ 88－8＝

⑧ 62－2＝

⑨ 37－7＝

⑩ 78－8＝

かんたんな 2けたの ひきざん (3)

なまえ　　　　がつ　にち

● 2けた－1けたの けいさんを しましょう。

① 34－2＝	② 82－1＝
③ 47－6＝	④ 76－4＝
⑤ 98－6＝	⑥ 65－3＝
⑦ 54－1＝	⑧ 86－2＝
⑨ 99－7＝	⑩ 74－3＝
⑪ 87－5＝	⑫ 68－4＝
⑬ 43－2＝	⑭ 59－5＝
⑮ 95－2＝	⑯ 78－6＝
⑰ 66－5＝	⑱ 85－4＝
⑲ 57－3＝	⑳ 49－8＝

5分

（141%に拡大してご使用ください。）

がつ　にち

かんたんな 2けたの けいさん(1) ぶんしょうだい　なまえ

1　おりがみを　60まい　もっています。
おねえさんから　30まい　もらいました。
おりがみは　ぜんぶで　なんまいに　なりましたか。

しき

こたえ　　まい

2　100えん　もっていました。
70えんの　ガムを　かいました。
なんえん　のこっていますか。

しき

こたえ　　えん

3　ひまわりが　30ぼん　さきました。　まだ
さいていない　ひまわりが　6ぽん　あります。
ひまわりは　あわせて　なんぼん　ありますか。

しき

こたえ　　ぽん

がつ　にち

かんたんな 2けたの けいさん(2) ぶんしょうだい　なまえ

1　わたしは　70えん　もっています。
おにいさんは　80えん　もっています。
おにいさんは　わたしより　なんえん　おおく
もっていますか。

しき

こたえ　　えん

2　50えんの　えんぴつと　40えんの
けしごむを　かいました。　あわせて
なんえんに　なりますか。

しき

こたえ　　えん

3　どんぐりを　45こ　ひろいました。
いもうとに　5こ　あげました。
のこりは　なんこに　なりましたか。

しき

こたえ　　こ

がつ　にち

ふりかえり　おおきい　かず

なまえ

1　ひよこは　なんわでしょう。

□わ

2　□に　あう　かずを　かきましょう。

(1)

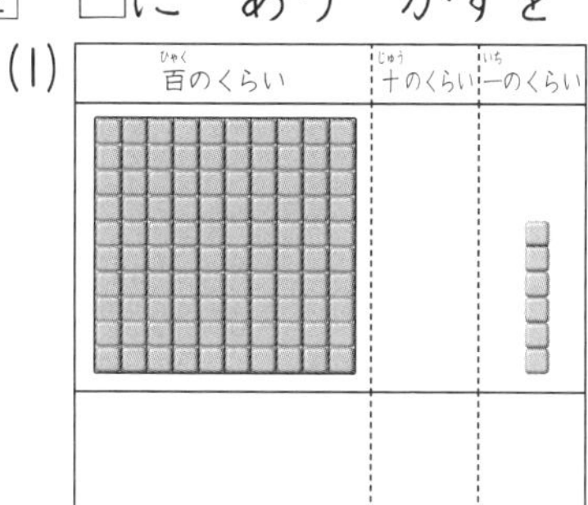

(2)

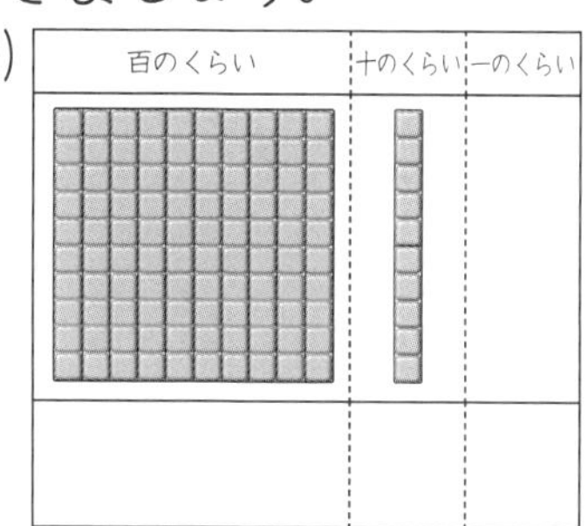

(3)

十のくらい	一のくらい

3　□に　あう　かずを　かきましょう。

(1)　100が　1こと　10が　2こと　1が　6こで，□です。

(2)　100より　7　おおきい　かずは　□です。

4　□に　あう　かずを　かきましょう。

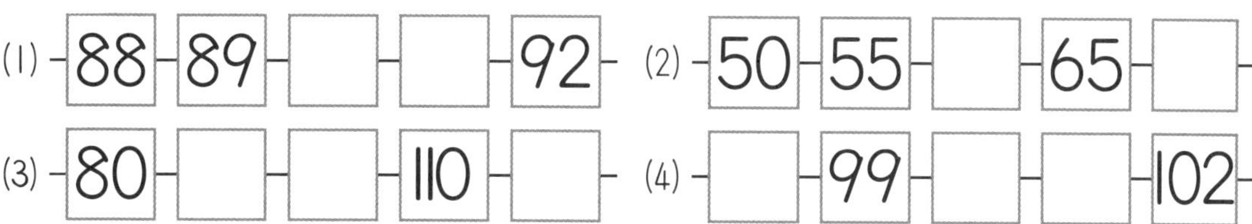

5　けいさんを　しましょう。

①77－7＝　②60＋30＝　③80－20＝

④90＋5＝　⑤48－2＝　⑥65＋4＝

（141％に拡大してご使用ください。）

がつ　にち

おおきい　かず（テスト）

なまえ

【知識・技能】

1　かずを　すうじで　かきましょう。（5×2）

（1）

□ひき

（2）

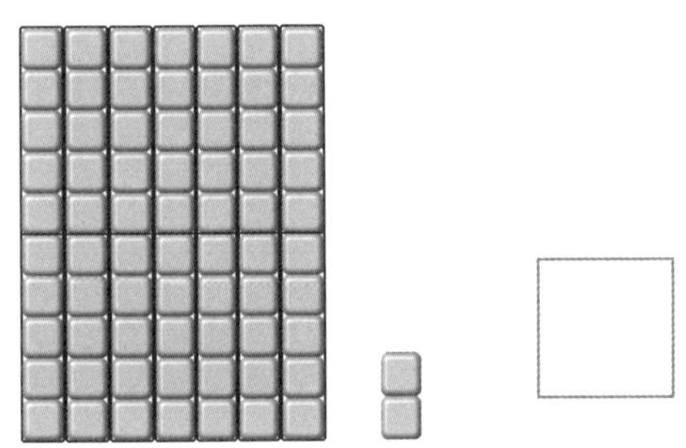

□

2　□に　かずを　かきましょう。（5×8）

（1）10が 7こと 1が 9こで □

（2）10が 9こで □

（3）10が10こで □

（4）73は 10が □ こと 1が □ こ

（5）80は 10が □ こ

（6）100は 90より □ おおきい

（7）100より 15 おおきい かずは □

（8）十（じゅう）の　くらいが　5，一（いち）の　くらいが　8の

かずは □

【思考・判断・表現】（5×6）

3　どんぐりを 50こ ひろっていました。また 30こ ひろいました。どんぐりは ぜんぶで なんこに なりましたか。

しき

こたえ

4　100えん もっていました。60えんの あめを かいました。なんえん のこっていますか。

しき

こたえ

5　いけに こいが 65ひき いました。5ひき いなくなりました。いけの こいは なんびきに なりましたか。

しき

こたえ

6　□に　あてはまる　かずを　かきましょう。（5×4）

（1）96 － □ － 98 － 99 － □

（2）55 － 60 － □ － □ － 75

（3）80 － 90 － □ － □ － 120

（4）90 － 95 － □ － □ － □

　（141%に拡大してご使用ください。）

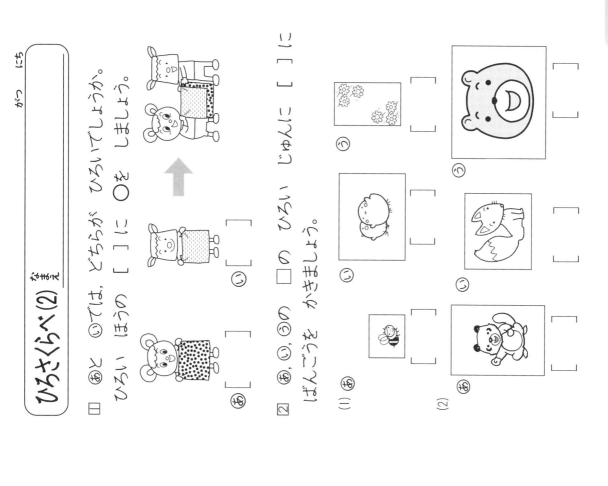

ひろさくらべ(1) なまえ　　がつ　にち

● ㋐と　㋑では，どちらが　ひろいでしょうか。
ひろい　ほうの　[　]に　○を　しましょう。

(1)

㋐　㋑　かさねると　㋐　㋑

[　]　[　]

(2)

㋐　㋑　かさねると　㋐　㋑

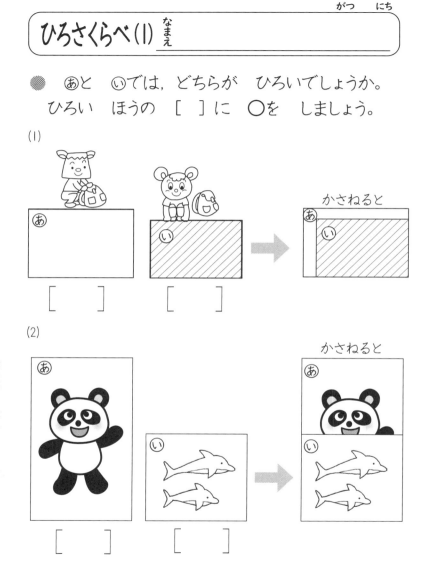

[　]　[　]

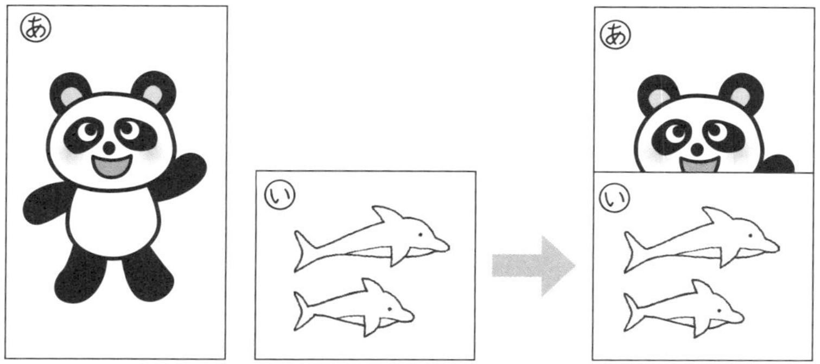

ひろさくらべ(2) なまえ　　がつ　にち

1 ㋐と　㋑では，どちらが　ひろいでしょうか。
ひろい　ほうの　[　]に　○を　しましょう。

㋐[　]　㋑[　]

2 ㋐，㋑，㋒の　□の　ひろい　じゅんに　[　]に
ばんごうを　かきましょう。

(1) ㋐　㋑　㋒

[　]　[　]　[　]

(2) ㋐　㋑　㋒

[　]　[　]　[　]

ひろさくらべ(3)

がつ　にち　なまえ

1　あと　いでは，どちらが ひろいでしょうか。ひろい　ほうに　○を　つけましょう。

2　□と　■は　どちらが ひろいでしょうか。ひろい　ほうに　○を　つけましょう。

3　あ，い，うの　ひろさを　くらべて，ひろい　じゅんに　ばんごうを　かきましょう。

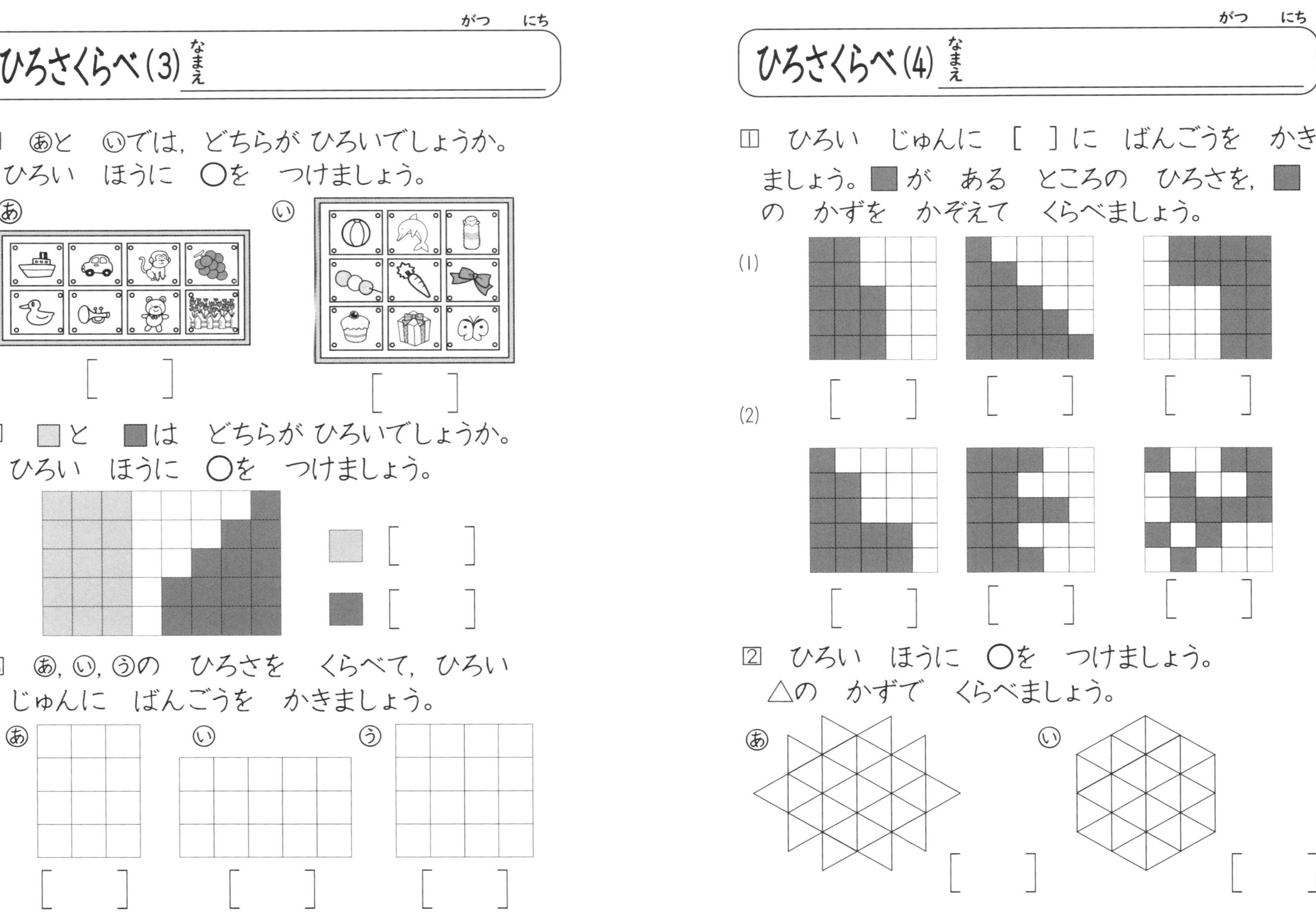

ひろさくらべ(4)

がつ　にち　なまえ

1　ひろい　じゅんに　[　]に　ばんごうを　かきましょう。■が　ある　ところの　ひろさを，■の　かずを　かぞえて　くらべましょう。

(1)

(2)

2　ひろい　ほうに　○を　つけましょう。△の　かずで　くらべましょう。

がつ　にち

とけい②(1) なんじ　なんぷん

なまえ

● ながい　はりの　さきを　□に　おきましょう。
□に　なんぷんか　かきましょう。

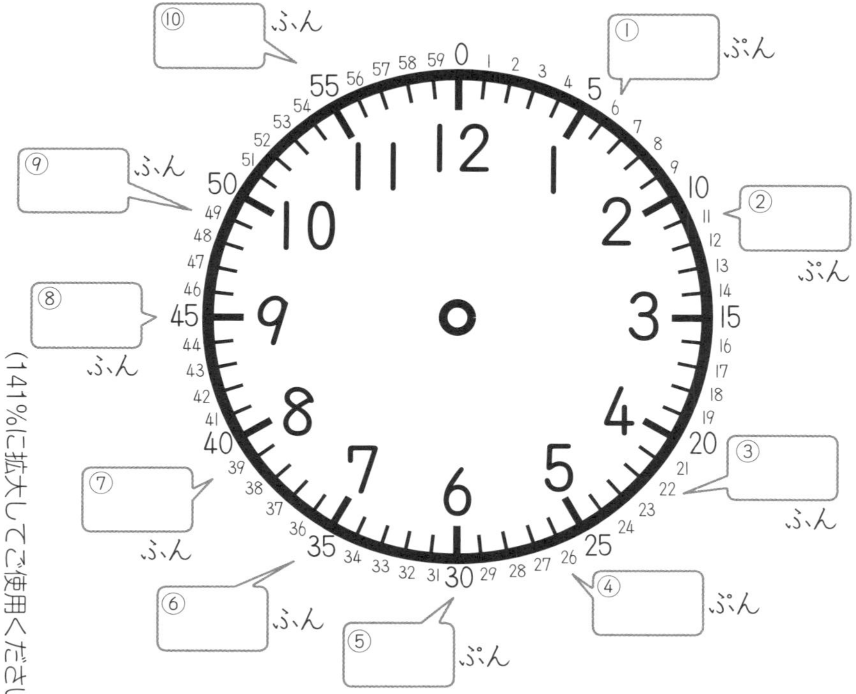

① ぷん
② ぷん
③ ふん
④ ぷん
⑤ ぷん
⑥ ふん
⑦ ふん
⑧ ふん
⑨ ふん
⑩ ふん

がつ　にち

とけい②(2) なんじ　なんぷん

なまえ

● なんじ　なんぷんでしょう。

(　　)じ(　　)ぷん 　(　　)じ(　　)ぷん

(　　)じ(　　)ふん 　(　　)じ(　　)ふん

3分

(141%に拡大してご使用ください。)

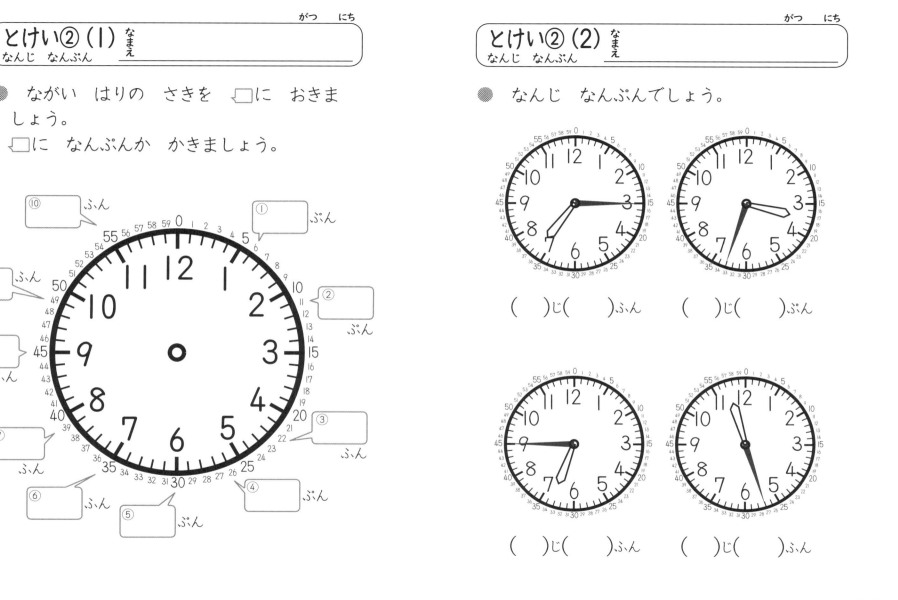

がつ　にち

とけい②(3)
なんじ　なんぷん

なまえ

● なんじ　なんぷんでしょう。

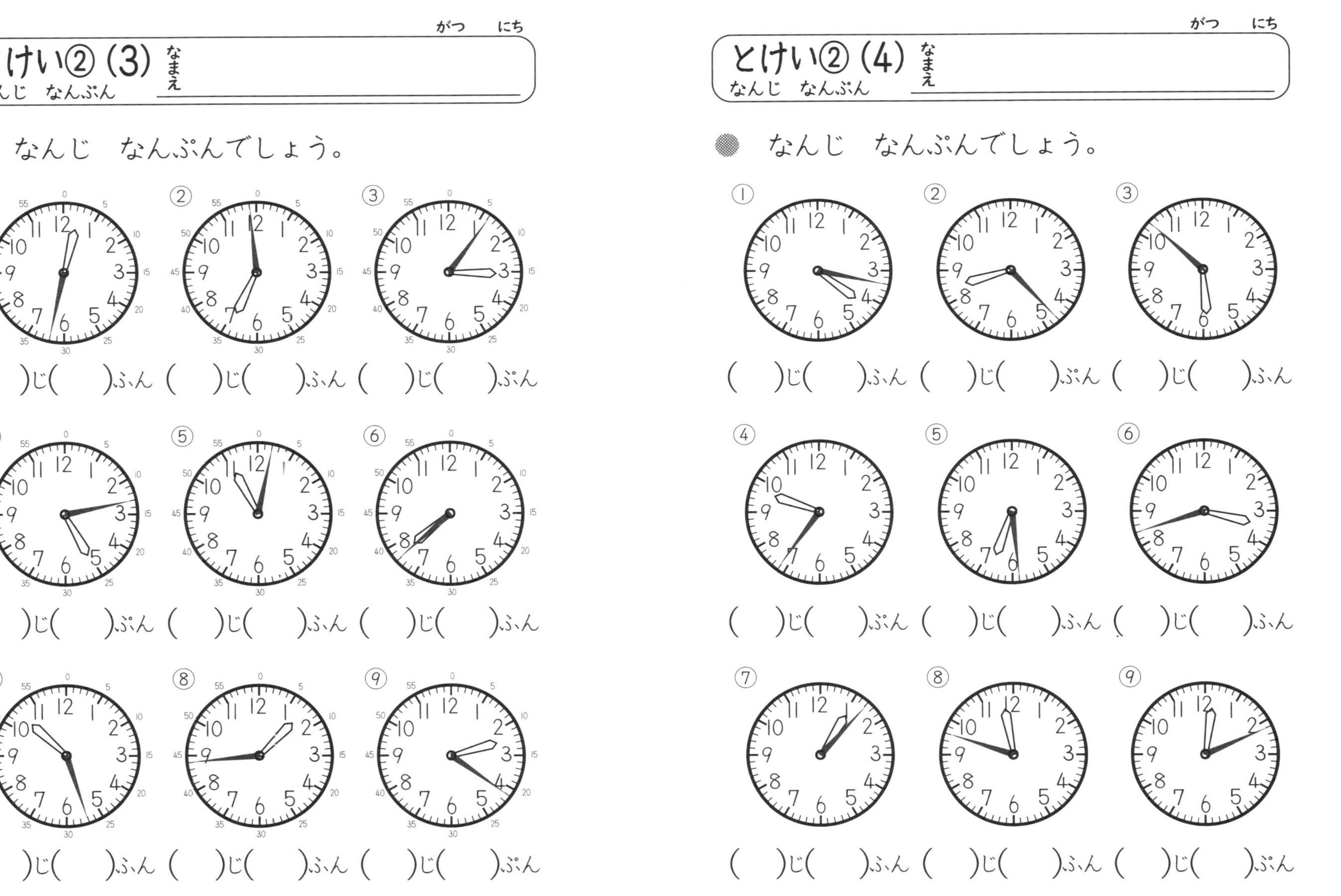

①（　）じ（　）ぷん　②（　）じ（　）ぷん　③（　）じ（　）ぷん

④（　）じ（　）ぷん　⑤（　）じ（　）ぷん　⑥（　）じ（　）ぷん

⑦（　）じ（　）ぷん　⑧（　）じ（　）ぷん　⑨（　）じ（　）ぷん

がつ　にち

とけい②(4)
なんじ　なんぷん

なまえ

● なんじ　なんぷんでしょう。

①（　）じ（　）ぷん　②（　）じ（　）ぷん　③（　）じ（　）ぷん

④（　）じ（　）ぷん　⑤（　）じ（　）ぷん　⑥（　）じ（　）ぷん

⑦（　）じ（　）ぷん　⑧（　）じ（　）ぷん　⑨（　）じ（　）ぷん

（141%に拡大してご使用ください。）

とけい

なまえ

がつ　にち

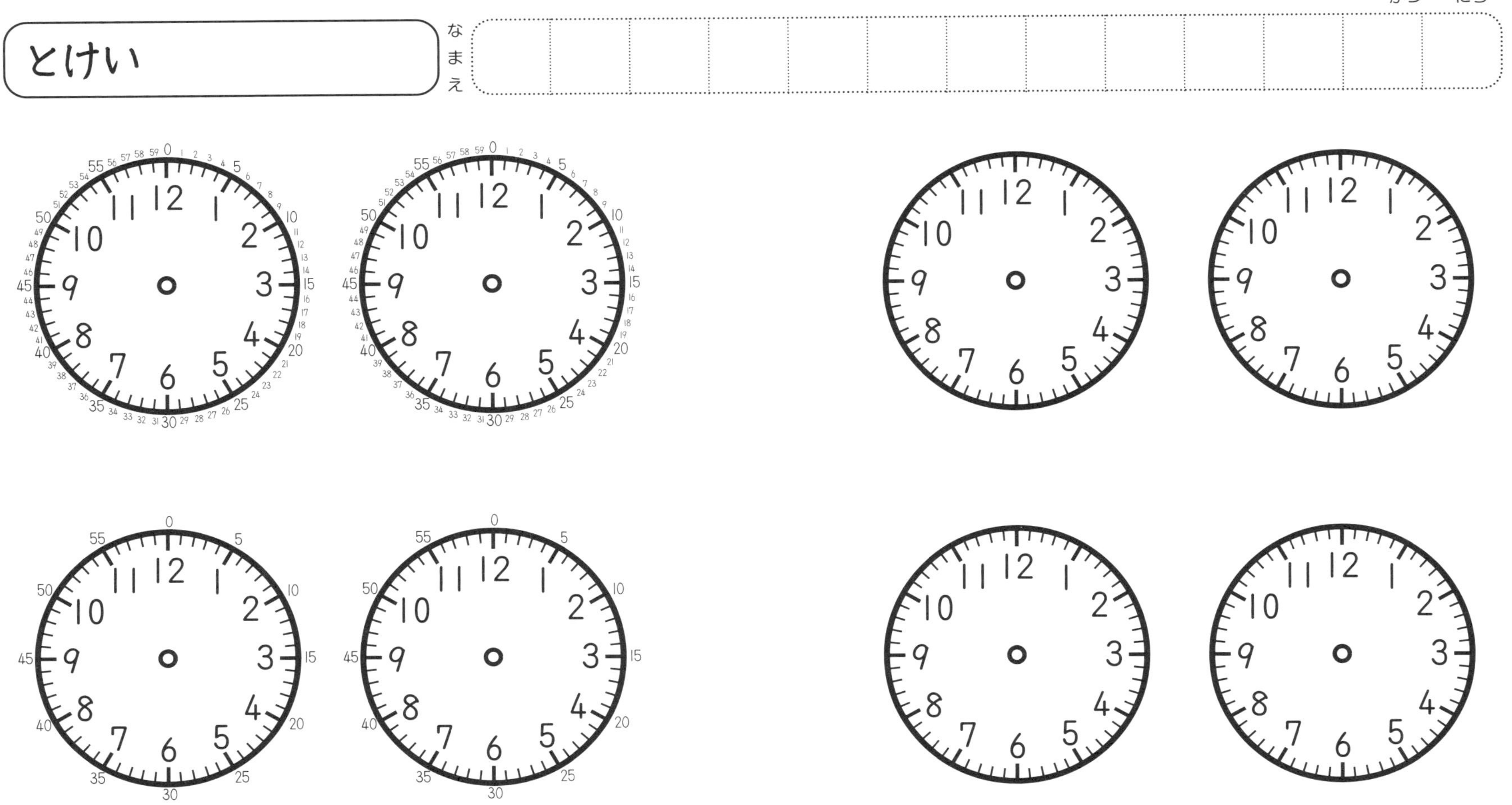

(141%に拡大してご使用ください。)

ずを つかって かんがえよう(1) なんばんめ

がつ　にち　なまえ

1　みさきさんは，まえから　6ばんめに　います。
みさきさんの　うしろに　3にん　います。
みんなで　なんにん　いますか。

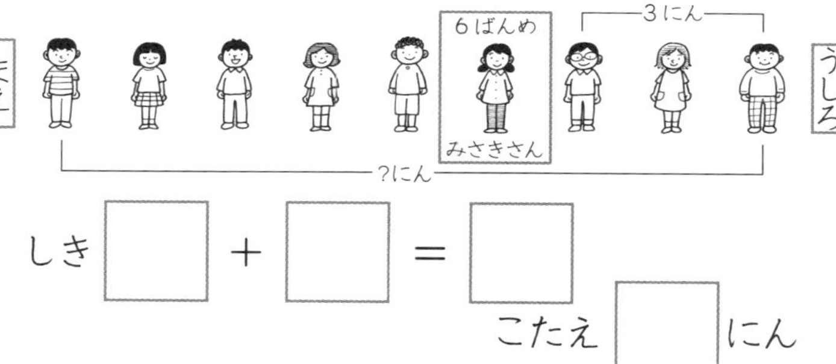

しき □ ＋ □ ＝ □

こたえ □ にん

2　かけるさんは，まえから　4ばんめに　います。
かけるさんの　うしろに　7にん　います。
みんなで　なんにん　いますか。

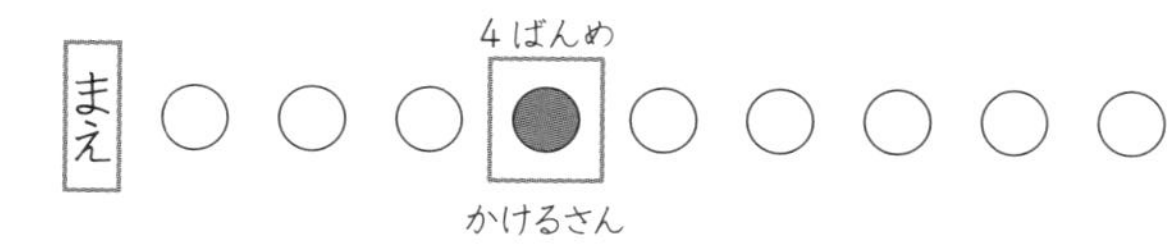

しき

こたえ □ にん

ずを つかって かんがえよう(2) なんばんめ

がつ　にち　なまえ

1　こどもが　10にん　ならんでいます。
さくらさんは　まえから　4ばんめです。
さくらさんの　うしろには　なんにん　いますか。

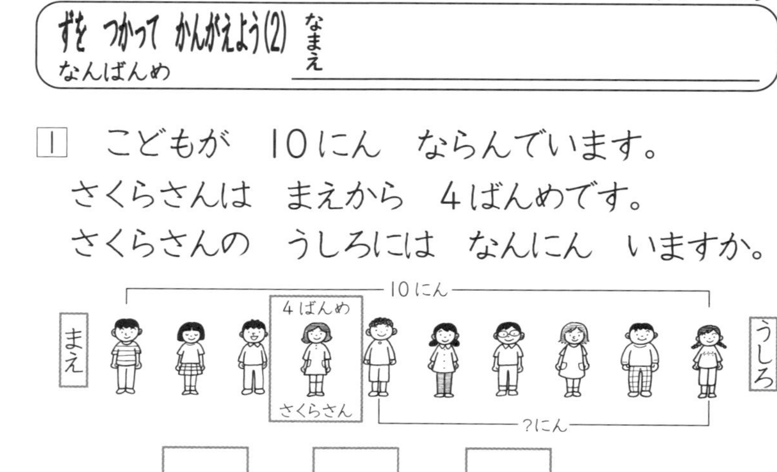

しき □ － □ ＝ □

こたえ □ にん

2　こどもが　12にん　ならんでいます。
まさとさんは　まえから　8ばんめです。
まさとさんの　うしろには　なんにん　いますか。

しき

こたえ 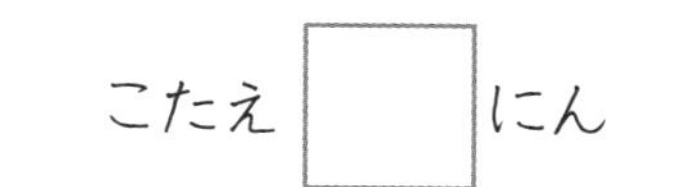 にん

　（141%に拡大してご使用ください。）

がつ　にち

ずを つかって かんがえよう(3) なんばんめ

なまえ

1 ゆうまさんは，まえから　4ばんめに　います。
ゆうまさんの　うしろに　8にん　います。
みんなで　なんにん　いますか。

まえ ○○○●○○○○○○○○ うしろ（4ばんめ　ゆうまさん）

しき

こたえ

2 ゆあさんは，まえから　3ばんめに　います。
ゆあさんの　うしろに　8にん　います。
みんなで　なんにん　いますか。

まえ ○○●○○○○○○○○ うしろ（3ばんめ　ゆあさん）

しき

こたえ

3 かんとさんは，まえから　7ばんめに　います。
かんとさんの　うしろに　7にん　います。
みんなで　なんにん　いますか。

しき

こたえ

がつ　にち

ずを つかって かんがえよう(4) なんばんめ

なまえ

1 バスていに　10にん　ならんでいます。
ゆづきさんは，まえから　7ばんめに　います。
ゆづきさんの　うしろには　なんにん　いますか。

まえ ○○○○○○●○○○ うしろ（7ばんめ　ゆづきさん）

しき

こたえ

2 こどもが　14にん　ならんでいます。
こはるさんは，まえから　6ばんめに　います。
こはるさんの　うしろには　なんにん　いますか。

しき

こたえ

3 バスていに　ひとが　ならんでいます。
あかりさんの　まえに　3にん　います。
あかりさんの　うしろに　6にん　います。
ぜんぶで　なんにん　ならんで　いますか。

まえ ○○○●○○○○○○ うしろ（3にん　あかりさん　6にん）

しき □＋□＋□＝□

こたえ

10分

10分

がつ　にち

ずを つかって かんがえよう(5) なんばんめ

なまえ

1 バスていに 13にん ならんでいます。かいとさんは まえから 5ばんめにいます。かいとさんの うしろには なんにん いますか。

しき

こたえ

2 こどもが 14にん ならんでいます。いつきさんは，まえから 7ばんめに います。いつきさんの うしろには なんにん いますか。

しき

こたえ

3 こどもが ならんでいます。 あおいさんは，まえから 4ばんめに います。あおいさんの うしろに 9にん います。
こどもは なんにん いますか。

しき

こたえ

がつ　にち

ずを つかって かんがえよう(6) なんばんめ

なまえ

1 いちかさんは まえから 6ばんめにいます。
いちかさんの うしろに 8にん います。
みんなで なんにん いますか。

しき

こたえ

2 パンやさんに ひとが ならんでいます。
さなさんの まえに 4にん います。
さなさんの うしろに 3にん います。
ぜんぶで なんにん ならんでいますか。

しき

こたえ

3 こどもが 15にん ならんでいます。
あさひさんは，まえから 8ばんめに います。
あさひさんの うしろには なんにん いますか。

しき

こたえ

（141%に拡大してご使用ください。）

がつ　にち

ずを つかって かんがえよう(7) よりおおい よりすくない

なまえ

1　みかんを　もらいました。ゆなさんは　7こ　もらいました。あきとさんは　ゆなさんより　2こ　おおく　もらいました。　あきとさんは　なんこ　もらいましたか。

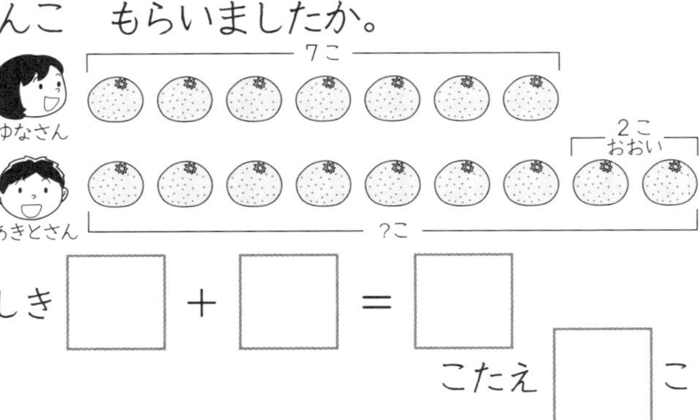

しき □ ＋ □ ＝ □

こたえ □ こ

2　うさぎが　5ひき　います。りすは　うさぎより　6ぴき　おおいそうです。　りすは　なんびき　いますか。

うさぎ ○○○○○

りす ○○○○○○○○○○○

しき

こたえ □ ぴき

がつ　にち

ずを つかって かんがえよう(8) よりおおい よりすくない

なまえ

1　こどもが　10にん　いすに　すわります。いすは　6きゃく　あります。いすは　なんきゃく　たりませんか。

10にん

6きゃく

しき □ － □ ＝ □

こたえ □ きゃく

2　プリンを　12こ　かいました。　おさらは　9まい　あります。　プリンを　1こずつ　おさらに　のせると，なんまい　たりませんか。

プリン △△△△△△△△△△△△

おさら ○○○○○○○○○

しき

こたえ □ まい

5分

がつ　にち

ずを つかって かんがえよう(9)
より おおい より すくない　なまえ

1　いぬが　6ぴき　います。ねこは　いぬより　4ひき　おおいそうです。　ねこは　なんびき　いますか。

しき

こたえ

2　ゼリーが　13こ　あります。おさらは　9まい　あります。　ゼリーを　1こずつ　おさらに　のせると　なんまい　たりませんか。

しき

こたえ

3　プールで　こどもが　あそんでいます。おとこのこは　14にんです。おんなのこは　おとこのこより　5にん　すくないです。
おんなのこは　なんにん　いますか。

しき

こたえ

がつ　にち

ずを つかって かんがえよう(10)
より おおい より すくない　なまえ

1　わたしは　ほんを　11さつ　よみました。
いもうとが　よんだ　ほんは　わたしより　6さつ　すくないです。　いもうとは　なんさつ　ほんを　よみましたか。

しき

こたえ

2　ももかさんは　7さいです。　おにいさんは　ももかさんより　4さい　としうえです。　おにいさんは　なんさいですか。

しき

こたえ

3　りんごを　8こ　かいました。みかんは
りんごより　5こ　おおく　かいました。
みかんは　なんこ　かいましたか。

しき

こたえ

（141%に拡大してご使用ください。）

がつ　にち

ずを　つかって　かんがえよう(11)　よりおおい　よりすくない

なまえ

1　ぼくじょうに　うまが　8とう　います。うしは　うまより　5とう　おおく　います。うしは　なんとう　いますか。

しき

こたえ

2　どんぐりひろいを　しました。りおさんは　7こ　ひろいました。とうまさんは　りおさんより　4こ　おおく　ひろいました。とうまさんは　なんこ　ひろいましたか。

しき

こたえ

3　あかい　りぼんを　9こ　つくりました。　しろい　りぼんは　あかい　りぼんより　3こ　おおくつくりました。しろい　りぼんは　なんこ　つくりましたか。

しき

こたえ

4　かごに　かきが　6こ　はいっています。　くりは　かきより　7こ　おおいです。　くりは　なんこですか。

しき

こたえ

がつ　にち

ずを　つかって　かんがえよう(12)　よりおおい　よりすくない

なまえ

1　おねえさんは　13さいです。　ゆうきさんは　おねえさんより　4さい　とししたです。
ゆうきさんは　なんさいですか。

しき

こたえ

2　こうえんで　おとこのこが　12にん　あそんで　います。おんなのこは　おとこのこより　5にん　すくないそうです。おんなのこは　なんにん　いますか。

しき

こたえ

3　ゼリーが　11こ　あります。
プリンは　ゼリーより　3こ　すくないそうです。
プリンは　なんこ　ありますか。

しき

こたえ

4　さかなつりを　しました。　りくとさんは　14ひき　つりました。　りょうさんは　りくとさんより　6ぴき　すくないそうです。りょうさんは　なんびき　つりましたか。

しき

こたえ

10分

がつ　にち

ずを つかって かんがえよう(テスト)

なまえ

【知識・技能】　(5x5)

1 ひなたさんは，まえから 6ばんめに います。ひなたさんの うしろに 4にん います。みんなで なんにんいますか。
□に あてはまる かずを かきましょう。

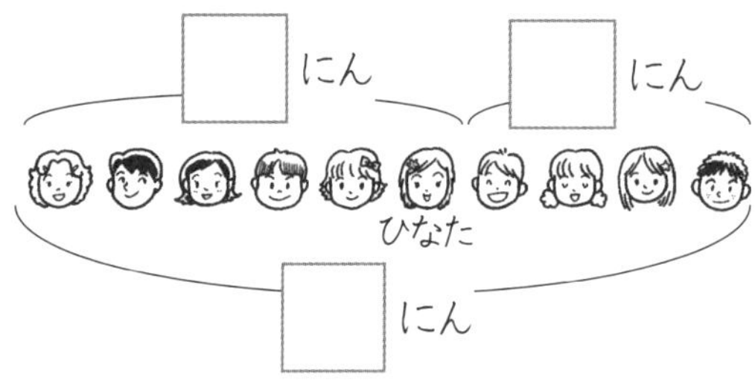

しき

こたえ

2 あめが ふりだしました。かさを かしだす ことに しました。かさは 5ほん あります。かさの ない ひとが 8にん います。かさは なんぼん たりませんか。

(5x5)

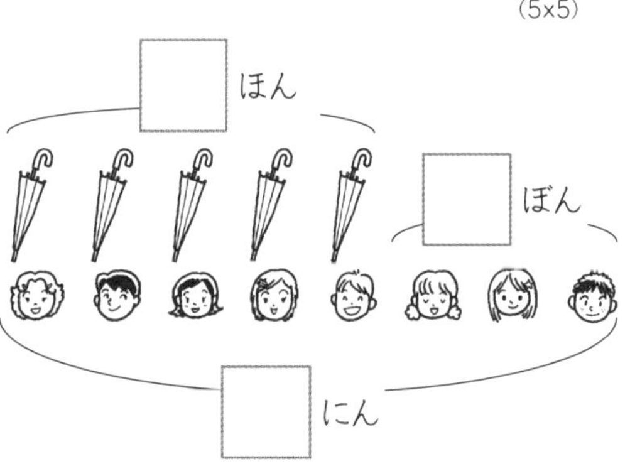

しき

こたえ

【思考・判断・表現】　(5x10)

3 はんで ならびました。たくみさんは まえから 4ばんめで うしろに 3にんいます。みんなで なんにん いますか。

しき

こたえ

4 バスていに 14にん ならんでいます。わたしは まえから 3ばんめです。
うしろには なんにん ならんでいますか。

しき

こたえ

5 ゲームで あかぐみは 17てん とりました。しろぐみは あかぐみよりも 5てん すくなかったです。しろぐみの てんは なんてんですか。

しき

こたえ

6 みずを のむのに 12にんに コップを 1こずつ くばると 2こ のこりました。コップは なんこ あったのでしょうか。

しき

こたえ

7 ゆいなさんの おにいさんは 15さいです。ゆいなさんは おにいさんよりも 7さい とししたです。ゆいなさんは なんさいですか。

しき

こたえ

　(141%に拡大してご使用ください。)

がつ　にち

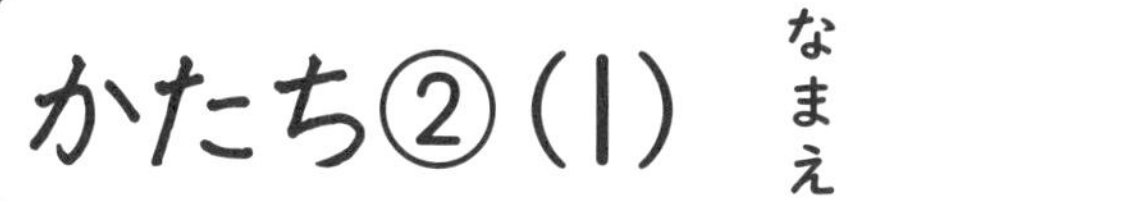

なまえ

● ◢は　なんこ　あるかな。おおきな　えには れい のように　せんを　ひいて，□に　かずを　かきましょう。

れい 2 こ　(1) □ こ　(2) □ こ

(3) □ こ　(4) □ こ

5分

がつ　　にち

かたち②(2)

なまえ

● したの　かたちは　あの　いろいたが　なんまいで　できますか。

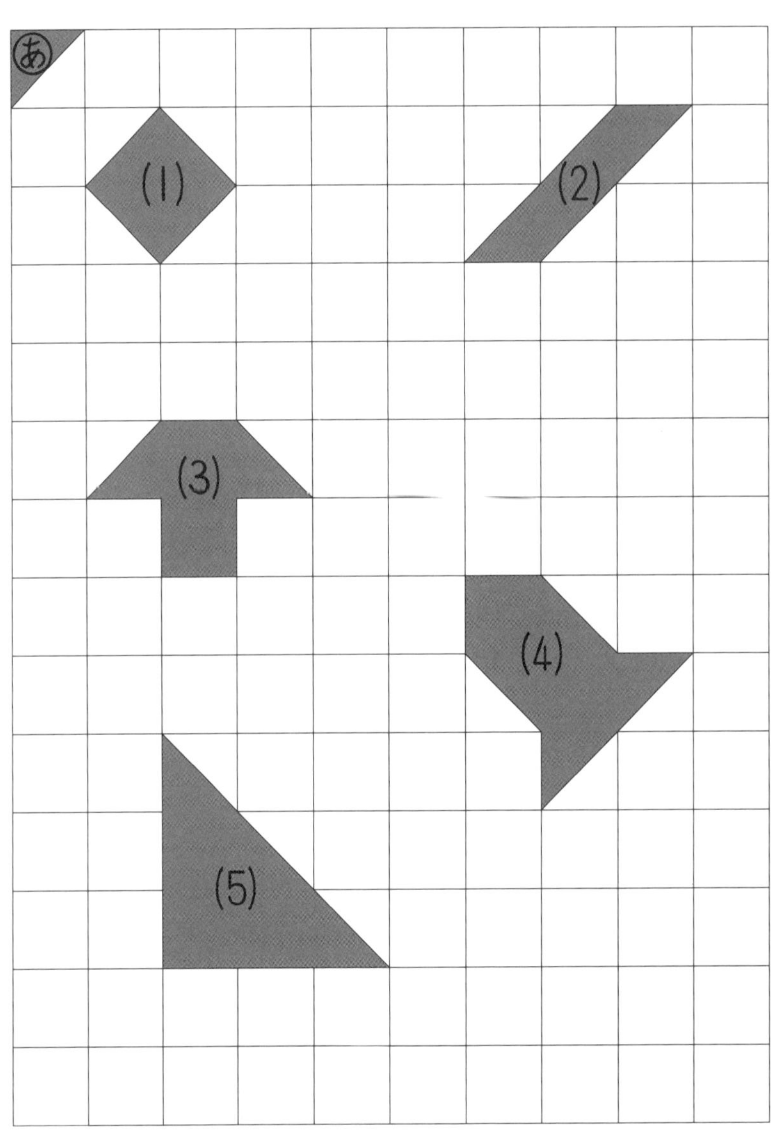

(1) ＿＿ まい　(2) ＿＿ まい　(3) ＿＿ まい

(4) ＿＿ まい　(5) ＿＿ まい

【10分】

がつ　にち

かたち②(3)

なまえ

● 1まいだけ　うごかして，かたちを　かえます。うごかした　を れい の　ように　かこみましょう。

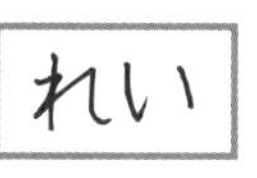

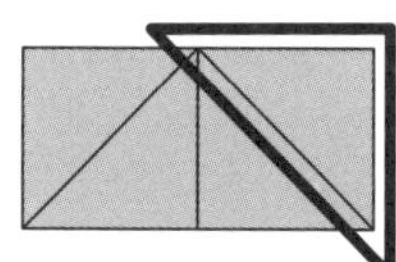

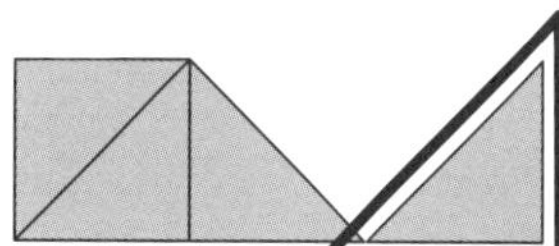

(1)

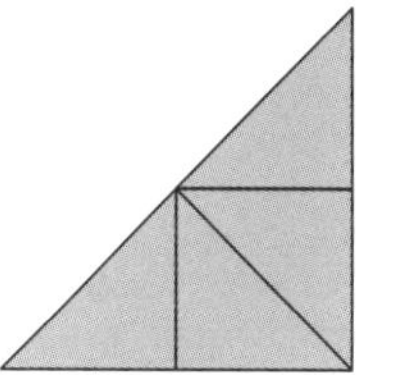

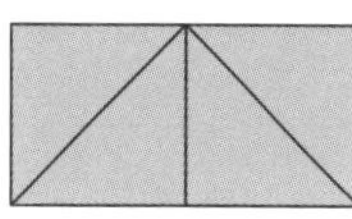

(2)

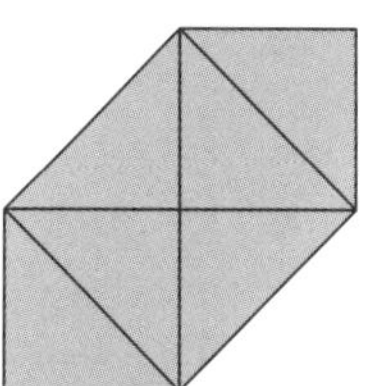

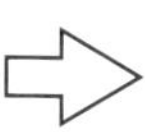

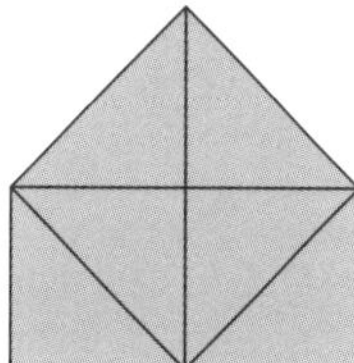

(3)

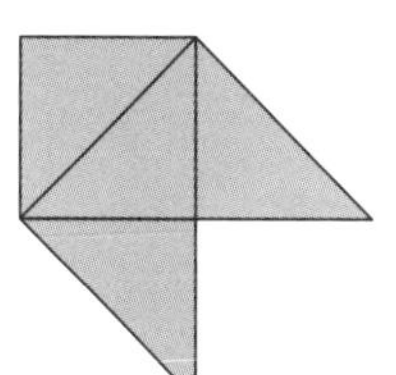

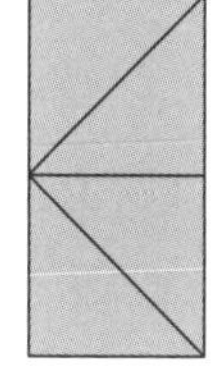

(4)

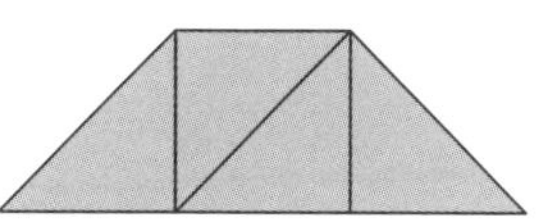

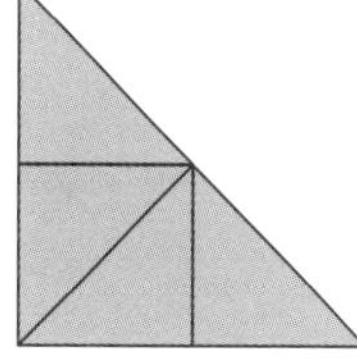

(5)

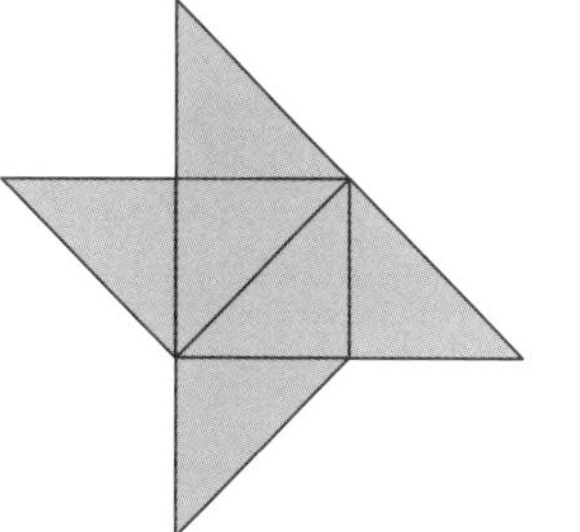

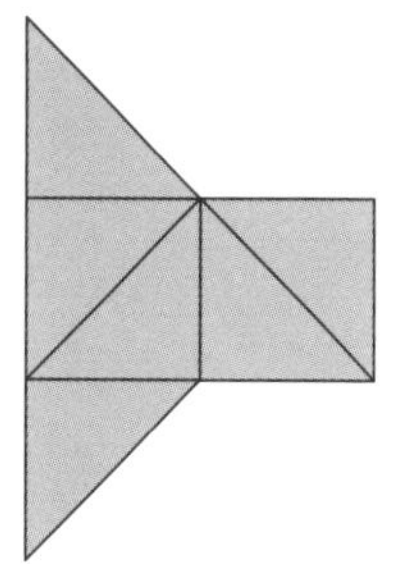

がつ　　にち

かたち②(4)

なまえ

● ・と ・を せんで つないで，いろいろな かたちを つくりましょう。3こより おおく つくりましょう。

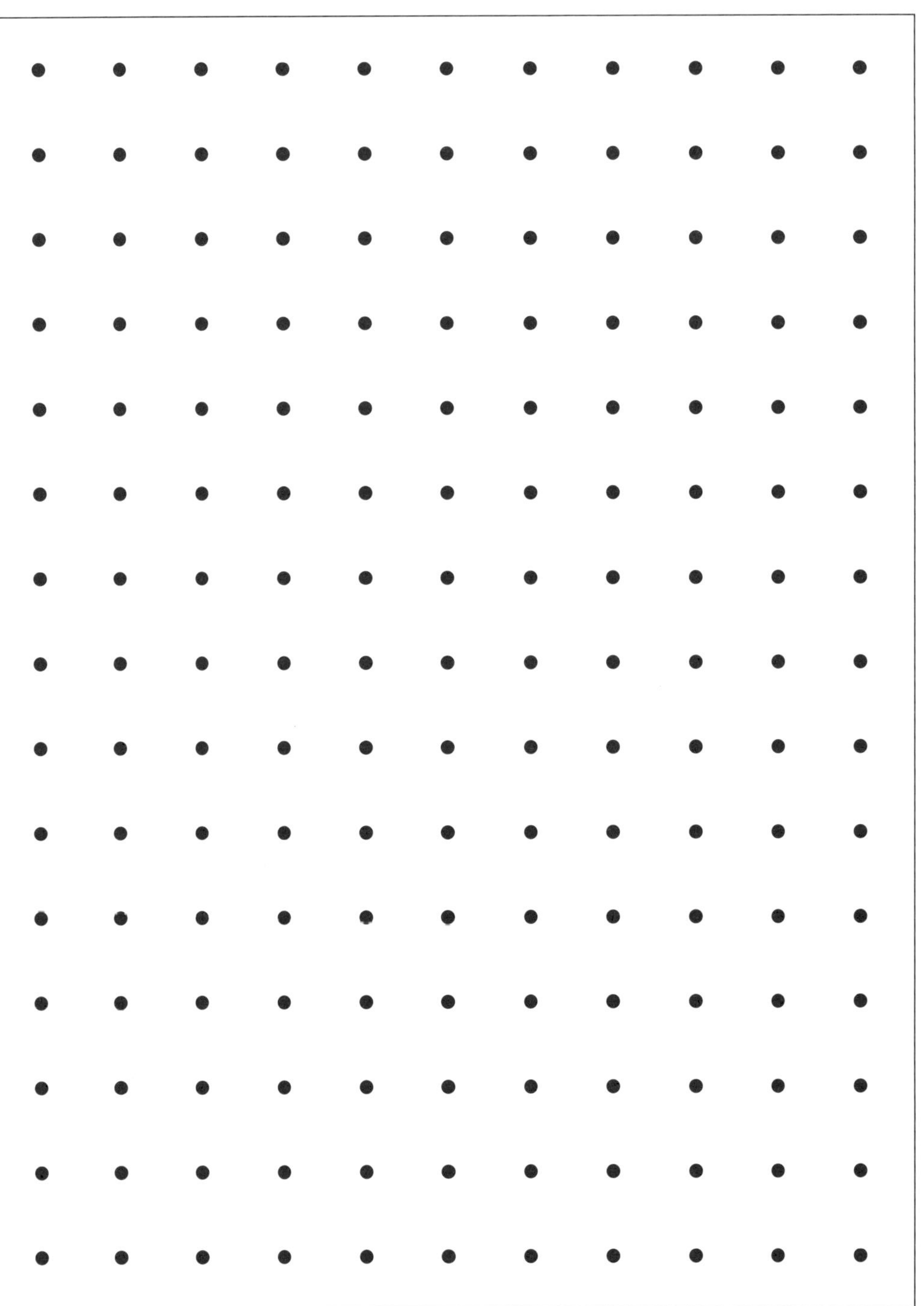

　（141％に拡大してご使用ください。）

がつ　　にち

プログラミング（1）じゅんじょ

なまえ

● どんな　じゅんじょで　おいたのでしょうか。
㋐㋑㋒の　きごうで　下(した)に　あるものから　じゅんに　かきましょう。

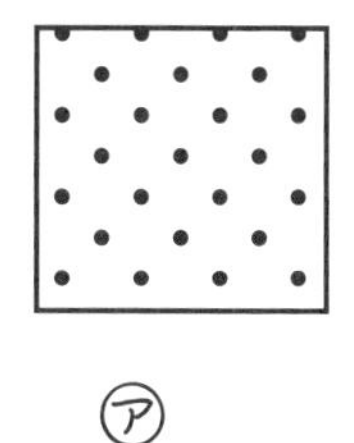

㋐

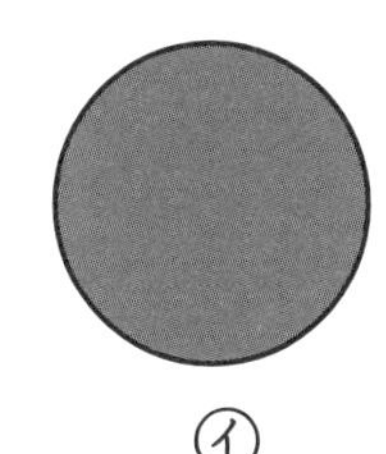

㋑

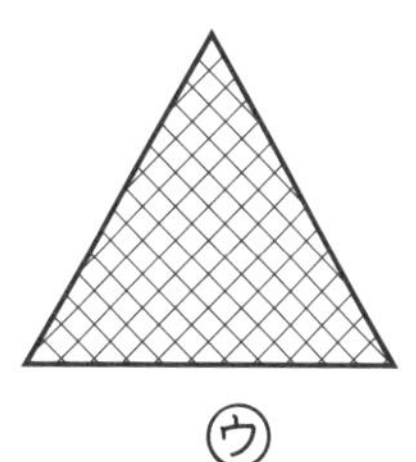

㋒

(1)

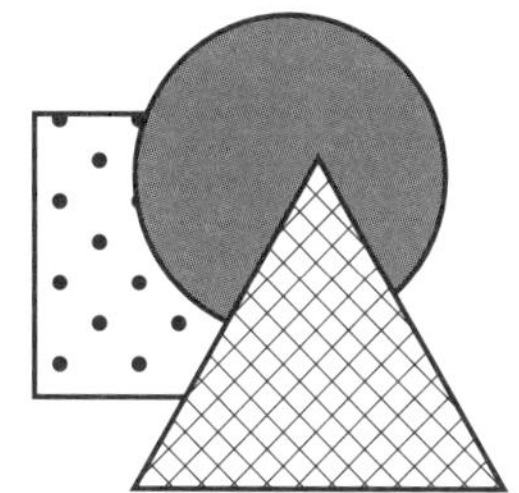

（　　）→（　　）→（　　）

(2)

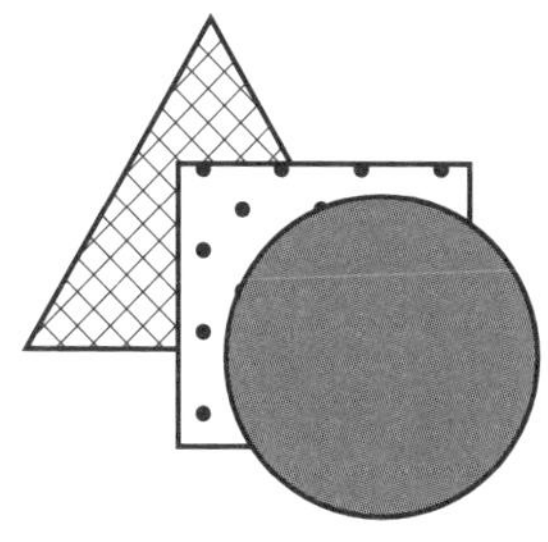

（　　）→（　　）→（　　）

(3)

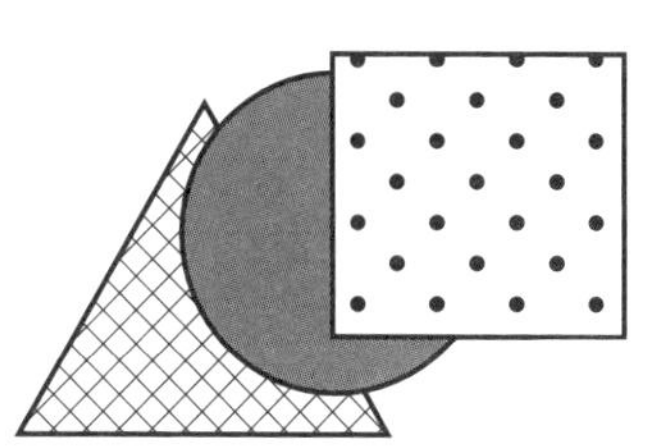

（　　）→（　　）→（　　）

（141%に拡大してご使用ください。）

がつ　にち

プログラミング（2）じゅんじょ

なまえ

● ①②③ の じゅんばんで 下(した)の ㋐㋑㋒の かたちを おきました。どんな かたちが できましたか。（　）に ○を つけましょう。

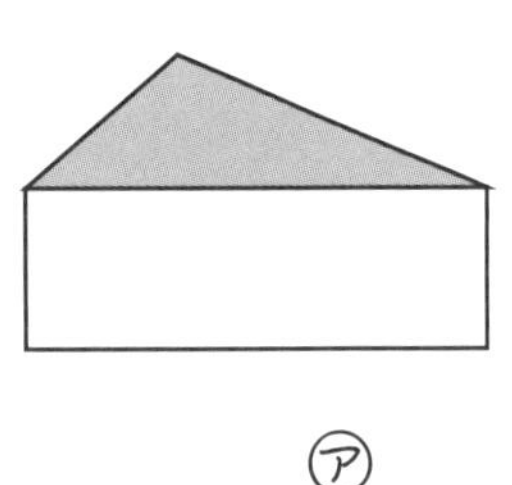

㋐

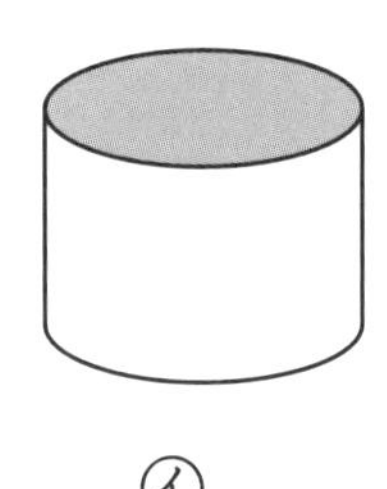

㋑

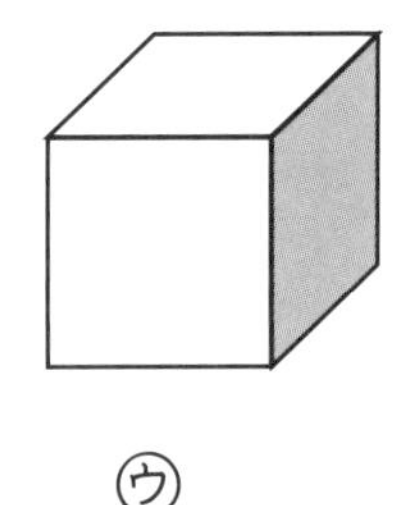

㋒

① ㋑を おく。
② ㋒を おく。
③ ㋐を おく。

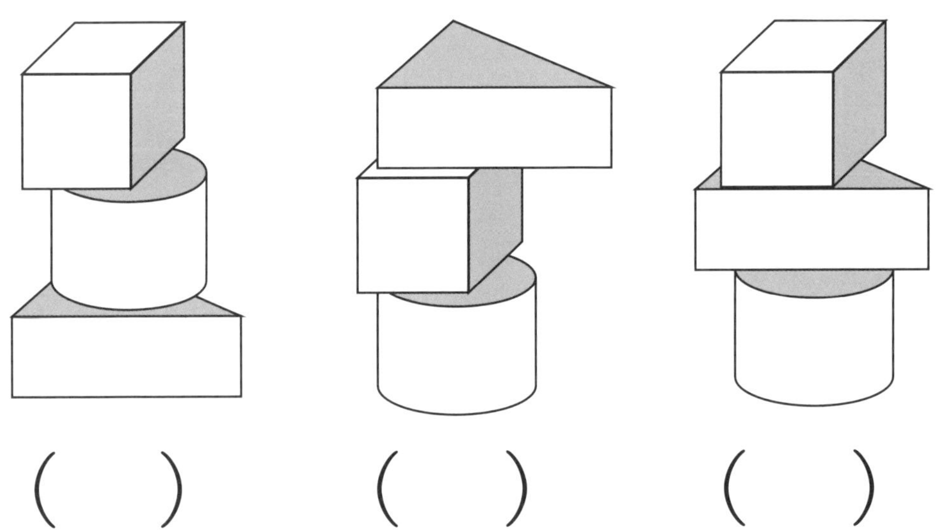

（　）　（　）　（　）

　（141％に拡大してご使用ください。）

がつ　にち

プログラミング（3）コントロール

なまえ

● ポチは　(1)〜(3)のように　すすんだら　どこに　いますか。

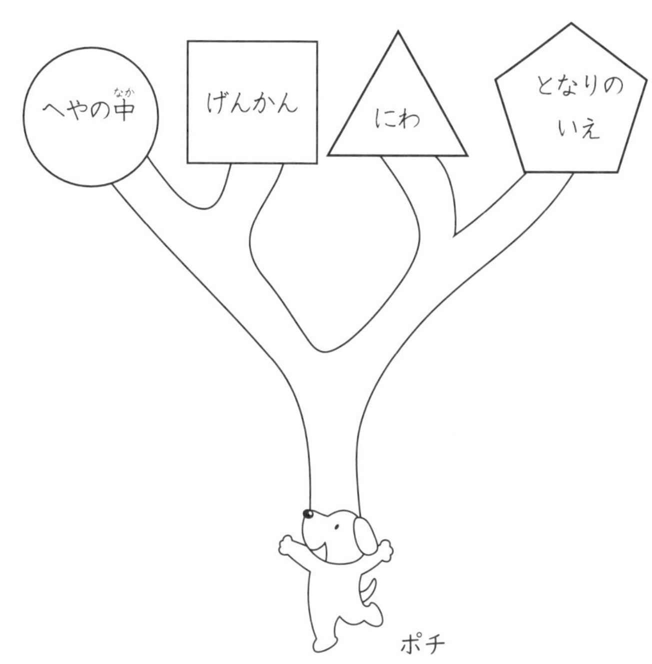

(1)　まえに　すすむ。

はじめの　わかれみちで　右へすすむ。

つぎの　わかれみちでは　左へ　すすむ。

(2)　まえに　すすむ。

はじめの　わかれみちで　左へ　すすむ。

つぎの　わかれみちでも　左へ　すすむ。

(3)　まえに　すすむ。

はじめの　わかれみちで　左へ　すすむ。

つぎの　わかれみちでは　右へ　すすむ。

（141%に拡大してご使用ください。）

がつ　　にち

プログラミング（4）コントロール

なまえ

● ゆみさんと　たけしさんは　下のように　すすんだら　どこに　いますか。

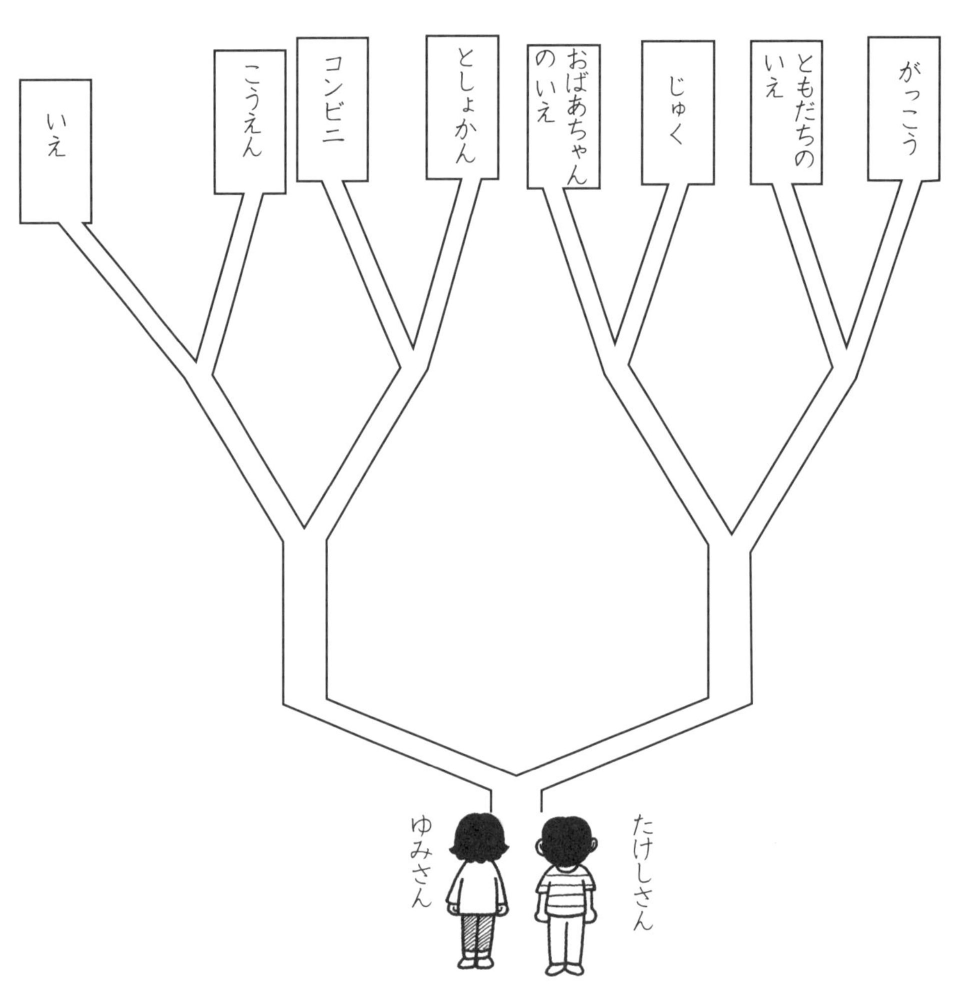

ゆみさん

はじめの　わかれみちで
みぎへすすみ
つぎの　わかれみちでは
ひだりへ　すすみ
さいごの　わかれみちでは
ひだりへ　すすみました。

たけしさん

はじめの　わかれみちで
ひだりへすすみ
つぎの　わかれみちでも
ひだりへ　すすみ
さいごの　わかれみちでは
みぎへ　すすみました。

　（141％に拡大してご使用ください。）

がつ　にち

プログラミング（5）コントロール

なまえ

● ロボットを，つぎのように　うごかすと　㋐から　㋢の　どこに　いますか。

(1) 上へ　1つ　すすみます。
左に　2つ　すすみます。
上に　1つ　すすみます。

(2) 左に　2つ　すすみます。
上に　3つ　すすみます。
左に　1つ　すすみます。

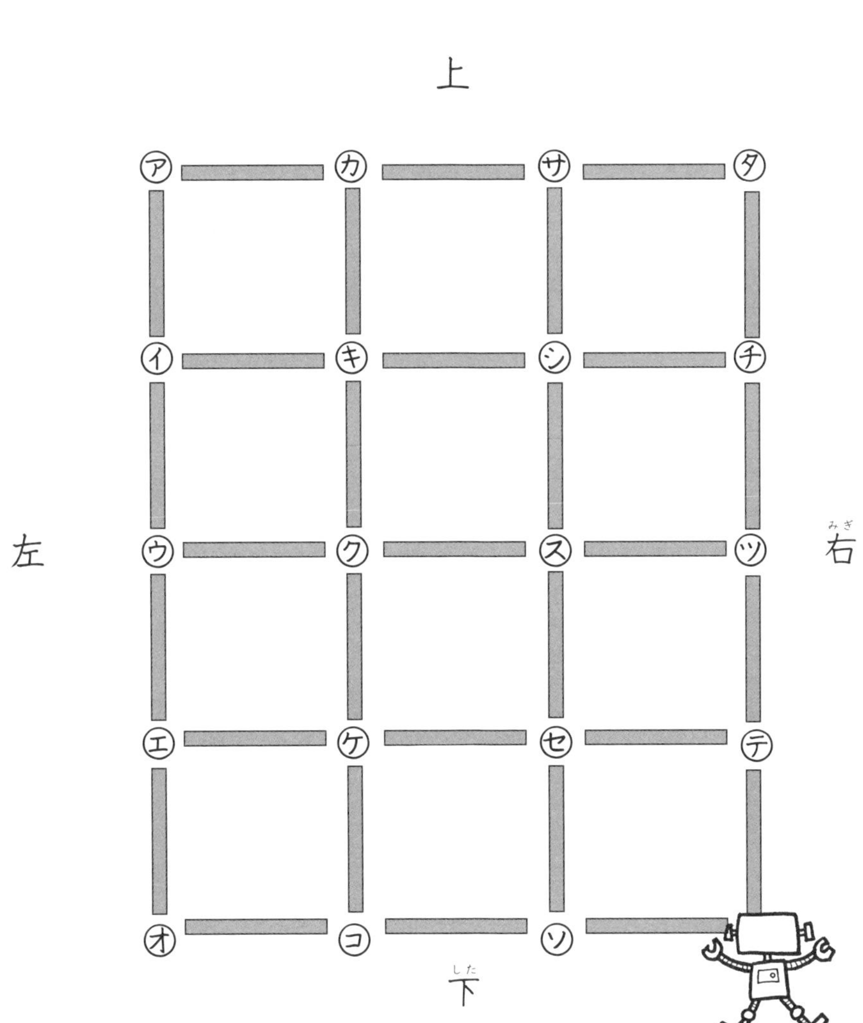

（141％に拡大してご使用ください。）

がつ　　にち

プログラミング（6）コントロール

なまえ

● ロボットが，つぎのところへ　いけるように　ことばの　つづきを
□に　かきましょう。●のところは，とおれません。

(1)　バナナへ　いく
上へ　2　すすむ。

(2)　ほうせきへ　いく
上へ　2　すすむ。

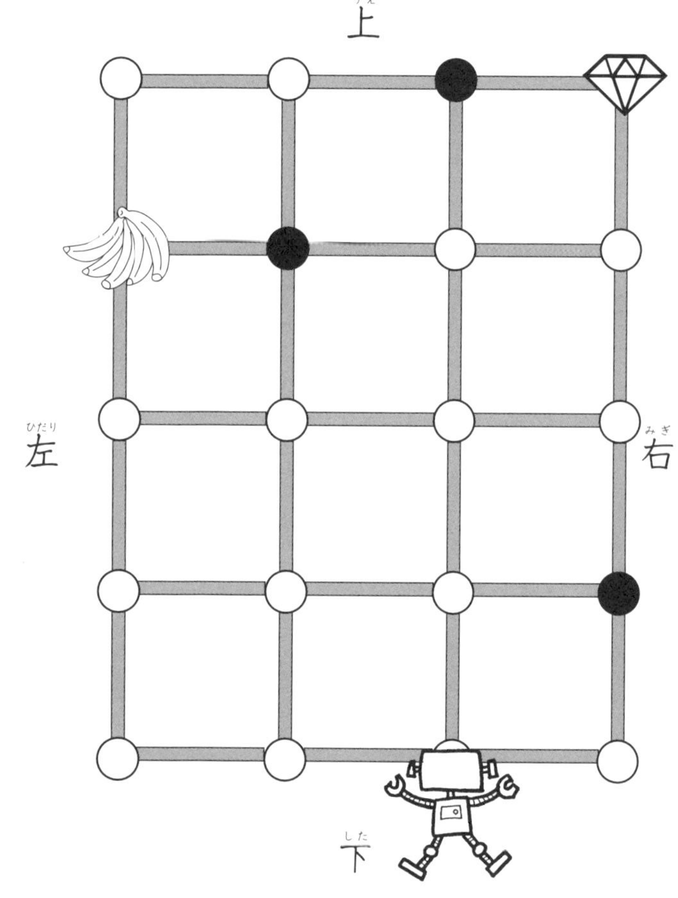

　（141%に拡大してご使用ください。）

がつ　にち

プログラミング（7）くりかえし

なまえ

● □に　かいてある　じゅんに　かたちを　くりかえし　さいごまで　かきましょう。

(1) 左（ひだり）から　さんかく　まる　さんかく　まるを　くりかえして　かきます

左 | | | | | | | | | | | 右（みぎ）

(2) 左から　まる　まる　さんかく　まる　まる　さんかくを　くりかえして　かきます

左 | | | | | | | | | | | 右

(3) 左から　まる　さんかく　まる　まる　さんかく　まるを　くりかえして　かきます

左 | | | | | | | | | | | 右

（141％に拡大してご使用ください。）

がつ　にち

プログラミング (8) やくそく

なまえ

1　カードを　ひいて　カードの　もようで　もらう　おかしが　きまります。

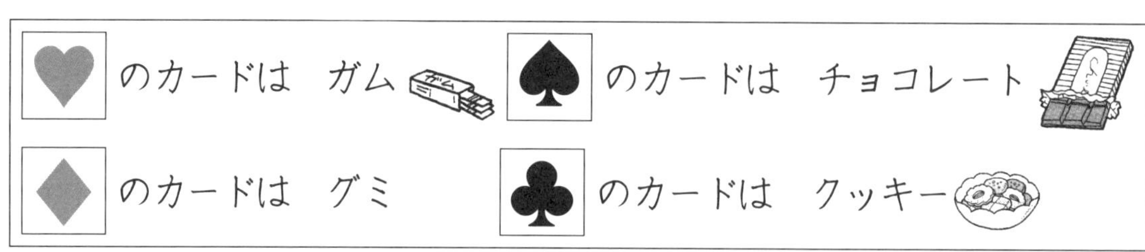

● たまみさんは，♦ の　カードを　ひきました。

もらう　おかしは，なんですか。

2　カードを　ひいて　カードの　もようで　てんすうが　きまります。

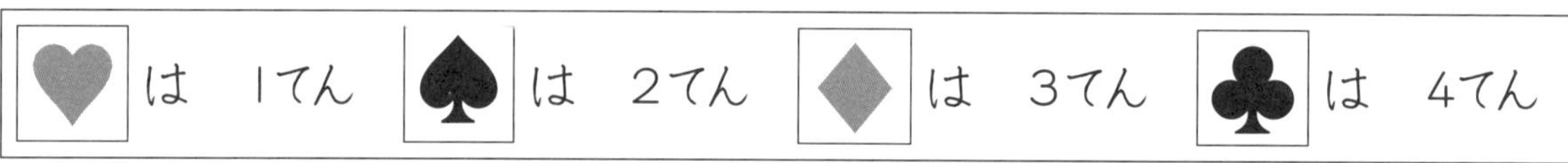

(1)　かなさんは，♥ ♦ の 2まいの　カードを　ひきました。

かなさんの　てんすうは　なんてんですか。　　□ てん

(2)　ゆたかさんは，♣ ♠ の 2まいの　カードを　ひきました。

ゆたかさんの　てんすうは　なんてんですか。　　□ てん

(3)　まさとさんは，♥ ♣ ♠ の 3まいの　カードを　ひきました。

まさとさんの　てんすうは　なんてんですか。　　□ てん

　（141％に拡大してご使用ください。）

がつ　　にち

プログラミング（9）やくそく

なまえ

● 出されたはたにあるもようできまったポーズをします。

(1) 左から　じゅんばんに　はたが　出されました。
3ばんめに　した　ポーズは　なんですか。

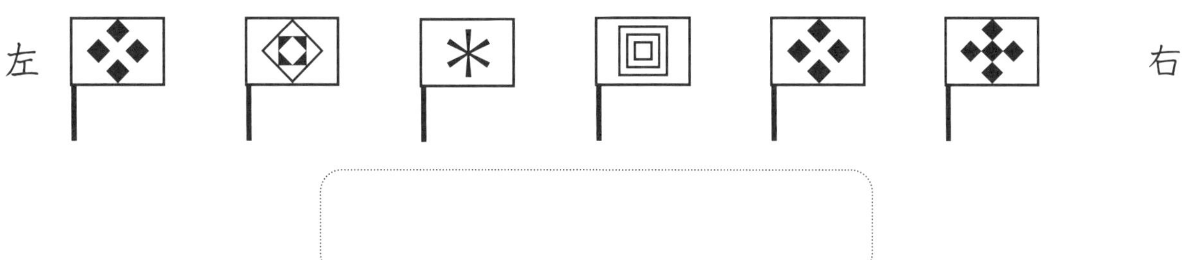

(2) 左から　5ばんめと　7ばんめに　した　ポーズは　なんですか

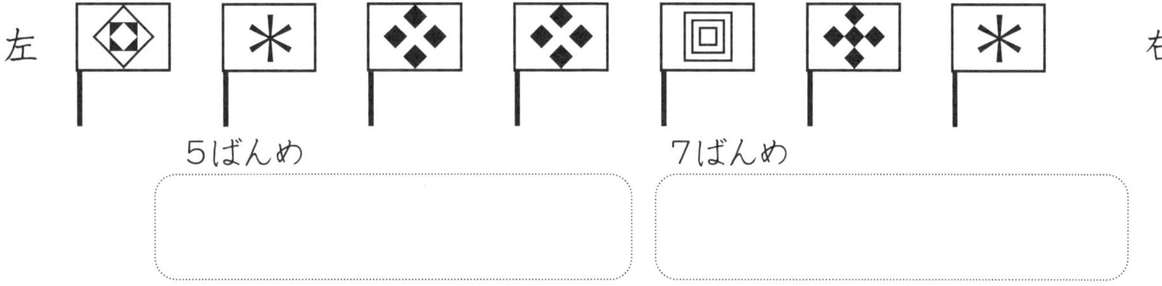

(3) 右から　2ばんめと　7ばんめに　した　ポーズは　なんですか。

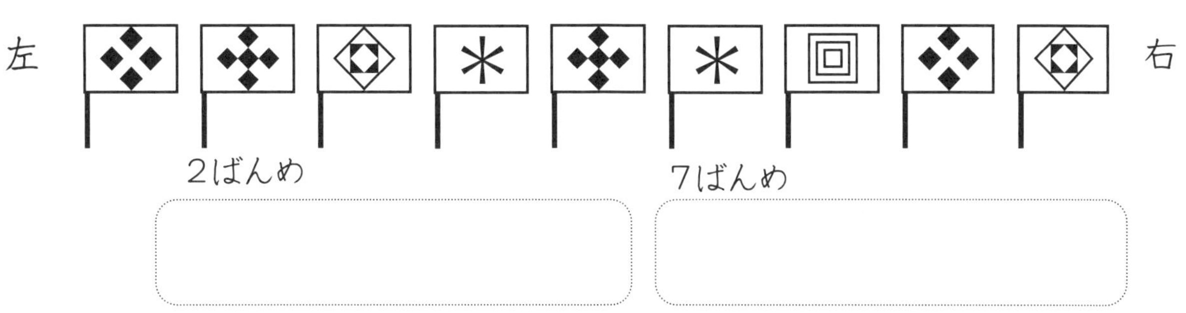

（141%に拡大してご使用ください。）

がつ　にち

プログラミング（10）やくそく

なまえ

● 入り口　から　入って
すすみ　出口から
出ます。
[○]は　とおることが
できます。
[×]は　とおることが
できません。
しょうさんと　あみさんが
とおった　みちを　せんで
かきましょう。

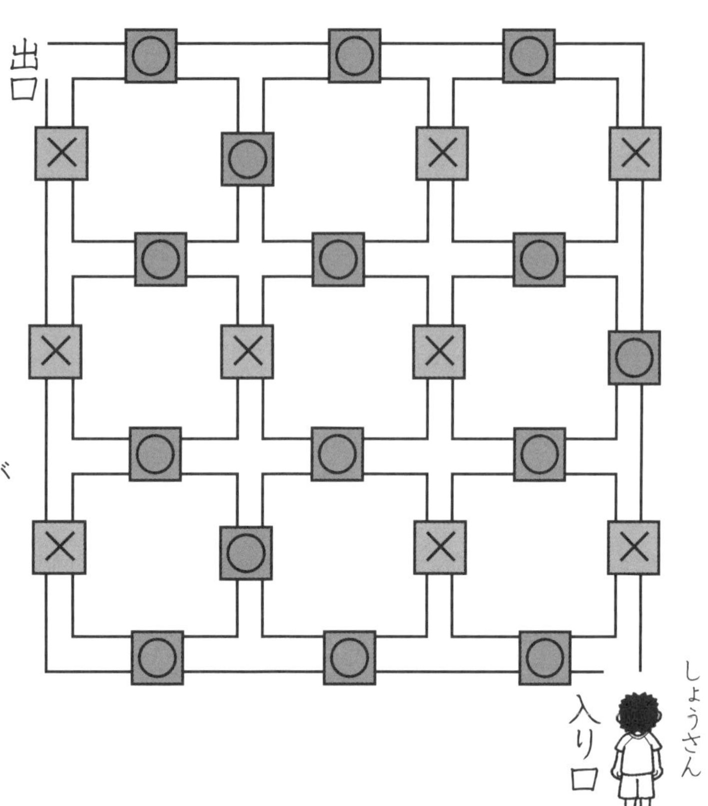

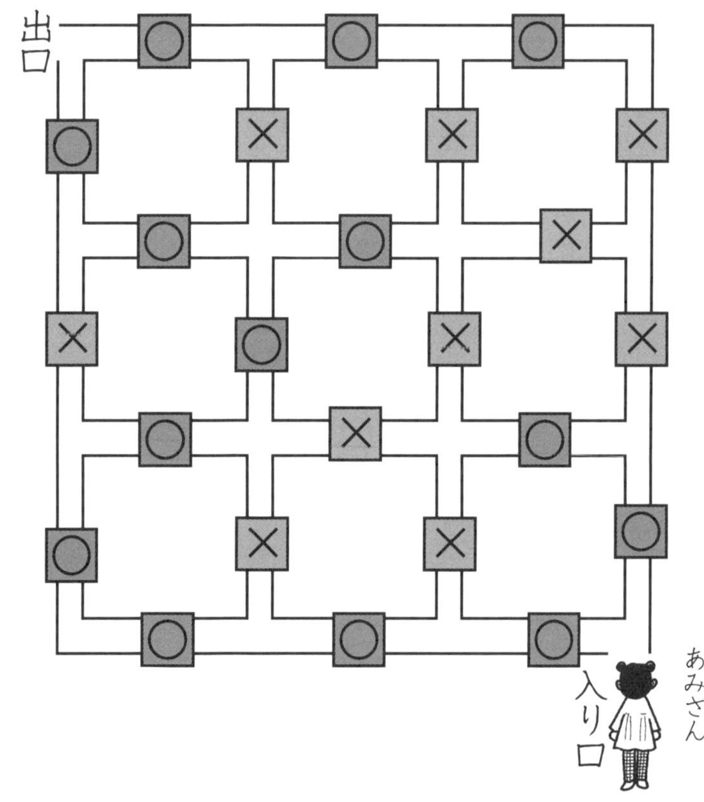

　（141%に拡大してご使用ください。）

がつ　にち

けいさんにチャレンジ(1)　なまえ

5までの　たしざん　ひきざん①

● □の　中(なか)にある　3つの　すう字(じ)を　1かいずつ　つかって　4つの　しきを　つくりましょう。

（れい）3／2 1

2＋1＝3　　3－2＝1

1＋2＝3　　3－1＝2

① 3／0 3

0＋□＝□　　3－□＝□

3＋□＝□　　3－□＝□

② 3／1 2

□＋□＝3　　□－□＝2

□＋□＝3　　□－□＝1

③ 3／3 0

□＋□＝3　　□－□＝0

□＋□＝3　　□－□＝3

ちょうせん！　じぶんで　4つの　しきを　つくってみよう。

4／1 3

＝4	＝
＝4	＝

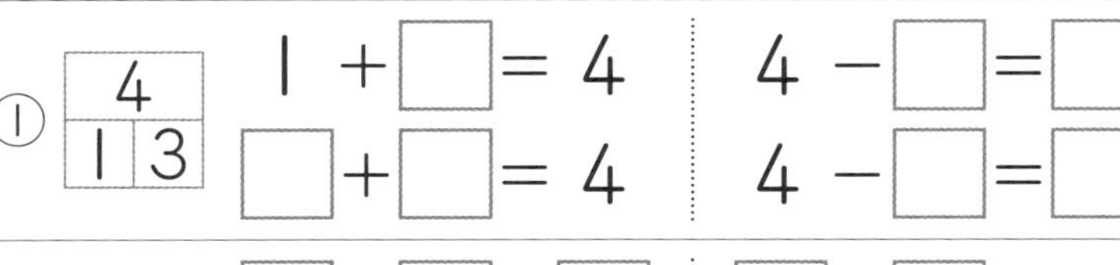

がつ　にち

けいさんにチャレンジ(2)　なまえ

5までの　たしざん　ひきざん②

● □の　中(なか)にある　3つの　すう字(じ)を　1かいずつ　つかって　4つの　しきを　つくりましょう。

① 4／1 3

1＋□＝4　　4－□＝□

□＋□＝4　　4－□＝□

② 4／0 4

□＋□＝□　　□－□＝0

□＋□＝□　　□－□＝4

③ 4／2 2

□＋□＝□　　□－□＝□

④ 5／1 4

□＋□＝5　　□－□＝4

□＋□＝□　　□－□＝□

⑤ 5／2 3

□＋□＝□　　□－□＝□

□＋□＝□　　□－□＝□

⑥ 5／0 5

□＋□＝□　　□－□＝□

□＋□＝□　　□－□＝□

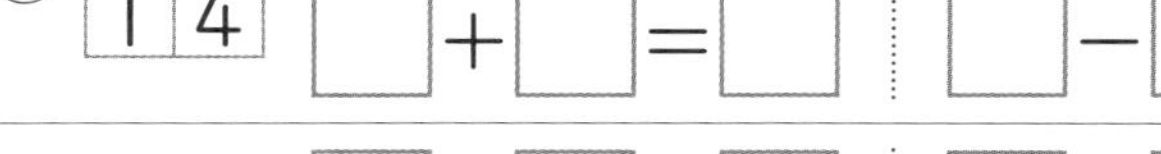

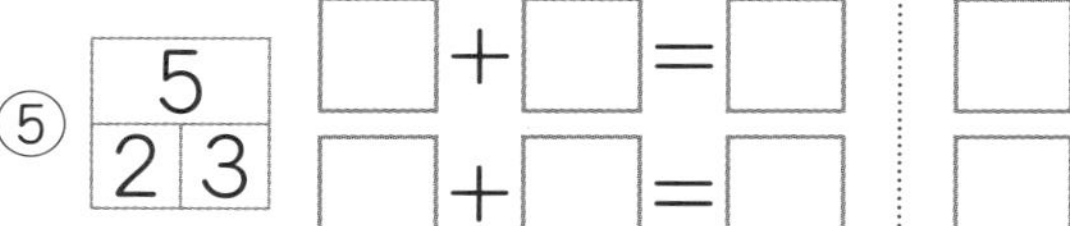

（141％に拡大してご使用ください。）

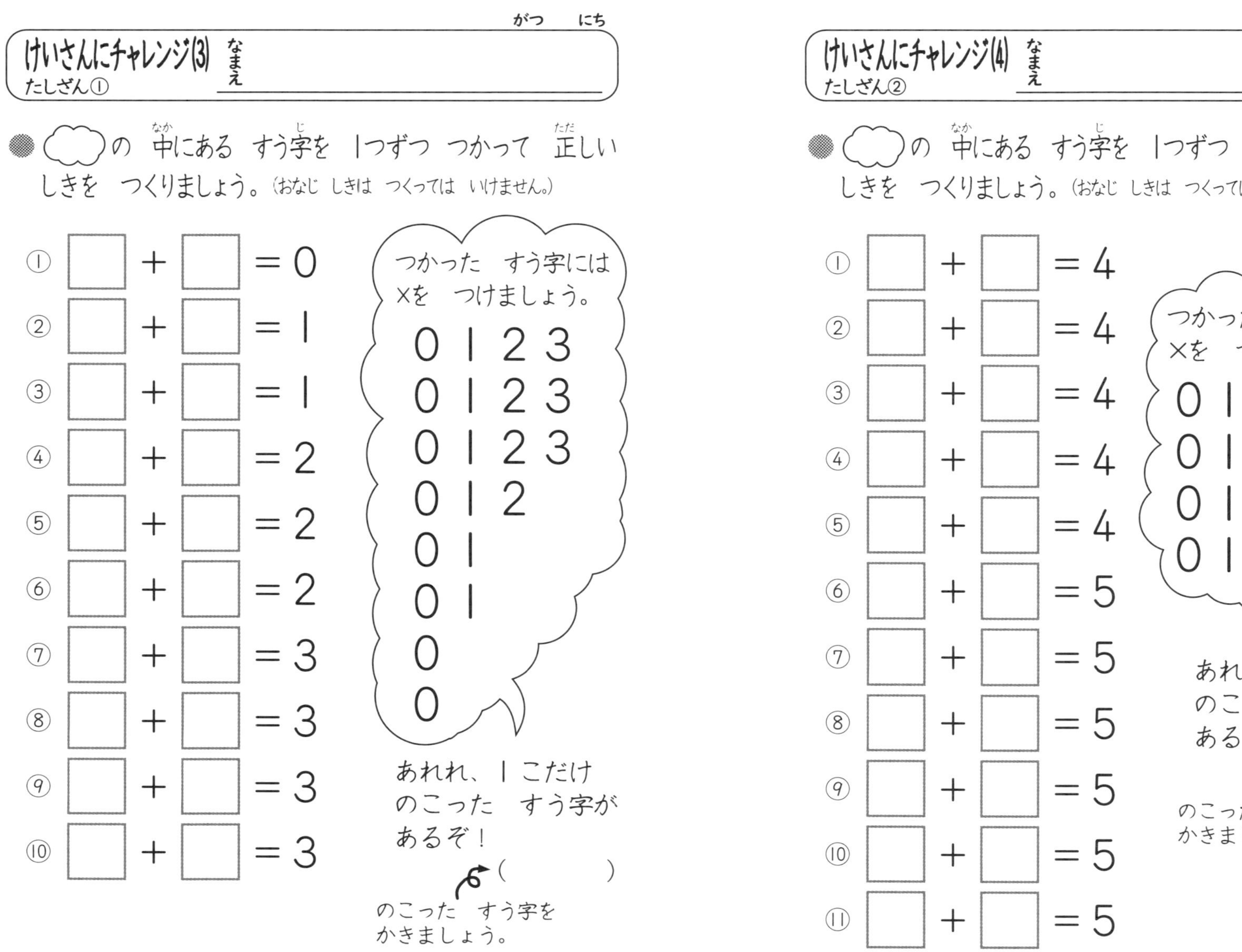

けいさんにチャレンジ(3) たしざん①

がつ　にち　なまえ

● （くも）の 中にある すう字を 1つずつ つかって 正しい しきを つくりましょう。（おなじ しきは つくっては いけません。）

① □ ＋ □ ＝ 0
② □ ＋ □ ＝ 1
③ □ ＋ □ ＝ 1
④ □ ＋ □ ＝ 2
⑤ □ ＋ □ ＝ 2
⑥ □ ＋ □ ＝ 2
⑦ □ ＋ □ ＝ 3
⑧ □ ＋ □ ＝ 3
⑨ □ ＋ □ ＝ 3
⑩ □ ＋ □ ＝ 3

けいさんにチャレンジ(4) たしざん②

がつ　にち　なまえ

● （くも）の 中にある すう字を 1つずつ つかって 正しい しきを つくりましょう。（おなじ しきは つくっては いけません。）

① □ ＋ □ ＝ 4
② □ ＋ □ ＝ 4
③ □ ＋ □ ＝ 4
④ □ ＋ □ ＝ 4
⑤ □ ＋ □ ＝ 4
⑥ □ ＋ □ ＝ 5
⑦ □ ＋ □ ＝ 5
⑧ □ ＋ □ ＝ 5
⑨ □ ＋ □ ＝ 5
⑩ □ ＋ □ ＝ 5
⑪ □ ＋ □ ＝ 5

　（141%に拡大してご使用ください。）

がつ　にち

けいさんにチャレンジ(5)　たしざん③

なまえ

● の 中にある すう字を 1つずつ つかって 正しい しきを つくりましょう。（おなじ しきは つくっては いけません。）

① □ ＋ □ ＝ 7
② □ ＋ □ ＝ 8
③ □ ＋ □ ＝ 8
④ □ ＋ □ ＝ 8
⑤ □ ＋ □ ＝ 8
⑥ □ ＋ □ ＝ 8
⑦ □ ＋ □ ＝ 8
⑧ □ ＋ □ ＝ 8
⑨ □ ＋ □ ＝ 8
⑩ □ ＋ □ ＝ 8

つかった　すう字には
×を　つけましょう。

0 1 2 3 4 5 6 7 8
0 1 2 3 4 5 6 7 8
0 6 7

あれれ、1 こだけ
のこった　すう字が
あるぞ！

（　　　　）
のこった　すう字を
かきましょう。

がつ　にち

けいさんにチャレンジ(6)　たしざん④

なまえ

● の 中にある すう字を 1つずつ つかって 正しい しきを つくりましょう。（おなじ しきは つくっては いけません。）

① □ ＋ □ ＝ 9
② □ ＋ □ ＝ 9
③ □ ＋ □ ＝ 9
④ □ ＋ □ ＝ 9
⑤ □ ＋ □ ＝ 9
⑥ □ ＋ □ ＝ 9
⑦ □ ＋ □ ＝ 9
⑧ □ ＋ □ ＝ 9
⑨ □ ＋ □ ＝ 9
⑩ □ ＋ □ ＝ 9

つかった　すう字には
×を　つけましょう。

0 5 1 6 3
2 1 7 9 5
8 4 5 8
6 9 7
2 3 0 4

あれれ、1 こだけ
のこった　すう字が
あるぞ！

（　　　　）
のこった　すう字を
かきましょう。

おうちの　ひとの
サイン（　　　　）

けいさんにチャレンジ(7)
たしざん⑤

なまえ　　　　がつ　にち

● ◯の 中にある すう字を 1つずつ つかって 正しい しきを つくりましょう。（おなじ しきは つくっては いけません。）

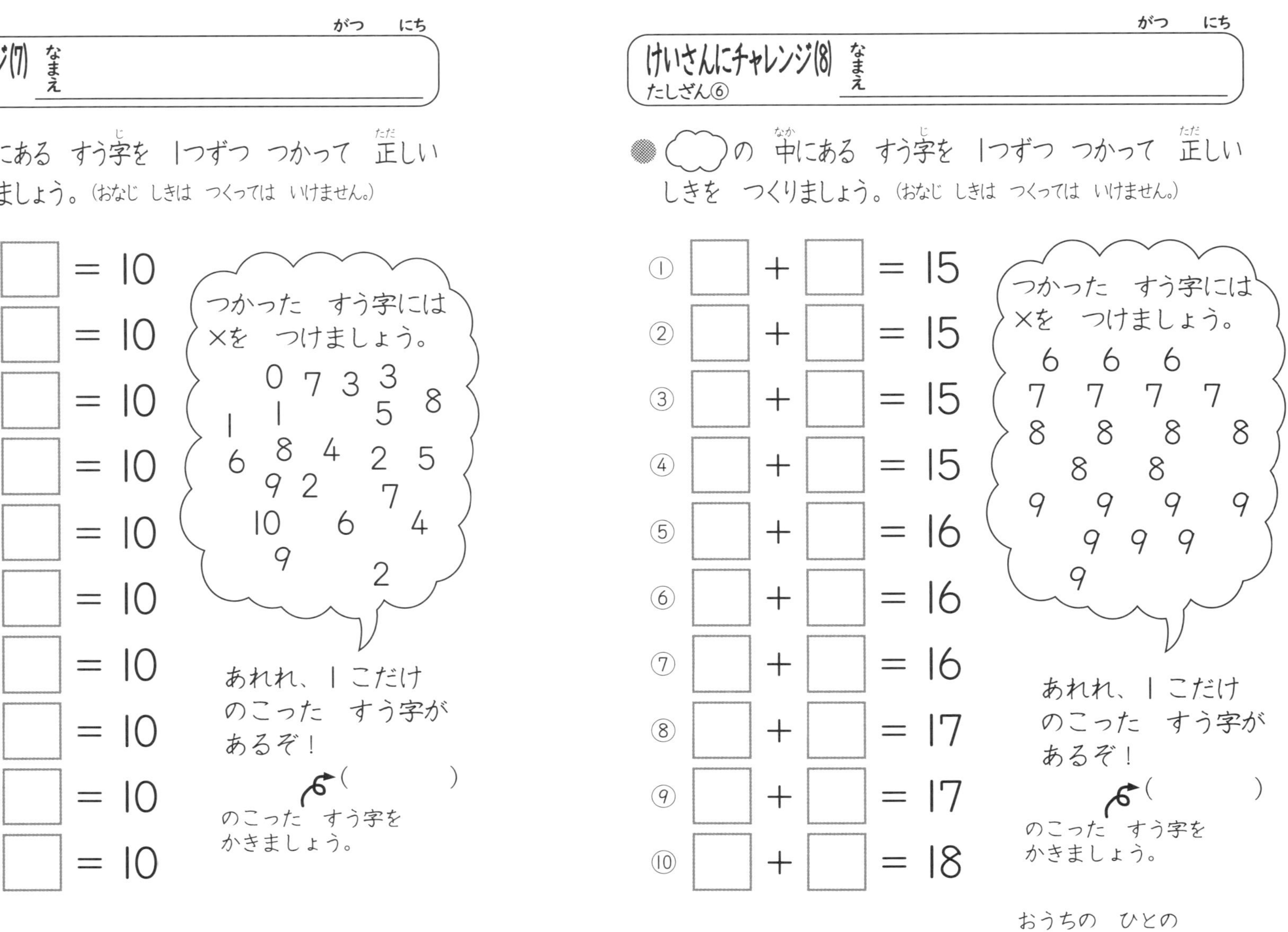

つかった すう字には ×を つけましょう。
0 7 3 3 8 1 1 5 6 8 4 2 5 9 2 7 10 6 4 9 2

① □ ＋ □ ＝ 10
② □ ＋ □ ＝ 10
③ □ ＋ □ ＝ 10
④ □ ＋ □ ＝ 10
⑤ □ ＋ □ ＝ 10
⑥ □ ＋ □ ＝ 10
⑦ □ ＋ □ ＝ 10
⑧ □ ＋ □ ＝ 10
⑨ □ ＋ □ ＝ 10
⑩ □ ＋ □ ＝ 10

あれれ、1こだけ のこった すう字が あるぞ！

（　　　　）

のこった すう字を かきましょう。

けいさんにチャレンジ(8)
たしざん⑥

なまえ　　　　がつ　にち

● ◯の 中にある すう字を 1つずつ つかって 正しい しきを つくりましょう。（おなじ しきは つくっては いけません。）

つかった すう字には ×を つけましょう。
6 6 6 7 7 7 7 8 8 8 8 8 8 9 9 9 9 9 9 9 9

① □ ＋ □ ＝ 15
② □ ＋ □ ＝ 15
③ □ ＋ □ ＝ 15
④ □ ＋ □ ＝ 15
⑤ □ ＋ □ ＝ 16
⑥ □ ＋ □ ＝ 16
⑦ □ ＋ □ ＝ 16
⑧ □ ＋ □ ＝ 17
⑨ □ ＋ □ ＝ 17
⑩ □ ＋ □ ＝ 18

あれれ、1こだけ のこった すう字が あるぞ！

（　　　　）

のこった すう字を かきましょう。

おうちの ひとの サイン（　　　　）

（141％に拡大してご使用ください。）

がつ　　にち

けいさんにチャレンジ⑼
10づくりゲーム

なまえ

● 10に　なるように　あいている　ところに　すう字(じ)を　かきましょう。

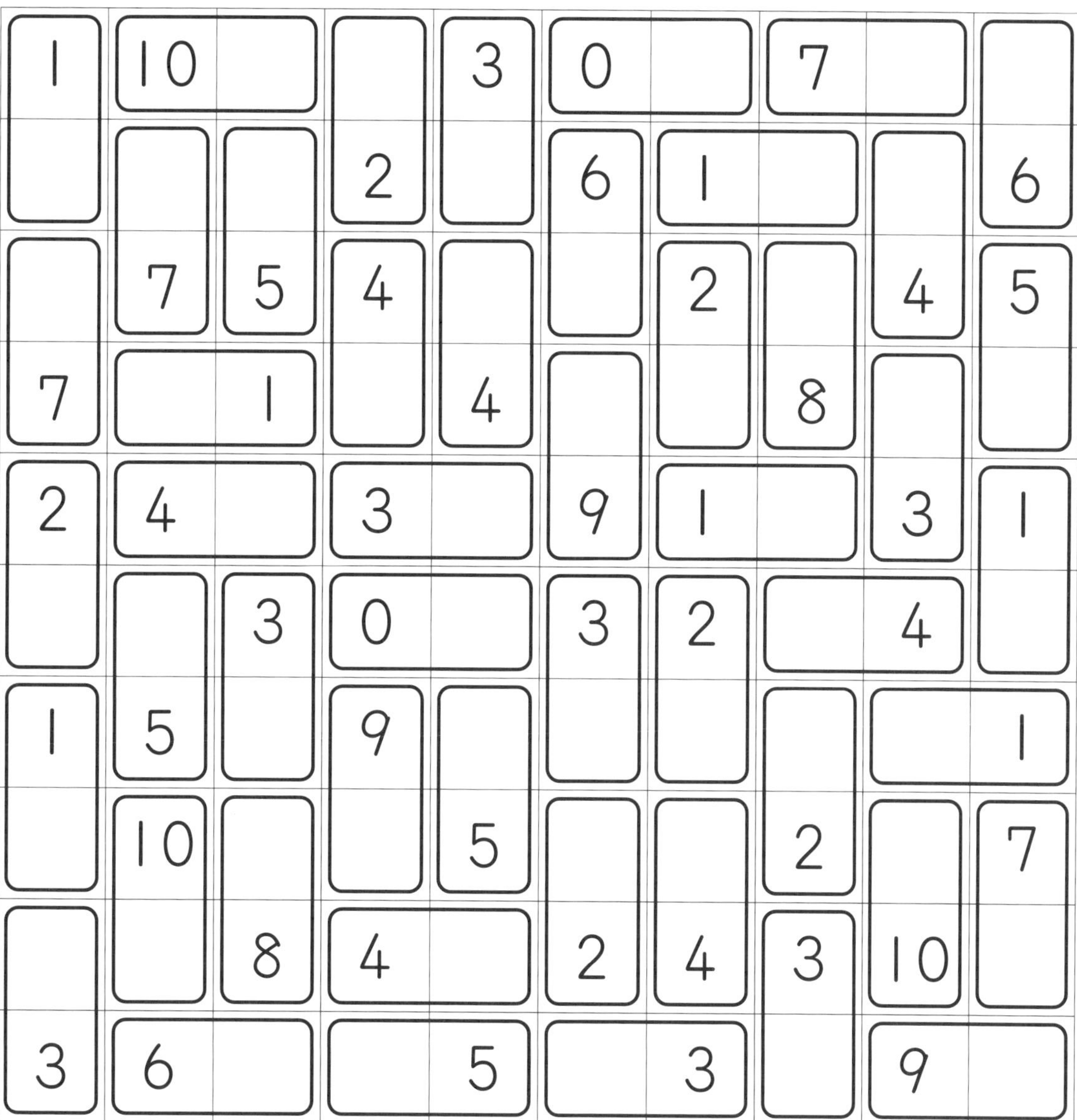

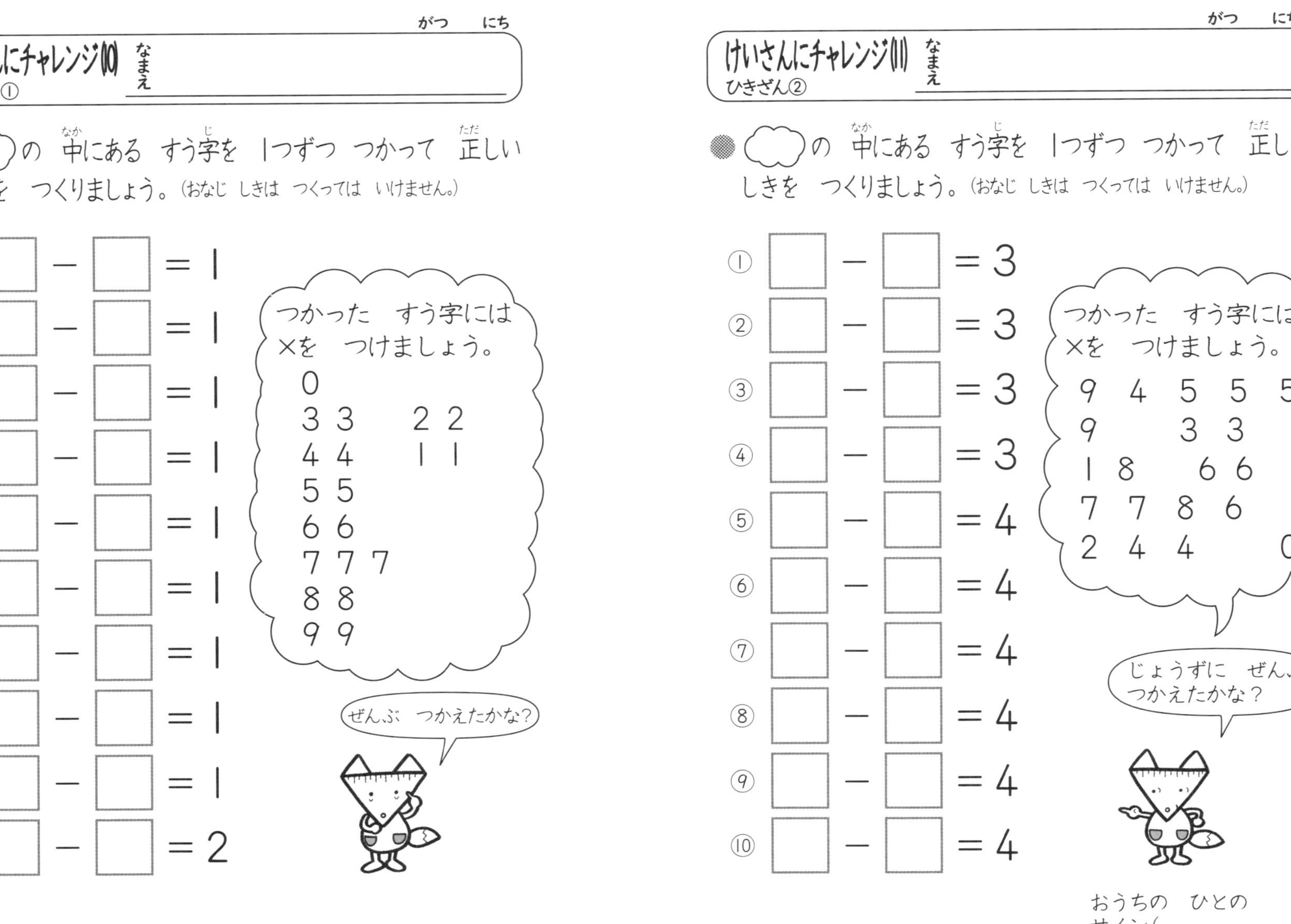

がつ　にち

けいさんにチャレンジ⑩
ひきざん①

なまえ

● ☁の 中(なか)にある すう字(じ)を 1つずつ つかって 正(ただ)しい しきを つくりましょう。（おなじ しきは つくっては いけません。）

① □ － □ ＝ 1
② □ － □ ＝ 1
③ □ － □ ＝ 1
④ □ － □ ＝ 1
⑤ □ － □ ＝ 1
⑥ □ － □ ＝ 1
⑦ □ － □ ＝ 1
⑧ □ － □ ＝ 1
⑨ □ － □ ＝ 1
⑩ □ － □ ＝ 2

がつ　にち

けいさんにチャレンジ⑪
ひきざん②

なまえ

● ☁の 中(なか)にある すう字(じ)を 1つずつ つかって 正(ただ)しい しきを つくりましょう。（おなじ しきは つくっては いけません。）

① □ － □ ＝ 3
② □ － □ ＝ 3
③ □ － □ ＝ 3
④ □ － □ ＝ 3
⑤ □ － □ ＝ 4
⑥ □ － □ ＝ 4
⑦ □ － □ ＝ 4
⑧ □ － □ ＝ 4
⑨ □ － □ ＝ 4
⑩ □ － □ ＝ 4

おうちの ひとの
サイン（　　　　　）

（141%に拡大してご使用ください。）

がつ　にち

けいさんにチャレンジ⑫
ひきざん③

なまえ

●下の □ の 中にある すう字を 1つずつ つかって ○と □に いれて しきを かんせいさせましょう。（おなじ しきは つくっては いけません。）

11 − ○ = □

11 − ○ = □

11 − ○ = □

11 − ○ = □

11 − ○ = □

（れい）
11 − 2 = 9

11 − ○ = □

11 − ○ = □

つかった すう字には
×をつけましょう。
~~2~~ 3 5 7 2 3 4 5
4 6 9 ~~9~~ 8 7 6
8 2
（　　　　）
のこった すう字

---

16 − ○ = □

16 − ○ = □

7 9 8 9
8 8 7
（　　　　）
のこった すう字

16 − ○ = □

がつ　にち

けいさんにチャレンジ⑬
ひきざん④

なまえ

●下の □ の 中にある すう字を 1つずつ つかって ○と □に いれて しきを かんせいさせましょう。（おなじ しきは つくっては いけません。）

13 − ○ = □

13 − ○ = □

13 − ○ = □

13 − ○ = □

13 − ○ = □

13 − ○ = □

つかった すう字には
×をつけましょう。
4 7 6 9 5 9
5 6 7 4 8 8 6
（　　　　）
のこった すう字

---

16 − ○ = □

16 − ○ = □

7 8 7 9
7 9 8
（　　　　）
のこった すう字

16 − ○ = □

（141％に拡大してご使用ください。）

がつ　にち

けいさんにチャレンジ⑭

ひきざん⑤

なまえ

● 下の □ の 中にある すう字を 1つずつ つかって ○と□に いれて しきを かんせいさせましょう。（おなじ しきは つくっては いけません。）

12－○＝□　12－○＝□

12－○＝□　12－○＝□

12－○＝□　12－○＝□

12－○＝□

つかった すう字には ×をつけましょう。

3 9 3 4 7 8
4 6 7 8 9
5 3 5 6 （　　　）のこった すう字

18－○＝□

9 8 9 （　　　）のこった すう字

がつ　にち

けいさんにチャレンジ⑮

ひきざん⑥

なまえ

● 下の □ の 中にある すう字を 1つずつ つかって ○と□に いれて しきを かんせいさせましょう。（おなじ しきは つくっては いけません。）

14－○＝□　14－○＝□

14－○＝□　14－○＝□

14－○＝□

つかった すう字には ×をつけましょう。

5 6 5 7 9 6
8 7 8 5 9
（　　　）のこった すう字

17－○＝□

8 8
9 8 9 （　　　）のこった すう字

17－○＝□

がつ　にち

めいろ
5までのたしざん

なまえ

● こたえの　おおきい　ほうへ　すすみましょう。

(1)

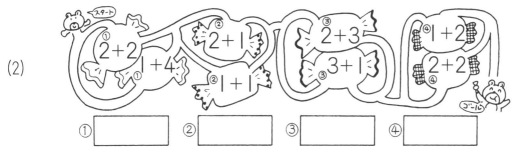

(2)

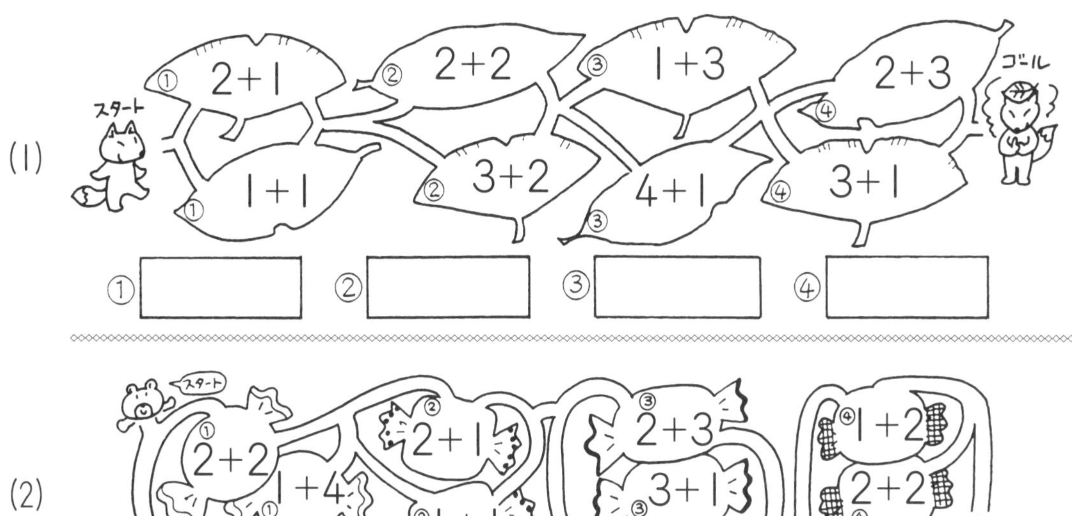

(1) ①　②　③　④

(2) ①　②　③　④

(3)

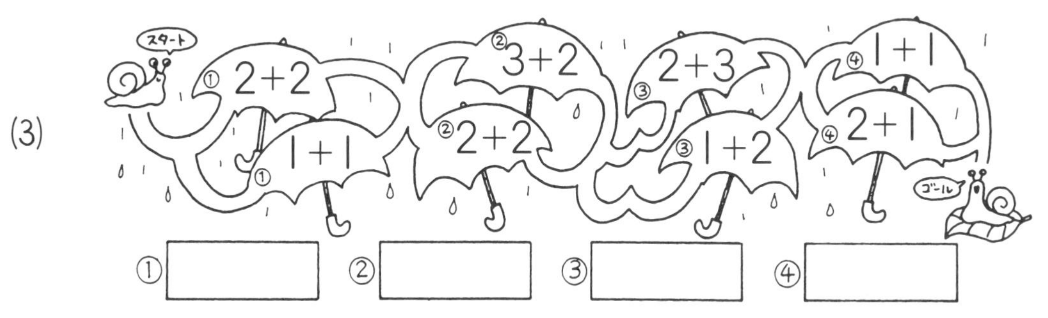

①　②　③　④

(4)

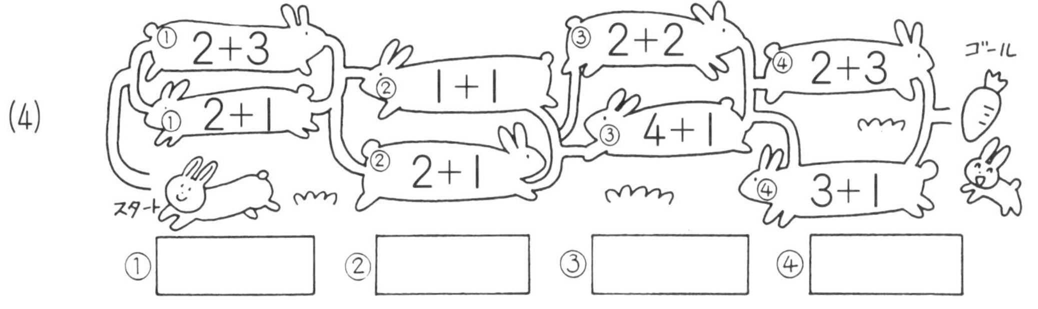

①　②　③　④

がつ　にち

めいろ
5までのたしざん

なまえ

● こたえの　おおきい　ほうへ　すすみましょう。

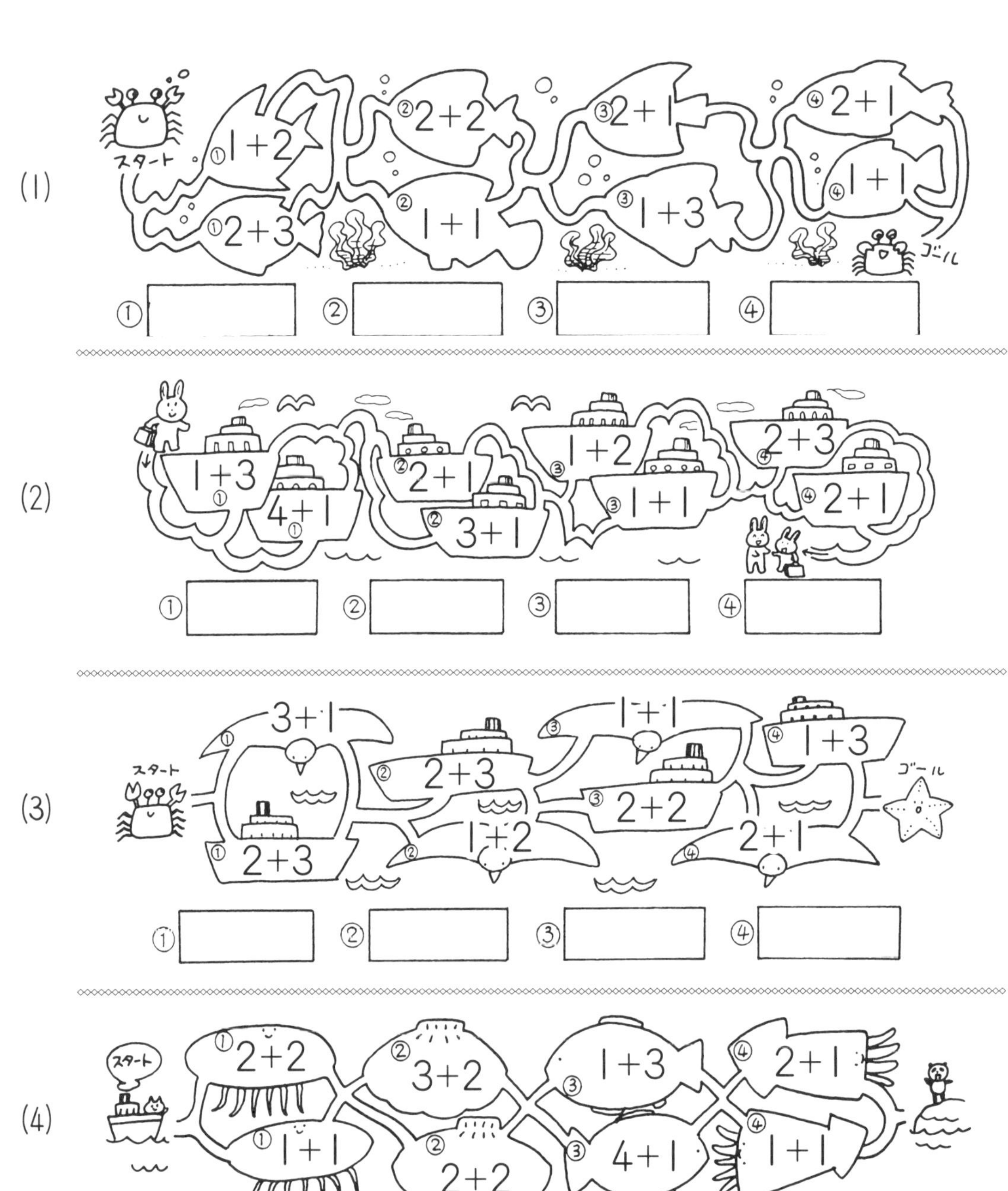

がつ　にち

めいろ
10までのたしざん

なまえ

● こたえの　おおきい　ほうへ　すすみましょう。

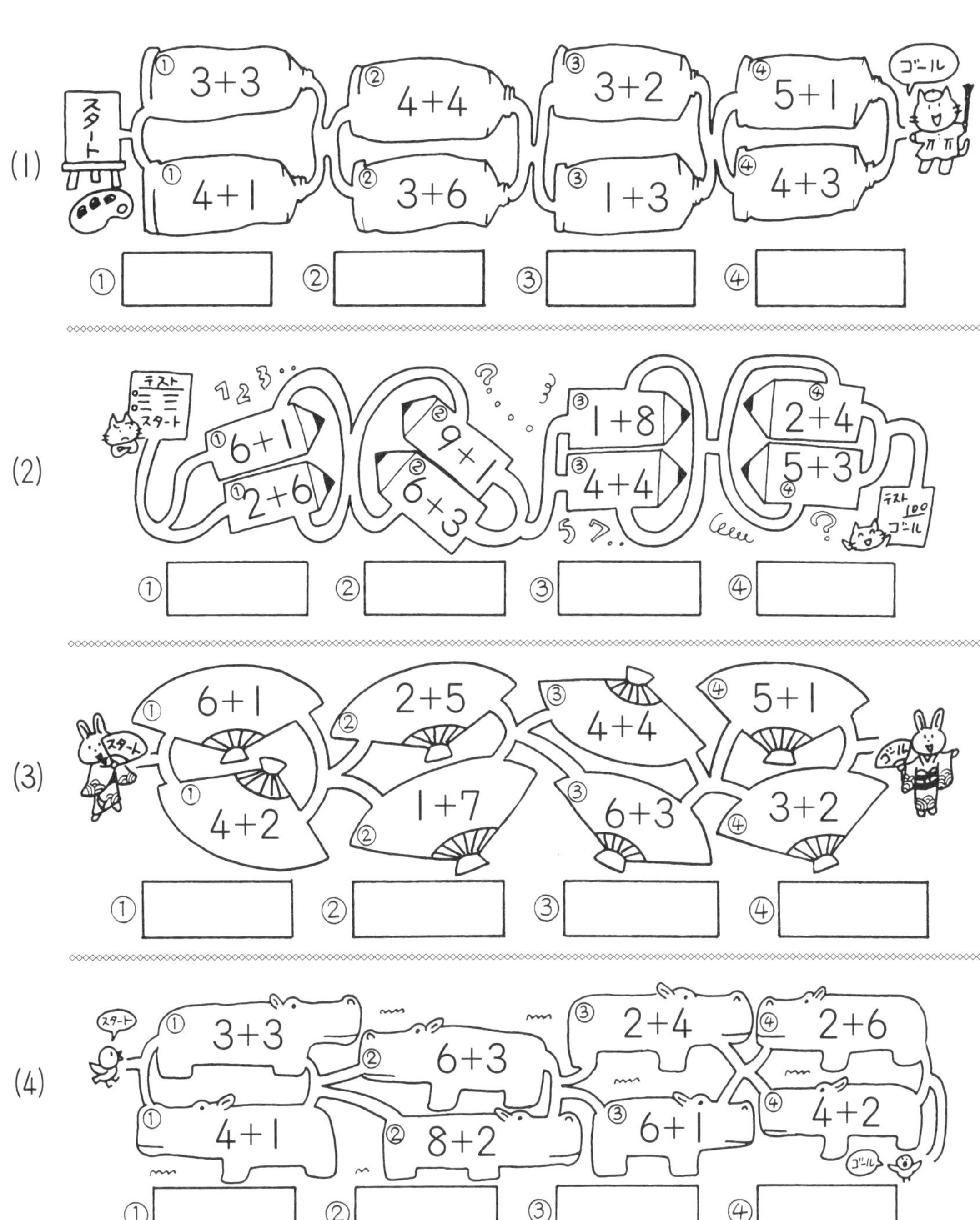

がつ　　にち

めいろ
10までのたしざん

なまえ

● こたえの　おおきい　ほうへ　すすみましょう。

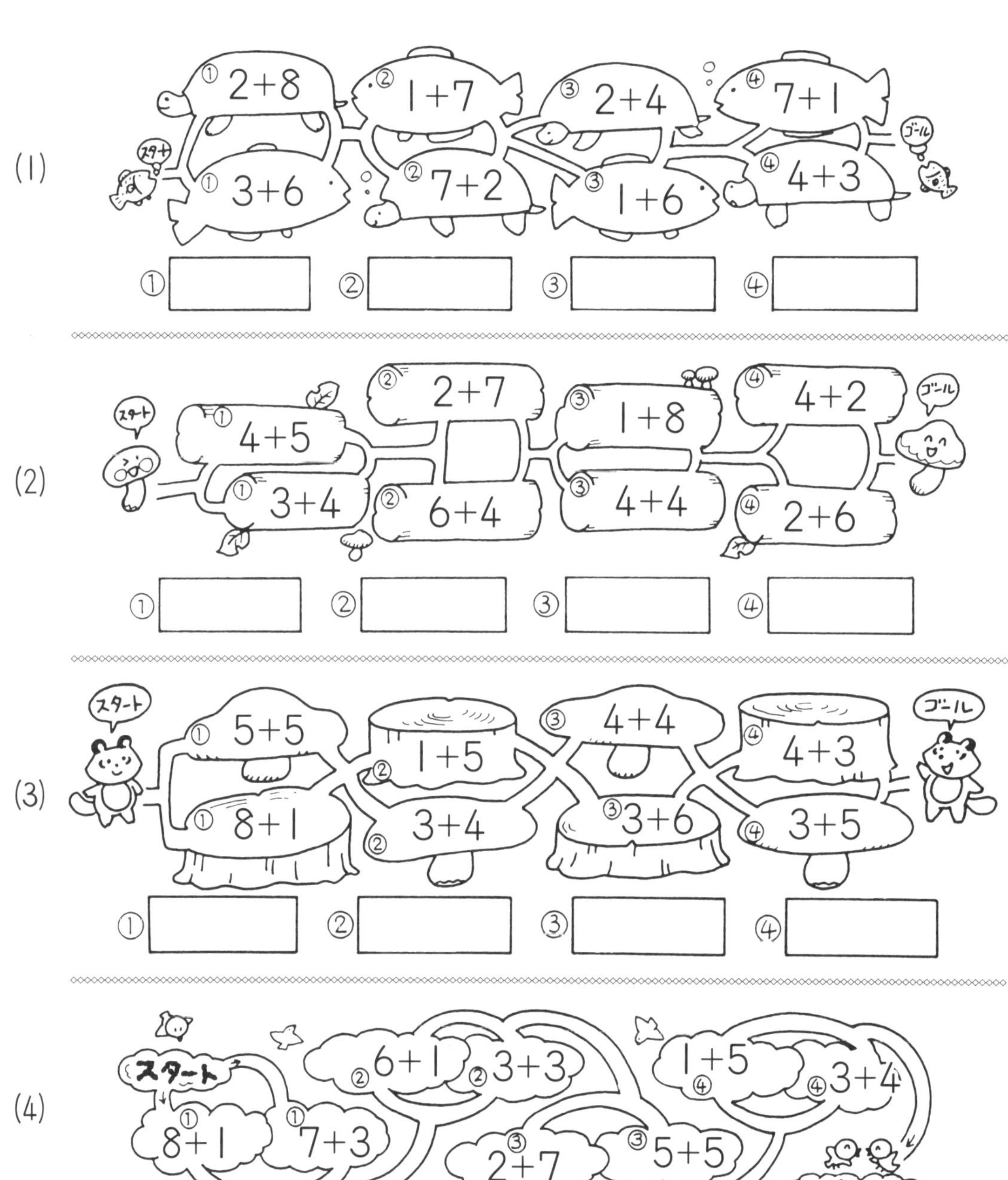

がつ　　にち

めいろ
5までのひきざん

なまえ

● こたえの　おおきい　ほうへ　すすみましょう。

(1)

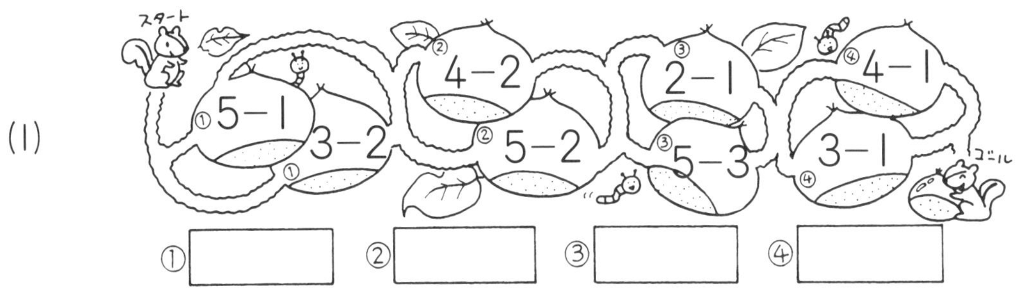

(2)

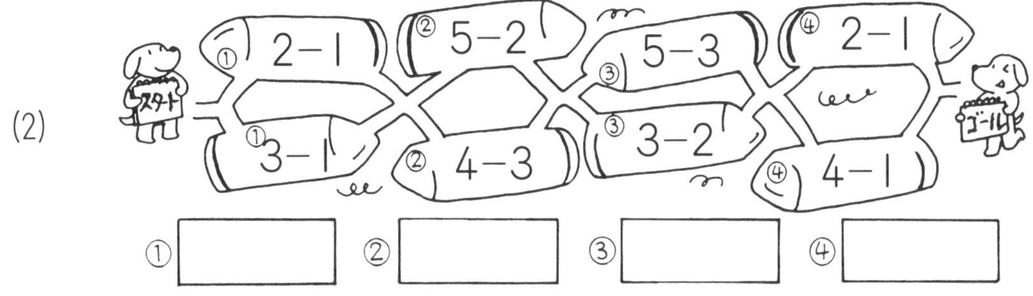

(3)

(4)

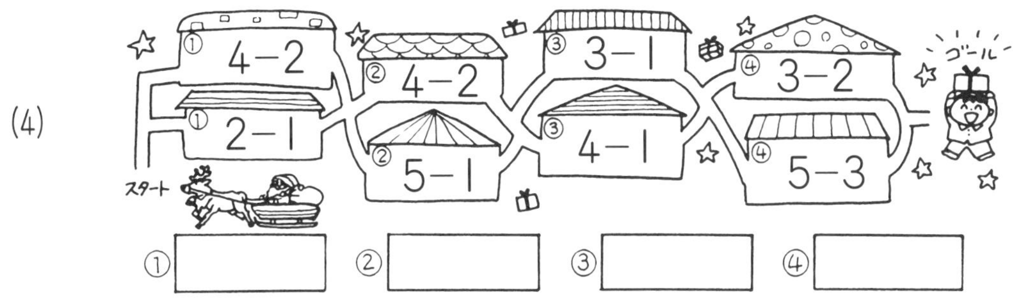

がつ　　にち

めいろ
5までのひきざん

なまえ

● こたえの　おおきい　ほうへ　すすみましょう。

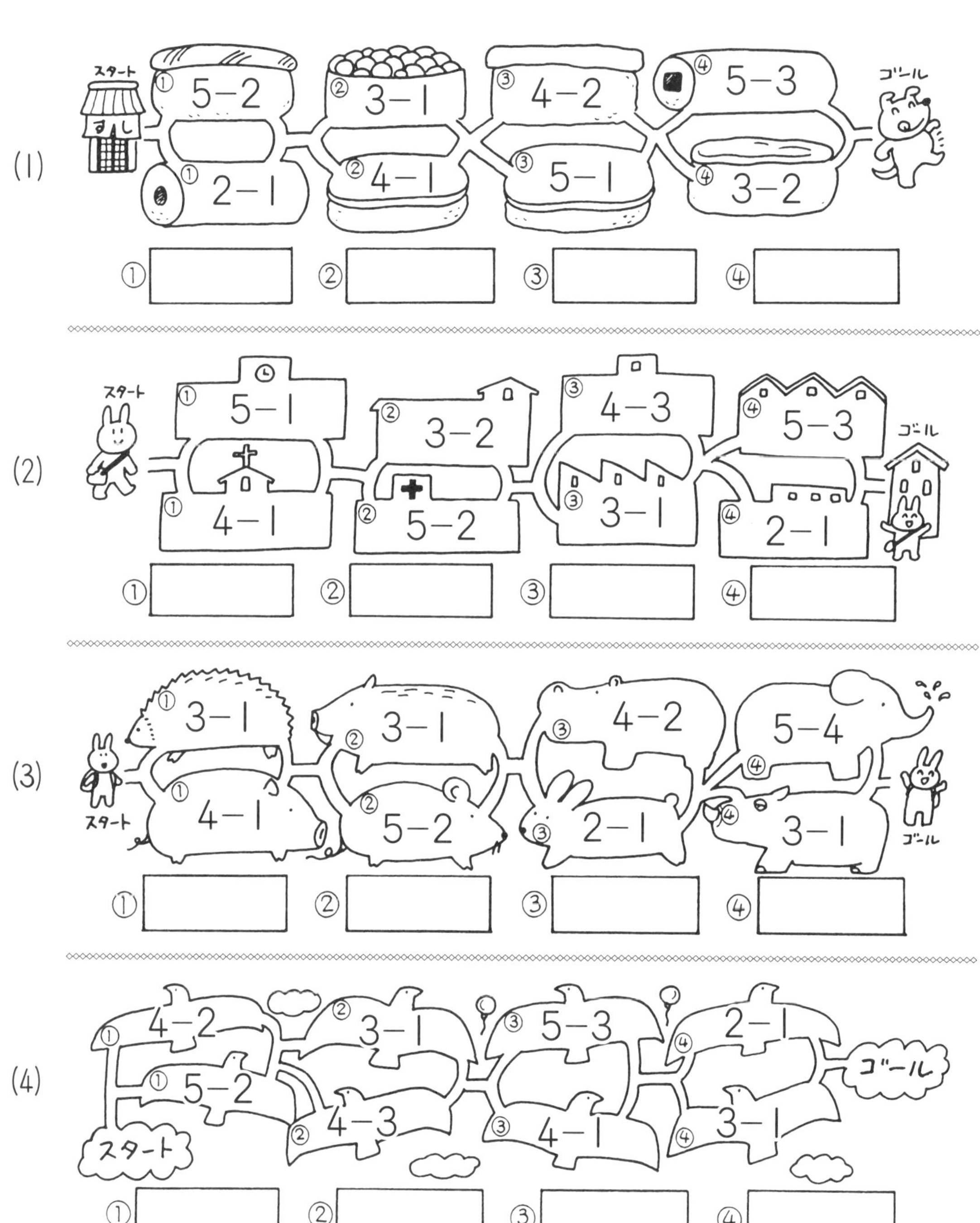

がつ　　にち

めいろ
10までのひきざん

なまえ

● こたえの　おおきい　ほうへ　すすみましょう。

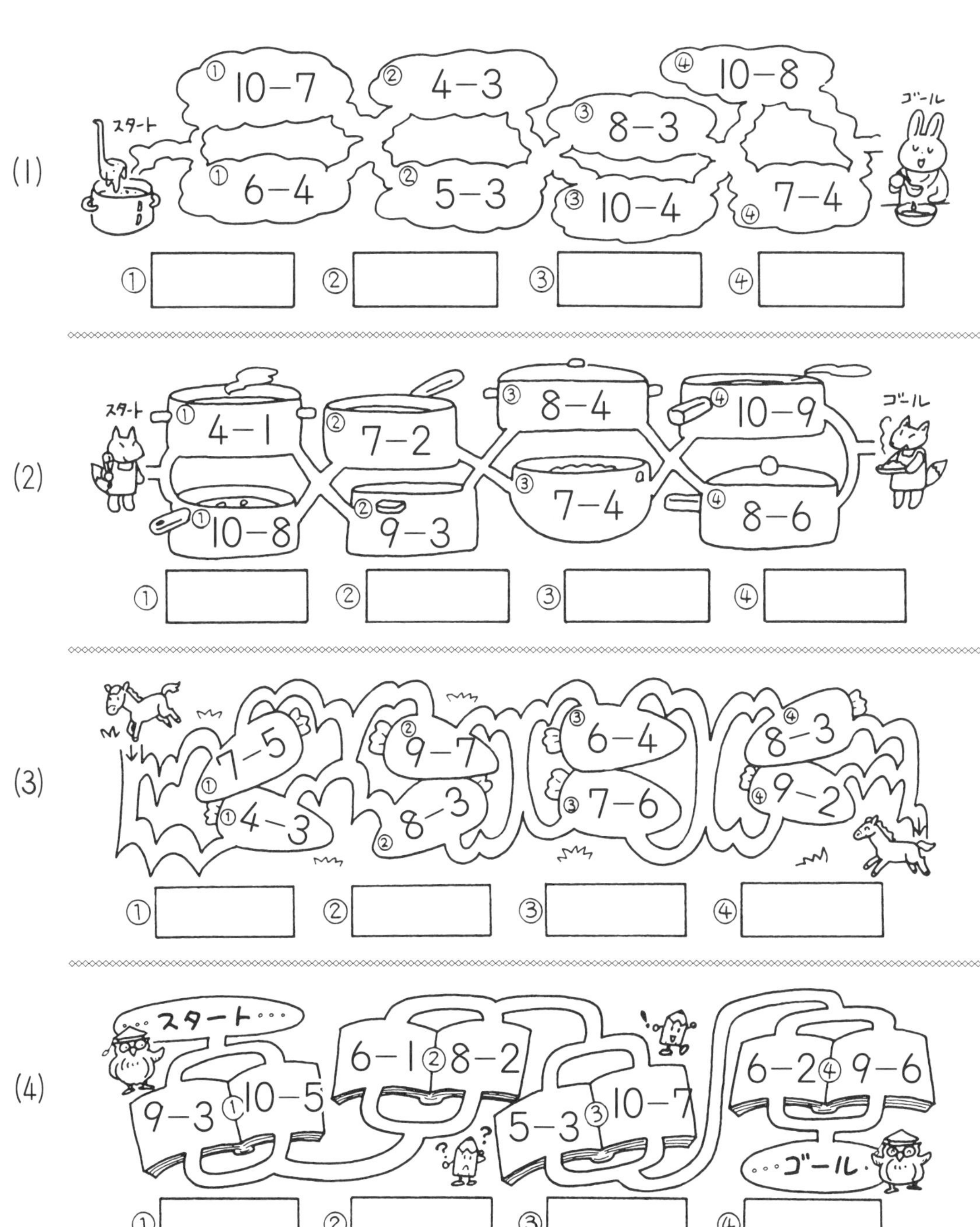

がつ　　にち

めいろ
10までのひきざん

なまえ

● こたえの　おおきい　ほうへ　すすみましょう。

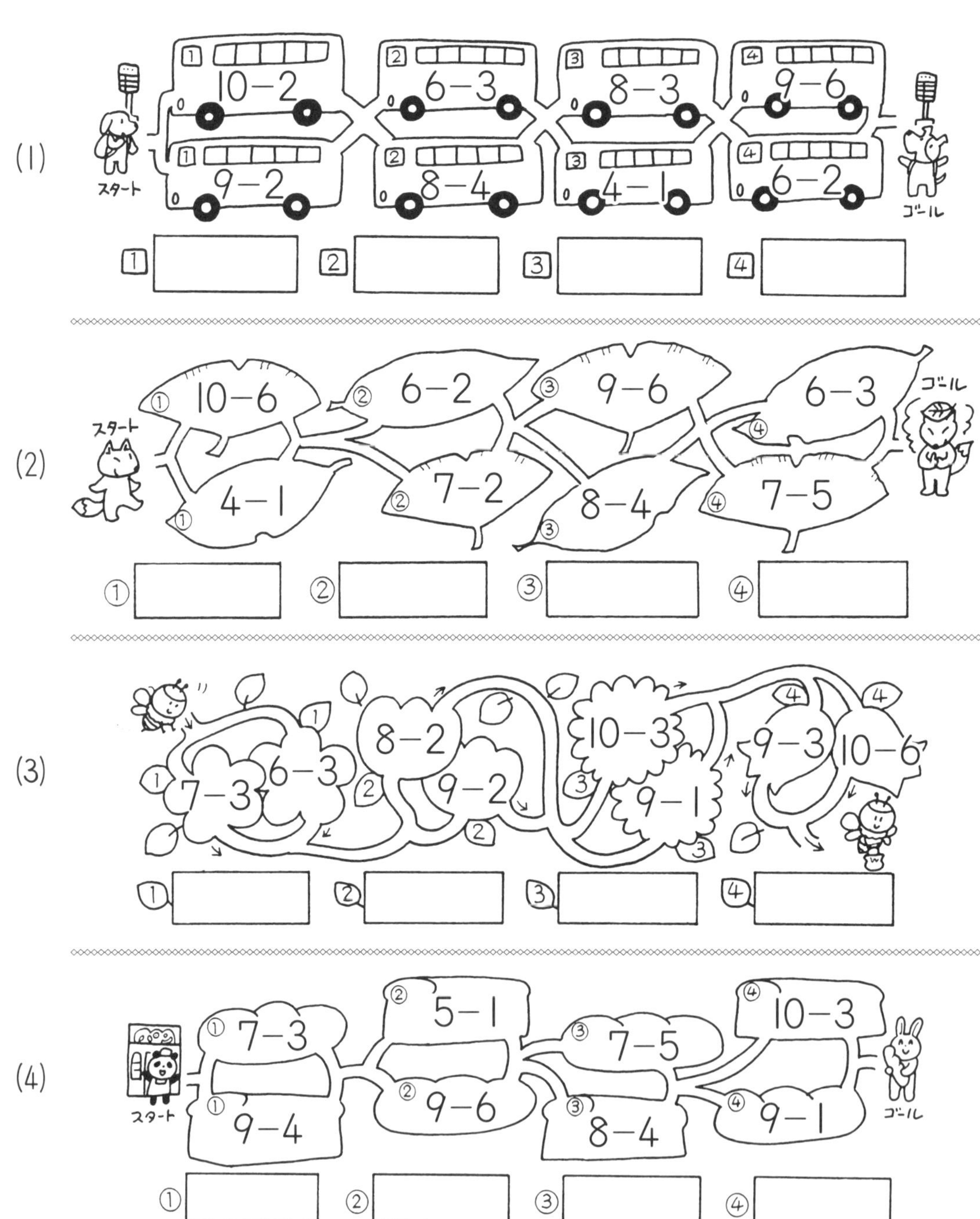

(1) 1 [　] 2 [　] 3 [　] 4 [　]

(2) ① [　] ② [　] ③ [　] ④ [　]

(3) 1 [　] 2 [　] 3 [　] 4 [　]

(4) ① [　] ② [　] ③ [　] ④ [　]

がつ　にち

めいろ
10よりおおきいかずのけいさん

なまえ

● こたえの　おおきい　ほうへ　すすみましょう。

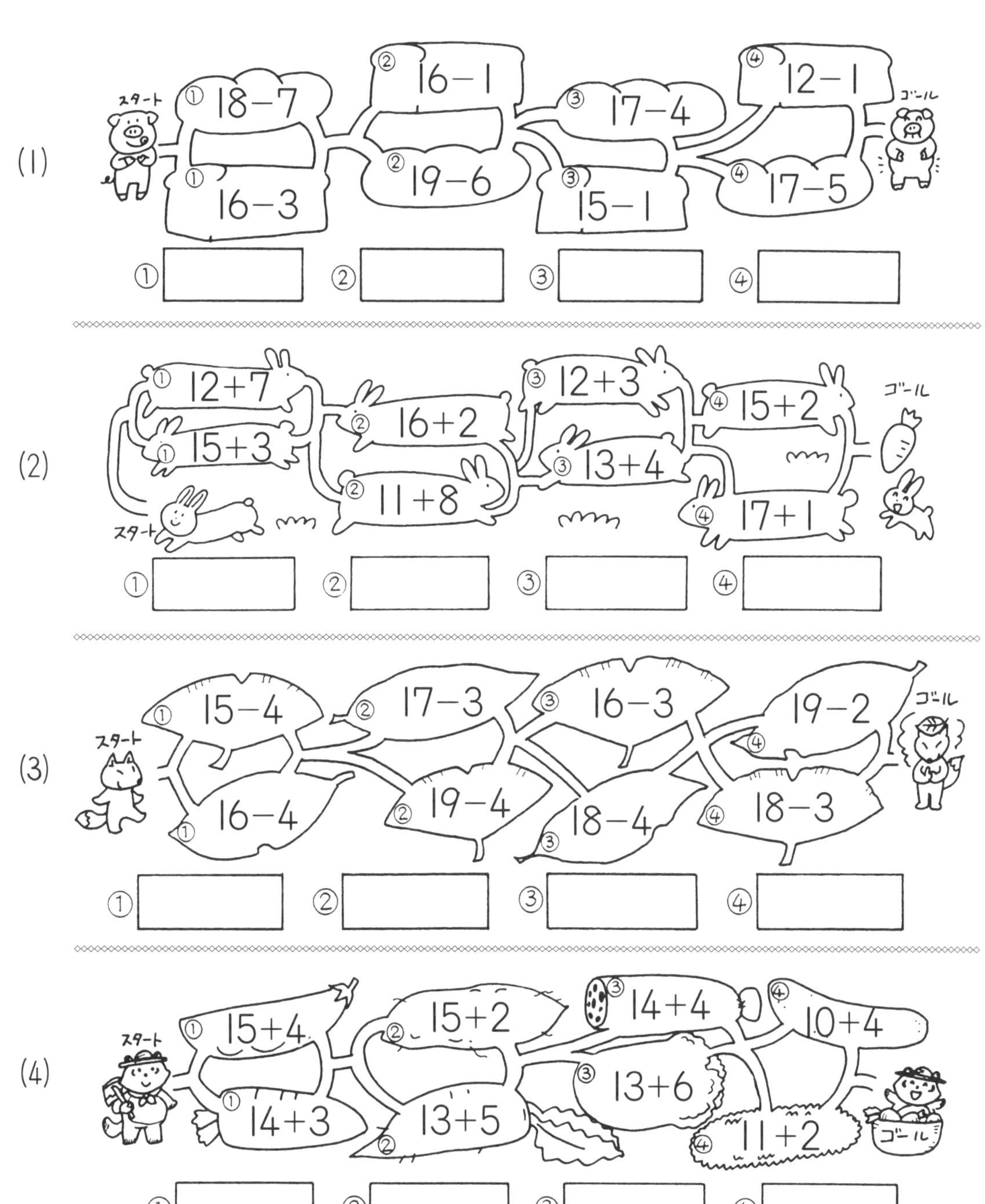

がつ　　にち

めいろ
3つのかずのけいさん

なまえ

● こたえの　おおきい　ほうへ　すすみましょう。

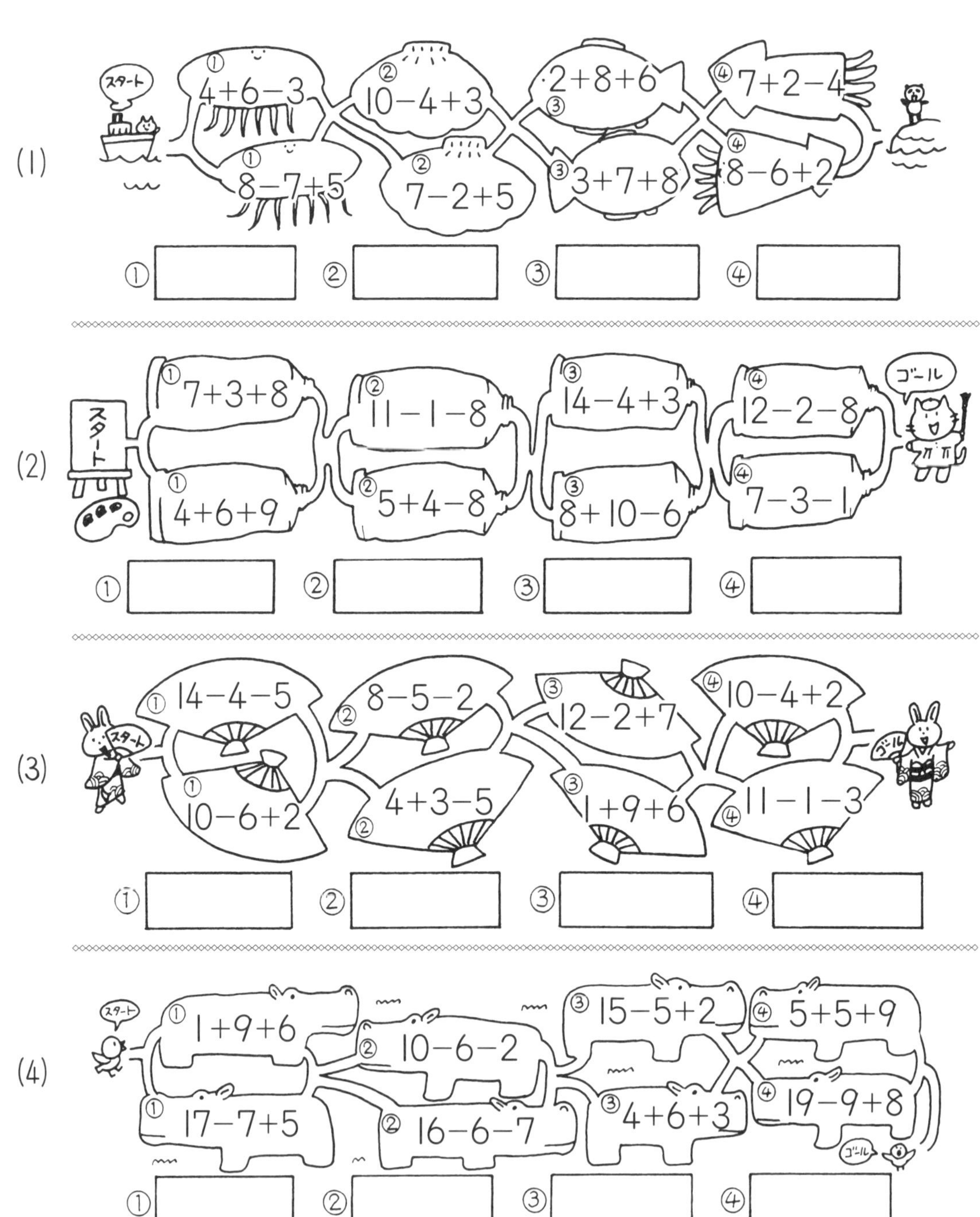

がつ　　にち

めいろ
たしざん　くりあがり

なまえ

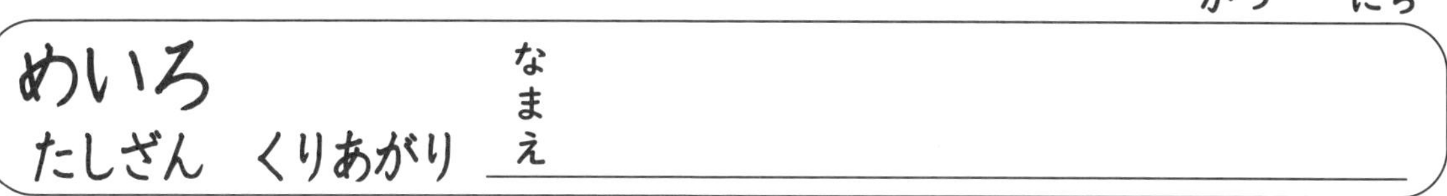

● こたえの　おおきい　ほうへ　すすみましょう。

(1)

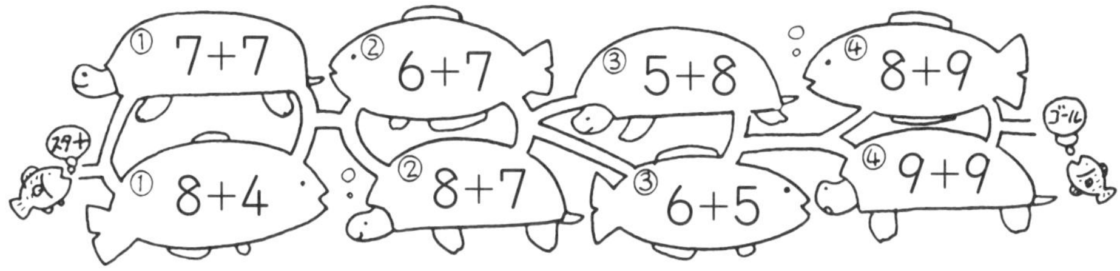

スタート
① 7+7
① 8+4
② 6+7
② 8+7
③ 5+8
③ 6+5
④ 8+9
④ 9+9
ゴール

①　　②　　③　　④

(2)

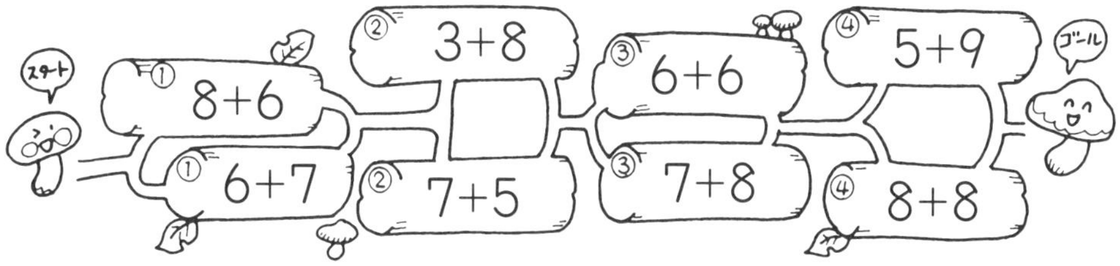

スタート
① 8+6
① 6+7
② 3+8
② 7+5
③ 6+6
③ 7+8
④ 5+9
④ 8+8
ゴール

①　　②　　③　　④

(3)

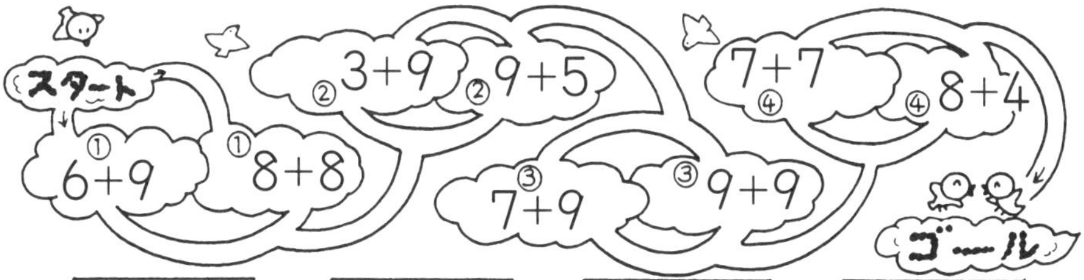

スタート
① 6+9
① 8+8
② 3+9
② 9+5
③ 7+9
③ 9+9
④ 7+7
④ 8+4
ゴール

①　　②　　③　　④

(4)

スタート
① 4+8
① 6+5
② 6+7
② 8+8
③ 7+7
③ 9+6
④ 9+8
④ 7+9
ゴール

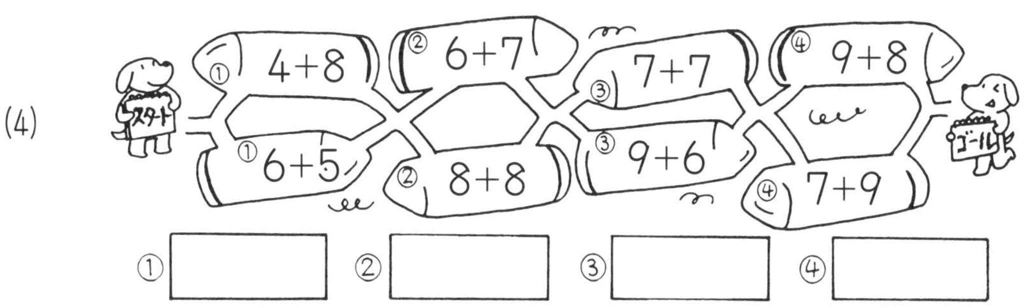

①　　②　　③　　④

がつ　にち

めいろ
たしざん　くりあがり

なまえ

● こたえの　おおきい　ほうへ　すすみましょう。

(1)

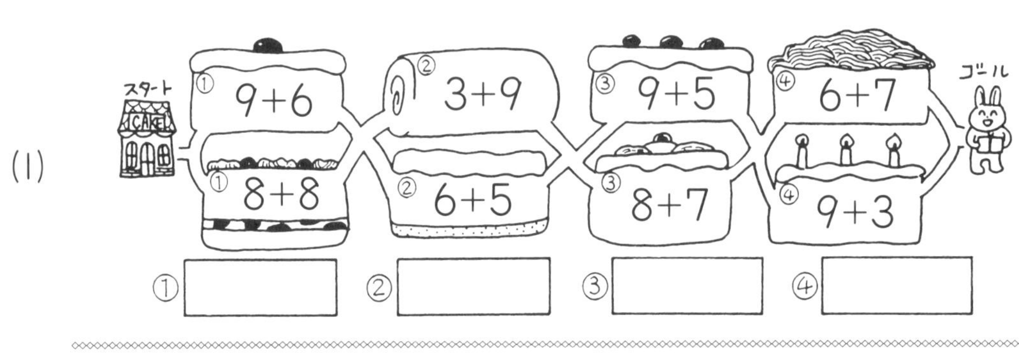

① ② ③ ④

(2)

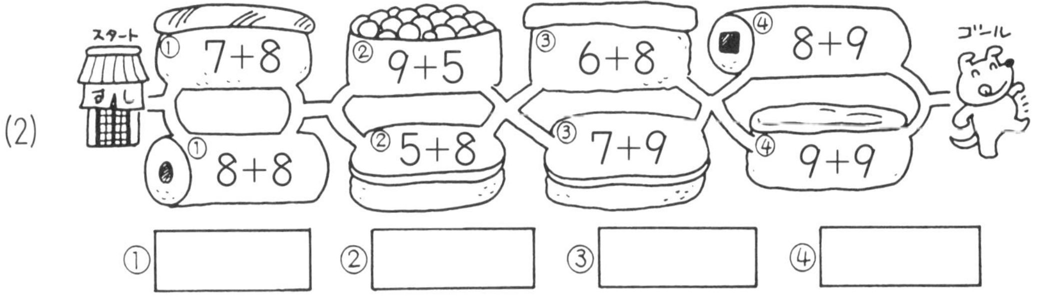

① ② ③ ④

(3)

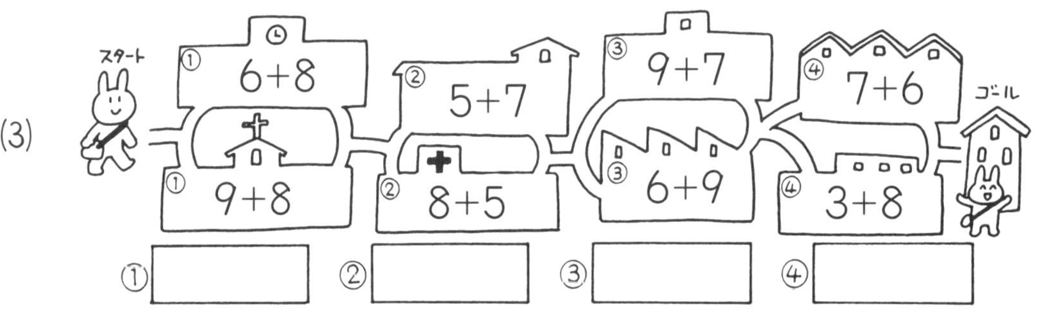

① ② ③ ④

(4)

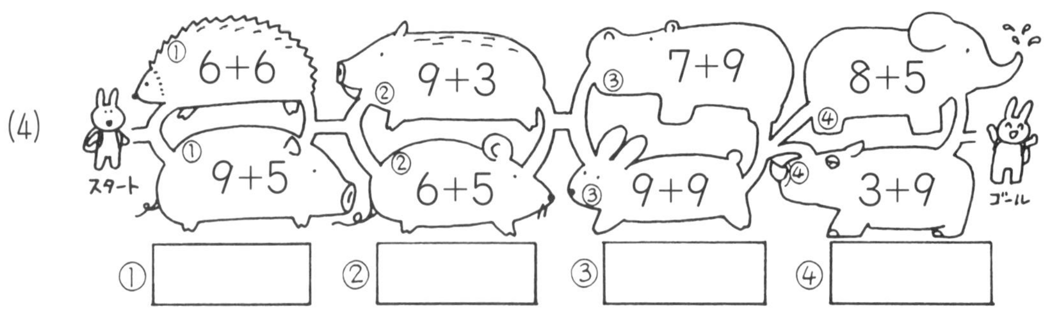

① ② ③ ④

がつ　にち

めいろ
ひきざん　くりさがり

なまえ

● こたえの　おおきい　ほうへ　すすみましょう。

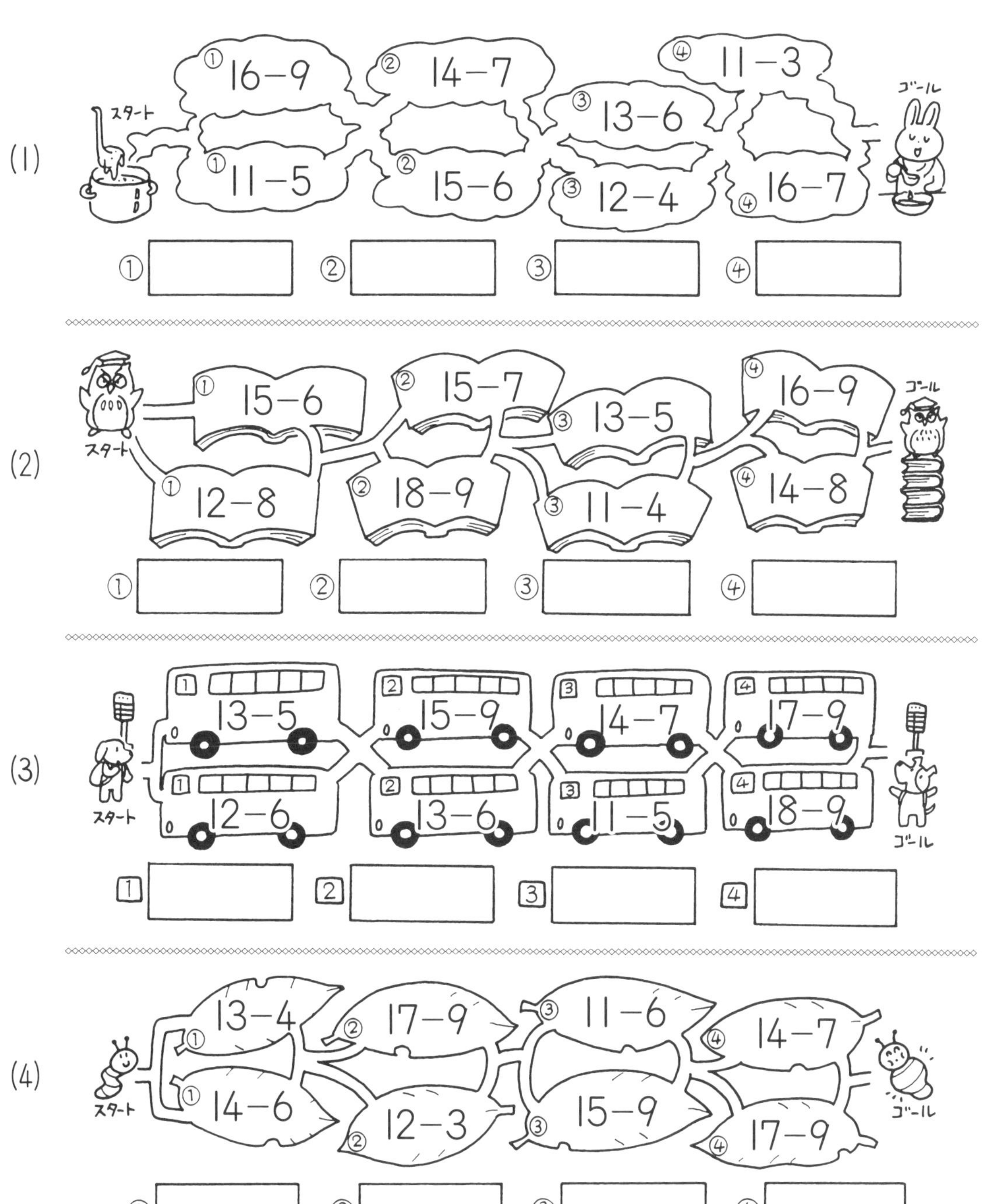

がつ　　にち

めいろ
ひきざん　くりさがり

なまえ

● こたえの　おおきい　ほうへ　すすみましょう。

(1)

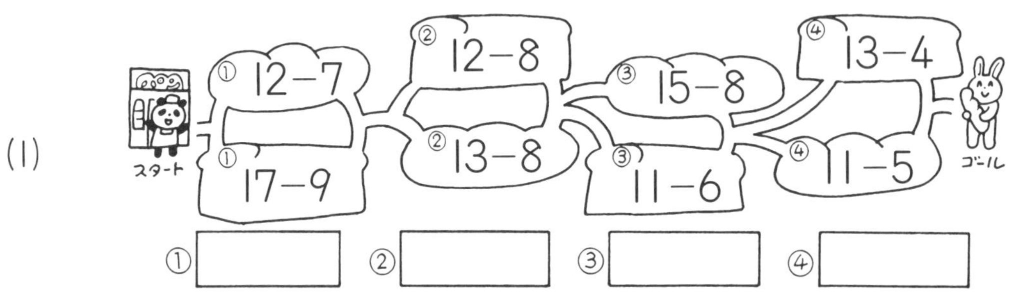

①　②　③　④

(2)

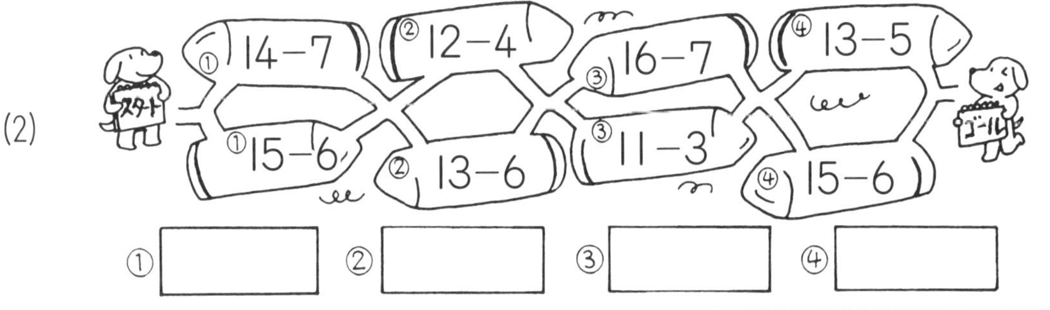

①　②　③　④

(3)

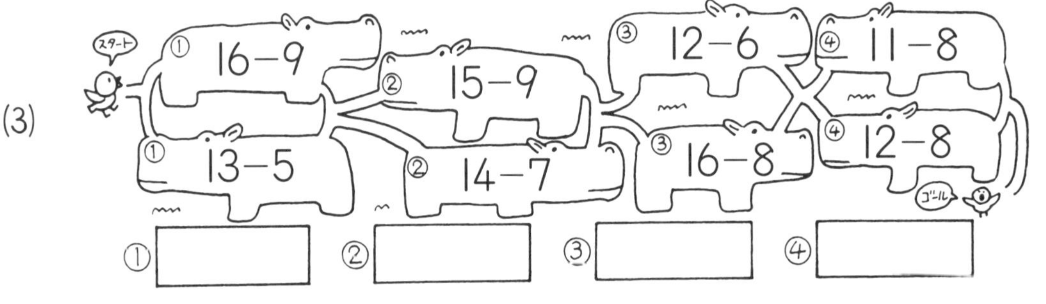

①　②　③　④

(4)

①　②　③　④

解答

児童に実施させる前に，必ず指導される方が問題を解いてください。本書の解答は，あくまでも１つの例です。

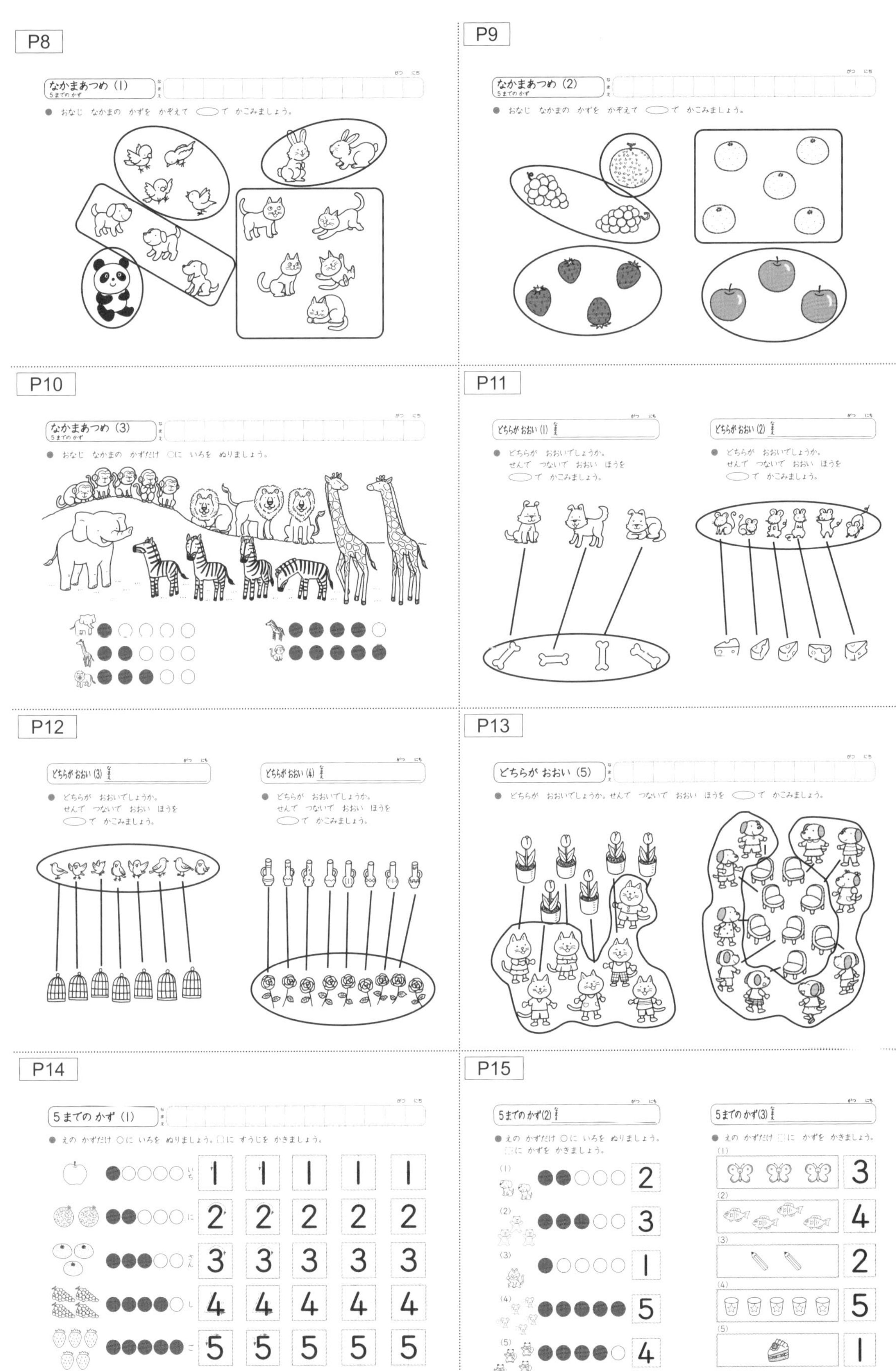

P8
なかまあつめ (1)
5までの かず
● おなじ なかまの かずを かぞえて ◯で かこみましょう。
P9
なかまあつめ (2)
5までの かず
● おなじ なかまの かずを かぞえて ◯で かこみましょう。
P10
なかまあつめ (3)
5までの かず
● おなじ なかまの かずだけ ○に いろを ぬりましょう。
P11
どちらが おおい (1)
● どちらが おおいでしょうか。 せんで つないで おおい ほうを ◯で かこみましょう。
どちらが おおい (2)
● どちらが おおいでしょうか。 せんで つないで おおい ほうを ◯で かこみましょう。
P12
どちらが おおい (3)
● どちらが おおいでしょうか。 せんで つないで おおい ほうを ◯で かこみましょう。
どちらが おおい (4)
● どちらが おおいでしょうか。 せんで つないで おおい ほうを ◯で かこみましょう。
P13
どちらが おおい (5)
● どちらが おおいでしょうか。せんで つないで おおい ほうを ◯で かこみましょう。
P14
5までの かず (1)
● えの かずだけ ○に いろを ぬりましょう。□に すうじを かきましょう。
いち 1 1 1 1 1
に 2 2 2 2 2
さん 3 3 3 3 3
し 4 4 4 4 4
ご 5 5 5 5 5
P15
5までの かず(2)
● えの かずだけ ○に いろを ぬりましょう。 □に かずを かきましょう。
(1) 2
(2) 3
(3) 1
(4) 5
(5) 4
5までの かず(3)
● えの かずだけ □に かずを かきましょう。
(1) 3
(2) 4
(3) 2
(4) 5
(5) 1

（解答は，200 ～ 300%に拡大してお使い下さい。）

指導される方の作られた解答をもとに，本書の解答例を参考に児童の多様な考えに寄り添って○つけをお願いします。

解答

P16

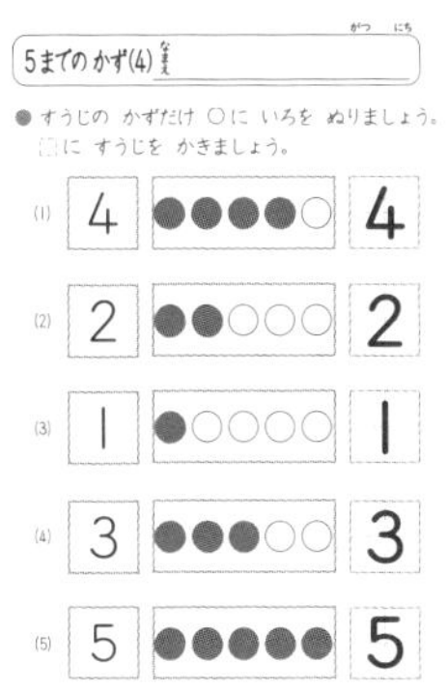

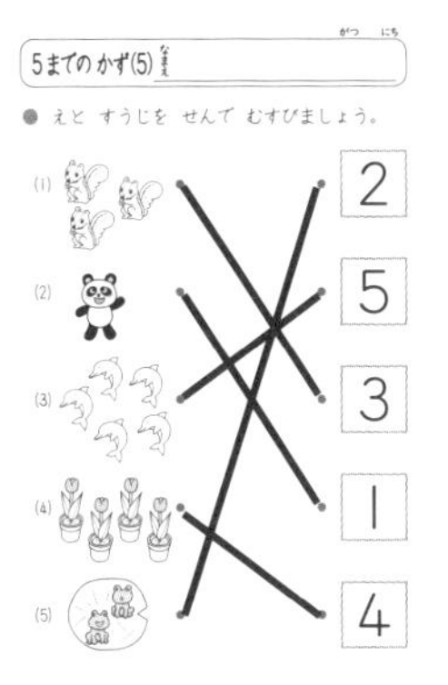

P17

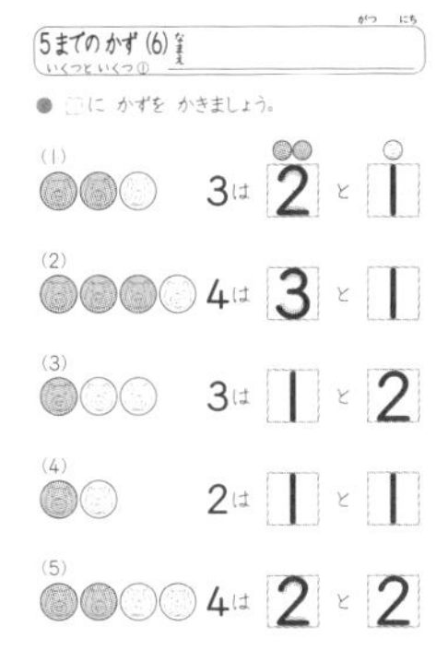

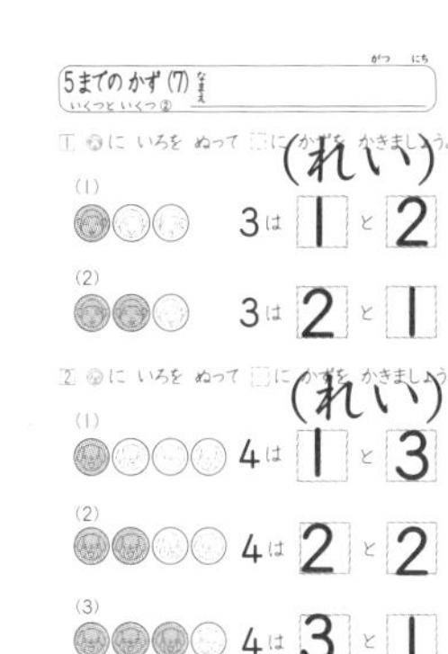

P18

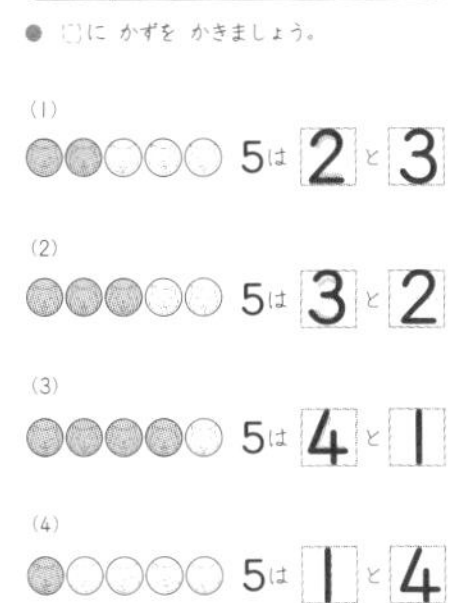

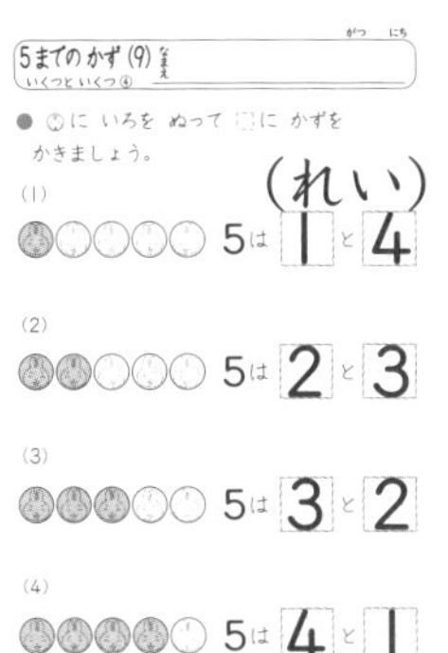

P19

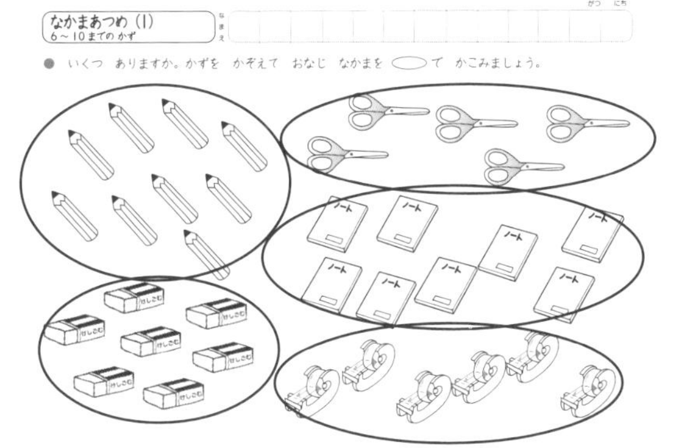

P20

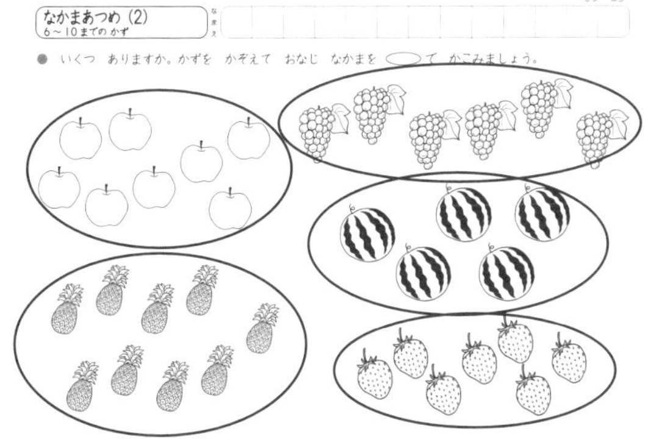

P21

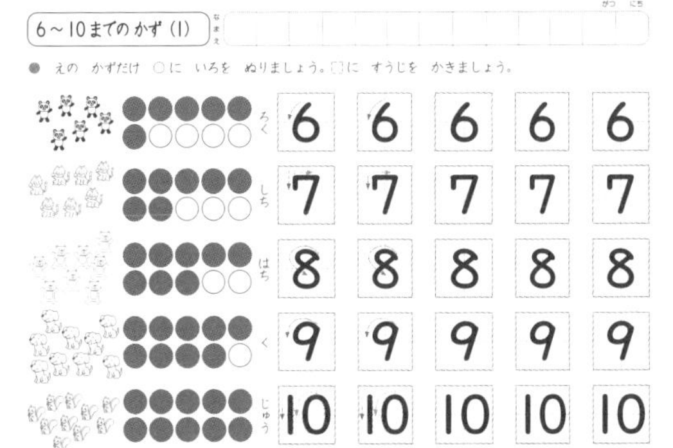

P22

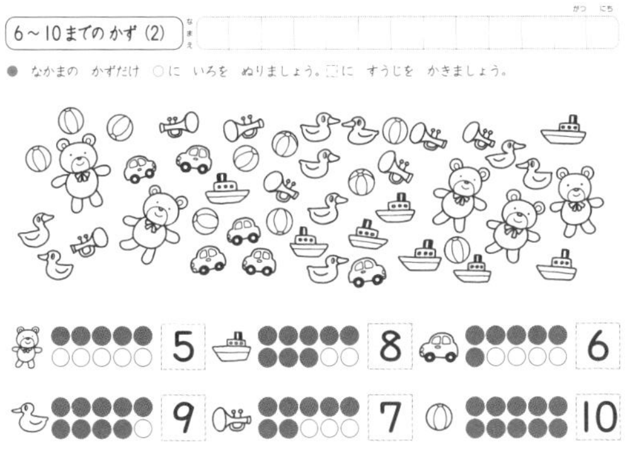

P23

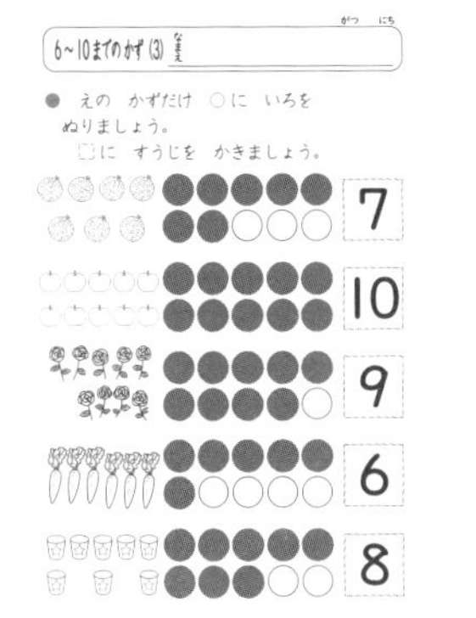

解答 児童に実施させる前に，必ず指導される方が問題を解いてください。本書の解答は，あくまでも1つの例です。

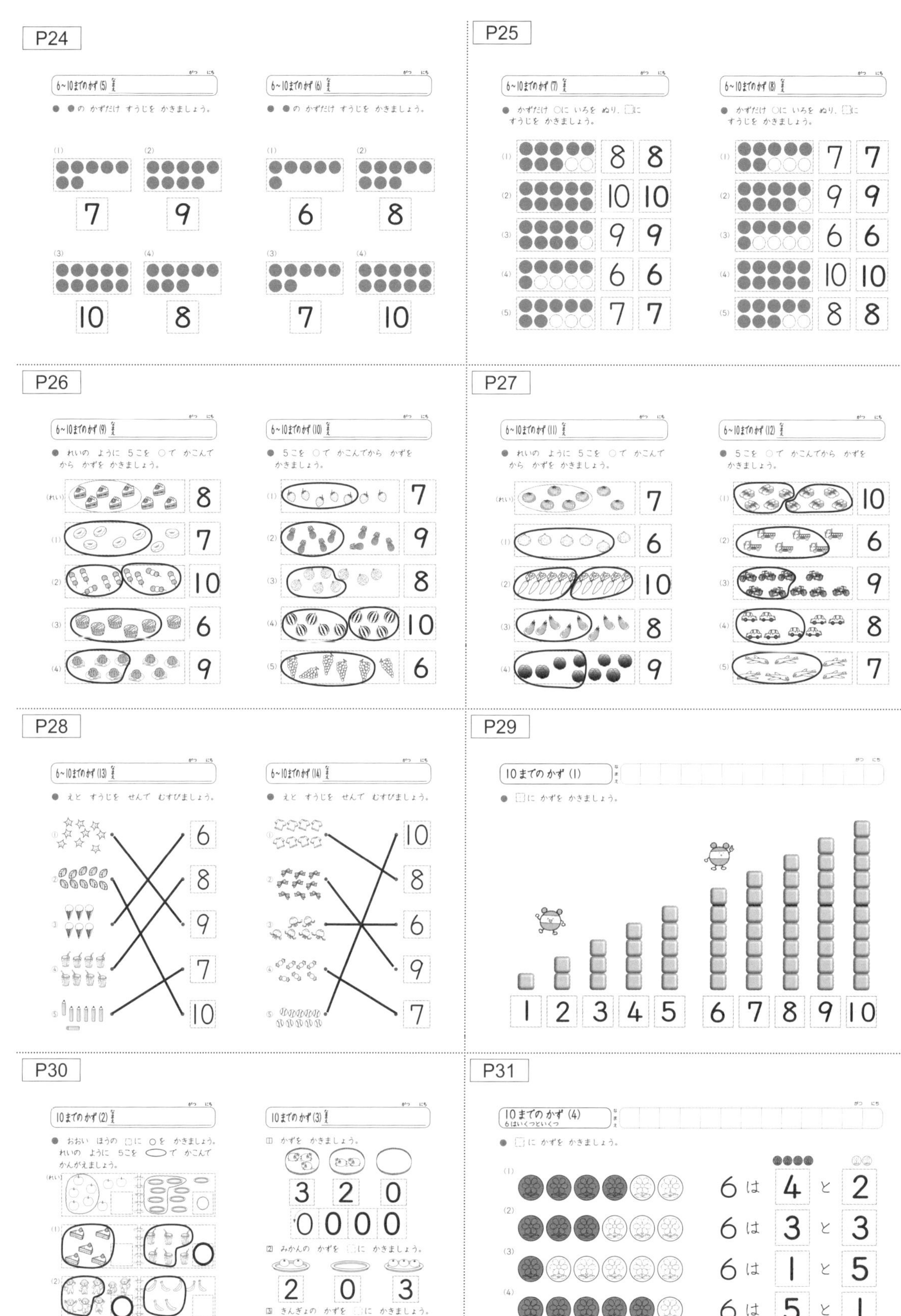

 （解答は，200 ～ 300%に拡大してお使い下さい。）

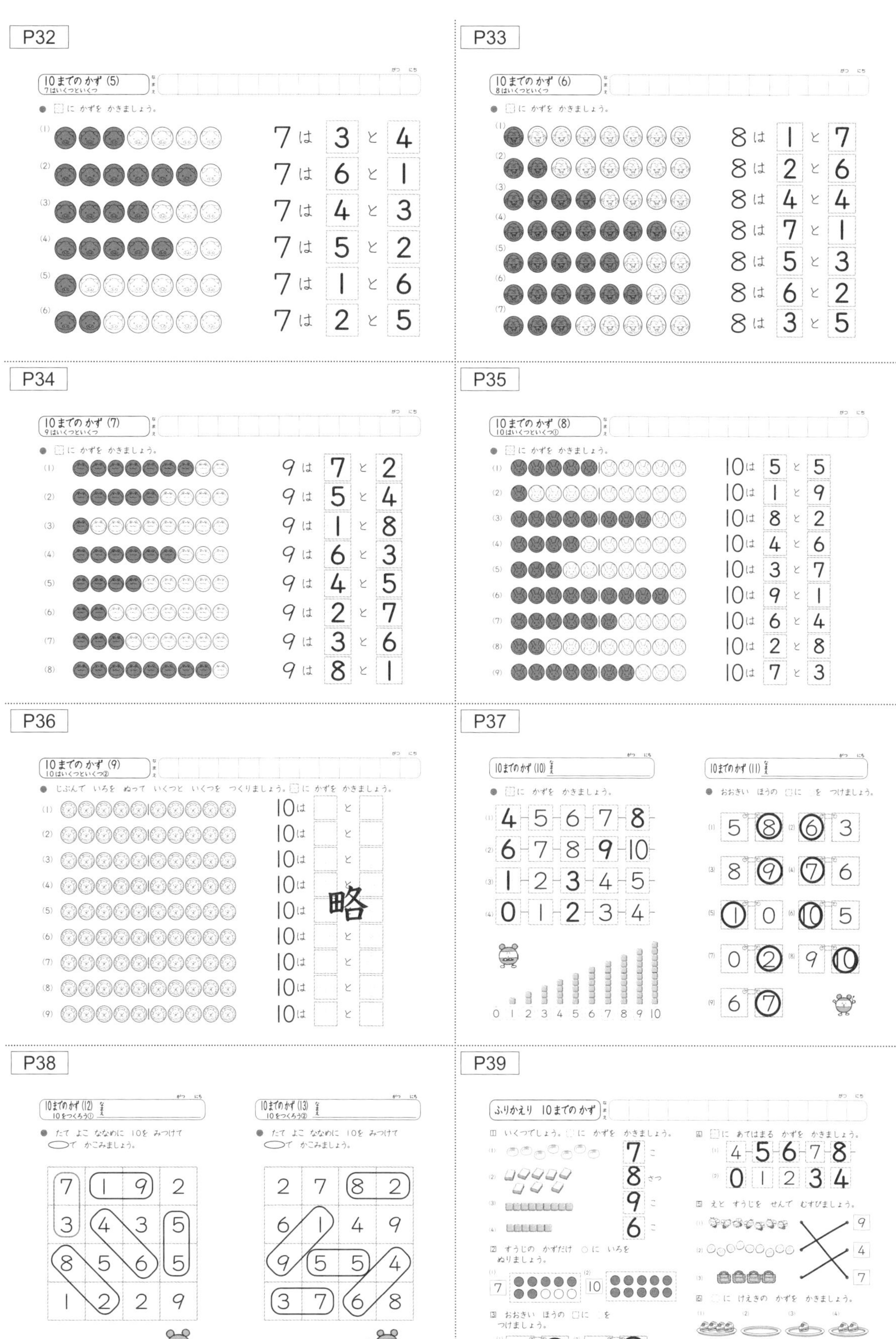

P32

10までの かず (5)
7は いくつと いくつ

● □に かずを かきましょう。

(1) 7は 3 と 4
(2) 7は 6 と 1
(3) 7は 4 と 3
(4) 7は 5 と 2
(5) 7は 1 と 6
(6) 7は 2 と 5

P33

10までの かず (6)
8は いくつと いくつ

● □に かずを かきましょう。

(1) 8は 1 と 7
(2) 8は 2 と 6
(3) 8は 4 と 4
(4) 8は 7 と 1
(5) 8は 5 と 3
(6) 8は 6 と 2
(7) 8は 3 と 5

P34

10までの かず (7)
9は いくつと いくつ

● □に かずを かきましょう。

(1) 9は 7 と 2
(2) 9は 5 と 4
(3) 9は 1 と 8
(4) 9は 6 と 3
(5) 9は 4 と 5
(6) 9は 2 と 7
(7) 9は 3 と 6
(8) 9は 8 と 1

P35

10までの かず (8)
10は いくつと いくつ①

● □に かずを かきましょう。

(1) 10は 5 と 5
(2) 10は 1 と 9
(3) 10は 8 と 2
(4) 10は 4 と 6
(5) 10は 3 と 7
(6) 10は 9 と 1
(7) 10は 6 と 4
(8) 10は 2 と 8
(9) 10は 7 と 3

P36

10までの かず (9)
10は いくつと いくつ②

● じぶんで いろを ぬって いくつと いくつを つくりましょう。□に かずを かきましょう。

(1)〜(9) 10は □ と □

略

P37

10までの かず (10)

● □に かずを かきましょう。

(1) 4 5 6 7 8
(2) 6 7 8 9 10
(3) 1 2 3 4 5
(4) 0 1 2 3 4

0 1 2 3 4 5 6 7 8 9 10

10までの かず (11)

● おおきい ほうの □に ○を つけましょう。

(1) 5 ⑧
(2) ⑥ 3
(3) 8 ⑨
(4) ⑦ 6
(5) ① 0
(6) ⑩ 5
(7) 0 ②
(8) 9 ⑩
(9) 6 ⑦

P38

10までの かず (12)
10を つくろう①

● たて よこ ななめに 10を みつけて ◯で かこみましょう。

7	1	9	2
3	4	3	5
8	5	6	5
1	2	2	9

10までの かず (13)
10を つくろう②

● たて よこ ななめに 10を みつけて ◯で かこみましょう。

2	7	8	2
6	1	4	9
9	5	5	4
3	7	6	8

P39

ふりかえり 10までの かず

① いくつでしょう。□に かずを かきましょう。

(1) 7こ
(2) 8さつ
(3) 9こ
(4) 6こ

② すうじの かずだけ ○に いろを ぬりましょう。

(1) 7
(2) 10

③ おおきい ほうの □に ○を つけましょう。

(1) 5 ⑧
(2) 7 ⑨

④ □に あてはまる かずを かきましょう。

(1) 4 5 6 7 8
(2) 0 1 2 3 4

⑤ えと すうじを せんで むすびましょう。

9
4
7

⑥ □に けえきの かずを かきましょう。

(1) 4 (2) 0 (3) 1 (4) 2

解答

児童に実施させる前に，必ず指導される方が問題を解いてください。本書の解答は，あくまでも１つの例です。

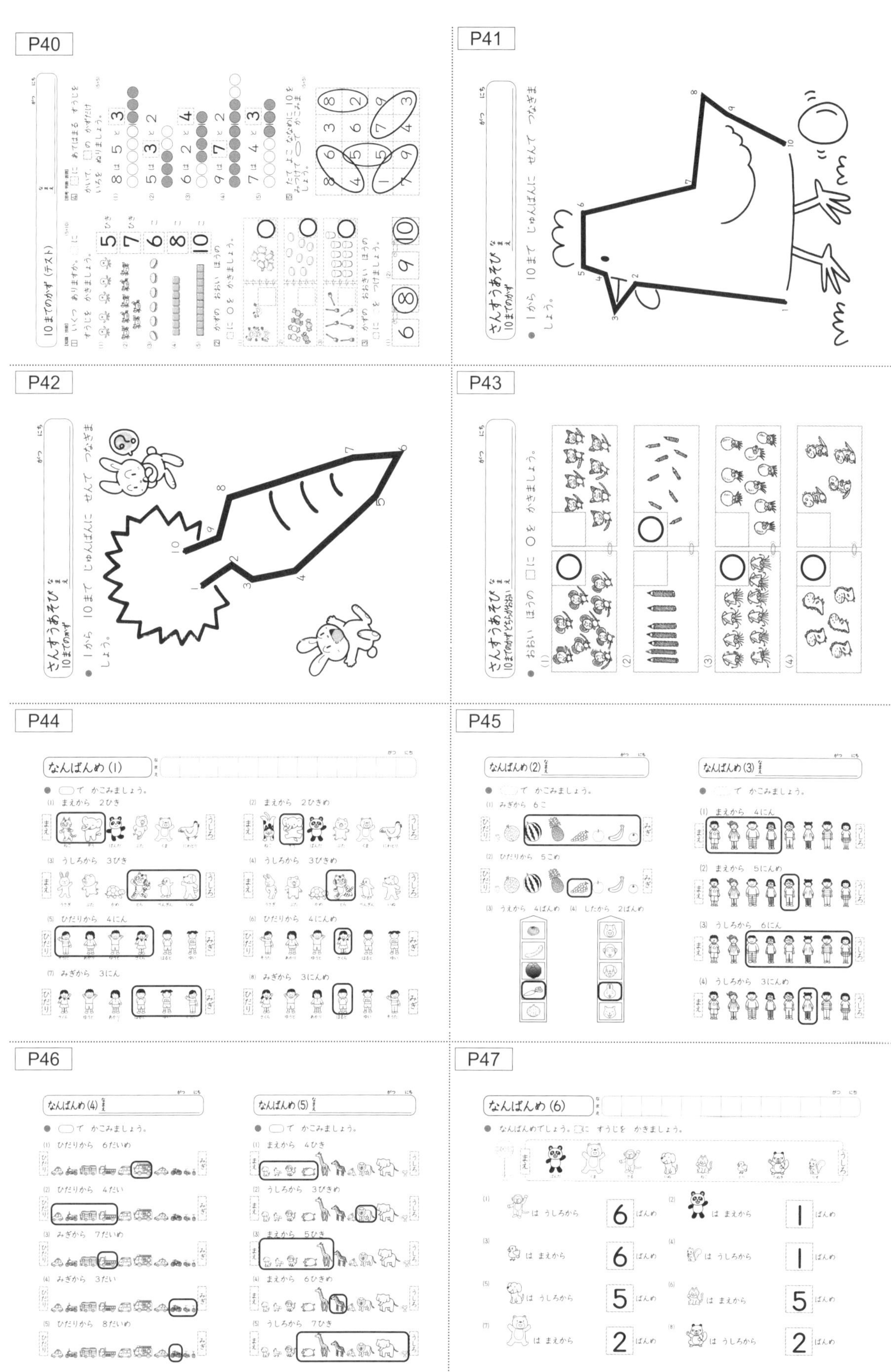

（解答は，200～300%に拡大してお使い下さい。）

P48

5までの たしざん(2)
ふえると いくつ

● すいそうに きんぎょが 3びき います。2ひき いれました。みんなで なんびきに なりますか。

しき 3 ＋ 2 ＝ 5
さん たす に は ご

こたえ 5 ひき

ふえる ときも たしざんを するよ。

P49

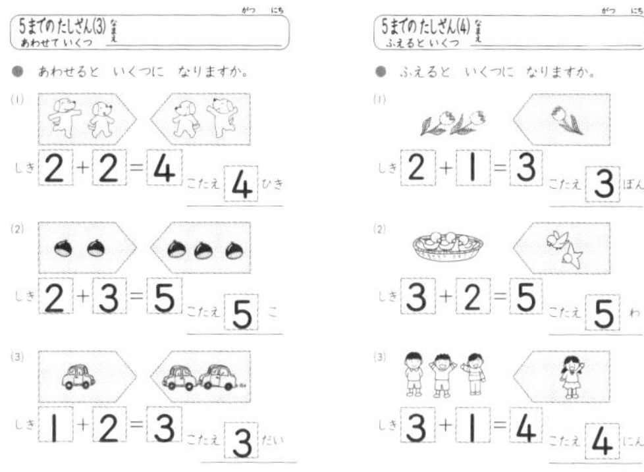

P50

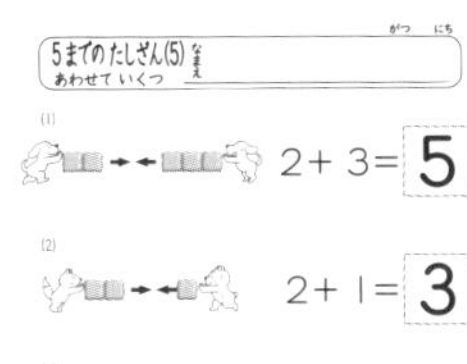

5までの たしざん(6)
ふえると いくつ

(1) 4＋1＝5

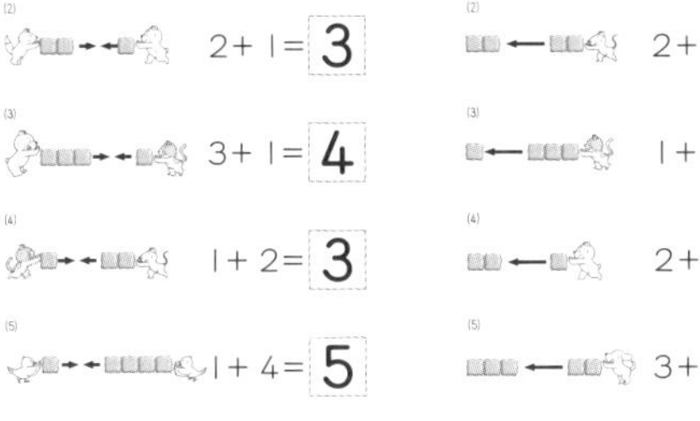

P51

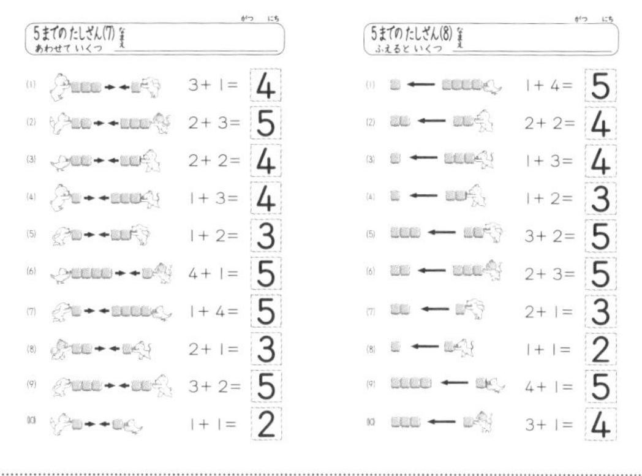

P52

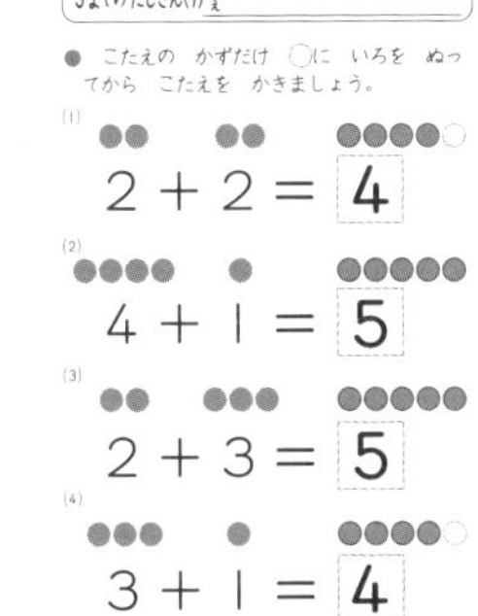

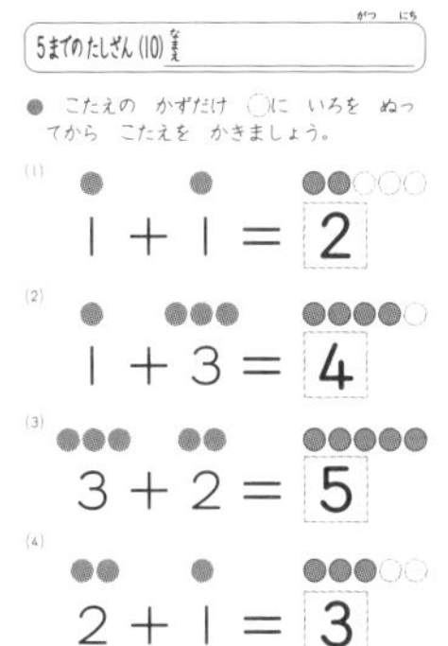

P53

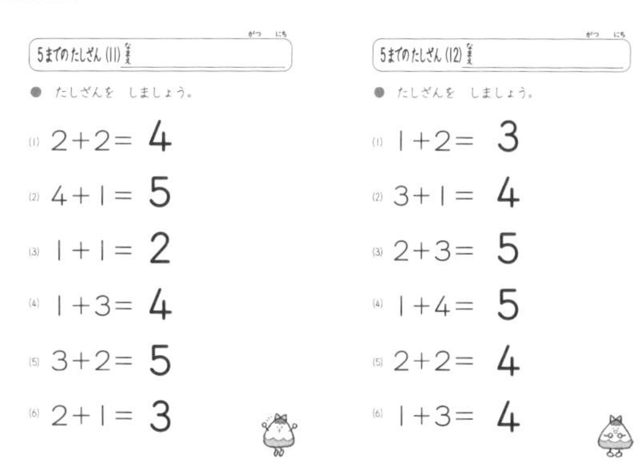

P54

P55

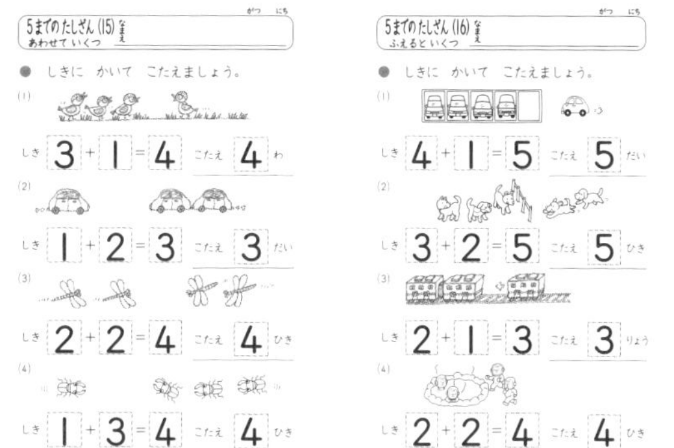

解答　児童に実施させる前に，必ず指導される方が問題を解いてください。本書の解答は，あくまでも１つの例です。

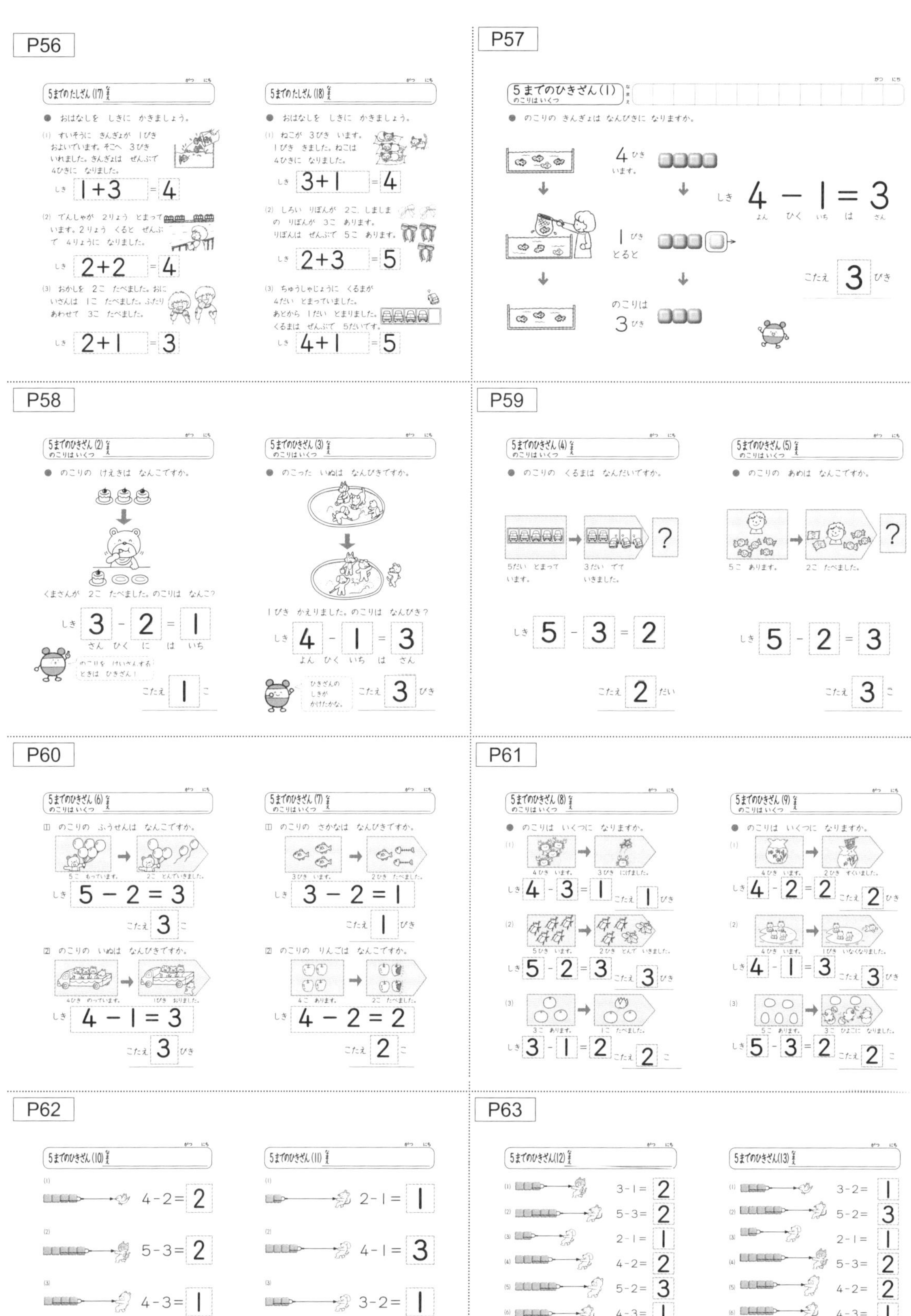

　（解答は，200 ～ 300%に拡大してお使い下さい。）

指導される方の作られた解答をもとに，本書の解答例を参考に児童の多様な考えに寄り添って○つけをお願いします。

P64

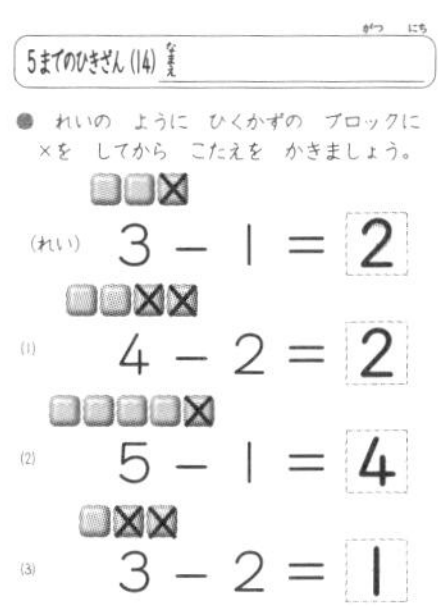

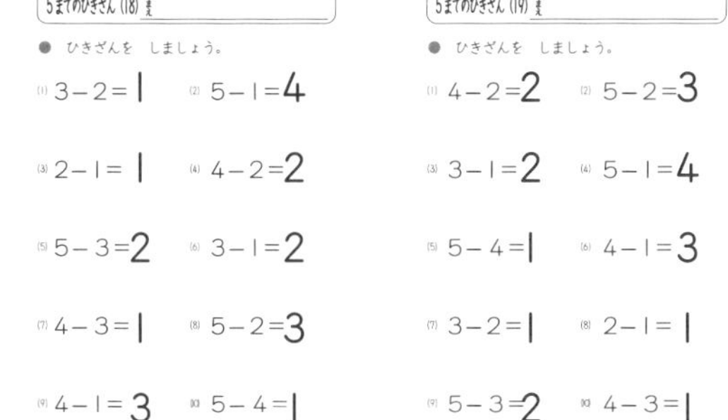

P65

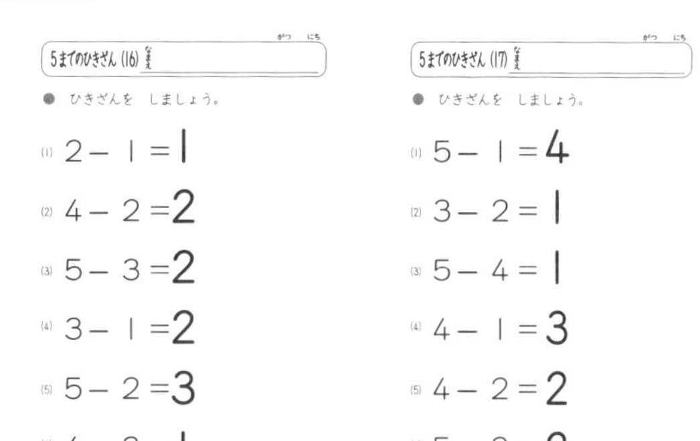

P66

P67

P68

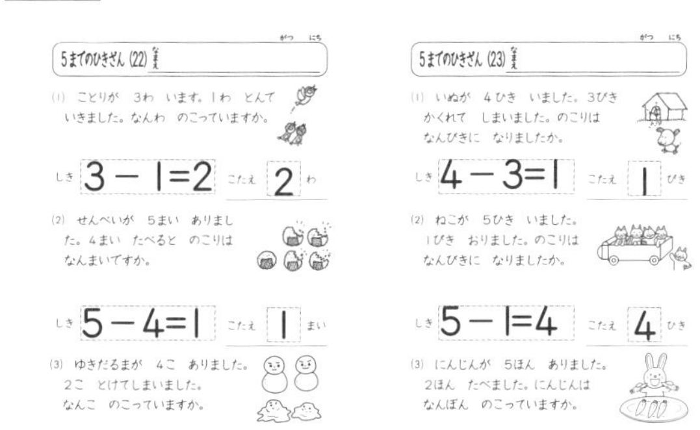

P69

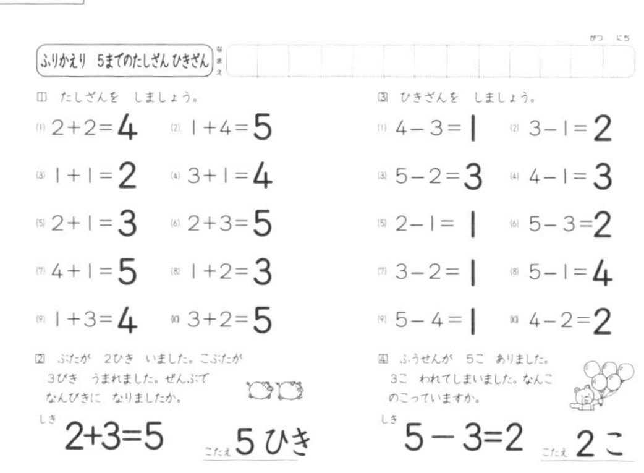

P70

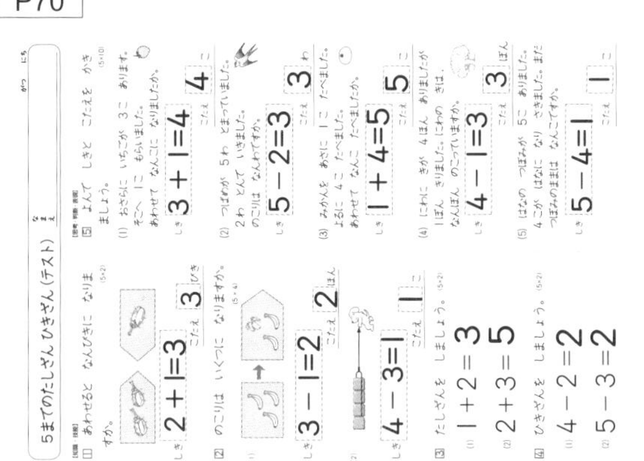

P71

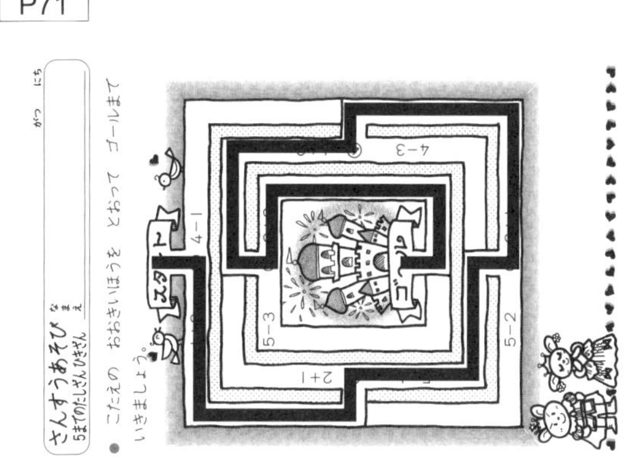

（テストの文章題は，式５点，答え５点として，配点しています。）

解答　児童に実施させる前に，必ず指導される方が問題を解いてください。本書の解答は，あくまでも1つの例です。

P72

さんすうあそび　5までのたしざんひきざん

● こたえの　おおきい ほうを　とおって　ゴールまで　いきましょう。

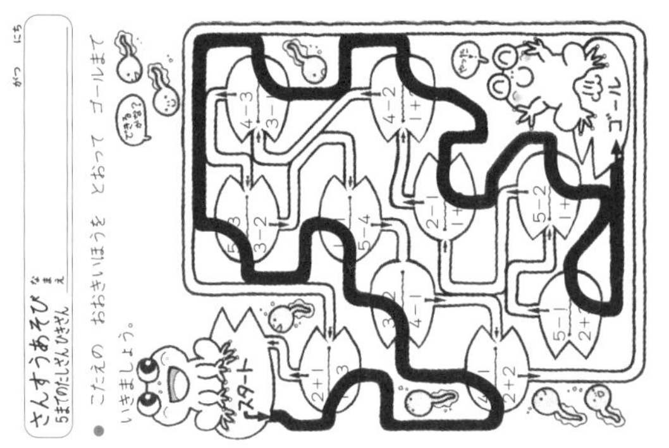

P73

10までのたしざん(1)　あわせて いくつ

● れいの　ように　5を　○で　かこんでから　けいさん　しましょう。

(れい)　こどもは　あわせて　なんにんですか。

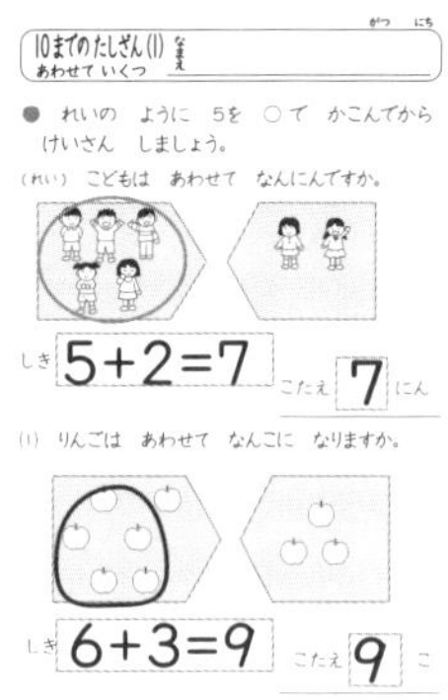

しき　5+2=7　こたえ　7にん

(1)　りんごは　あわせて　なんこに　なりますか。

しき　6+3=9　こたえ　9こ

10までのたしざん(2)　ふえると いくつ

● 5を　○で　かこんでから　けいさん　しましょう。

(1)　いぬが　5ひき　いました。あとから　3びき　きました。いぬは　ぜんぶで　なんびきですか。

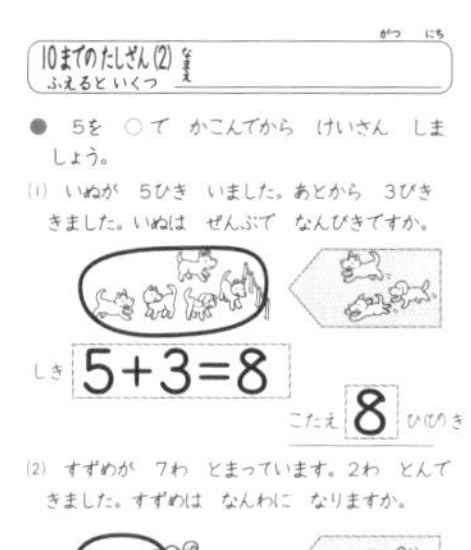

しき　5+3=8　こたえ　8ひき

(2)　すずめが　7わ　とまっています。2わ　とんで　きました。すずめは　なんわに　なりますか。

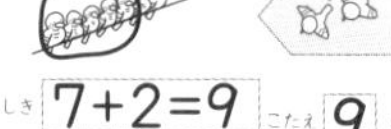

しき　7+2=9　こたえ　9わ

P74

10までのたしざん(3)

● れいの　ように　5を　○で　かこんでから　けいさん　しましょう。

(れい)　くれよんが　はこに　6ぽん　あります。3ぼん　ふえると　なんぼんに　なりますか。

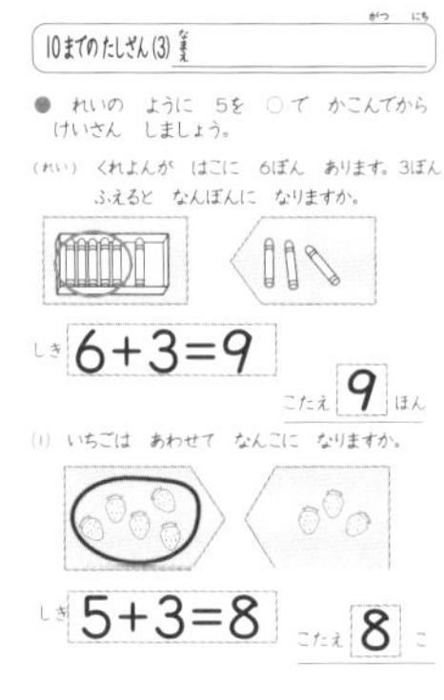

しき　6+3=9　こたえ　9ほん

(1)　いちごは　あわせて　なんこに　なりますか。

しき　5+3=8　こたえ　8こ

10までのたしざん(4)

● 5を　○で　かこんでから　けいさん　しましょう。

(1)　いぬが　7ひき　のっています。あとから　2ひき　きました。ぜんぶで　なんびきですか。

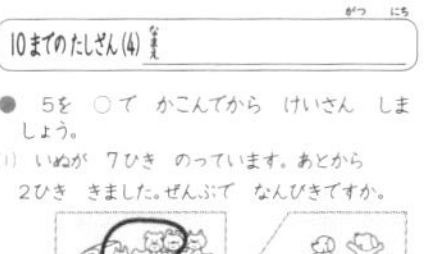

しき　7+2=9　こたえ　9ひき

(2)　じてんしゃは　あわせて　なんだいに　なりますか。

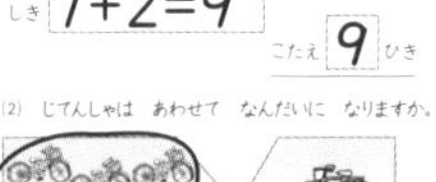

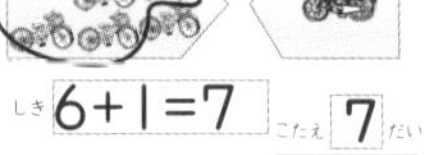

しき　6+1=7　こたえ　7だい

P75

10までのたしざん(5)

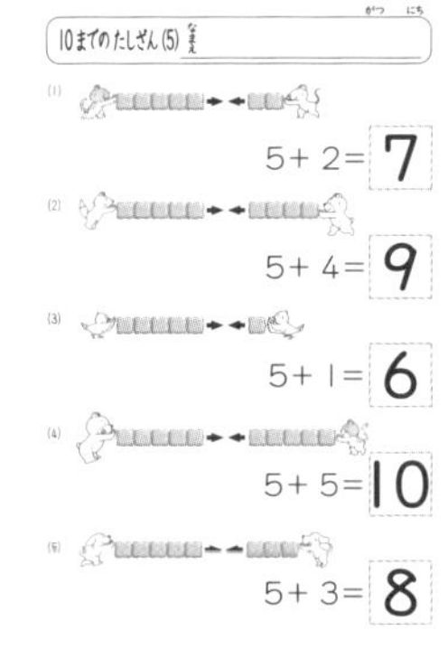

(1) 5+2=7
(2) 5+4=9
(3) 5+1=6
(4) 5+5=10
(5) 5+3=8

10までのたしざん(6)

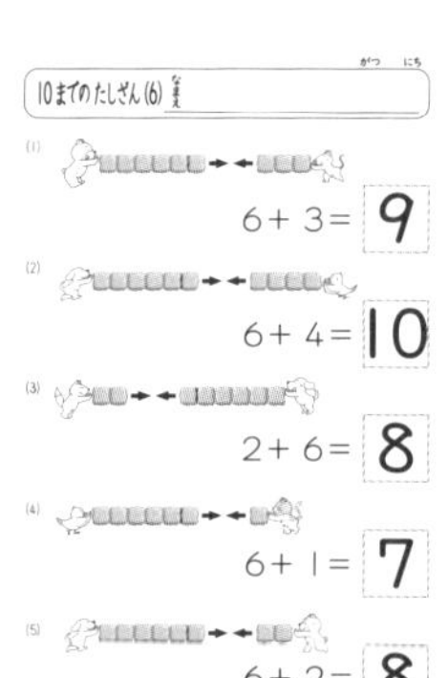

(1) 6+3=9
(2) 6+4=10
(3) 2+6=8
(4) 6+1=7
(5) 6+2=8

P76

10までのたしざん(7)

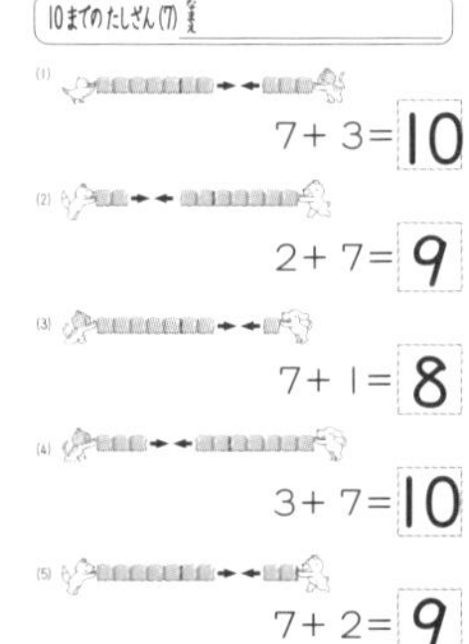

(1) 7+3=10
(2) 2+7=9
(3) 7+1=8
(4) 3+7=10
(5) 7+2=9

10までのたしざん(8)

(1) 8+2=10
(2) 1+9=10
(3) 8+1=9
(4) 9+1=10
(5) 2+8=10

P77

10までのたしざん(9)

● たしざんを　しましょう。

(1) 5+2=7　(2) 3+3=6
(3) 4+6=10　(4) 2+4=6
(5) 2+7=9　(6) 4+4=8
(7) 3+5=8　(8) 6+4=10
(9) 5+5=10　(10) 3+6=9
(11) 4+3=7　(12) 8+2=10

10までのたしざん(10)

● たしざんを　しましょう。

(1) 4+2=6　(2) 2+5=7
(3) 3+4=7　(4) 5+4=9
(5) 6+3=9　(6) 3+7=10
(7) 2+6=8　(8) 7+3=10
(9) 5+3=8　(10) 4+5=9
(11) 2+8=10　(12) 7+2=9
(13) 6+2=8

P78

10までのたしざん(11)

● たしざんを　しましょう。

(1) 3+3=6　(2) 5+5=10
(3) 6+3=9　(4) 3+5=8
(5) 2+6=8　(6) 4+2=6
(7) 5+3=8　(8) 2+5=7
(9) 4+4=8　(10) 7+3=10
(11) 3+7=10　(12) 4+6=10

10までのたしざん(12)

● たしざんを　しましょう。

(1) 7+2=9　(2) 4+5=9
(3) 2+4=6　(4) 6+2=8
(5) 5+4=9　(6) 3+4=7
(7) 5+2=7　(8) 8+2=10
(9) 3+6=9　(10) 2+7=9
(11) 2+8=10　(12) 6+4=10
(13) 4+3=7

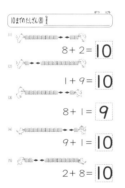

P79

10までのたしざん(13)

● たしざんを　しましょう。

① 2+4=6　② 5+2=7
③ 5+5=10　④ 1+1=2
⑤ 3+1=4　⑥ 4+6=10
⑦ 8+1=9　⑧ 1+9=10
⑨ 1+4=5　⑩ 6+1=7
⑪ 6+4=10　⑫ 3+4=7
⑬ 2+5=7　⑭ 5+4=9
⑮ 4+2=6　⑯ 1+5=6
⑰ 7+3=10　⑱ 2+1=3
⑲ 1+8=9　⑳ 4+3=7
㉑ 3+5=8　㉒ 2+8=10

10までのたしざん(14)

● たしざんを　しましょう。

① 4+5=9　② 3+7=10
③ 2+6=8　④ 3+2=5
⑤ 1+2=3　⑥ 9+1=10
⑦ 6+3=9　⑧ 1+6=7
⑨ 2+2=4　⑩ 8+2=10
⑪ 3+6=9　⑫ 5+1=6
⑬ 7+1=8　⑭ 1+3=4
⑮ 4+1=5　⑯ 6+2=8
⑰ 1+7=8　⑱ 2+7=9
⑲ 3+3=6　⑳ 7+2=9
㉑ 5+3=8　㉒ 2+3=5
㉓ 4+4=8

　（解答は，200～300%に拡大してお使い下さい。）

P80

10までのたしざん(15)

● たしざんを しましょう。

① 2+1= 3　② 9+1= 10
③ 6+3= 9　④ 1+5= 6
⑤ 3+5= 8　⑥ 4+3= 7
⑦ 1+1= 2　⑧ 5+2= 7
⑨ 5+5= 10　⑩ 2+4= 6
⑪ 1+9= 10　⑫ 7+1= 8
⑬ 4+4= 8　⑭ 2+8= 10
⑮ 2+5= 7　⑯ 1+2= 3
⑰ 7+3= 10　⑱ 6+2= 8
⑲ 1+6= 7　⑳ 3+4= 7
㉑ 3+1= 4　㉒ 8+1= 9

10までのたしざん(16)

● たしざんを しましょう。

① 3+2= 5　② 4+2= 6
③ 5+4= 9　④ 6+4= 10
⑤ 1+3= 4　⑥ 3+7= 10
⑦ 4+1= 5　⑧ 2+6= 8
⑨ 1+7= 8　⑩ 6+1= 7
⑪ 3+6= 9　⑫ 4+5= 9
⑬ 5+3= 8　⑭ 1+4= 5
⑮ 2+2= 4　⑯ 5+1= 6
⑰ 7+2= 9　⑱ 3+3= 6
⑲ 2+7= 9　⑳ 1+8= 9
㉑ 4+6= 10　㉒ 2+3= 5
㉓ 8+2= 10

P81

10までのたしざん(17)

① 6+1= 7　② 2+7= 9　③ 3+4= 7
④ 2+1= 3　⑤ 5+3= 8　⑥ 1+5= 6
⑦ 4+6= 10　⑧ 1+1= 2　⑨ 7+2= 9
⑩ 3+3= 6　⑪ 4+3= 7　⑫ 5+4= 9
⑬ 1+6= 7　⑭ 3+7= 10　⑮ 2+6= 8
⑯ 8+1= 9　⑰ 2+4= 6　⑱ 1+2= 3
⑲ 2+8= 10　⑳ 5+5= 10　㉑ 4+1= 5
㉒ 1+3= 4　㉓ 8+2= 10　㉔ 3+2= 5
㉕ 4+2= 6　㉖ 1+7= 8　㉗ 4+5= 9
㉘ 2+3= 5　㉙ 3+5= 8　㉚ 6+4= 10
㉛ 6+2= 8　㉜ 9+1= 10　㉝ 2+2= 4
㉞ 3+6= 9　㉟ 1+4= 5　㊱ 7+3= 10
㊲ 5+1= 6　㊳ 4+4= 8　㊴ 1+8= 9
㊵ 1+9= 10　㊶ 7+1= 8　㊷ 5+2= 7
㊸ 6+3= 9　㊹ 3+1= 4　㊺ 2+5= 7

10までのたしざん(18)

① 1+7= 8　② 5+5= 10　③ 4+4= 8
④ 1+1= 2　⑤ 2+2= 4　⑥ 7+2= 9
⑦ 6+3= 9　⑧ 8+2= 10　⑨ 3+5= 8
⑩ 3+2= 5　⑪ 1+3= 4　⑫ 6+1= 7
⑬ 4+5= 9　⑭ 5+2= 7　⑮ 2+3= 5
⑯ 1+8= 9　⑰ 3+4= 7　⑱ 1+5= 6
⑲ 4+1= 5　⑳ 7+1= 8　㉑ 6+4= 10
㉒ 1+2= 3　㉓ 2+6= 8　㉔ 2+8= 10
㉕ 5+3= 8　㉖ 4+6= 10　㉗ 4+3= 7
㉘ 2+4= 6　㉙ 2+1= 3　㉚ 5+4= 9
㉛ 5+1= 6　㉜ 1+4= 5　㉝ 3+1= 4
㉞ 3+3= 6　㉟ 4+2= 6　㊱ 6+2= 8
㊲ 2+5= 7　㊳ 3+6= 9　㊴ 2+7= 9
㊵ 9+1= 10　㊶ 1+9= 10　㊷ 1+6= 7
㊸ 3+7= 10　㊹ 7+3= 10　㊺ 8+1= 9

P82

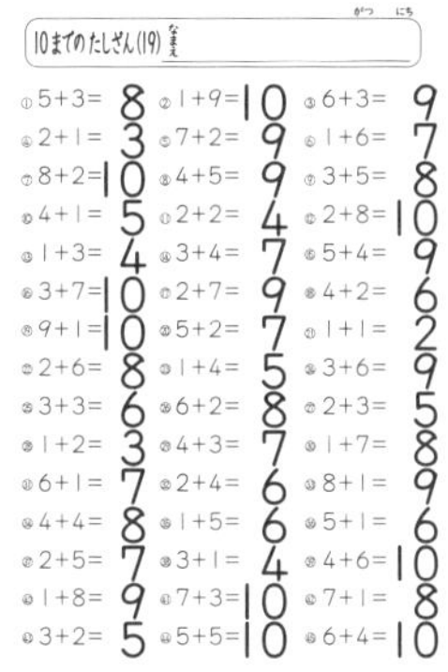

10までのたしざん(19)

① 5+3= 8　② 1+9= 10　③ 6+3= 9
④ 2+1= 3　⑤ 7+2= 9　⑥ 1+6= 7
⑦ 8+2= 10　⑧ 4+5= 9　⑨ 3+5= 8
⑩ 4+1= 5　⑪ 2+2= 4　⑫ 2+8= 10
⑬ 1+3= 4　⑭ 3+4= 7　⑮ 5+4= 9
⑯ 3+7= 10　⑰ 2+7= 9　⑱ 4+2= 6
⑲ 9+1= 10　⑳ 5+2= 7　㉑ 1+1= 2
㉒ 2+6= 8　㉓ 1+4= 5　㉔ 3+6= 9
㉕ 3+3= 6　㉖ 6+2= 8　㉗ 2+3= 5
㉘ 1+2= 3　㉙ 4+3= 7　㉚ 1+7= 8
㉛ 6+1= 7　㉜ 2+4= 6　㉝ 8+1= 9
㉞ 4+4= 8　㉟ 1+5= 6　㊱ 5+1= 6
㊲ 2+5= 7　㊳ 3+1= 4　㊴ 4+6= 10
㊵ 1+8= 9　㊶ 7+3= 10　㊷ 7+1= 8
㊸ 3+2= 5　㊹ 5+5= 10　㊺ 6+4= 10

10までのたしざん(20)

① 5+1= 6　② 3+6= 9　③ 1+4= 5
④ 1+9= 10　⑤ 9+1= 10　⑥ 4+4= 8
⑦ 7+2= 9　⑧ 2+7= 9　⑨ 1+8= 9
⑩ 1+2= 3　⑪ 6+3= 9　⑫ 8+1= 9
⑬ 8+2= 10　⑭ 4+3= 7　⑮ 3+2= 5
⑯ 2+6= 8　⑰ 2+3= 5　⑱ 5+2= 7
⑲ 5+5= 10　⑳ 1+1= 2　㉑ 3+7= 10
㉒ 1+3= 4　㉓ 6+4= 10　㉔ 2+2= 4
㉕ 4+2= 6　㉖ 3+5= 8　㉗ 6+2= 8
㉘ 3+3= 6　㉙ 3+1= 4　㉚ 1+5= 6
㉛ 2+1= 3　㉜ 2+4= 6　㉝ 5+4= 9
㉞ 4+6= 10　㉟ 7+1= 8　㊱ 4+1= 5
㊲ 1+6= 7　㊳ 4+5= 9　㊴ 2+8= 10
㊵ 5+3= 8　㊶ 1+7= 8　㊷ 7+3= 10
㊸ 2+5= 7　㊹ 3+4= 7　㊺ 6+1= 7

P83

10までのたしざん(21)
0のたしざん

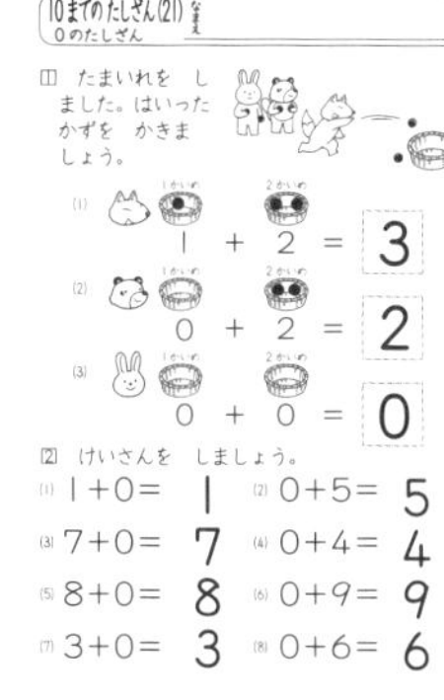

① たまいれを しました。はいった かずを かきましょう。

(1) 1かいめ 2かいめ　1 + 2 = 3
(2) 1かいめ 2かいめ　0 + 2 = 2
(3) 1かいめ 2かいめ　0 + 0 = 0

② けいさんを しましょう。

(1) 1+0= 1　(2) 0+5= 5
(3) 7+0= 7　(4) 0+4= 4
(5) 8+0= 8　(6) 0+9= 9
(7) 3+0= 3　(8) 0+6= 6

10までのたしざん(22)
ぶんしょうだい

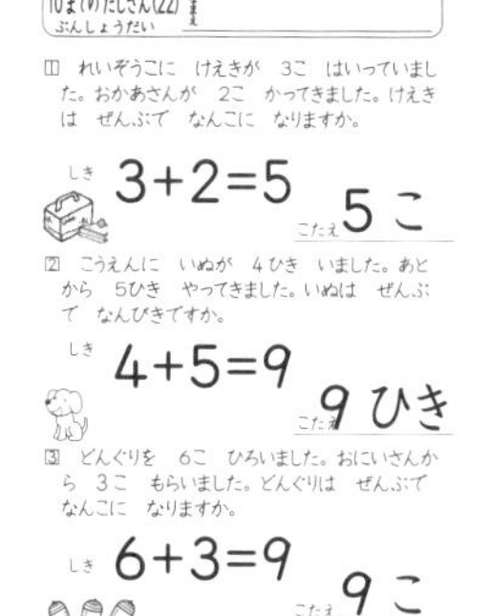

① れいぞうこに けえきが 3こ はいっていました。おかあさんが 2こ かってきました。けえきは ぜんぶで なんこに なりますか。

しき 3+2=5　こたえ 5こ

② こうえんに いぬが 4ひき いました。あとから 5ひき やってきました。いぬは ぜんぶで なんびきですか。

しき 4+5=9　こたえ 9ひき

③ どんぐりを 6こ ひろいました。おにいさんから 3こ もらいました。どんぐりは ぜんぶで なんこに なりますか。

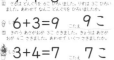

しき 6+3=9　こたえ 9こ

P84

10までのたしざん(23)
ぶんしょうだい

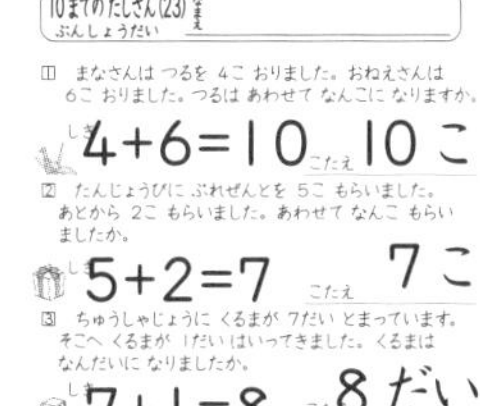

① まなさんは つるを 4こ おりました。おねえさんは 6こ おりました。つるは あわせて なんこに なりますか。

しき 4+6=10　こたえ 10こ

② たんじょうびに ぷれぜんとを 5こ もらいました。あとから 2こ もらいました。あわせて なんこ もらいましたか。

しき 5+2=7　こたえ 7こ

③ ちゅうしゃじょうに くるまが 7だい とまっています。そこへ くるまが 1だい はいってきました。くるまは なんだいに なりましたか。

しき 7+1=8　こたえ 8だい

④ さるは どんぐりを 6こ ひろいました。りすは 3こ ひろいました。あわせて なんこ どんぐりを ひろいましたか。

しき 6+3=9　こたえ 9こ

⑤ きのう あさがおが 3こ さきました。きょうは あさがおが 4こ さきました。あわせて いくつ さきましたか。

しき 3+4=7　こたえ 7こ

10までのたしざん(24)
ぶんしょうだい

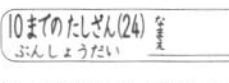

① ひよこが 5わ います。あとから ひよこが 1わ きました。ひよこは なんわに なりましたか。

しき 5+1=6　こたえ 6わ

② ばすに 3にん のっています。ばすていで 5にん のりました。ばすには なんにん のっていますか。

しき 3+5=8　こたえ 8にん

③ りんごが おさらに 2こ あります。かごに 4こ はいっています。りんごは あわせて なんこに なりますか。

しき 2+4=6　こたえ 6こ

④ かさたてに かさが 6ぽん あります。あとから 2ほん ふえました。かさは ぜんぶで なんぼんですか。

しき 6+2=8　こたえ 8ぽん

⑤ おとこのこが 4にん，おんなのこが 5にんで あそんでいます。みんなで なんにんで あそんでいますか。

しき 4+5=9　こたえ 9にん

P85

10までの たしざん (25)
チャレンジ おはなしづくり

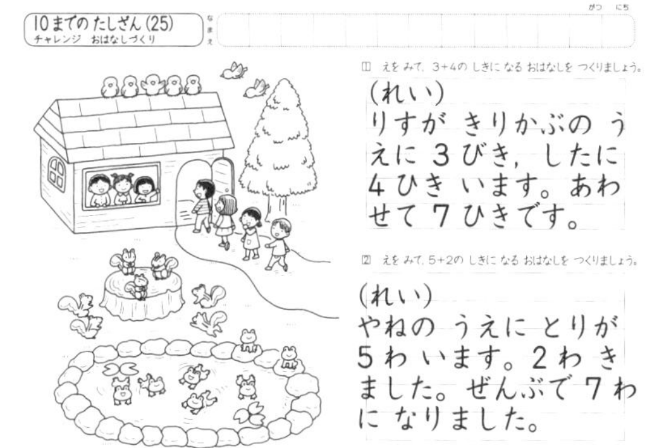

① えを みて，3+4の しきに なる おはなしを つくりましょう。

(れい)
りすが きりかぶの うえに 3びき，したに 4ひき います。あわせて 7ひきです。

② えを みて，5+2の しきに なる おはなしを つくりましょう。

(れい)
やねの うえに とりが 5わ います。2わ きました。ぜんぶで 7わに なりました。

P86

10までの たしざん (26)
チャレンジ おはなしづくり

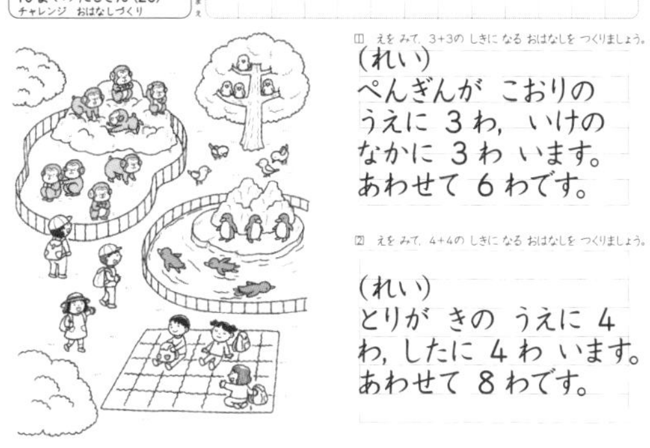

① えを みて，3+3の しきに なる おはなしを つくりましょう。

(れい)
ぺんぎんが こおりの うえに 3わ，いけの なかに 3わ います。あわせて 6わです。

② えを みて，4+4の しきに なる おはなしを つくりましょう。

(れい)
とりが きの うえに 4わ，したに 4わ います。あわせて 8わです。

P87

ふりかえり 10までのたしざん

① たしざんを しましょう。

① 4+2= 6　② 3+3= 6　③ 9+1= 10
④ 4+6= 10　⑤ 2+8= 10　⑥ 6+2= 8
⑦ 5+1= 6　⑧ 2+4= 6　⑨ 7+3= 10
⑩ 5+5= 10　⑪ 3+4= 7　⑫ 3+7= 10
⑬ 2+5= 7　⑭ 5+2= 7　⑮ 6+3= 9
⑯ 3+5= 8　⑰ 1+7= 8　⑱ 8+1= 9
⑲ 4+3= 7　⑳ 2+6= 8　㉑ 3+6= 9
㉒ 7+2= 9　㉓ 5+3= 8　㉔ 4+4= 8
㉕ 2+7= 9　㉖ 8+2= 10　㉗ 6+4= 10
㉘ 5+4= 9　㉙ 4+5= 9　㉚ 1+6= 7

② ことりが 3わ きに とまっています。あとから 2わ とんできました。ぜんぶで なんわに なりましたか。

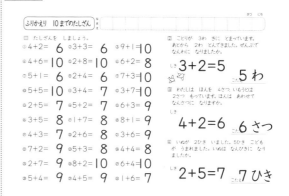

しき 3+2=5　こたえ 5わ

③ わたしは ほんを 4さつ，いもうとは 2さつ もっています。ほんは あわせて なんさつに なりますか。

しき 4+2=6　こたえ 6さつ

④ いぬが 2ひき いました。5ひき こどもが うまれました。いぬは なんびきに なりましたか。

しき 2+5=7　こたえ 7ひき

解答 児童に実施させる前に，必ず指導される方が問題を解いてください。本書の解答は，あくまでも１つの例です。

P88

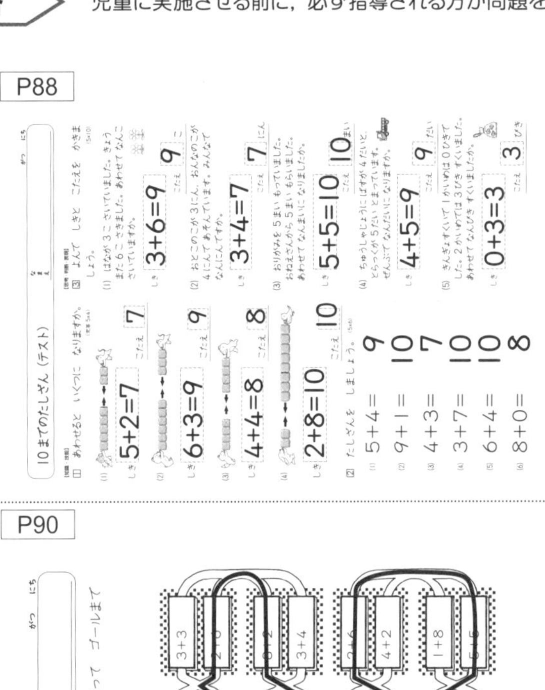

10までのたしざん（テスト）
1 あわせると いくつに なりますか。
5+2=7 こたえ 7
6+3=9 こたえ 9
4+4=8 こたえ 8
2+8=10 こたえ 10
2 たしざんを しましょう。
5+4= 9
9+1= 10
4+3= 7
3+7= 10
6+4= 10
8+0= 8
3 よんで しきと こたえを かきましょう。
3+6=9 こたえ 9 こ
3+4=7 こたえ 7 にん
5+5=10 こたえ 10 まい
4+5=9 こたえ 9 だい
0+3=3 こたえ 3 びき

P89

さんすうあそび 10までのたしざん
まんなかの かずと まわりの かずを たして，こたえを はなびらに かきましょう。

P90

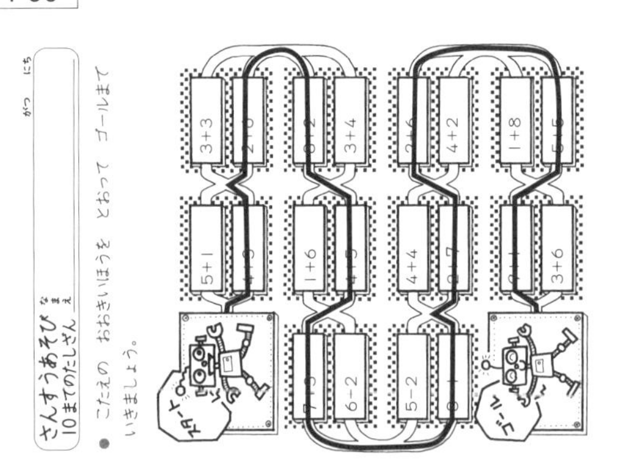

さんすうあそび 10までのたしざん
こたえの おおきいほうを とおって ゴールまで いきましょう。
スタート
ゴール

P91

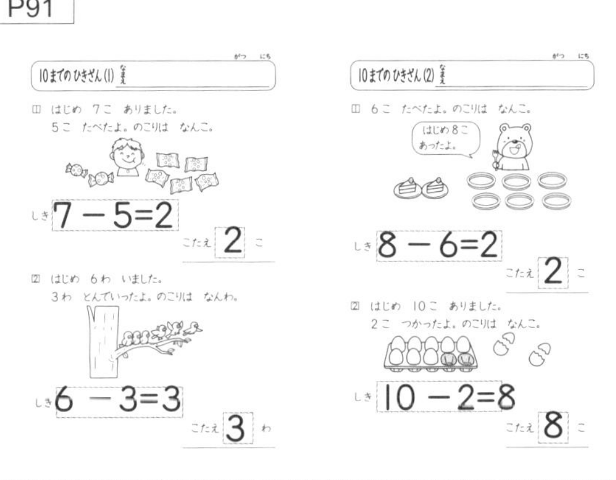

10までのひきざん(1)
1 はじめ 7こ ありました。5こ たべたよ。のこりは なんこ。
しき 7－5=2
こたえ 2 こ
2 はじめ 6わ いました。3わ とんでいったよ。のこりは なんわ。
しき 6－3=3
こたえ 3 わ
10までのひきざん(2)
1 6こ たべたよ。のこりは なんこ。
はじめ8こ あったよ。
しき 8－6=2
こたえ 2 こ
2 はじめ 10こ ありました。2こ つかったよ。のこりは なんこ。
しき 10－2=8
こたえ 8 こ

P92

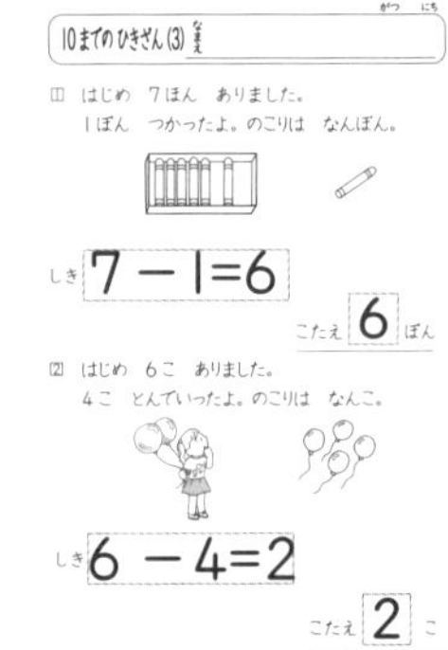

10までのひきざん(3)
1 はじめ 7ほん ありました。1ぽん つかったよ。のこりは なんぼん。
しき 7－1=6
こたえ 6 ぽん
2 はじめ 6こ ありました。4こ とんでいったよ。のこりは なんこ。
しき 6－4=2
こたえ 2 こ

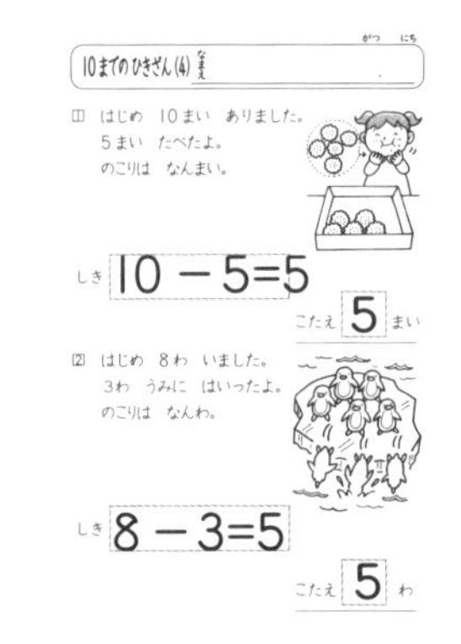

10までのひきざん(4)
1 はじめ 10まい ありました。5まい たべたよ。のこりは なんまい。
しき 10－5=5
こたえ 5 まい
2 はじめ 8わ いました。3わ うみに はいったよ。のこりは なんわ。
しき 8－3=5
こたえ 5 わ

P93

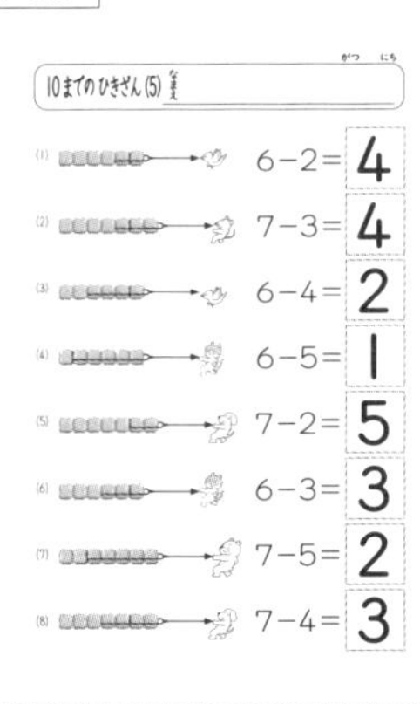

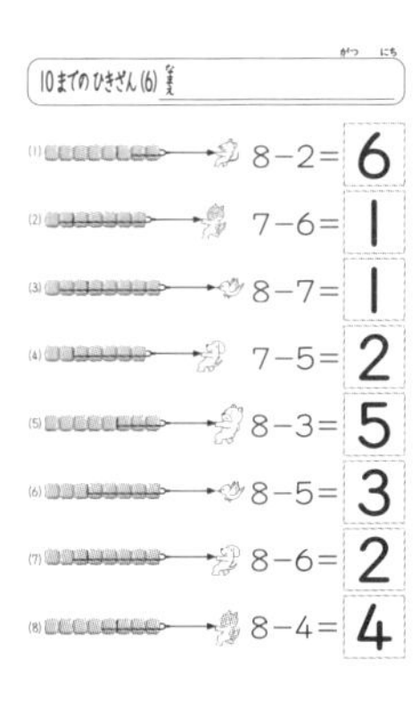

P94

10までのひきざん(7)

(1) 9−2= 7
(2) 9−7= 2
(3) 9−3= 6
(4) 9−8= 1
(5) 9−5= 4
(6) 9−1= 8
(7) 9−6= 3
(8) 9−4= 5

10までのひきざん(8)

(1) 10−2= 8
(2) 10−5= 5
(3) 10−6= 4
(4) 10−9= 1
(5) 10−4= 6
(6) 10−7= 3
(7) 10−1= 9
(8) 10−8= 2
(9) 10−3= 7

P95

10までのひきざん(9)

● ひきざんを しましょう。

(1) 7−2= 5 (2) 8−5= 3
(3) 9−4= 5 (4) 6−2= 4
(5) 10−3= 7 (6) 9−7= 2
(7) 6−5= 1 (8) 8−3= 5
(9) 8−7= 1 (10) 10−9= 1
(11) 10−7= 3 (12) 7−4= 3
(13) 7−6= 1 (14) 9−8= 1
(15) 9−3= 6

10までのひきざん(10)

● ひきざんを しましょう。

(1) 8−2= 6 (2) 7−3= 4
(3) 9−5= 4 (4) 10−4= 6
(5) 10−5= 5 (6) 8−6= 2
(7) 6−3= 3 (8) 10−6= 4
(9) 10−8= 2 (10) 6−4= 2
(11) 9−6= 3 (12) 9−2= 7
(13) 7−5= 2 (14) 10−2= 8
(15) 8−4= 4

 （解答は，200～300%に拡大してお使い下さい。）

指導される方の作られた解答をもとに，本書の解答例を参考に児童の多様な考えに寄り添って○つけをお願いします。

解答

P96

10までのひきざん(11)

● ひきざんを しましょう。

(1)	9−5= 4	(2)	7−2= 5
(3)	6−4= 2	(4)	10−8= 2
(5)	10−2= 8	(6)	7−6= 1
(7)	7−5= 2	(8)	8−4= 4
(9)	10−6= 4	(10)	9−8= 1
(11)	8−3= 5	(12)	6−5= 1
(13)	9−2= 7	(14)	8−7= 1
(15)	10−3= 7		

10までのひきざん(12)

● ひきざんを しましょう。

(1)	8−5= 3	(2)	9−6= 3
(3)	9−3= 6	(4)	6−2= 4
(5)	10−9= 1	(6)	10−7= 3
(7)	6−3= 3	(8)	9−4= 5
(9)	10−4= 6	(10)	8−6= 2
(11)	8−2= 6	(12)	7−3= 4
(13)	9−7= 2	(14)	10−5= 5
(15)	7−4= 3		

P97

10までのひきざん(13)

● ひきざんを しましょう。

①	10−5= 5	②	8−6= 2
③	6−2= 4	④	10−3= 7
⑤	10−7= 3	⑥	7−4= 3
⑦	7−5= 2	⑧	9−5= 4
⑨	9−3= 6	⑩	6−3= 3
⑪	8−4= 4	⑫	10−6= 4
⑬	9−6= 3	⑭	7−6= 1
⑮	6−4= 2	⑯	10−2= 8
⑰	10−9= 1	⑱	8−3= 5
⑲	9−2= 7	⑳	9−4= 5
㉑	9−8= 1	㉒	6−5= 1
㉓	7−3= 4	㉔	8−7= 1
㉕	8−5= 3	㉖	10−8= 2
㉗	10−4= 6	㉘	7−2= 5
㉙	8−2= 6	㉚	9−7= 2

10までのひきざん(14)

● ひきざんを しましょう。

①	9−4= 5	②	8−5= 3
③	7−2= 5	④	10−3= 7
⑤	10−6= 4	⑥	7−4= 3
⑦	8−7= 1	⑧	9−8= 1
⑨	9−6= 3	⑩	6−2= 4
⑪	7−5= 2	⑫	10−8= 2
⑬	10−2= 8	⑭	8−6= 2
⑮	6−3= 3	⑯	9−5= 4
⑰	8−4= 4	⑱	8−2= 6
⑲	10−5= 5	⑳	7−3= 4
㉑	9−2= 7	㉒	10−9= 1
㉓	6−4= 2	㉔	9−3= 6
㉕	8−3= 5	㉖	10−4= 6
㉗	9−7= 2	㉘	6−5= 1
㉙	7−6= 1	㉚	10−7= 3

P98

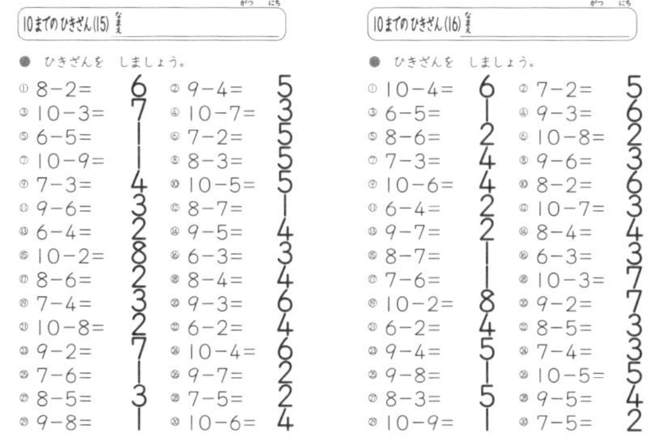

10までのひきざん(15)

● ひきざんを しましょう。

8−2= 6	9−4= 5
10−3= 7	10−7= 3
6−5= 1	7−2= 5
10−9= 1	8−3= 5
7−3= 4	10−5= 5
9−6= 3	8−7= 1
6−4= 2	9−5= 4
10−2= 8	6−3= 3
8−6= 2	8−4= 4
7−4= 3	9−3= 6
10−8= 2	6−2= 4
9−2= 7	10−4= 6
7−6= 1	9−7= 2
8−5= 3	7−5= 2
9−8= 1	10−6= 4

10までのひきざん(16)

● ひきざんを しましょう。

10−4= 6	7−2= 5
6−5= 1	9−3= 6
8−6= 2	10−8= 2
7−3= 4	9−6= 3
10−6= 4	8−2= 6
6−4= 2	10−7= 3
9−7= 2	8−4= 4
8−7= 1	6−3= 3
7−6= 1	10−3= 7
10−2= 8	9−2= 7
6−2= 4	8−5= 3
9−4= 5	7−4= 3
9−8= 1	10−5= 5
8−3= 5	9−5= 4
10−9= 1	7−5= 2

P99

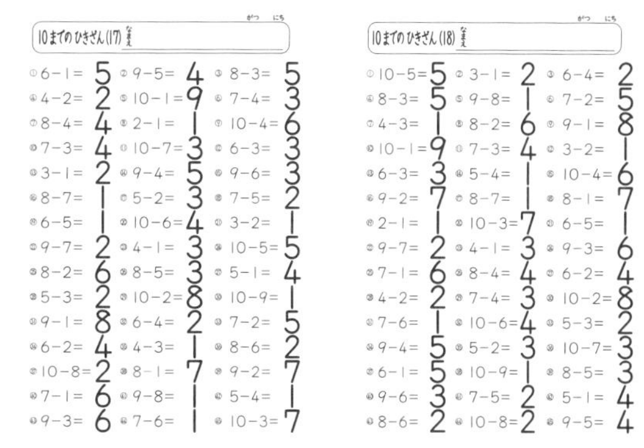

10までのひきざん(17)

6−1= 5	9−5= 4	8−3= 5
4−2= 2	10−1= 9	7−4= 3
8−4= 4	2−1= 1	10−4= 6
7−3= 4	10−7= 3	6−3= 3
3−1= 2	9−4= 5	9−6= 3
8−7= 1	5−2= 3	7−5= 2
6−5= 1	10−6= 4	3−2= 1
9−7= 2	4−1= 3	10−5= 5
8−2= 6	8−5= 3	5−1= 4
5−3= 2	10−2= 8	10−9= 1
9−1= 8	6−4= 2	7−2= 5
6−2= 4	4−3= 1	8−6= 2
10−8= 2	8−1= 7	9−2= 7
7−1= 6	9−8= 1	5−4= 1
9−3= 6	7−6= 1	10−3= 7

10までのひきざん(18)

10−5= 5	3−1= 2	6−4= 2
8−3= 5	9−8= 1	7−2= 5
4−3= 1	8−2= 6	9−1= 8
10−1= 9	7−3= 4	3−2= 1
6−3= 3	5−4= 1	10−4= 6
9−2= 7	8−7= 1	8−1= 7
2−1= 1	10−3= 7	6−5= 1
9−7= 2	4−1= 3	9−3= 6
7−1= 6	8−4= 4	6−2= 4
4−2= 2	7−4= 3	10−2= 8
7−6= 1	10−6= 4	5−3= 2
9−4= 5	5−2= 3	10−7= 3
6−1= 5	10−9= 1	8−5= 3
9−6= 3	7−5= 2	5−1= 4
8−6= 2	10−8= 2	9−5= 4

P100

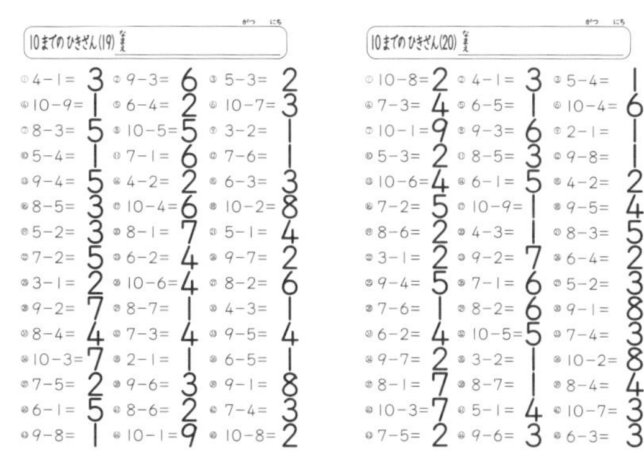

10までのひきざん(19)

4−1= 3	9−3= 6	5−3= 2
10−9= 1	6−4= 2	10−7= 3
8−3= 5	10−5= 5	3−2= 1
5−4= 1	7−1= 6	7−6= 1
9−4= 5	4−2= 2	6−3= 3
8−5= 3	10−4= 6	10−2= 8
5−2= 3	8−1= 7	5−1= 4
7−2= 5	6−2= 4	9−7= 2
3−1= 2	10−6= 4	8−2= 6
9−2= 7	8−7= 1	4−3= 1
8−4= 4	7−3= 4	9−5= 4
10−3= 7	2−1= 1	6−5= 1
7−5= 2	9−6= 3	9−1= 8
6−1= 5	8−6= 2	7−4= 3
9−8= 1	10−1= 9	10−8= 2

10までのひきざん(20)

10−8= 2	4−1= 3	5−4= 1
7−3= 4	6−5= 1	10−4= 6
10−1= 9	9−3= 6	2−1= 1
5−3= 2	8−5= 3	9−8= 1
10−6= 4	6−1= 5	4−2= 2
7−2= 5	10−9= 1	9−5= 4
8−6= 2	4−3= 1	8−3= 5
3−1= 2	9−2= 7	6−4= 2
9−4= 5	7−1= 6	5−2= 3
7−6= 1	8−2= 6	9−1= 8
6−2= 4	10−5= 5	7−4= 3
9−7= 2	3−2= 1	10−2= 8
8−1= 7	8−7= 1	8−4= 4
10−3= 7	5−1= 4	10−7= 3
7−5= 2	9−6= 3	6−3= 3

P101

10までのひきざん(21) 0のひきざん

1 すいそうに きんぎょが 3びき いました。あみで すくうと のこりは なんびきに なりますか。

(1) 1ぴき すくうと・・・ 3−1= 2

(2) 3びき すくうと・・・ 3−3= 0

(3) すくえませんでした。 3−0= 3

2 けいさんを しましょう。

(1)	4−0= 4	(2)	10−0= 10
(3)	7−0= 7	(4)	8−0= 8
(5)	9−0= 9	(6)	5−0= 5
(7)	6−0= 6	(8)	2−0= 2

10までのひきざん(22) ぶんしょうだい(のこりはいくつ)

1 うさぎが 6ぴき ふねに のっていました。3びき おりました。ふねに なんびき のこって いますか。

6 − 3=3 こたえ 3 びき

2 りすが きの うえに 8ぴき いました。3びき きから おりました。きの うえには，なんびきの りすが いますか。

8 − 3=5 こたえ 5 ひき

3 みかんが 7こ ありました。5こ たべました。のこりは なんこに なりますか。

7 − 5=2 こたえ 2 こ

P102

10までのひきざん(23) ぶんしょうだい(ちがいはいくつ)

1 こどもが 10にん いました。おんなのこは 6にんです。おとこのこは なんにんですか。

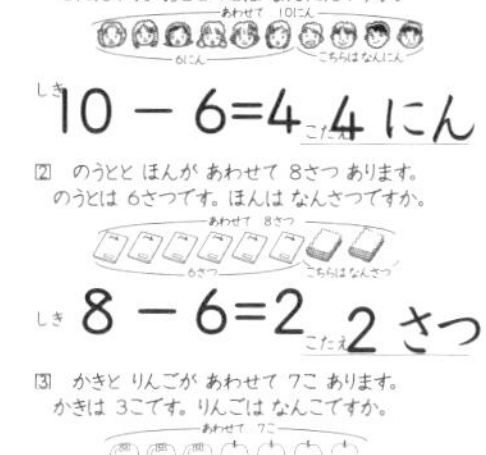

しき 10 − 6=4 こたえ 4 にん

2 のうとと ほんが あわせて 8さつ あります。のうとは 6さつです。ほんは なんさつですか。

しき 8 − 6=2 こたえ 2 さつ

3 かきと りんごが あわせて 7こ あります。かきは 3こです。りんごは なんこですか。

しき 7 − 3=4 こたえ 4 こ

10までのひきざん(24) ぶんしょうだい(ちがいはいくつ)

1 えんぴつが 9ほん あります。4ほん けずってあります。けずっていない えんぴつは なんぼんですか。

しき 9 − 4=5 こたえ 5 ほん

2 けえきと ぷりんを あわせて 6こ もらいました。けえきは 4こです。ぷりんは なんこですか。

6 − 4=2 こたえ 2 こ

3 たおると はんかちが あわせて 7まい ほしてありました。たおるは 5まいです。はんかちは なんまいですか。

7 − 5=2 こたえ 2 まい

P103

10までのひきざん(25) ぶんしょうだい(ちがいはいくつ)

1 どうぶつえんに きりんが 7とう，ぞうが 4とう います。どちらが なんとう おおいですか。

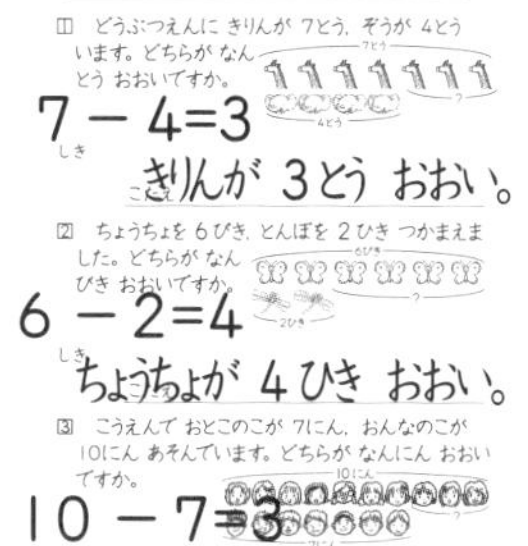

しき 7 − 4=3 こたえ きりんが 3とう おおい。

2 ちょうちょを 6ぴき，とんぼを 2ひき つかまえました。どちらが なんびき おおいですか。

しき 6 − 2=4 こたえ ちょうちょが 4ひき おおい。

3 こうえんで おとこのこが 7にん，おんなのこが 10にん あそんでいます。どちらが なんにん おおいですか。

しき 10 − 7=3 こたえ おんなのこが 3にん おおい。

10までのひきざん(26) ぶんしょうだい(ちがいはいくつ)

1 りょうたさんは じゃがいもを 7こ ほりました。りかさんは 8こ ほりました。どちらが なんこ おおく ほりましたか。

しき 8 − 7=1 こたえ りかさんが 1こ おおい。

2 やきゅうぼうるが 5こ，てにすぼうるが 9こ あります。どちらが なんこ おおいですか。

しき 9 − 5=4 こたえ てにすぼうるが 4こ おおい。

3 おりがみで つるを 7こ，かぶとを 5こ おりました。どちらが なんこ おおいですか。

しき 7 − 5=2 こたえ つるが 2こ おおい。

（テストの文章題は，式５点，答え５点として，配点しています。）

 児童に実施させる前に，必ず指導される方が問題を解いてください。本書の解答は，あくまでも１つの例です。

P104

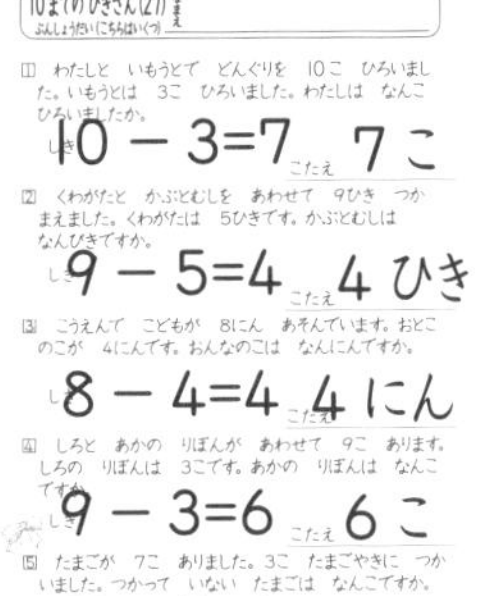

10までのひきざん(27)

1. 10 − 3=7 7こ
2. 9 − 5=4 4ひき
3. 8 − 4=4 4にん
4. 9 − 3=6 6こ
5. 7 − 3=4 4こ

10までのひきざん(28)

1. 6 − 4=2 いぬが 2ひき おおい。
2. 9 − 7=2 ゆかさんが 2さい としうえ。
3. 8 − 5=3 きの うえに いるりすが 3びき おおい。
4. 10 − 8=2 やぎが 2ひき おおい。
5. 7 − 4=3 かきが 3こ おおい。

P105

10までのひきざん(29)

1. 7 − 6=1 ばいくが 1だい おおい。
2. 6 − 4=2 ぷりんが 2こ おおい。
3. 9 − 8=1 はるとさんが 1さつ おおい。
4. 9 − 6=3 いすが 3きゃく おおい。
5. 8 − 5=3 だいこんが 3ぼん おおい。

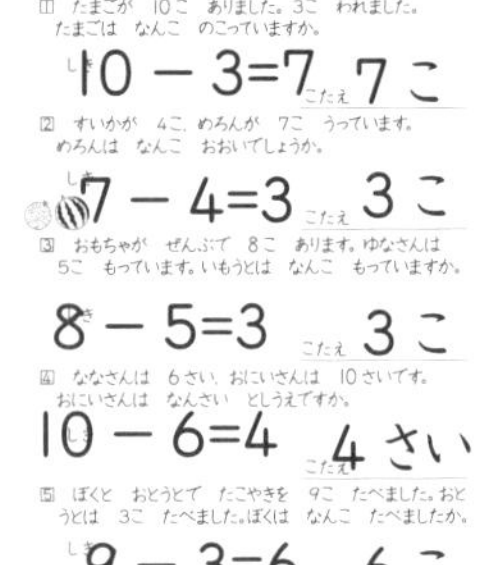

10までのひきざん(30)

1. 10 − 3=7 7こ
2. 7 − 4=3 3こ
3. 8 − 5=3 3こ
4. 10 − 6=4 4さい
5. 9 − 3=6 6こ

P106

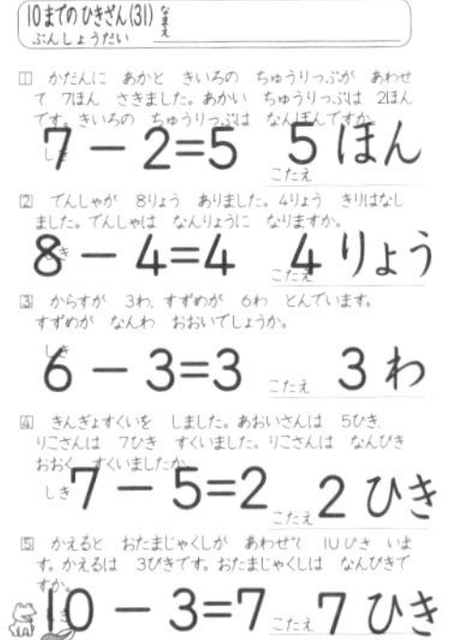

10までのひきざん(31)

1. 7 − 2=5 5ほん
2. 8 − 4=4 4りょう
3. 6 − 3=3 3わ
4. 7 − 5=2 2ひき
5. 10 − 3=7 7ひき

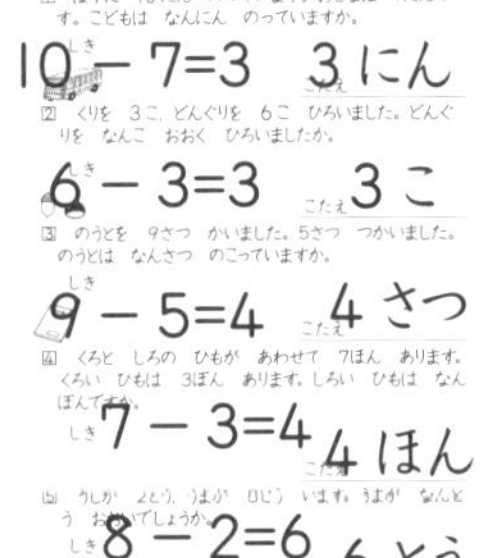

10までのひきざん(32)

1. 10 − 7=3 3にん
2. 6 − 3=3 3こ
3. 9 − 5=4 4さつ
4. 7 − 3=4 4ほん
5. 8 − 2=6 6とう

10までの ひきざん(33) チャレンジ おはなしづくり

1. えを みて，6−4の しきになる おはなしを つくりましょう。
(れい) かだんに ちゅうりっぷが 4ほん，ばらが 6ぽん さいています。ばらのほうが 2ほん おおいです。
2. えを みて，5−3の しきになる おはなしを つくりましょう。
(れい) ばすに こどもが 5にん のっています。ぼうとには 3にん のっています。ちがいは ふたりに なります。
3. えを みて，4−2の しきになる おはなしを つくりましょう。
(れい) ふうせんが 4つ ありました。2つ とんで いきました。のこりは 2つに なりました。

P108

1. えを みて，7−3の しきになる おはなしを つくりましょう。
(れい) おとこのこが 7にん，おんなのこが 3にんいます。ちがいは 4にんです。
2. えを みて，5−4の しきになる おはなしを つくりましょう。
(れい) かめが 5ひき およいで います。いわの うえには 4ひき います。ちがいは 1ぴきです。
3. えを みて，6−5の しきになる おはなしを つくりましょう。
(れい) とりが 6わ，きのうえに とまって いました。5わ とんでいきました。のこりは 1わに なりました。

P109

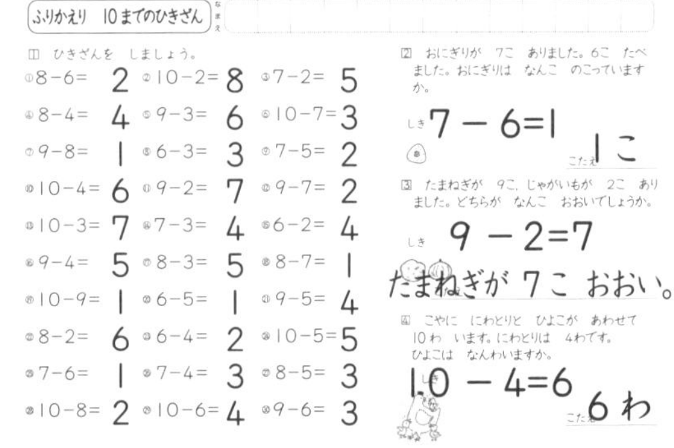

1. ひきざんを しましょう。

① 8−6= 2	② 10−2= 8	③ 7−2= 5
④ 8−4= 4	⑤ 9−3= 6	⑥ 10−7= 3
⑦ 9−8= 1	⑧ 6−3= 3	⑨ 7−5= 2
⑩ 10−4= 6	⑪ 9−2= 7	⑫ 9−7= 2
⑬ 10−3= 7	⑭ 7−3= 4	⑮ 6−2= 4
⑯ 9−4= 5	⑰ 8−3= 5	⑱ 8−7= 1
⑲ 10−9= 1	⑳ 6−5= 1	㉑ 9−5= 4
㉒ 8−2= 6	㉓ 6−4= 2	㉔ 10−5= 5
㉕ 7−6= 1	㉖ 7−4= 3	㉗ 8−5= 3
㉘ 10−8= 2	㉙ 10−6= 4	㉚ 9−6= 3

2. おにぎりが 7こ ありました。6こ たべました。おにぎりは なんこ のこっていますか。
しき 7 − 6=1 こたえ 1こ
3. たまねぎが 9こ，じゃがいもが 2こ ありました。どちらが なんこ おおいでしょうか。
しき 9 − 2=7 たまねぎが 7こ おおい。
4. こやに にわとりと ひよこが あわせて 10わ います。にわとりは 4わです。ひよこは なんわ いますか。
しき 10 − 4=6 こたえ 6わ

1. (1) 7 − 2=5 こたえ 5
(2) 8 − 4=4 こたえ 4
(3) 9 − 7=2 こたえ 2
(4) 6 − 3=3 こたえ 3
2. ひきざんを しましょう。
8−5= 3
9−6= 3
10−4= 6
7−4= 3
6−4= 2
6−0= 6
3. (1) 7 − 5=2 こたえ 2こ
(2) 9 − 3=6 こたえ 6にん
(3) 8 − 6=2 こたえ 2ほん
(4) 10 − 8=2 こたえ 2だい
(5) 10 − 6=4 おにいさんが 4さい

P111

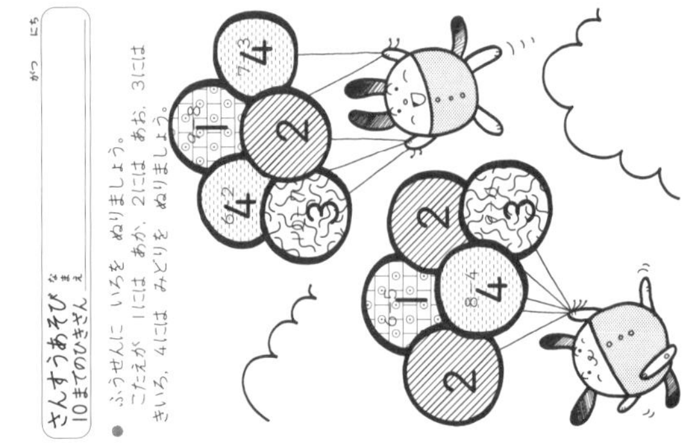

 （解答は，200～300%に拡大してお使い下さい。）

P112

P113

P114

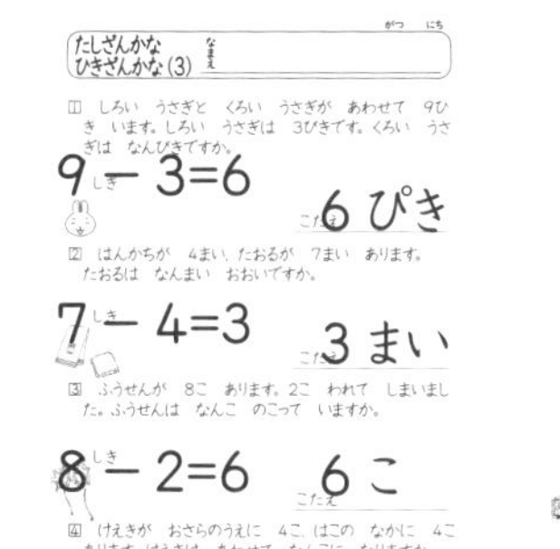

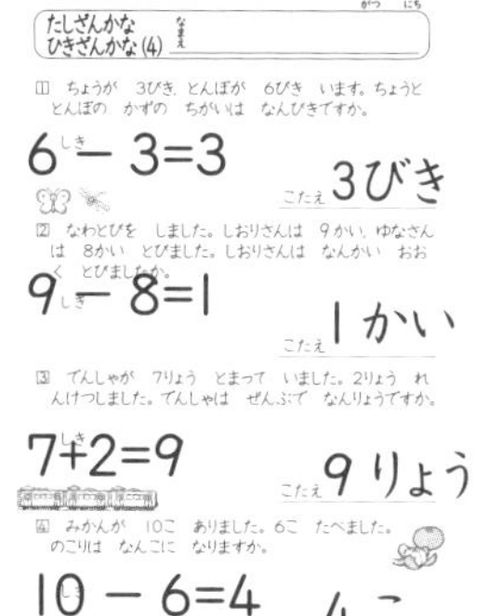

P115

P116

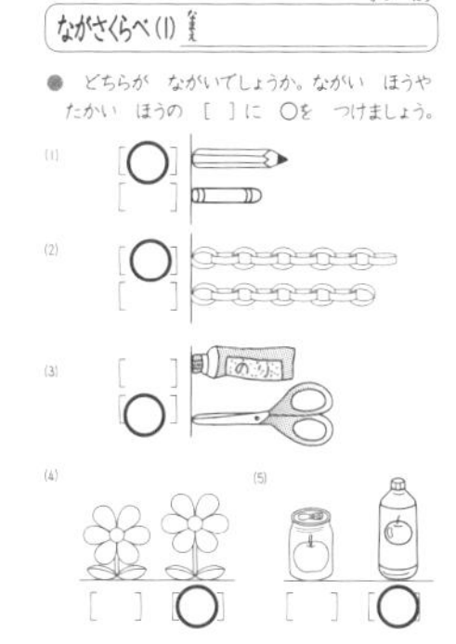

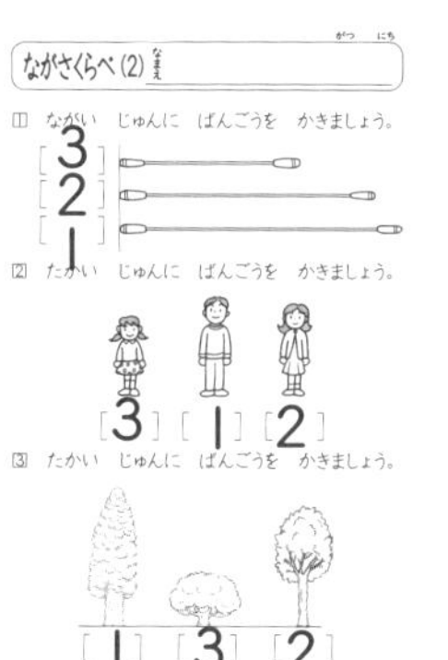

P117

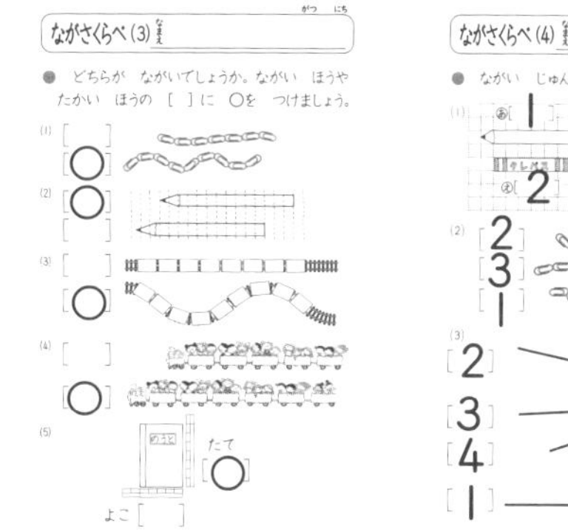

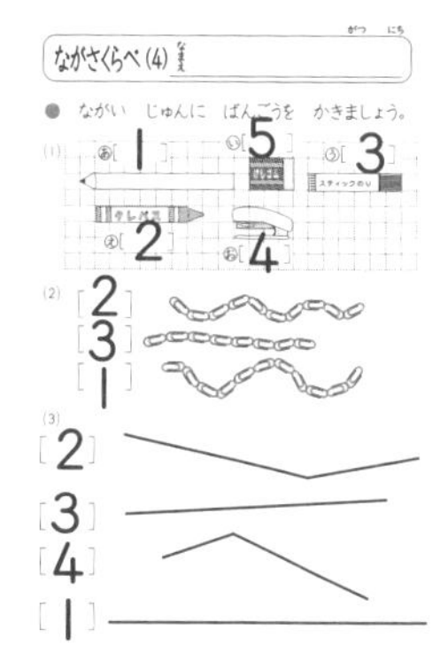

P118

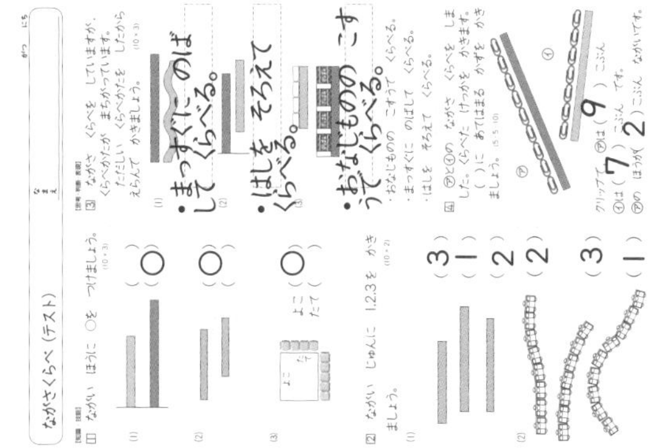

P119

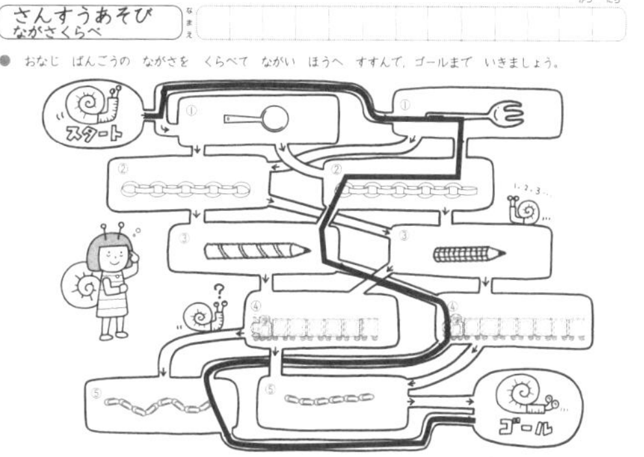

（テストの文章題は，式５点，答え５点として，配点しています。）

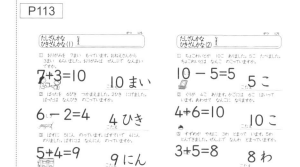

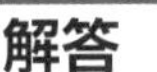

児童に実施させる前に，必ず指導される方が問題を解いてください。本書の解答は，あくまでも１つの例です。

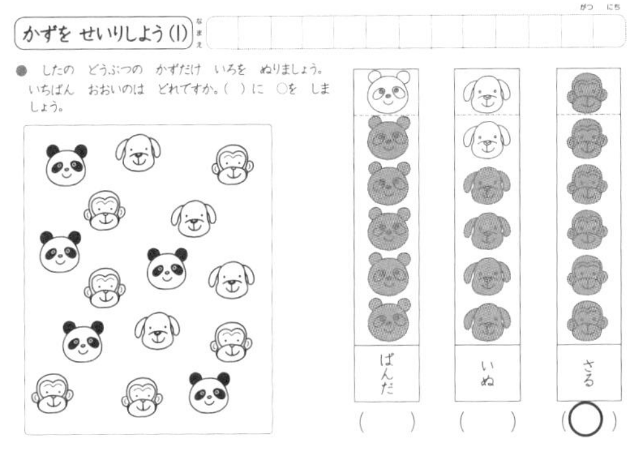

かずを せいりしよう (1)
したの どうぶつの かずだけ いろを ぬりましょう。
いちばん おおいのは どれですか。( ) に ○を しましょう。
ぱんだ
いぬ
さる

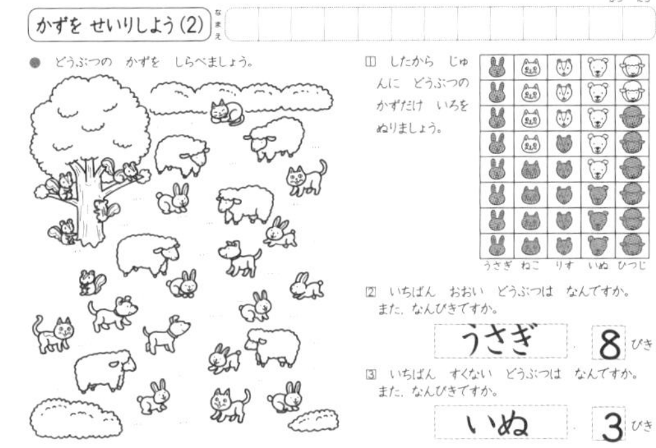

かずを せいりしよう (2)
どうぶつの かずを しらべましょう。
1 したから じゅんに どうぶつの かずだけ いろを ぬりましょう。
うさぎ ねこ りす いぬ ひつじ
2 いちばん おおい どうぶつは なんですか。また，なんびきですか。
うさぎ 8 ひき
3 いちばん すくない どうぶつは なんですか。また，なんびきですか。
いぬ 3 びき

P122

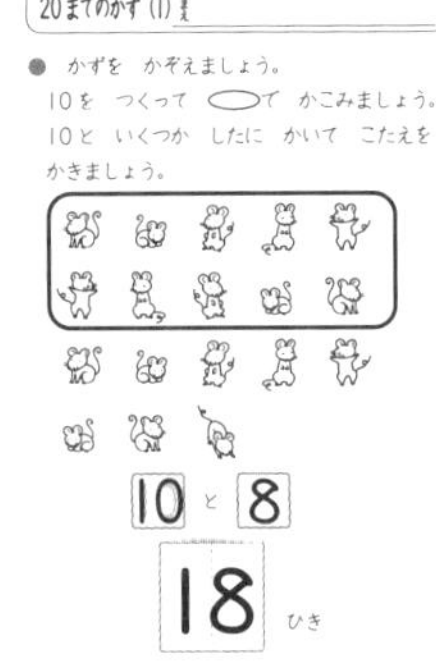

20までのかず (1)
かずを かぞえましょう。
10を つくって ⬭で かこみましょう。
10と いくつか したに かいて こたえを かきましょう。
10 と 8
18 ひき

20までのかず (2)
かずを かぞえましょう。
10を つくって ⬭で かこみましょう。
10と いくつか したに かいて こたえを かきましょう。

P123

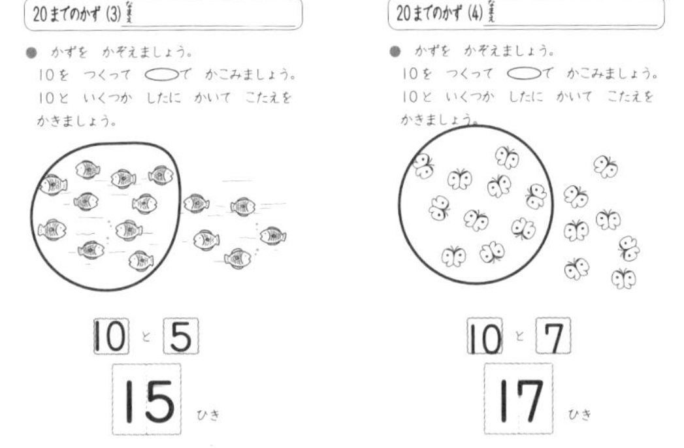

20までのかず (3)
かずを かぞえましょう。
10を つくって ⬭で かこみましょう。
10と いくつか したに かいて こたえを かきましょう。
10 と 5
15 ひき
20までのかず (4)
かずを かぞえましょう。
10を つくって ⬭で かこみましょう。
10と いくつか したに かいて こたえを かきましょう。
10 と 7
17 ひき

P124

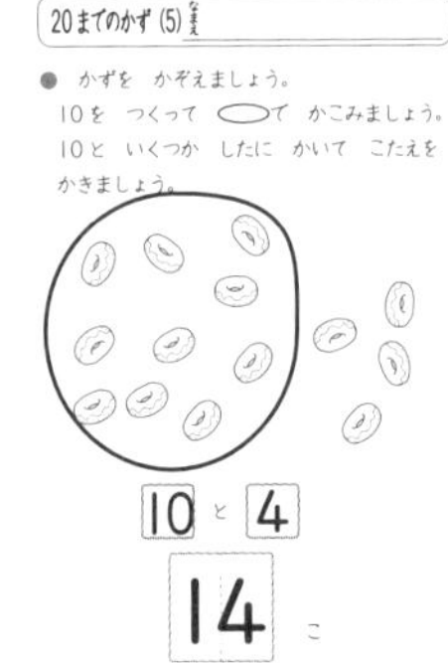

20までのかず (5)
かずを かぞえましょう。
10を つくって ⬭で かこみましょう。
10と いくつか したに かいて こたえを かきましょう。
10 と 4
14 こ

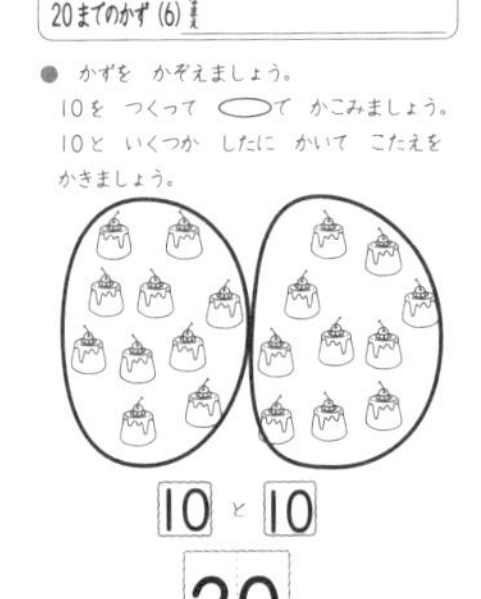

20までのかず (6)
かずを かぞえましょう。
10を つくって ⬭で かこみましょう。
10と いくつか したに かいて こたえを かきましょう。
10 と 10
20 こ

P125

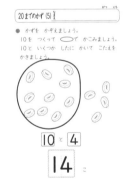

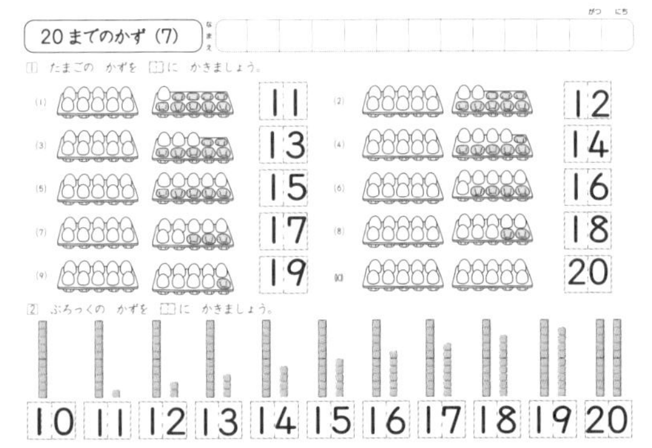

P126

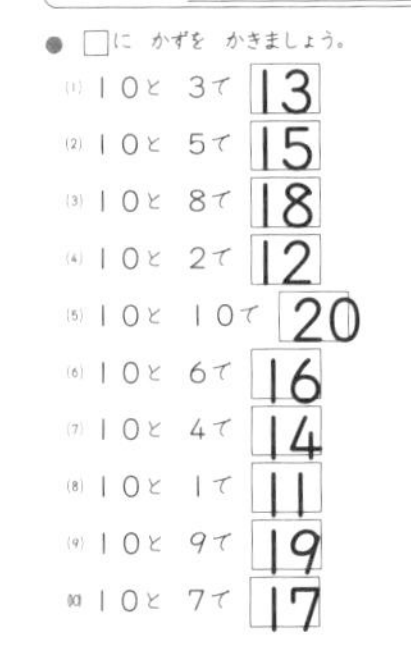

20までのかず (8)
□に かずを かきましょう。
(1) 10と 3で 13
(2) 10と 5で 15
(3) 10と 8で 18
(4) 10と 2で 12
(5) 10と 10で 20
(6) 10と 6で 16
(7) 10と 4で 14
(8) 10と 1で 11
(9) 10と 9で 19
(10) 10と 7で 17

20までのかず (9)
□に かずを かきましょう。
(1) 18は 10と 8
(2) 16は 10と 6
(3) 11は 10と 1
(4) 17は 7と 10
(5) 13は 3と 10
(6) 20は 10と 10
(7) 19は 10と 9
(8) 14は 10と 4
(9) 12は 2と 10
(10) 15は 5と 10

P127

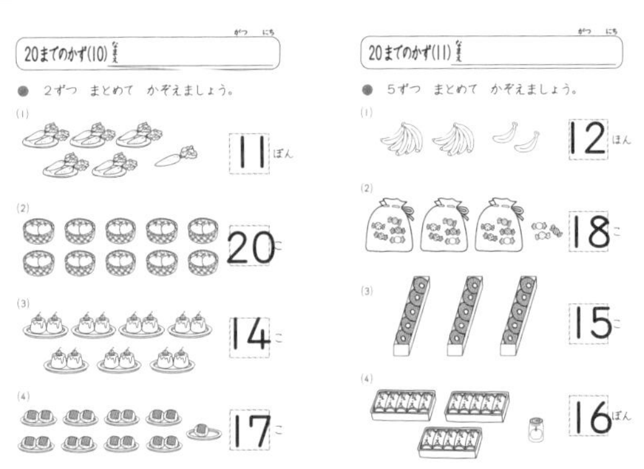

 （解答は，200～300%に拡大してお使い下さい。）

P128

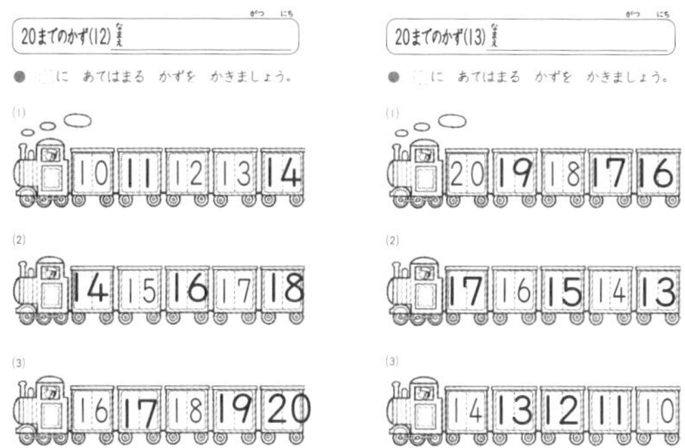
20までのかず(12) なまえ
● □に あてはまる かずを かきましょう。
(1) 10 11 12 13 14
(2) 14 15 16 17 18
(3) 16 17 18 19 20

20までのかず(13) なまえ
● □に あてはまる かずを かきましょう。
(1) 20 19 18 17 16
(2) 17 16 15 14 13
(3) 14 13 12 11 10

P129

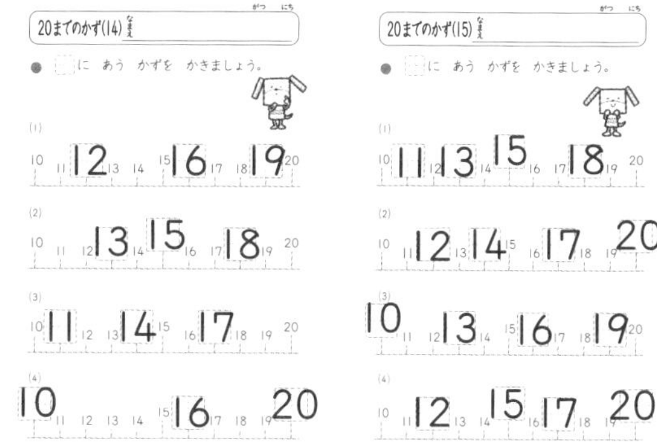
20までのかず(14) なまえ
● □に あう かずを かきましょう。
(1) 10 11 12 13 14 15 16 17 18 19 20
(2) 10 11 12 13 14 15 16 17 18 19 20
(3) 10 11 12 13 14 15 16 17 18 19 20
(4) 10 11 12 13 14 15 16 17 18 19 20

20までのかず(15) なまえ
● □に あう かずを かきましょう。
(1) 10 11 12 13 14 15 16 17 18 19 20
(2) 10 11 12 13 14 15 16 17 18 19 20
(3) 10 11 12 13 14 15 16 17 18 19 20
(4) 10 11 12 13 14 15 16 17 18 19 20

P130

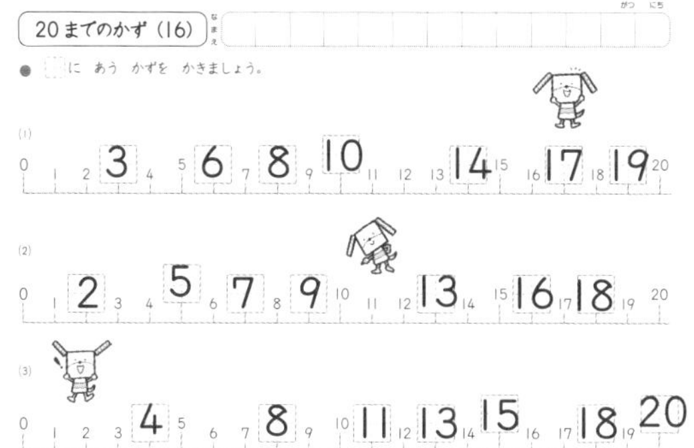
20までのかず (16) なまえ
● □に あう かずを かきましょう。
(1) 0 1 2 3 4 5 6 7 8 9 10 11 12 13 14 15 16 17 18 19 20
(2) 0 1 2 3 4 5 6 7 8 9 10 11 12 13 14 15 16 17 18 19 20
(3) 0 1 2 3 4 5 6 7 8 9 10 11 12 13 14 15 16 17 18 19 20

P131

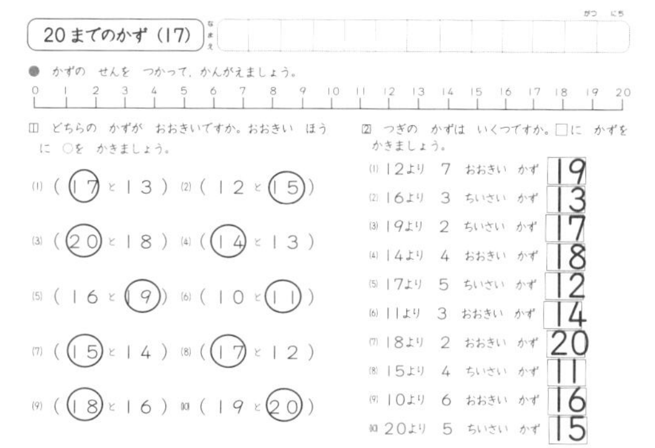
20までのかず (17) なまえ
● かずの せんを つかって，かんがえましょう。
0 1 2 3 4 5 6 7 8 9 10 11 12 13 14 15 16 17 18 19 20
① どちらの かずが おおきいですか。おおきい ほうに ○を かきましょう。
(1) (17 と 13) (2) (12 と 15)
(3) (20 と 18) (4) (14 と 13)
(5) (16 と 19) (6) (10 と 11)
(7) (15 と 14) (8) (17 と 12)
(9) (18 と 16) (10) (19 と 20)
② つぎの かずは いくつですか。□に かずを かきましょう。
(1) 12より 7 おおきい かず 19
(2) 16より 3 ちいさい かず 13
(3) 19より 2 ちいさい かず 17
(4) 14より 4 おおきい かず 18
(5) 17より 5 ちいさい かず 12
(6) 11より 3 おおきい かず 14
(7) 18より 2 おおきい かず 20
(8) 15より 4 ちいさい かず 11
(9) 10より 6 おおきい かず 16
(10) 20より 5 ちいさい かず 15

P132

さんすうあそび 20までのかず なまえ
● 1から 20まで じゅんばんに せんで つなぎましょう。

P133

さんすうあそび 20までのかず なまえ
● 1から 20まで じゅんばんに せんで つなぎましょう。

P134

20までのかず(18) なまえ
たしざん

● けいさんを しましょう。

① 17+2=19
② 15+3=18
③ 12+4=16
④ 10+9=19
⑤ 11+5=16
⑥ 13+2=15

20までのかず(19) なまえ
たしざん

● けいさんを しましょう。

① 16+3=19
② 14+4=18
③ 12+2=14
④ 11+6=17
⑤ 18+1=19
⑥ 13+5=18

P135

20までのかず(20) なまえ
たしざん

● けいさんを しましょう。

① 10+3=13 ② 15+4=19
③ 13+6=19 ④ 11+7=18
⑤ 14+3=17 ⑥ 10+8=18
⑦ 12+7=19 ⑧ 15+2=17
⑨ 11+2=13 ⑩ 16+1=17

20までのかず(21) なまえ
たしざん

● けいさんを しましょう。

① 12+5=17 ② 14+2=16
③ 10+6=16 ④ 11+8=19
⑤ 17+1=18 ⑥ 14+5=19
⑦ 13+5=18 ⑧ 12+3=15
⑨ 11+4=15 ⑩ 10+7=17

児童に実施させる前に，必ず指導される方が問題を解いてください。本書の解答は，あくまでも１つの例です。

P136

20までのかず(22) たしざん

● けいさんを しましょう。

①12+6=18 ②18+1=19
③15+4=19 ④10+2=12
⑤13+5=18 ⑥14+5=19
⑦10+10=20 ⑧12+6=18
⑨13+3=16 ⑩12+3=15
⑪15+1=16 ⑫11+8=19
⑬12+4=16 ⑭10+8=18
⑮16+3=19 ⑯13+1=14
⑰14+4=18 ⑱15+3=18
⑲12+1=13 ⑳11+5=16

20までのかず(23) たしざん

● けいさんを しましょう。

①14+5=19 ②15+2=17
③10+4=14 ④11+3=14
⑤11+7=18 ⑥10+9=19
⑦17+2=19 ⑧10+1=11
⑨13+4=17 ⑩14+2=16
⑪11+1=12 ⑫10+6=16
⑬12+3=15 ⑭16+2=18
⑮11+6=17 ⑯13+6=19
⑰10+5=15 ⑱13+2=15
⑲14+1=15 ⑳12+7=19

P137

20までのかず(24) たしざん

● けいさんを しましょう。

①12+1=13 ②14+4=18
③10+7=17 ④15+4=19
⑤14+1=15 ⑥13+3=16
⑦11+2=13 ⑧10+1=11
⑨12+3=15 ⑩14+3=17
⑪10+5=15 ⑫12+6=18
⑬13+6=19 ⑭11+3=14
⑮16+1=17 ⑯17+2=19
⑰11+8=19 ⑱10+4=14
⑲15+2=17 ⑳13+5=18
㉑10+9=19 ㉒12+7=19
㉓16+3=19

20までのかず(25) たしざん

● けいさんを しましょう。

①14+5=19 ②12+2=14
③10+8=18 ④10+3=13
⑤11+1=12 ⑥11+5=16
⑦15+3=18 ⑧13+4=17
⑨13+2=15 ⑩12+5=17
⑪10+2=12 ⑫15+1=16
⑬16+2=18 ⑭11+4=15
⑮11+7=18 ⑯14+2=16
⑰13+1=14 ⑱17+1=18
⑲12+4=16 ⑳10+10=20
㉑10+6=16 ㉒11+6=17
㉓18+1=19

P138

20までのかず(26) ひきざん

● けいさんを しましょう。

①14−3=11
②18−2=16
③19−7=12
④12−2=10
⑤17−4=13
⑥15−3=12

20までのかず(27) ひきざん

● けいさんを しましょう。

①19−2=17
②15−4=11
③19−5=14
④18−8=10
⑤16−3=13
⑥17−5=12

P139

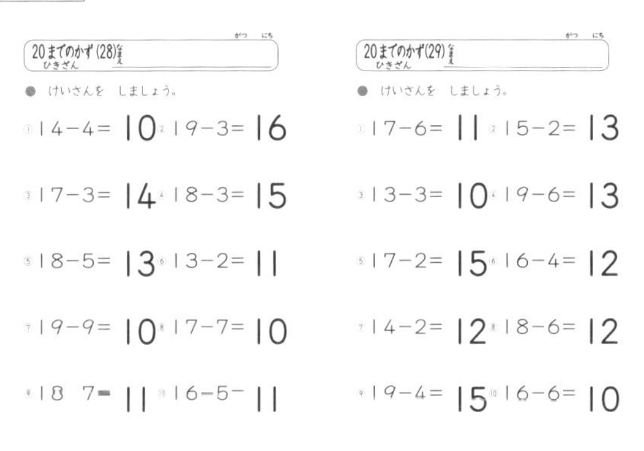

20までのかず(28) ひきざん

● けいさんを しましょう。

①14−4=10 ②19−3=16
③17−3=14 ④18−3=15
⑤18−5=13 ⑥13−2=11
⑦19−9=10 ⑧17−7=10
⑨18−7=11 ⑩16−5=11

20までのかず(29) ひきざん

● けいさんを しましょう。

①17−6=11 ②15−2=13
③13−3=10 ④19−6=13
⑤17−2=15 ⑥16−4=12
⑦14−2=12 ⑧18−6=12
⑨19−4=15 ⑩16−6=10

P140

20までのかず(30) ひきざん

● けいさんを しましょう。

①12−2=10 ②17−6=11
③19−4=15 ④19−1=18
⑤16−2=14 ⑥18−6=12
⑦17−7=10 ⑧18−3=15
⑨14−1=13 ⑩19−9=10
⑪17−2=15 ⑫16−4=12
⑬18−7=11 ⑭14−3=11
⑮15−4=11 ⑯19−2=17
⑰18−2=16 ⑱17−5=12
⑲19−8=11 ⑳16−6=10

20までのかず(31) ひきざん

● けいさんを しましょう。

①15−3=12 ②14−2=12
③17−4=13 ④18−8=10
⑤19−5=14 ⑥16−3=13
⑦18−1=17 ⑧14−4=10
⑨19−3=16 ⑩15−5=10
⑪15−2=13 ⑫18−4=14
⑬13−3=10 ⑭17−3=14
⑮18−5=13 ⑯19−6=13
⑰19−7=12 ⑱17−1=16
⑲16−5=11 ⑳13−2=11

P141

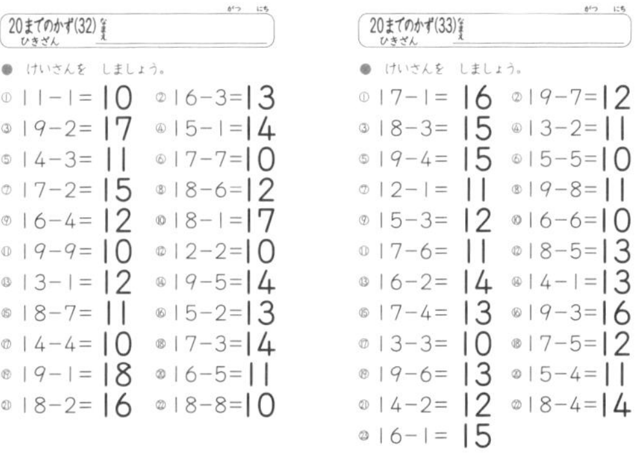

20までのかず(32) ひきざん

● けいさんを しましょう。

①11−1=10 ②16−3=13
③19−2=17 ④15−1=14
⑤14−3=11 ⑥17−7=10
⑦17−2=15 ⑧18−6=12
⑨16−4=12 ⑩18−1=17
⑪19−9=10 ⑫12−2=10
⑬13−1=12 ⑭19−5=14
⑮18−7=11 ⑯15−2=13
⑰14−4=10 ⑱17−3=14
⑲19−1=18 ⑳16−5=11
㉑18−2=16 ㉒18−8=10

20までのかず(33) ひきざん

● けいさんを しましょう。

①17−1=16 ②19−7=12
③18−3=15 ④13−2=11
⑤19−4=15 ⑥15−5=10
⑦12−1=11 ⑧19−8=11
⑨15−3=12 ⑩16−6=10
⑪17−6=11 ⑫18−5=13
⑬16−2=14 ⑭14−1=13
⑮17−4=13 ⑯19−3=16
⑰13−3=10 ⑱17−5=12
⑲19−6=13 ⑳15−4=11
㉑14−2=12 ㉒18−4=14
㉓16−1=15

P142

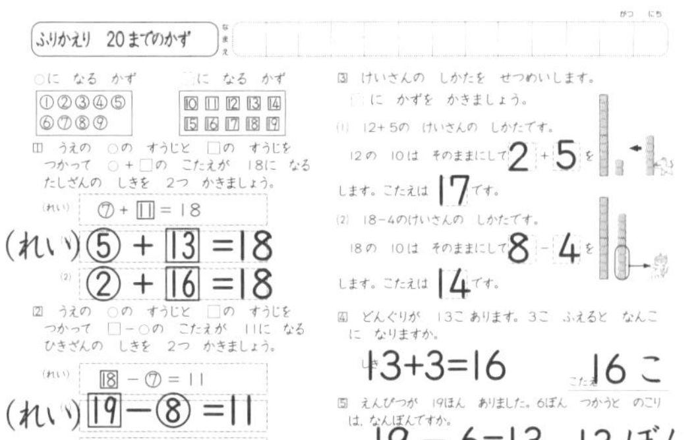

ふりかえり 20までのかず

○に なる かず ①②③④⑤⑥⑦⑧⑨

□に なる かず 10 11 12 13 14 15 16 17 18 19

1 うえの ○の すうじと □の すうじを つかって ○＋□の こたえが 18に なる たしざんの しきを 2つ かきましょう。

(れい) ⑦＋11＝18

(れい) ⑤＋13＝18

(2) ②＋16＝18

2 うえの ○の すうじと □の すうじを つかって □−○の こたえが 11に なる ひきざんの しきを 2つ かきましょう。

(れい) 18−⑦＝11

(れい) 19−⑧＝11

(2) 12−①＝11

3 けいさんの しかたを せつめいします。□に かずを かきましょう。

(1) 12+5の けいさんの しかたです。12の 10は そのままにして 2＋5を します。こたえは 17です。

(2) 18−4の けいさんの しかたです。18の 10は そのままにして 8−4を します。こたえは 14です。

4 どんぐりが 13こ あります。3こ ふえると なんこに なりますか。

しき 13+3=16　こたえ 16こ

5 えんぴつが 19ほん ありました。6ぽん つかうと のこりは なんぼんですか。

しき 19−6=13　こたえ 13ぼん

P143

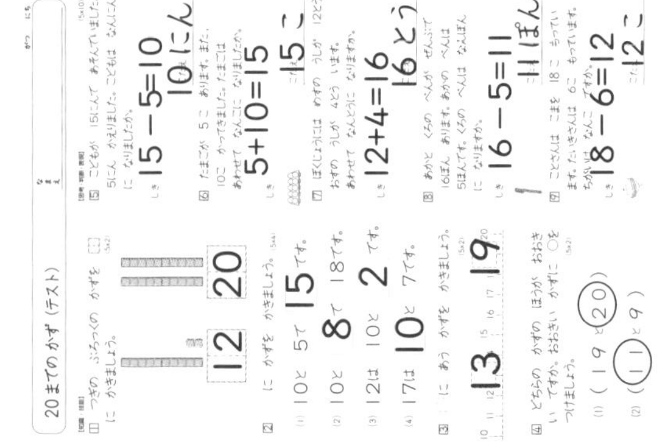

20までのかず (テスト)

1 つぎの ぶろっくの かずを □に かきましょう。　20　12

2 □に かずを かきましょう。

(1) 10と 5で 15です。

(2) 10と 8で 18です。

(3) 12は 10と 2です。

(4) 17は 10と 7です。

3 □に あう かずを かきましょう。　13　19

4 どちらの かずの ほうが おおきい ですか。おおきい かずに ○を つけましょう。

(1) (19 と ⑳)

(2) (⑪ と 9)

5 こどもが 15にん あそんでいました。5にん かえりました。こどもは なんにんに なりましたか。

しき 15−5=10　こたえ 10にん

6 たまごが 5こ ありました。たまごを 10こ かってきました。あわせて なんこに なりましたか。

しき 5+10=15　こたえ 15こ

7 ぼくじょうには めすの うしが 12とう、おすの うしが 4とう います。あわせて なんとうですか。

しき 12+4=16　こたえ 16とう

8 あかと くろの ぺんが ぜんぶで 16ほん あります。あかの ぺんは 5ほんです。くろの ぺんは なんぼんですか。

しき 16−5=11　こたえ 11ぽん

9 こどもには こまを 18こ もっています。たけしさんは 6こ もっています。ちがいは なんこですか。

しき 18−6=12　こたえ 12こ

　（解答は，200～300%に拡大してお使い下さい。）

P144

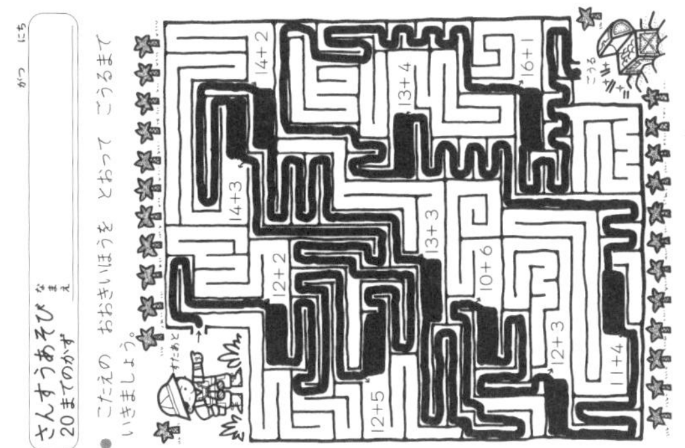

P145

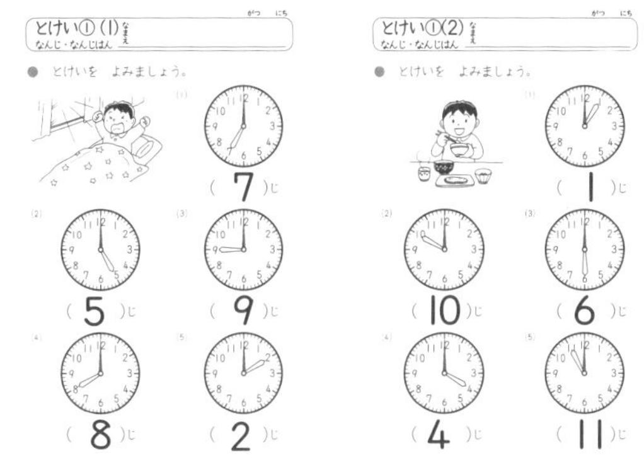

P146

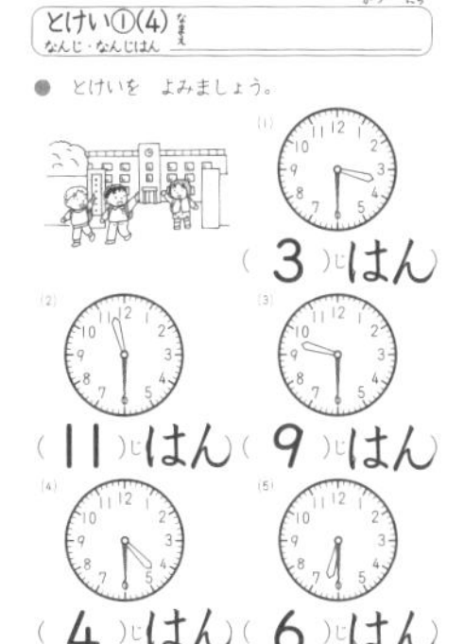

P147

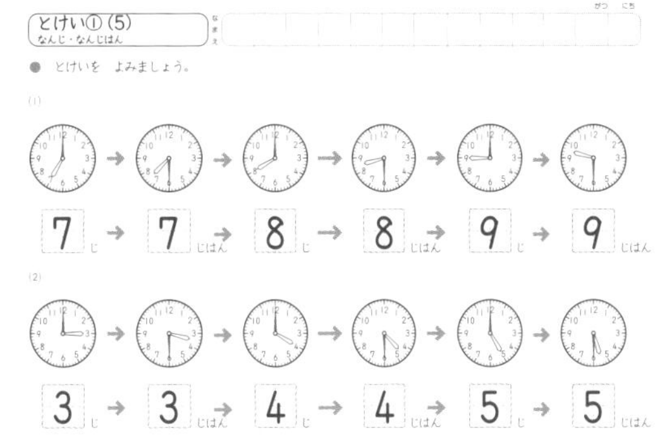

P148

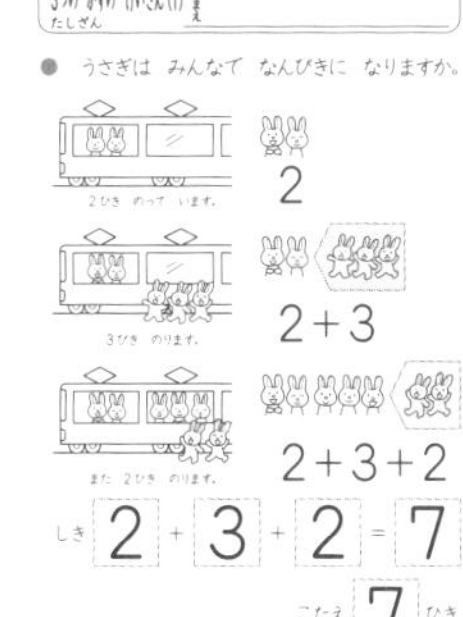

3つの かずの けいさん(1) たしざん
うさぎは みんなで なんびきに なりますか。
2
2+3
2+3+2
しき 2+3+2=7
こたえ 7ひき

3つの かずの けいさん(2) たしざん

● けいさんを しましょう。

① 3+5+1= 9（8）
② 2+4+2= 8（6）
③ 7+1+2= 10（8）
④ 1+3+5= 9（4）
⑤ 4+2+2= 8（6）

P149

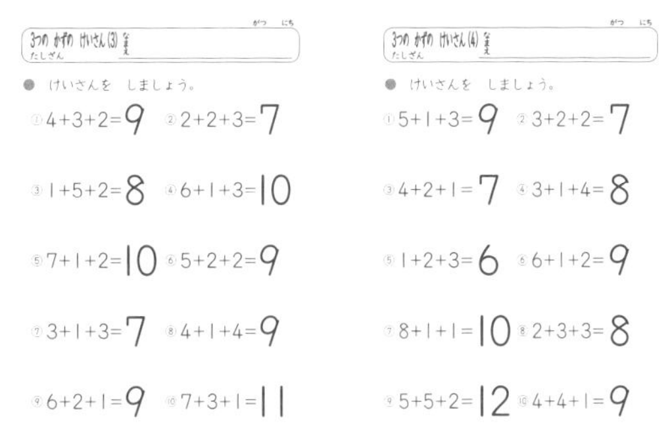

P150

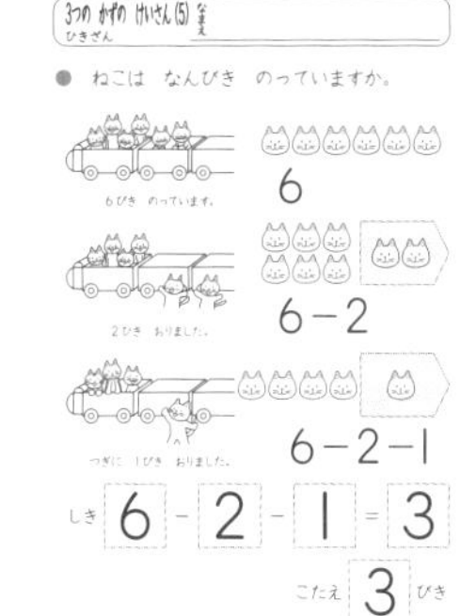

3つの かずの けいさん(5) ひきざん
ねこは なんびき のっていますか。
6
6−2
6−2−1
しき 6−2−1=3
こたえ 3ひき

3つの かずの けいさん(6) ひきざん

● けいさんを しましょう。

① 10−3−5= 2（7）
② 9−4−3= 2（5）
③ 6−2−3= 1（4）
④ 8−3−1= 4（5）
⑤ 7−1−3= 3（6）

P151

3つの かずの けいさん(7) ひきざん

● けいさんを しましょう。

① 5−2−2= 1　② 7−1−3= 3
③ 10−6−1= 3　④ 8−4−2= 2
⑤ 4−2−1= 1　⑥ 9−5−2= 2
⑦ 8−1−2= 5　⑧ 6−2−1= 3
⑨ 13−3−4= 6　⑩ 10−1−5= 4

3つの かずの けいさん(8) ひきざん

● けいさんを しましょう。

① 8−2−4= 2　② 9−1−4= 4
③ 5−3−1= 1　④ 7−2−2= 3
⑤ 10−6−2= 2　⑥ 6−3−2= 1
⑦ 9−2−3= 4　⑧ 8−4−1= 3
⑨ 17−7−2= 8　⑩ 10−3−2= 5

（テストの文章題は，式５点，答え５点として，配点しています。）

解答 児童に実施させる前に，必ず指導される方が問題を解いてください。本書の解答は，あくまでも１つの例です。

P152

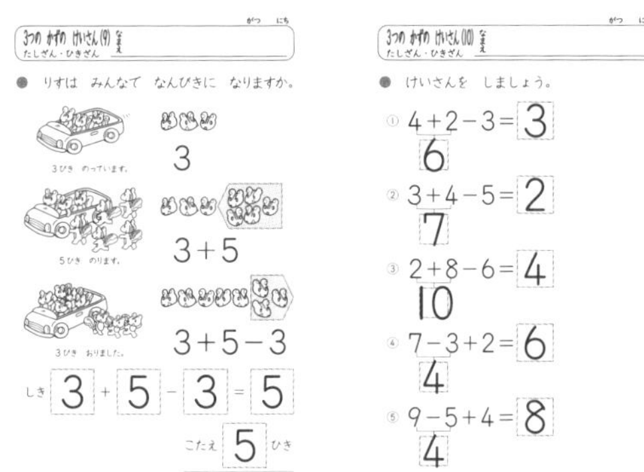

3つの かずの けいさん(9)
りすは みんなで なんびきに なりますか。
3
3＋5
3＋5－3
しき 3＋5－3＝5
こたえ 5 ひき
3つの かずの けいさん(10)
けいさんを しましょう。
① 4＋2－3＝3
② 3＋4－5＝2
③ 2＋8－6＝4
④ 7－3＋2＝6
⑤ 9－5＋4＝8

P153

3つの かずの けいさん(11)

● けいさんを しましょう。

① 2+7-4=5 ② 9-2+3=10

③ 10-5+2=7 ④ 1+6-3=4

⑤ 7-3+4=8 ⑥ 4+3-4=3

⑦ 6+2-4=4 ⑧ 8-6+1=3

⑨ 3+5-2=6 ⑩ 6-2+3=7

3つの かずの けいさん(12)

● けいさんを しましょう。

① 1+8-3=6 ② 3+3-2=4

③ 10-9+6=7 ④ 7-5+8=10

⑤ 2+6-4=4 ⑥ 8-2+3=9

⑦ 9-7+4=6 ⑧ 4+3-5=2

⑨ 5+2-6=1 ⑩ 6-4+3=5

P154

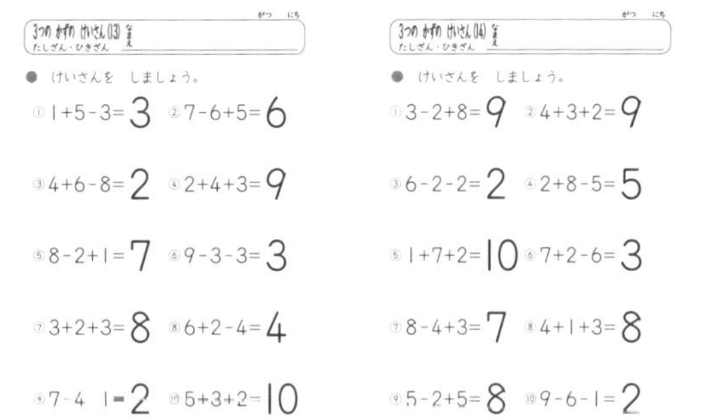

P155

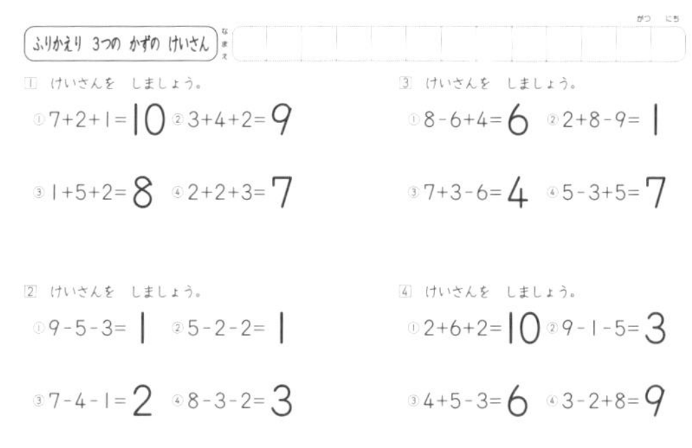

ふりかえり 3つの かずの けいさん
1 けいさんを しましょう。
① 7+2+1=10 ② 3+4+2=9
③ 1+5+2=8 ④ 2+2+3=7
2 けいさんを しましょう。
① 9-5-3=1 ② 5-2-2=1
③ 7-4-1=2 ④ 8-3-2=3
3 けいさんを しましょう。
① 8-6+4=6 ② 2+8-9=1
③ 7+3-6=4 ④ 5-3+5=7
4 けいさんを しましょう。
① 2+6+2=10 ② 9-1-5=3
③ 4+5-3=6 ④ 3-2+8=9

P156

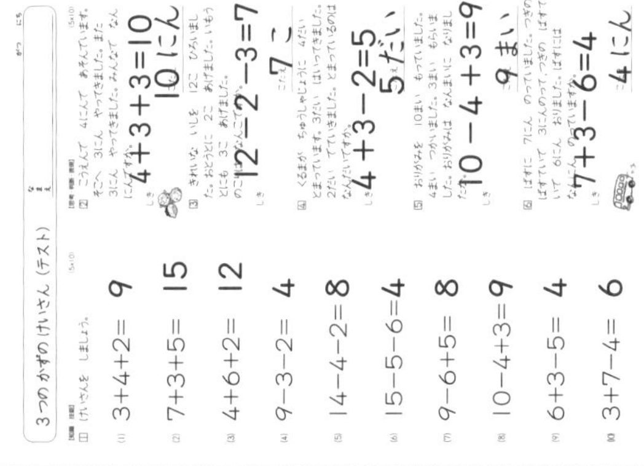

P157

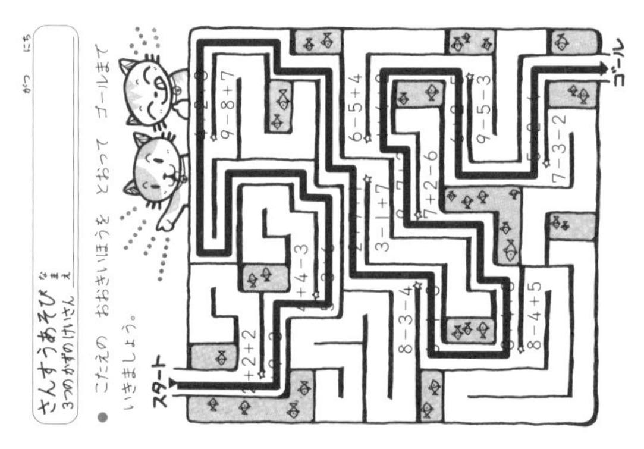

P158

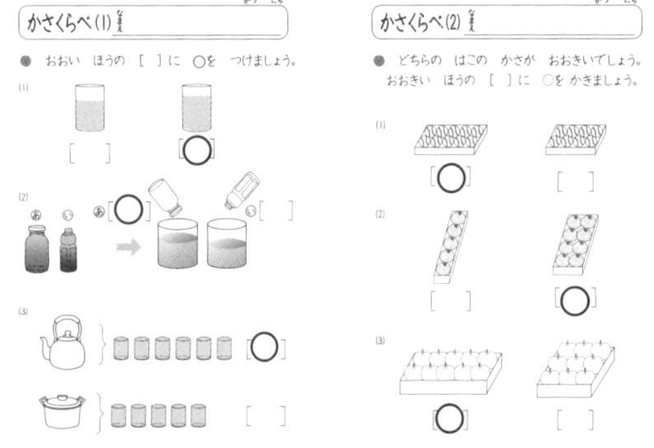

かさくらべ(1)
おおい ほうの [ ]に ○を つけましょう。
かさくらべ(2)
どちらの はこの かさが おおきいでしょう。
おおきい ほうの [ ]に ○を かきましょう。

P159

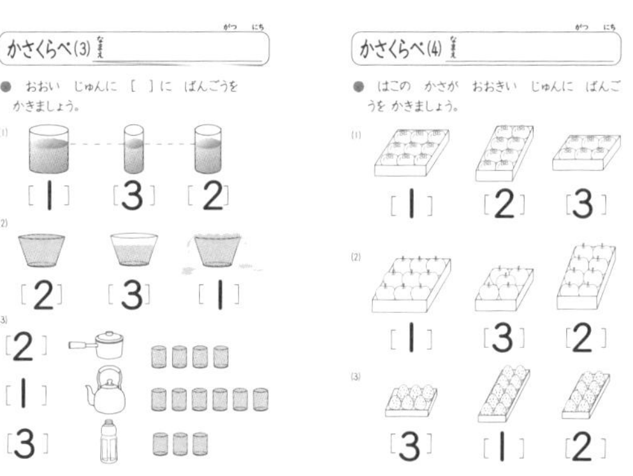

かさくらべ(3)
おおい じゅんに [ ]に ばんごうを かきましょう。
[1] [3] [2]
[2] [3] [1]
[2] [1] [3]
かさくらべ(4)
はこの かさが おおきい じゅんに ばんごうを かきましょう。
[1] [2] [3]
[1] [3] [2]
[3] [1] [2]

 （解答は，200～300%に拡大してお使い下さい。）

指導される方の作られた解答をもとに，本書の解答例を参考に児童の多様な考えに寄り添って○つけをお願いします。

解答

P160

たしざん (1)

● あと いくつで 10に なりますか。

① 9 と 1 で 10
② 5 と 5 で 10
③ 2 と 8 で 10
④ 7 と 3 で 10
⑤ 6 と 4 で 10

たしざん (2)

● あと いくつで 10に なりますか。

① 8 と 2 で 10
② 1 と 9 で 10
③ 3 と 7 で 10
④ 9 と 1 で 10
⑤ 4 と 6 で 10

P161

たしざん (3) 9+□ □+9

● 9+□の けいさんを しましょう。

9+3=12

① 9+6=15 ② 9+4=13
③ 9+7=16 ④ 9+9=18
⑤ 9+5=14 ⑥ 9+2=11

たしざん (4) 9+□ □+9

● □+9の けいさんを しましょう。

2+9=11

① 3+9=12 ② 8+9=17
③ 7+9=16 ④ 5+9=14
⑤ 6+9=15 ⑥ 4+9=13

P162

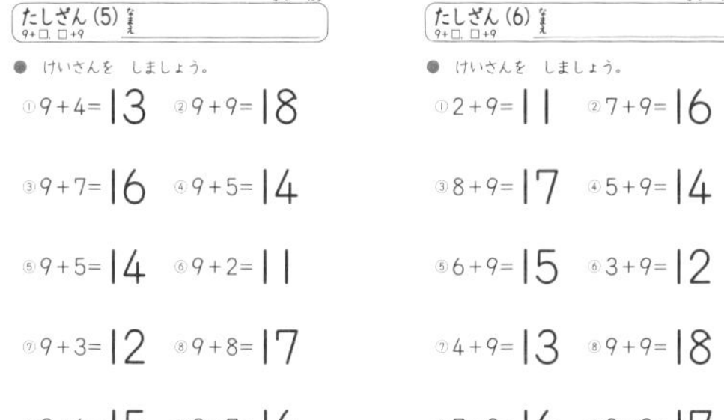

たしざん (5) 9+□ □+9

● けいさんを しましょう。

① 9+4=13 ② 9+9=18
③ 9+7=16 ④ 9+5=14
⑤ 9+5=14 ⑥ 9+2=11
⑦ 9+3=12 ⑧ 9+8=17
⑨ 9+6=15 ⑩ 9+7=16

たしざん (6) 9+□ □+9

● けいさんを しましょう。

① 2+9=11 ② 7+9=16
③ 8+9=17 ④ 5+9=14
⑤ 6+9=15 ⑥ 3+9=12
⑦ 4+9=13 ⑧ 9+9=18
⑨ 7+9=16 ⑩ 8+9=17

P163

たしざん (7) 8+□ □+8

● 8+□の けいさんを しましょう。

8+4=12

① 8+8=16 ② 8+5=13
③ 8+3=11 ④ 8+7=15
⑤ 8+9=17 ⑥ 8+6=14

たしざん (8) 8+□ □+8

● □+8の けいさんを しましょう。

3+8=11

① 9+8=17 ② 4+8=12
③ 5+8=13 ④ 8+8=16
⑤ 7+8=15 ⑥ 6+8=14

P164

たしざん (9) 8+□ □+8

● けいさんを しましょう。

① 8+3=11 ② 8+8=16
③ 8+9=17 ④ 8+6=14
⑤ 8+7=15 ⑥ 4+8=12
⑦ 3+8=11 ⑧ 9+8=17
⑨ 5+8=13 ⑩ 6+8=14

たしざん (10) 8+□ □+8

● けいさんを しましょう。

① 8+7=15 ② 8+5=13
③ 8+4=12 ④ 8+9=17
⑤ 8+8=16 ⑥ 7+8=15
⑦ 5+8=13 ⑧ 4+8=12
⑨ 3+8=11 ⑩ 6+8=14

P165

たしざん (11) 7+□ □+7

● 7+□の けいさんを しましょう。

7+5=12

① 7+7=14 ② 7+9=16
③ 7+8=15 ④ 7+6=13
⑤ 7+4=11 ⑥ 7+7=14

たしざん (12) 7+□ □+7

● □+7の けいさんを しましょう。

4+7=11

① 8+7=15 ② 7+7=14
③ 6+7=13 ④ 5+7=12
⑤ 9+7=16 ⑥ 8+7=15

P166

たしざん (13) 6+□ □+6

● 6+□の けいさんを しましょう。

6+5=11

① 6+6=12 ② 6+8=14
③ 6+9=15 ④ 6+7=13
⑤ 6+8=14 ⑥ 6+6=12

たしざん (14) 6+□ □+6

● □+6の けいさんを しましょう。

5+6=11

① 9+6=15 ② 6+6=12
③ 7+6=13 ④ 5+6=11
⑤ 8+6=14 ⑥ 9+6=15

P167

たしざん (15) 7+□,□+7,6+□,□+6

● けいさんを しましょう。

① 6+9=15 ② 7+4=11
③ 7+7=14 ④ 8+7=15
⑤ 6+6=12 ⑥ 6+5=11
⑦ 7+6=13 ⑧ 5+7=12
⑨ 6+8=14 ⑩ 9+7=16

たしざん (16) 7+□,□+7,6+□,□+6

● けいさんを しましょう。

① 6+6=12 ② 7+9=16
③ 7+5=12 ④ 5+6=11
⑤ 7+7=14 ⑥ 7+8=15
⑦ 6+7=13 ⑧ 8+6=14
⑨ 4+7=11 ⑩ 9+6=15

（テストの文章題は，式５点，答え５点として，配点しています。）

解答

児童に実施させる前に，必ず指導される方が問題を解いてください。本書の解答は，あくまでも１つの例です。

P168

たしざん(17) なまえ　がつ　にち

● けいさんを　しましょう。

①7+4=11　②9+2=11
③4+9=13　④7+5=12
⑤9+6=15　⑥5+8=13
⑦6+6=12　⑧8+5=13
⑨8+9=17　⑩7+8=15

たしざん(18) なまえ　がつ　にち

● けいさんを　しましょう。

①8+6=14　②2+9=11
③3+8=11　④4+7=11
⑤9+3=12　⑥6+7=13
⑦7+5=12　⑧8+8=16
⑨9+7=16　⑩7+9=16

P169

たしざん(19) なまえ　がつ　にち

● けいさんを　しましょう。

①2+9=11　②8+7=15
③9+4=13　④4+8=12
⑤5+7=12　⑥9+9=18
⑦8+3=11　⑧6+5=11
⑨3+9=12　⑩7+6=13

たしざん(20) なまえ　がつ　にち

● けいさんを　しましょう。

①9+5=14　②4+7=11
③5+6=11　④9+8=17
⑤8+4=12　⑥6+8=14
⑦7+7=14　⑧5+9=14
⑨6+9=15　⑩3+9=12

P170

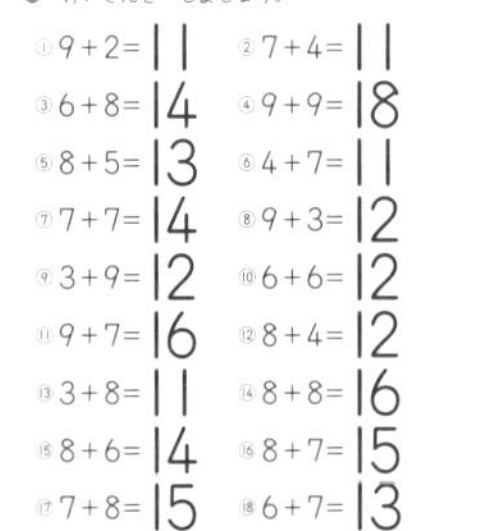

たしざん(21) なまえ　がつ　にち

● けいさんを　しましょう。

①9+2=11　②7+4=11
③6+8=14　④9+9=18
⑤8+5=13　⑥4+7=11
⑦7+7=14　⑧9+3=12
⑨3+9=12　⑩6+6=12
⑪9+7=16　⑫8+4=12
⑬3+8=11　⑭8+8=16
⑮8+6=14　⑯8+7=15
⑰7+8=15　⑱6+7=13
⑲5+6=11　⑳9+8=17

たしざん(22) なまえ　がつ　にち

● けいさんを　しましょう。

①7+9=16　②6+5=11
③5+9=14　④8+7=15
⑤9+4=13　⑥4+9=13
⑦8+3=11　⑧7+5=12
⑨2+9=11　⑩6+9=15
⑪8+8=16　⑫9+5=14
⑬3+9=12　⑭4+8=12
⑮9+6=15　⑯7+6=13
⑰9+9=18　⑱6+8=14
⑲5+8=13　⑳8+9=17

P171

たしざん(23) なまえ　がつ　にち

● けいさんを　しましょう。

①7+4=11　②6+8=14
③5+7=12　④9+3=12
⑤9+8=17　⑥7+7=14
⑦4+8=12　⑧8+3=11
⑨9+4=13　⑩7+5=12
⑪3+9=12　⑫6+6=12
⑬7+8=15　⑭9+6=15
⑮8+4=12　⑯5+8=13
⑰3+8=11　⑱8+8=16
⑲9+9=18　⑳2+9=11

たしざん(24) なまえ　がつ　にち

● けいさんを　しましょう。

①9+2=11　②8+7=15
③6+8=14　④7+7=14
⑤8+5=13　⑥8+9=17
⑦5+6=11　⑧9+7=16
⑨7+6=13　⑩6+5=11
⑪9+3=12　⑫5+9=14
⑬6+7=13　⑭8+6=14
⑮9+5=14　⑯4+7=11
⑰4+8=12　⑱7+9=16
⑲8+9=17　⑳6+9=15

P172

たしざん(25) ぶんしょうだい　なまえ　がつ　にち

1 ケーキが　はこに　9こ　はいっています。おさらには　3こあります。　ケーキは　あわせて　なんこ　ありますか。

しき　9+3=12　こたえ　12こ

2 おとこのこ　8にんと，おんなのこ　7にんに　おりがみを　1まいずつ　くばります。　おりがみは　なんまい　いりますか。

しき　8+7=15　こたえ　15まい

3 きのう　ほんを　5ページ，　きょう　9ページ　よみました。　きのうと　きょう　あわせて　なんページ　よみましたか。

しき　5+9=14　こたえ　14ページ

たしざん(26) ぶんしょうだい　なまえ　がつ　にち

1 あおい　えんぴつが　7ほん，あかい　えんぴつが　6ぽん　あります。　あわせて　なんぼん　ありますか。

しき　7+6=13　こたえ　13ぼん

2 バスに　4にん　のっています。つぎの　バスていで　8にん　のってきました。　ぜんぶで　なんにんに　なりましたか。

しき　4+8=12　こたえ　12にん

3 つみきが　6こ　つんであります。　その　うえに　5こ　つみました。　つみきは　なんこに　なりましたか。

しき　6+5=11　こたえ　11こ

P173

たしざん(27) ぶんしょうだい　なまえ　がつ　にち

1 むしかごに　かぶとむしが　8ひき　います。　おにいさんが　3びき　いれました。　ぜんぶで　なんびきに　なりましたか。

しき　8+3=11　こたえ　11ぴき

2 りすが　きの　うえに　6ぴき，きの　したに　7ひき　います。ぜんぶで　りすは　なんびき　いますか。

しき　6+7=13　こたえ　13びき

3 たまねぎが　7こ　ありました。　おかあさんが　4こ　かってきました。　あわせて　なんこに　なりますか。

しき　7+4=11　こたえ　11こ

4 くるまが　9だい　とまっています。　そこへ　5だい　きました。　あわせて　くるまは　なんだいですか。

しき　9+5=14　こたえ　14だい

5 あさがおの　はなが　6こ　さいていました。　きょう　8こ　さきました。　みんなで　なんこ　さきましたか。

しき　6+8=14　こたえ　14こ

たしざん(28) ぶんしょうだい　なまえ　がつ　にち

1 すずめが　でんせんに　9わ　とまっていました。4わ　とんできました。　すずめは　みんなで　なんわですか。

しき　9+4=13　こたえ　13わ

2 わたしは　おはじきを　5こ　もっています。　おねえさんから　7こ　もらいました。　ぜんぶで　なんこに　なりましたか。

しき　5+7=12　こたえ　12こ

3 みかんが　さらに　2こ　あります。かごには　9こ　あります。みかんは　ぜんぶで　なんこに　なりますか。

しき　2+9=11　こたえ　11こ

4 うさぎが　8ぴき　いました。　5ひき　こどもが　うまれました。　うさぎは　なんびきに　なりましたか。

しき　8+5=13　こたえ　13びき

5 きんぎょすくいを　しました。　ぼくは　9ひき，おとうとは　6ぴき　すくいました。　あわせて　なんびき　すくいましたか。

しき　9+6=15　こたえ　15ひき

P174

たしざん(29) チャレンジ　おはなしづくり　なまえ　がつ　にち

1 えを みて，4+7の しきに なる おはなしを つくりましょう。

（れい）
てーぶるの　うえで　4わの　とりが　えさを　たべています。7わ　とんできました。あわせて　11わに　なりました。

2 えを みて，8+5の しきに なる おはなしを つくりましょう。

（れい）
8ぴきの　ねこが　えさを　たべています。5ひき　きました。あわせて　13びきに　なりました。

P175

ふりかえり　たしざん なまえ　がつ　にち

1 けいさんを　しましょう。

①2+9=11　②6+8=14
③8+4=12　④7+7=14
⑤9+5=14　⑥9+3=12
⑦6+5=11　⑧4+9=13
⑨7+4=11　⑩6+6=12
⑪6+7=13　⑫7+5=12
⑬9+6=15　⑭8+7=15
⑮3+8=11

2 なわとびを　しました。　1かいめは　8かい，　2かいめは　9かい　とべました。　ぜんぶで　なんかい　とべましたか。

しき　8+9=17　こたえ　17かい

3 かきが　5こ　ありました。　おばさんに　8こ　もらいました。　かきは　ぜんぶで　なんこに　なりましたか。

しき　5+8=13　こたえ　13こ

4 ぼくは　どんぐりを　4こ　ひろいました。おにいさんは　どんぐりを　7こ　ひろいました。　あわせて　なんこ　どんぐりを　ひろいましたか。

しき　4+7=11　こたえ　11こ

（解答は，200～300％に拡大してお使い下さい。）

P176

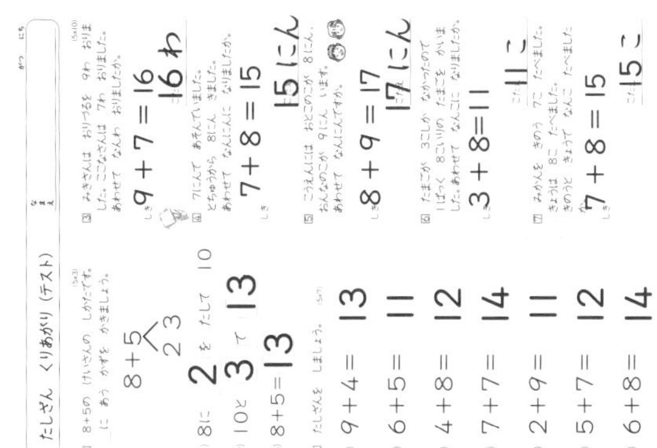

P177

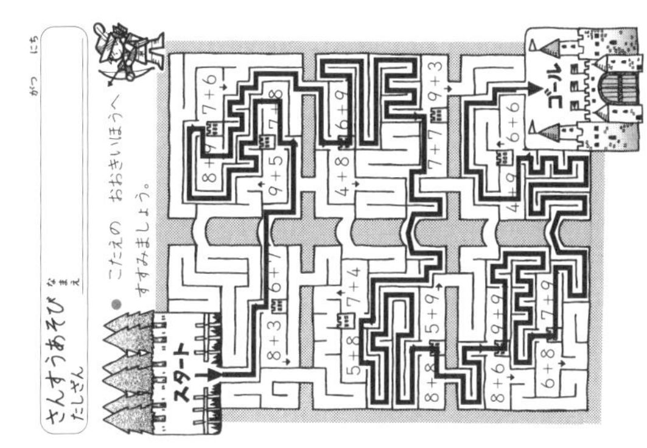

P178

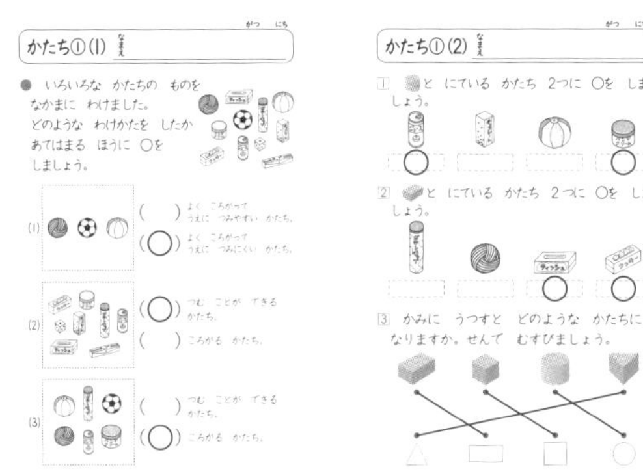

P179

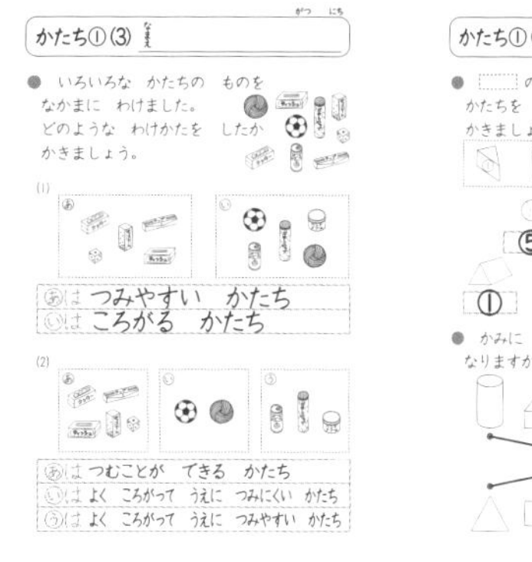

かたち① (3)
いろいろな かたちの ものを なかまに わけました。どのような わけかたを したか かきましょう。
つみやすい かたち
ころがる かたち
つむことが できる かたち
よく ころがって うえに つみにくい かたち
よく ころがって うえに つみやすい かたち

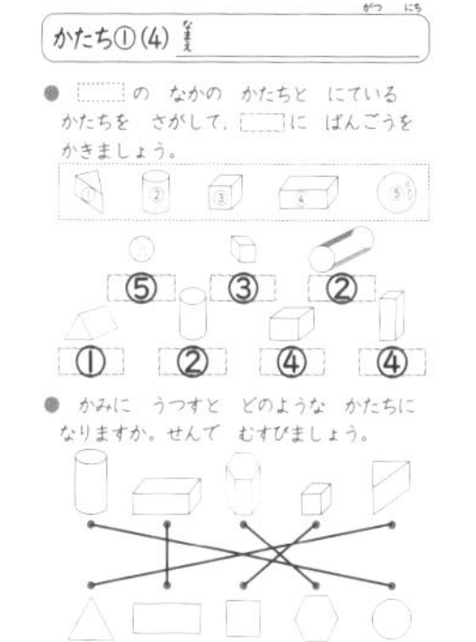

P180

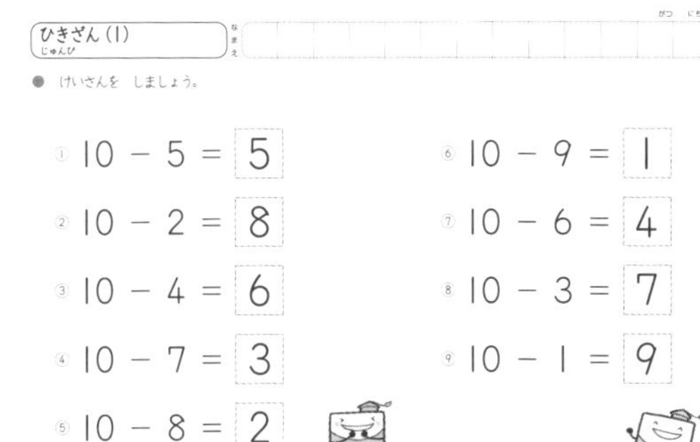

P181

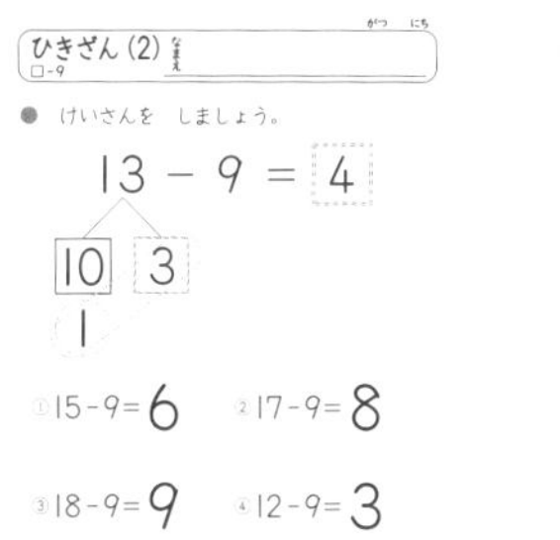

ひきざん (3) □-8

● けいさんを しましょう。

15 − 8 = 7

10 5

2

①16-8=8 ②13-8=5

③12-8=4 ④17-8=9

⑤11-8=3 ⑥14-8=6

P182

ひきざん (4) □-9

● けいさんを しましょう。

①15-9=6 ②18-9=9

③17-9=8 ④11-9=2

⑤12-9=3 ⑥16-9=7

⑦18-9=9 ⑧13-9=4

⑨14-9=5 ⑩17-9=8

ひきざん (5) □-8

● けいさんを しましょう。

①15-8=7 ②12-8=4

③13-8=5 ④16-8=8

⑤11-8=3 ⑥14-8=6

⑦17-8=9 ⑧13-8=5

⑨14-8=6 ⑩15-8=7

P183

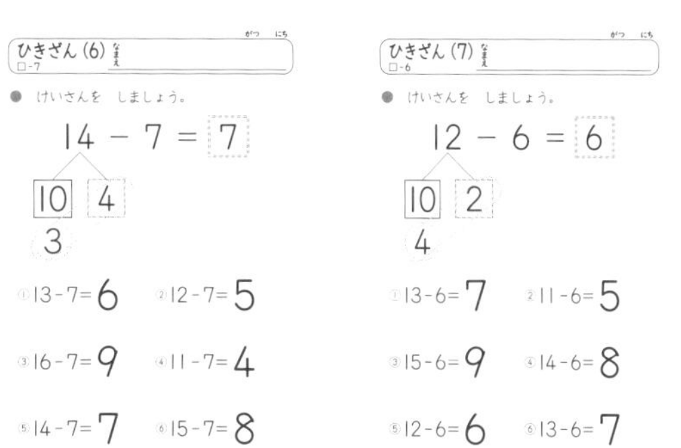

ひきざん (6) □-7
けいさんを しましょう。
14 − 7 = 7
10 4
3
①13-7=6 ②12-7=5
③16-7=9 ④11-7=4
⑤14-7=7 ⑥15-7=8
ひきざん (7) □-6
けいさんを しましょう。
12 − 6 = 6
10 2
4
①13-6=7 ②11-6=5
③15-6=9 ④14-6=8
⑤12-6=6 ⑥13-6=7

（テストの文章題は，式５点，答え５点として，配点しています。）

解答

児童に実施させる前に，必ず指導される方が問題を解いてください。本書の解答は，あくまでも１つの例です。

P184

ひきざん(8) □-7, □-6

● けいさんを しましょう。

①13-7=6 ②12-6=6
③16-7=9 ④11-7=4
⑤14-6=8 ⑥15-7=8
⑦12-7=5 ⑧13-6=7
⑨11-6=5 ⑩14-7=7

ひきざん(9) □-7, □-6

● けいさんを しましょう。

①11-7=4 ②13-6=7
③14-6=8 ④13-7=6
⑤15-6=9 ⑥16-7=9
⑦14-7=7 ⑧11-6=5
⑨12-6=6 ⑩15-7=8

P185

ひきざん(10) □-5, □-4

● けいさんを しましょう。

①12-4=8 ②11-5=6
③13-5=8 ④11-4=7
⑤14-5=9 ⑥12-5=7

ひきざん(11) □-4, □-3, □-2

● けいさんを しましょう。

①13-4=9 ②11-2=9
③11-3=8 ④12-4=8
⑤11-4=7 ⑥12-3=9

P186

ひきざん(12) □-5,□-4,□-3,□-2

● けいさんを しましょう。

①12-3=9 ②13-4=9
③14-5=9 ④11-2=9
⑤11-5=6 ⑥12-4=8
⑦11-3=8 ⑧13-5=8
⑨12-5=7 ⑩11-4=7

ひきざん(13) □-5,□-4,□-3,□-2

● けいさんを しましょう。

①11-2=9 ②13-4=9
③12-5=7 ④14-5=9
⑤11-3=8 ⑥12-4=8
⑦13-5=8 ⑧11-4=7
⑨11-5=6 ⑩12-3=9

P187

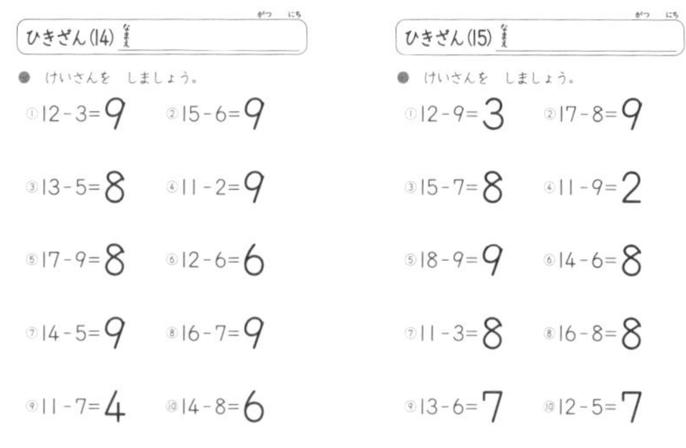

ひきざん(14)

● けいさんを しましょう。

①12-3=9 ②15-6=9
③13-5=8 ④11-2=9
⑤17-9=8 ⑥12-6=6
⑦14-5=9 ⑧16-7=9
⑨11-7=4 ⑩14-8=6

ひきざん(15)

● けいさんを しましょう。

①12-9=3 ②17-8=9
③15-7=8 ④11-9=2
⑤18-9=9 ⑥14-6=8
⑦11-3=8 ⑧16-8=8
⑨13-6=7 ⑩12-5=7

P188

ひきざん(16)

● けいさんを しましょう。

①15-8=7 ②13-7=6
③11-4=7 ④11-2=9
⑤12-6=6 ⑥14-9=5
⑦16-9=7 ⑧11-5=6
⑨12-7=5 ⑩13-8=5

ひきざん(17)

● けいさんを しましょう。

①11-6=5 ②18-9=9
③13-9=4 ④12-8=4
⑤12-4=8 ⑥14-7=7
⑦16-8=8 ⑧11-8=3
⑨15-9=6 ⑩13-4=9

P189

ひきざん(18)

● けいさんを しましょう。

①12-7=5 ②11-9=2
③14-6=8 ④13-5=8
⑤11-2=9 ⑥15-7=8
⑦17-8=9 ⑧12-3=9
⑨13-4=9 ⑩16-7=9
⑪14-7=7 ⑫11-5=6
⑬13-9=4 ⑭15-8=7
⑮11-6=5 ⑯14-5=9
⑰13-8=5 ⑱12-4=8
⑲12-8=4 ⑳16-9=7

ひきざん(19)

● けいさんを しましょう。

①14-7=7 ②11-8=3
③11-3=8 ④13-5=8
⑤16-8=8 ⑥12-9=3
⑦12-5=7 ⑧13-8=5
⑨15-9=6 ⑩15-6=9
⑪13-6=7 ⑫11-4=7
⑬18-9=9 ⑭14-8=6
⑮11-7=4 ⑯17-9=8
⑰14-9=5 ⑱12-6=6
⑲13-7=6 ⑳12-3=9

P190

ひきざん(20)

● けいさんを しましょう。

①14-6=8 ②12-7=5
③15-9=6 ④13-6=7
⑤16-7=9 ⑥11-4=7
⑦15-8=7 ⑧14-5=9
⑨13-5=8 ⑩12-3=9
⑪11-7=4 ⑫14-8=6
⑬17-9=8 ⑭12-4=8
⑮14-9=5 ⑯11-3=8
⑰12-6=6 ⑱15-7=8
⑲16-8=8 ⑳13-9=4

ひきざん(21)

● けいさんを しましょう。

①16-7=9 ②11-9=2
③11-5=6 ④13-4=9
⑤18-9=9 ⑥17-8=9
⑦13-8=5 ⑧12-4=8
⑨12-9=3 ⑩16-9=7
⑪11-2=9 ⑫14-6=8
⑬15-9=6 ⑭13-7=6
⑮12-8=4 ⑯11-6=5
⑰14-7=7 ⑱12-5=7
⑲11-8=3 ⑳15-6=9

P191

ひきざん(22) ぶんしょうだい

1 おねえさんの としは 13さいです。わたしは 7さいです。なんさい ちがいますか。

しき 13-7=6　こたえ 6 さい

2 おりがみを 15まい もっていました。6まい つかいました。おりがみは なんまい のこっていますか。

しき 15-6=9　こたえ 9 まい

3 バスに 12にん のっています。おとなは 8にんです。こどもは なんにんですか。

しき 12-8=4　こたえ 4 にん

ひきざん(23) ぶんしょうだい

1 ももが 11こ ありました。おとなりに 4こ あげました。のこりは なんこですか。

しき 11-4=7　こたえ 7 こ

2 うしと うまを あわせて 17とう かっています。そのうち うしは 8とうです。うまは なんとうですか。

しき 17-8=9　こたえ 9 とう

3 あかい リボンが 13こ，しろい リボンが 9こ あります。どちらが なんこ おおいですか。

しき 13-9=4
あかいリボンが 4こ おおい。

（解答は，200～300%に拡大してお使い下さい。）

指導される方の作られた解答をもとに，本書の解答例を参考に児童の多様な考えに寄り添って○つけをお願いします。

P192

P193

P194

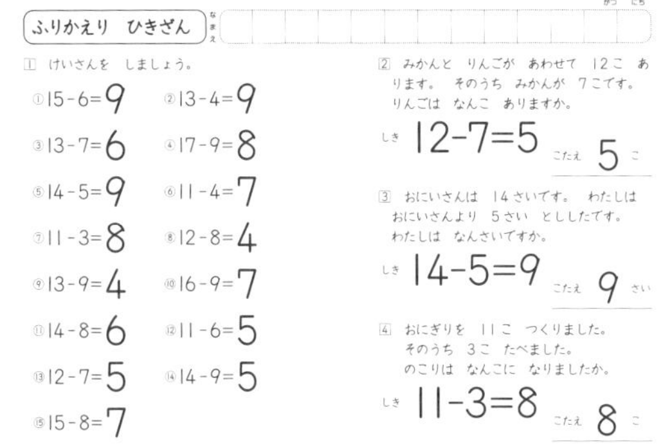

P195

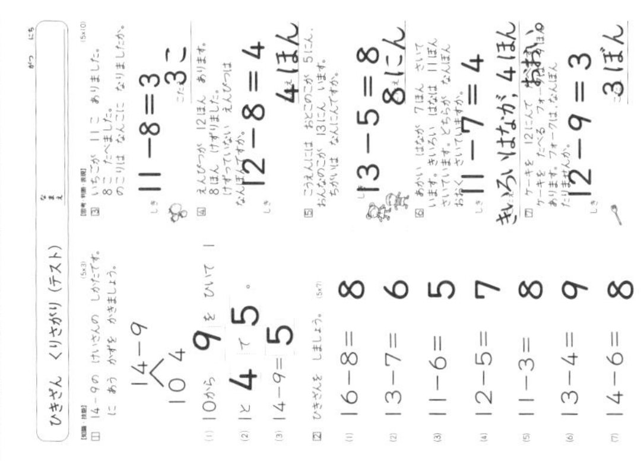

P196

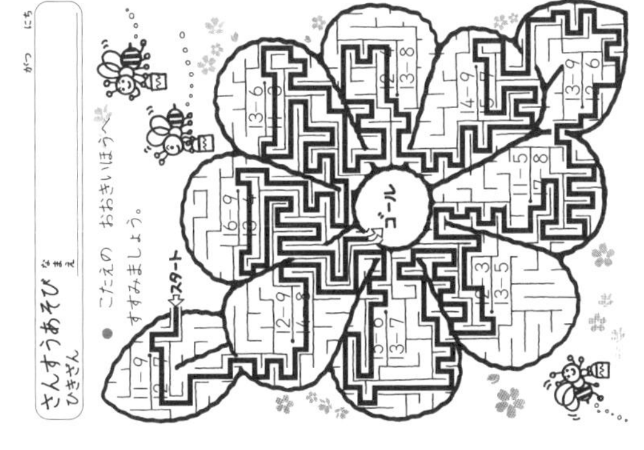

P197

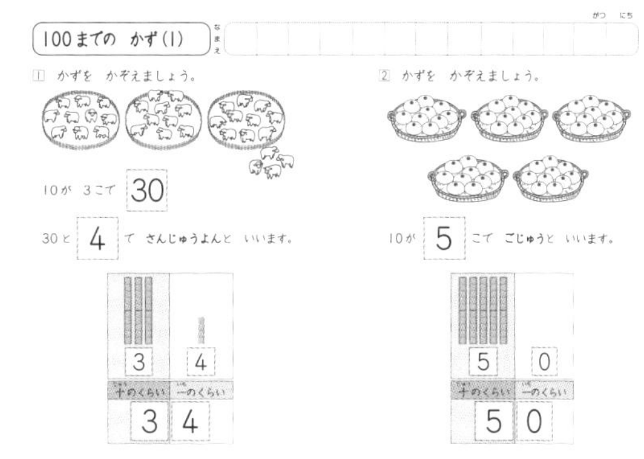

P198

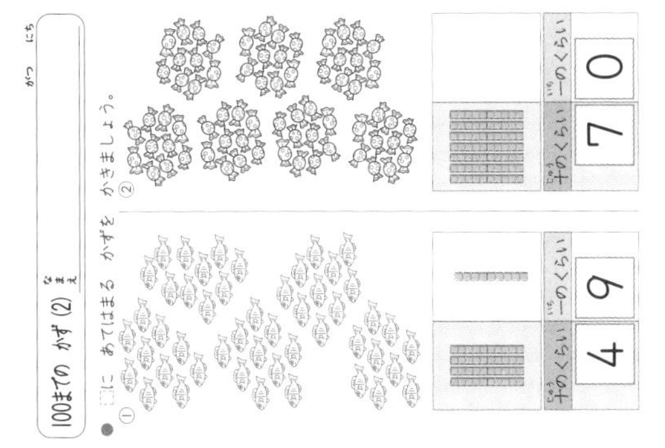

P199

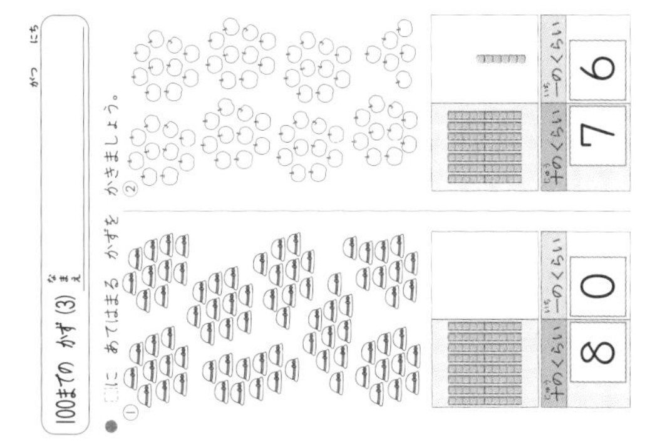

（テストの文章題は，式５点，答え５点として，配点しています。）

児童に実施させる前に，必ず指導される方が問題を解いてください。本書の解答は，あくまでも１つの例です。

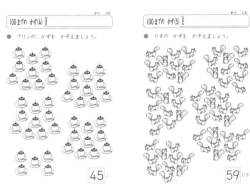

P200

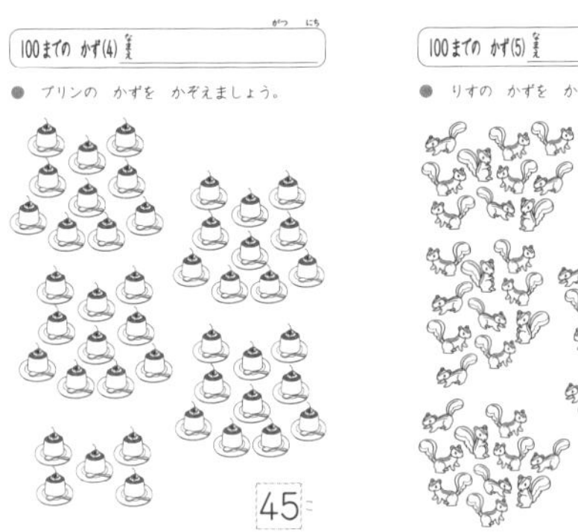

100までの かず(4)
● プリンの かずを かぞえましょう。
45こ
100までの かず(5)
● りすの かずを かぞえましょう。
59ひき

P201

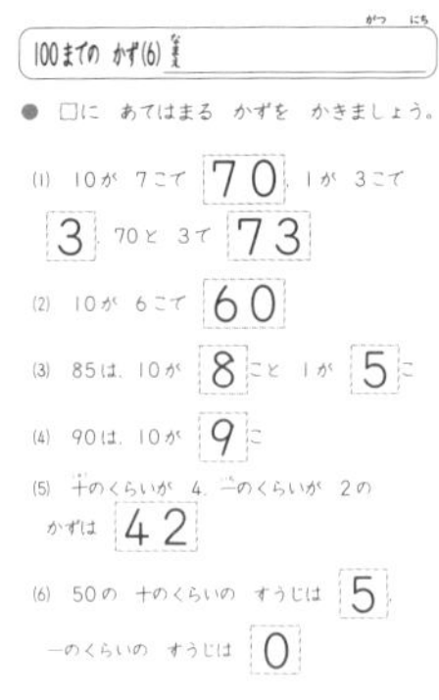

100までの かず(6)
● □に あてはまる かずを かきましょう。
(1) 10が 7こで 70 1が 3こで 3 70と 3で 73
(2) 10が 6こで 60
(3) 85は，10が 8こと 1が 5こ
(4) 90は，10が 9こ
(5) 十のくらいが 4，一のくらいが 2の かずは 42
(6) 50の 十のくらいの すうじは 5 一のくらいの すうじは 0

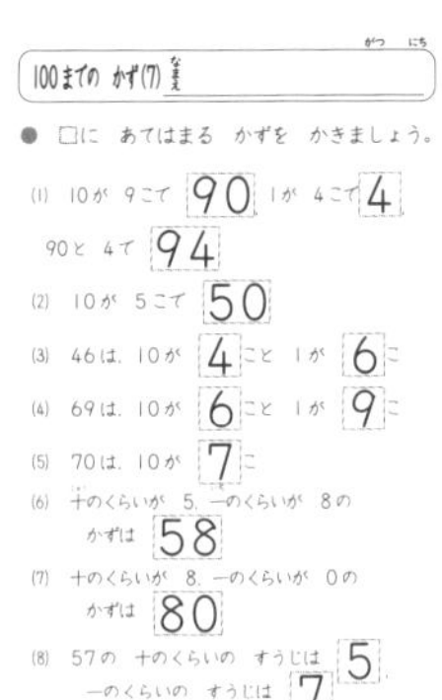

100までの かず(7)
● □に あてはまる かずを かきましょう。
(1) 10が 9こで 90 1が 4こで 4 90と 4で 94
(2) 10が 5こで 50
(3) 46は，10が 4こと 1が 6こ
(4) 69は，10が 6こと 1が 9こ
(5) 70は，10が 7こ
(6) 十のくらいが 5，一のくらいが 8の かずは 58
(7) 十のくらいが 8，一のくらいが 0の かずは 80
(8) 57の 十のくらいの すうじは 5 一のくらいの すうじは 7

P202

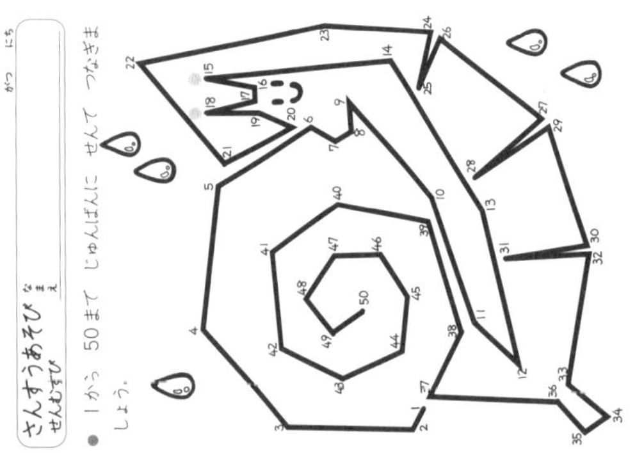

さんすうあそび せんむすび
● 1から 50まで じゅんばんに せんで つなぎましょう。

P203

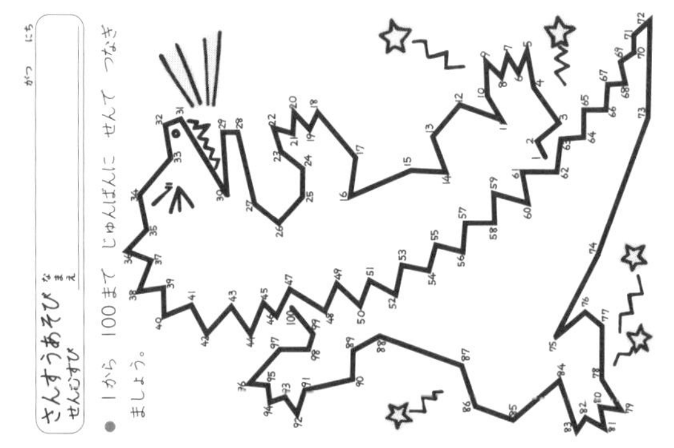

さんすうあそび せんむすび
● 1から 100まで じゅんばんに せんで つなぎましょう。

P204

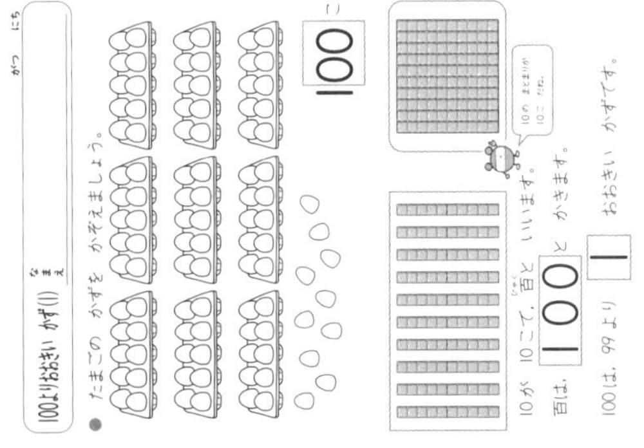

100より おおきい かず(1)
● たまごの かずを かぞえましょう。
100こ
10が 10こで，百と いいます。百は，100と かきます。
100は，99より 1 おおきい かずです。

P205

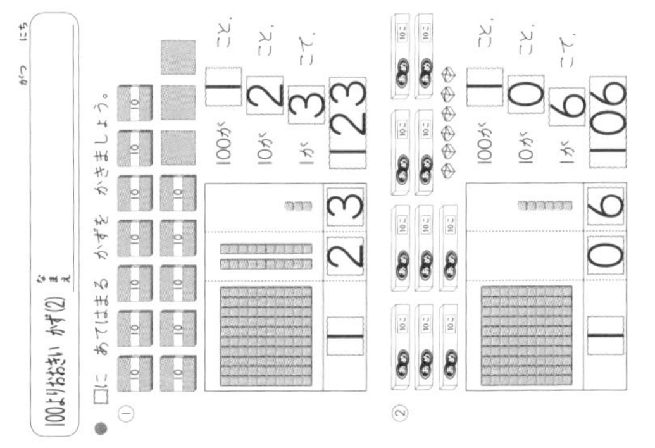

100より おおきい かず(2)
● □に あてはまる かずを かきましょう。
① 100が 1こ 10が 2こ 1が 3こ 123
② 100が 1こ 10が 0こ 1が 6こ 106

P206

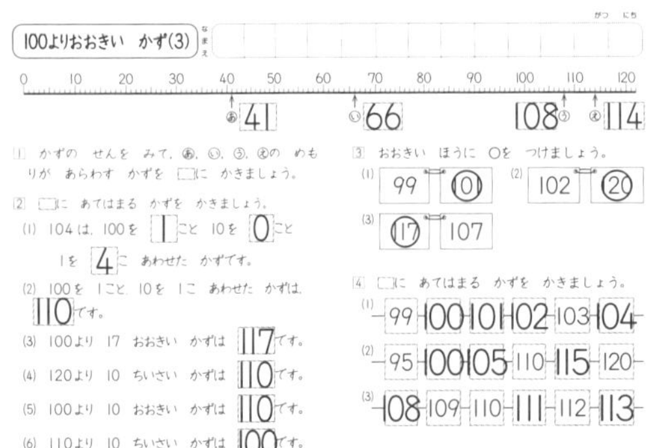

100より おおきい かず(3)
Ⓐ41 Ⓑ66 Ⓒ108 Ⓓ114
1 かずの せんを みて，Ⓐ，Ⓑ，Ⓒ，Ⓓの めもりが あらわす かずを □に かきましょう。
2 □に あてはまる かずを かきましょう。
(1) 104は，100を 1こと 10を 0こと 1を 4こ あわせた かずです。
(2) 100を 1こ，10を 1こ あわせた かずは 110です。
(3) 100より 17 おおきい かずは 117です。
(4) 120より 10 ちいさい かずは 110です。
(5) 100より 10 おおきい かずは 110です。
(6) 110より 10 ちいさい かずは 100です。
3 おおきい ほうに ○を つけましょう。
(1) 99 101 (2) 102 120 (3) 117 107
4 □に あてはまる かずを かきましょう。
(1) 99 100 101 102 103 104
(2) 95 100 105 110 115 120
(3) 108 109 110 111 112 113

P207

かんたんな 2けたの たしざん (1)　なまえ　がつ　にち

● けいさんを しましょう。

① 40＋50＝90　② 20＋70＝90
③ 60＋4＝64　④ 80＋6＝86
⑤ 90＋3＝93　⑥ 70＋5＝75
⑦ 72＋7＝79　⑧ 83＋4＝87
⑨ 34＋2＝36　⑩ 66＋3＝69

かんたんな 2けたの ひきざん (1)　なまえ　がつ　にち

● けいさんを しましょう。

① 70－40＝30　② 60－20＝40
③ 36－6＝30　④ 67－7＝60
⑤ 42－2＝40　⑥ 81－1＝80
⑦ 96－4＝92　⑧ 77－6＝71
⑨ 85－3＝82　⑩ 58－5＝53

【1年】WS No.207

　（解答は，200～300%に拡大してお使い下さい。）

P208

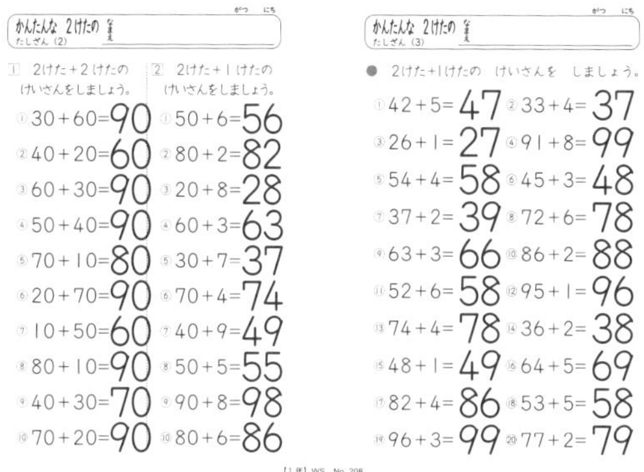

P209

かんたんな 2けたの ひきざん (2)

1 2けた－2けたの けいさんをしましょう。

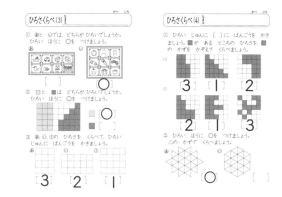

①70－40=30 ②50－30=20 ③90－50=40 ④30－20=10 ⑤60－40=20 ⑥40－30=10 ⑦50－20=30 ⑧60－10=50 ⑨90－80=10 ⑩80－60=20

2 2けた－1けたの けいさんをしましょう。

①92－2=90 ②54－4=50 ③86－6=80 ④43－3=40 ⑤65－5=60 ⑥79－9=70 ⑦88－8=80 ⑧62－2=60 ⑨37－7=30 ⑩78－8=70

かんたんな 2けたの ひきざん (3)

● 2けた－1けたの けいさんを しましょう。

①34－2=32 ②82－1=81 ③47－6=41 ④76－4=72 ⑤98－6=92 ⑥65－3=62 ⑦54－1=53 ⑧86－2=84 ⑨99－7=92 ⑩74－3=71 ⑪87－5=82 ⑫68－4=64 ⑬43－2=41 ⑭59－5=54 ⑮95－2=93 ⑯78－6=72 ⑰66－5=61 ⑱85－4=81 ⑲57－3=54 ⑳49－8=41

【1年】WS No. 209

P210

かんたんな 2けたの けいさん(1) ぶんしょうだい

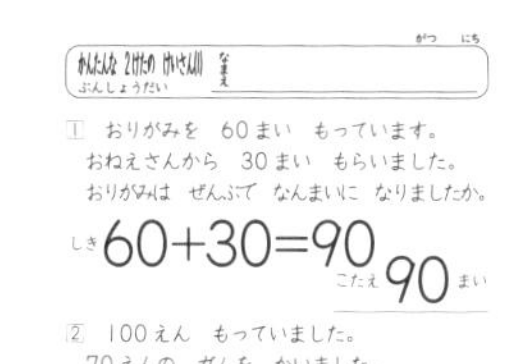

1 おりがみを 60まい もっています。おねえさんから 30まい もらいました。おりがみは ぜんぶで なんまいに なりましたか。

しき 60+30=90 こたえ 90まい

2 100えん もっていました。70えんの ガムを かいました。なんえん のこっていますか。

しき 100－70=30 こたえ 30えん

3 ひまわりが 30ぼん さきました。まだ さいていない ひまわりが 6ぽん あります。ひまわりは あわせて なんぼん ありますか。

しき 30+6=36 こたえ 36ぼん

かんたんな 2けたの けいさん(2) ぶんしょうだい

1 わたしは 70えん もっています。おにいさんは 80えん もっています。おにいさんは わたしより なんえん おおく もっていますか。

しき 80－70=10 こたえ 10えん

2 50えんの えんぴつと 40えんの けしごむを かいました。あわせて なんえんに なりますか。

しき 50+40=90 こたえ 90えん

3 どんぐりを 45こ ひろいました。いもうとに 5こ あげました。のこりは なんこに なりましたか。

しき 45－5=40 こたえ 40こ

【1年】WS No. 210

P211

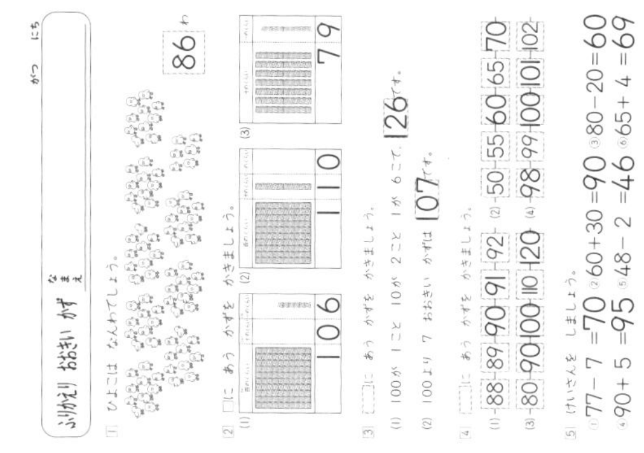

P212

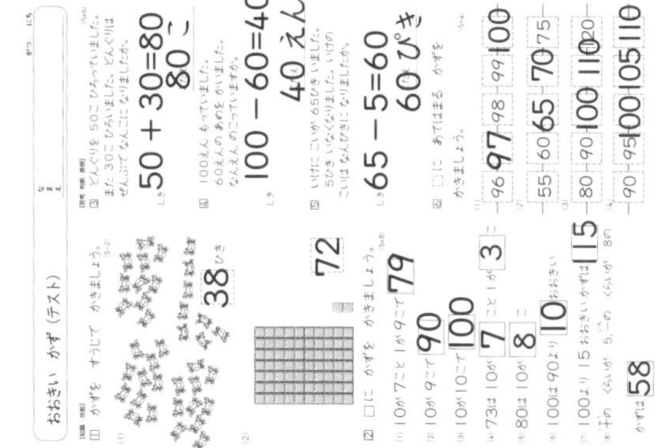

P213

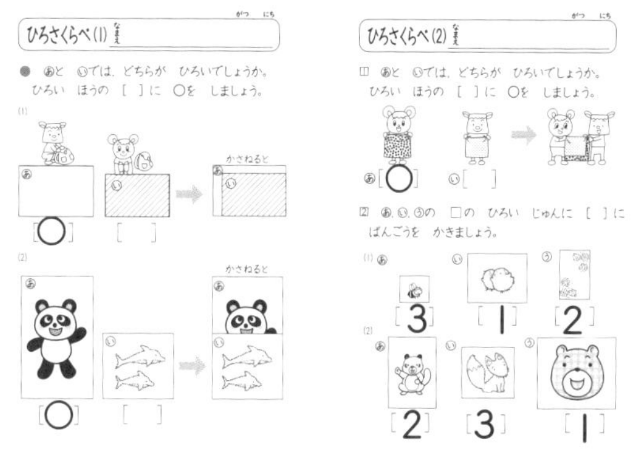

P214

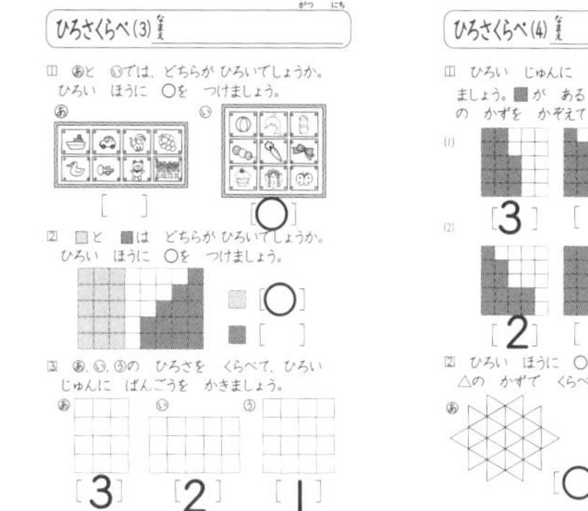

ひろさくらべ (4)

1 ひろい じゅんに [ ]に ばんごうを かきましょう。■が ある ところの ひろさを、■の かずを かぞえて くらべましょう。

(1) [3] [1] [2]

(2) [2] [1] [3]

2 ひろい ほうに ○を つけましょう。△の かずで くらべましょう。

あ [○] い [ ]

P215

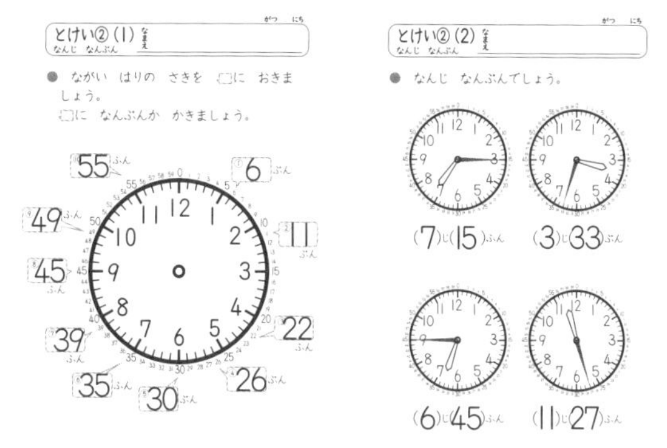

解答　児童に実施させる前に，必ず指導される方が問題を解いてください。本書の解答は，あくまでも１つの例です。

P216

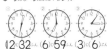

とけい② (3) なんじ なんぷん　なまえ

● なんじ なんぷんでしょう。

① 12じ 32ふん　② 6じ 59ふん　③ 3じ 6ふん

④ 5じ 13ふん　⑤ 11じ 2ふん　⑥ 7じ 38ふん

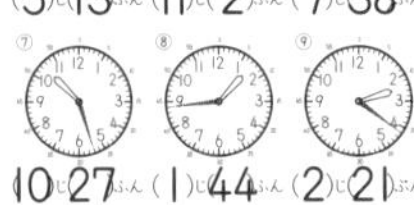

⑦ 10じ 27ふん　⑧ 1じ 44ふん　⑨ 2じ 21ふん

とけい② (4) なんじ なんぷん　なまえ

● なんじ なんぷんでしょう。

① 4じ 17ふん　② 8じ 23ふん　③ 5じ 52ふん

④ 9じ 36ふん　⑤ 6じ 29ふん　⑥ 3じ 42ふん

⑦ 1じ 7ふん　⑧ 11じ 48ふん　⑨ 12じ 11ふん

P217

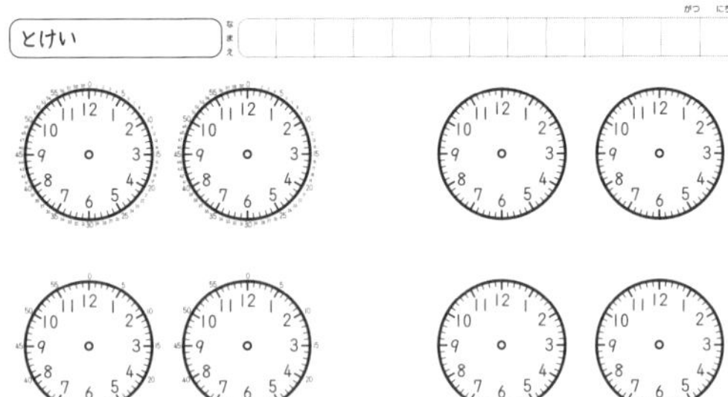

P218

ずを つかって かんがえよう(1) なんばんめ　なまえ

1 みさきさんは，まえから 6ばんめに います。みさきさんの うしろに 3にん います。みんなで なんにん いますか。

しき 6 + 3 = 9　こたえ 9 にん

2 かけるさんは，まえから 4ばんめに います。かけるさんの うしろに 7にん います。みんなで なんにん いますか。

しき 4＋7＝11　こたえ 11 にん

ずを つかって かんがえよう(2) なんばんめ　なまえ

1 こどもが 10にん ならんでいます。さくらさんは まえから 4ばんめです。さくらさんの うしろには なんにん いますか。

しき 10 − 4 = 6　こたえ 6 にん

2 こどもが 12にん ならんでいます。まさとさんは まえから 8ばんめです。まさとさんの うしろには なんにん いますか。

しき 12−8＝4　こたえ 4 にん

P219

ずを つかって かんがえよう(3) なんばんめ　なまえ

1 ゆうまさんは，まえから 4ばんめに います。ゆうまさんの うしろに 8にん います。みんなで なんにん いますか。

しき 4＋8＝12　こたえ 12にん

2 ゆあさんは，まえから 3ばんめに います。ゆあさんの うしろに 8にん います。みんなで なんにん いますか。

しき 3＋8＝11　こたえ 11にん

3 かんとさんは，まえから 7ばんめに います。かんとさんの うしろに 7にん います。みんなで なんにん いますか。

しき 7＋7＝14　こたえ 14にん

ずを つかって かんがえよう(4) なんばんめ　なまえ

1 バスていに 10にん ならんでいます。ゆづきさんは，まえから 7ばんめに います。ゆづきさんの うしろには なんにん いますか。

しき 10−7＝3　こたえ 3にん

2 こどもが 14にん ならんでいます。こはるさんは，まえから 6ばんめに います。こはるさんの うしろには なんにん いますか。

しき 14−6＝8　こたえ 8にん

3 バスていに ひとが ならんでいます。あかりさんの まえに 3にん います。あかりさんの うしろに 6にん います。ぜんぶで なんにん ならんで いますか。

しき 3 + 1 + 6 = 10　こたえ 10にん

P220

ずを つかって かんがえよう(5) なんばんめ　なまえ

1 バスていに 13にん ならんでいます。かいとさんは まえから 5ばんめにいます。かいとさんの うしろには なんにん いますか。

しき 13−5＝8　こたえ 8にん

2 こどもが 14にん ならんでいます。いつきさんは，まえから 7ばんめに います。いつきさんの うしろには なんにん いますか。

しき 14−7＝7　こたえ 7にん

3 こどもが ならんでいます。 あおいさんは，まえから 4ばんめに います。あおいさんの うしろに 9にん います。こどもは なんにん いますか。

しき 4＋9＝13　こたえ 13にん

ずを つかって かんがえよう(6) なんばんめ　なまえ

1 いちかさんは まえから 6ばんめにいます。いちかさんの うしろに 8にん います。みんなで なんにん いますか。

しき 6＋8＝14　こたえ 14にん

2 パンやさんに ひとが ならんでいます。さなさんの まえに 4にん います。さなさんの うしろに 3にん います。ぜんぶで なんにん ならんでいますか。

しき 4＋1＋3＝8　こたえ 8にん

3 こどもが 15にん ならんでいます。あさひさんは，まえから 8ばんめに います。あさひさんの うしろには なんにん いますか。

しき 15−8＝7　こたえ 7にん

P221

ずを つかって かんがえよう(7) より おおい より すくない　なまえ

1 みかんを もらいました。ゆなさんは 7こ もらいました。あきとさんは ゆなさんより 2こ おおく もらいました。 あきとさんは なんこ もらいましたか。

しき 7 + 2 = 9　こたえ 9 こ

2 うさぎが 5ひき います。りすは うさぎより 6ぴき おおいそうです。 りすは なんびき いますか。

しき 5＋6＝11　こたえ 11 ぴき

ずを つかって かんがえよう(8) より おおい より すくない　なまえ

1 こどもが 10にん いすに すわります。いすは 6きゃく あります。いすは なんきゃく たりませんか。

しき 10 − 6 = 4　こたえ 4 きゃく

2 プリンを 12こ かいました。 おさらは 9まい あります。 プリンを 1こずつ おさらに のせると，なんまい たりませんか。

しき 12−9＝3　こたえ 3 まい

P222

ずを つかって かんがえよう(9) より おおい より すくない　なまえ

1 いぬが 6ぴき います。ねこは いぬより 4ひき おおいそうです。 ねこは なんびき いますか。

しき 6＋4＝10　こたえ 10 ぴき

2 ゼリーが 13こ あります。おさらは 9まい あります。 ゼリーを 1こずつ おさらに のせると なんまい たりませんか。

しき 13−9＝4　こたえ 4 まい

3 プールで こどもが あそんでいます。おとこのこは 14にんです。おんなのこは おとこのこより 5にん すくないです。おんなのこは なんにん いますか。

しき 14−5＝9　こたえ 9にん

ずを つかって かんがえよう(10) より おおい より すくない　なまえ

1 わたしは ほんを 11さつ よみました。いもうとが よんだ ほんは わたしより 6さつ すくないです。 いもうとは なんさつ ほんを よみましたか。

しき 11−6＝5　こたえ 5 さつ

2 ももかさんは 7さいです。 おにいさんは ももかさんより 4さい としうえです。 おにいさんは なんさいですか。

しき 7＋4＝11　こたえ 11 さい

3 りんごを 8こ かいました。みかんは りんごより 5こ おおく かいました。みかんは なんこ かいましたか。

しき 8＋5＝13　こたえ 13 こ

P223

ずを つかって かんがえよう(11) より おおい より すくない　なまえ

1 ぼくじょうに うまが 8とう います。うしは うまより 5とう おおく います。うしは なんとう いますか。

しき 8＋5＝13　こたえ 13 とう

2 どんぐりひろいを しました。りおさんは 7こ ひろいました。とうまさんは りおさんより 4こ おおく ひろいました。とうまさんは なんこ ひろいましたか。

しき 7＋4＝11　こたえ 11 こ

3 あかい りぼんを 9こ つくりました。 しろい りぼんは あかい りぼんより 3こ おおくつくりました。しろい りぼんは なんこ つくりましたか。

しき 9＋3＝12　こたえ 12 こ

4 かごに かきが 6こ はいっています。 くりは かきより 7こ おおいです。 くりは なんこですか。

しき 6＋7＝13　こたえ 13 こ

ずを つかって かんがえよう(12) より おおい より すくない　なまえ

1 おねえさんは 13さいです。 ゆうきさんは おねえさんより 4さい とししたです。 ゆうきさんは なんさいですか。

しき 13−4＝9　こたえ 9 さい

2 こうえんで おとこのこが 12にん あそんでいます。おんなのこは おとこのこより 5にん すくないそうです。おんなのこは なんにん いますか。

しき 12−5＝7　こたえ 7にん

3 ゼリーが 11こ あります。 プリンは ゼリーより 3こ すくないそうです。 プリンは なんこ ありますか。

しき 11−3＝8　こたえ 8 こ

4 さかなつりを しました。 りくとさんは 14ひき つりました。 りょうさんは りくとさんより 6ぴき すくないそうです。りょうさんは なんびき つりましたか。

しき 14−6＝8　こたえ 8 ぴき

　（解答は，200～300%に拡大してお使い下さい。）

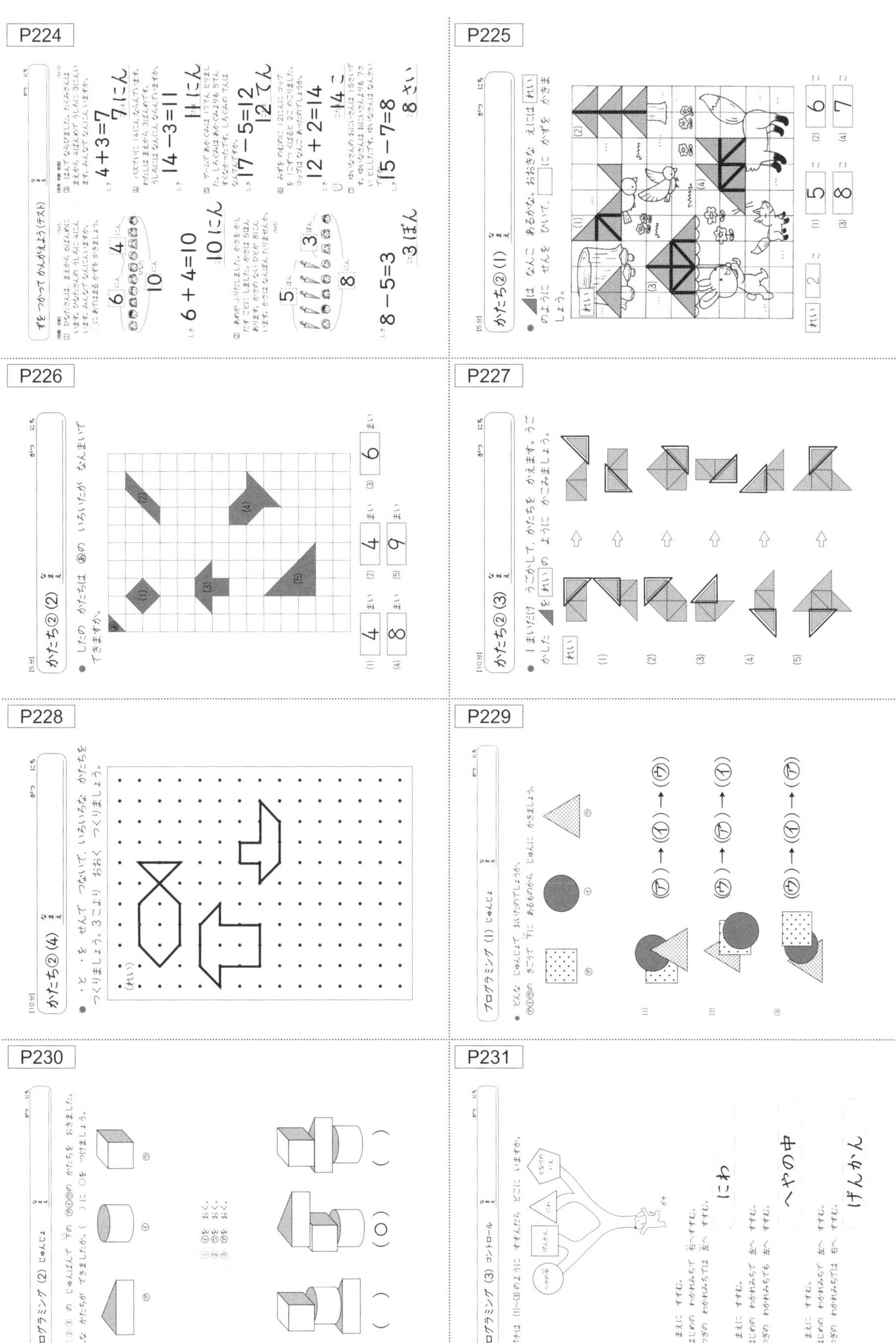

(テストの文章題は，式５点，答え５点として，配点しています。)

解答　児童に実施させる前に，必ず指導される方が問題を解いてください。本書の解答は，あくまでも１つの例です。

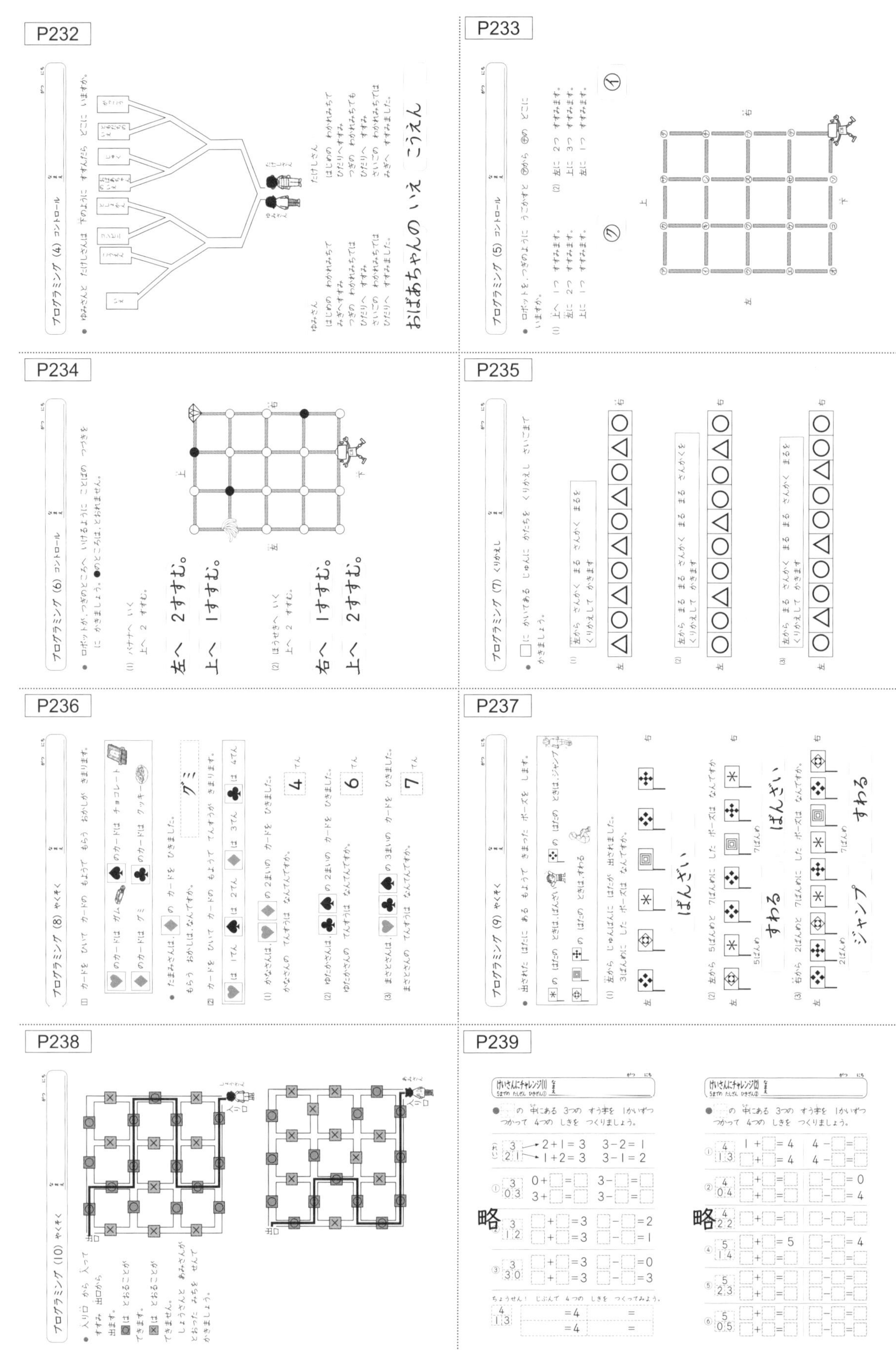

　(解答は，200～300%に拡大してお使い下さい。)

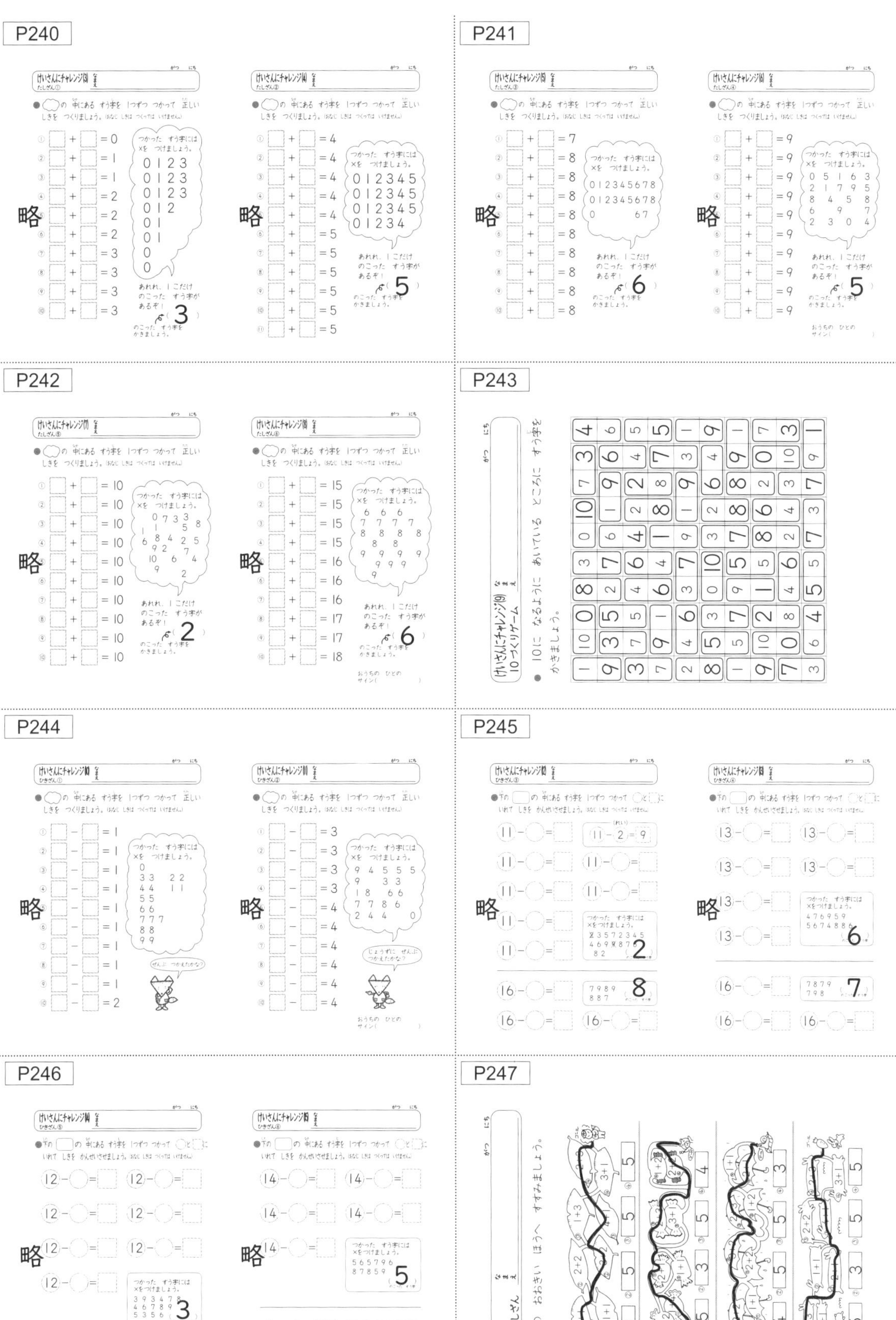
P240
略
3
略
5
P241
略
6
略
5
P242
略
2
略
6
P243
P244
略
略
P245
略
2
8
略
6
7
P246
略
3
8
略
5
8
P247

解答　児童に実施させる前に，必ず指導される方が問題を解いてください。本書の解答は，あくまでも１つの例です。

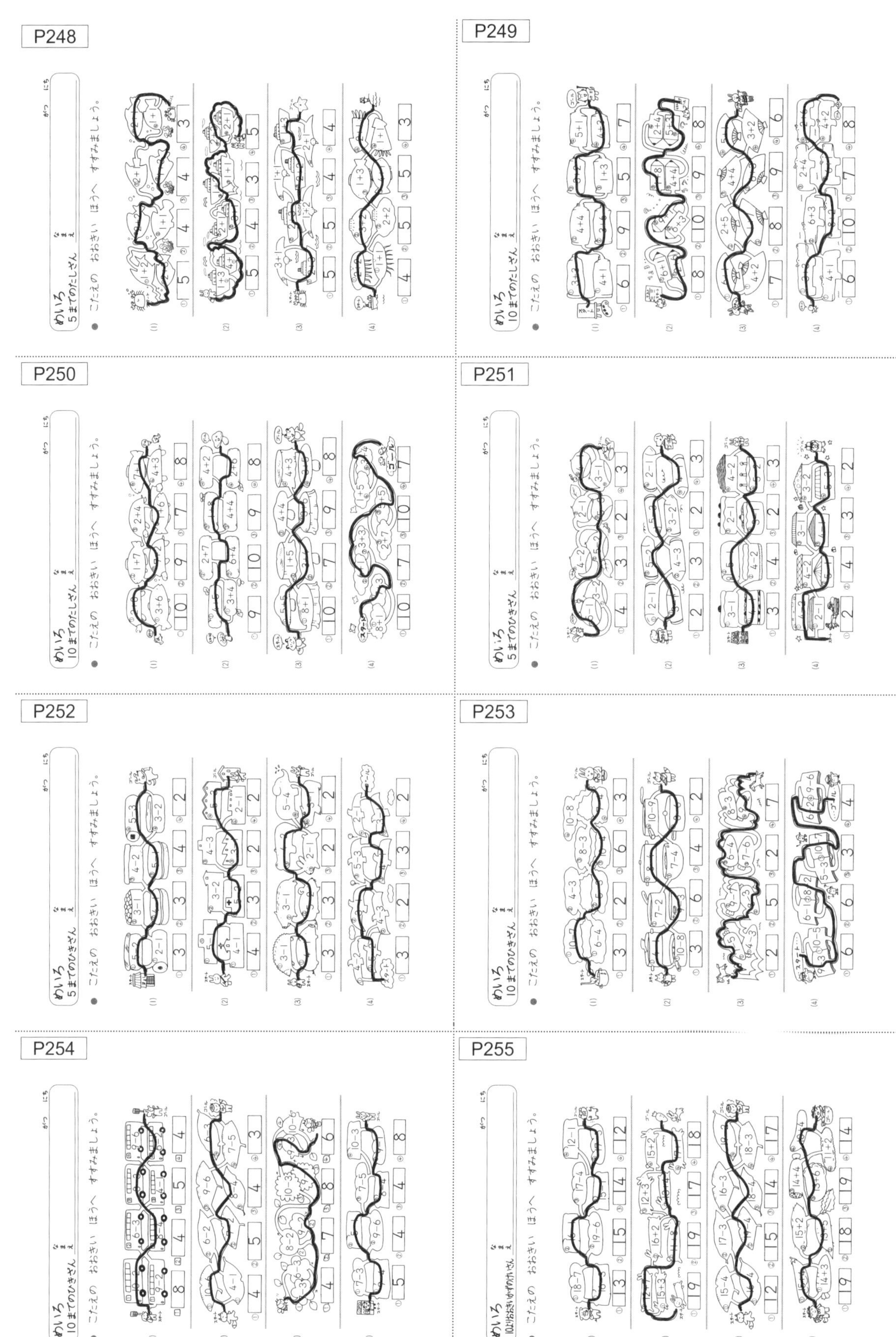

　（解答は，200～300%に拡大してお使い下さい。）

P256

P257

P258

P259

P260

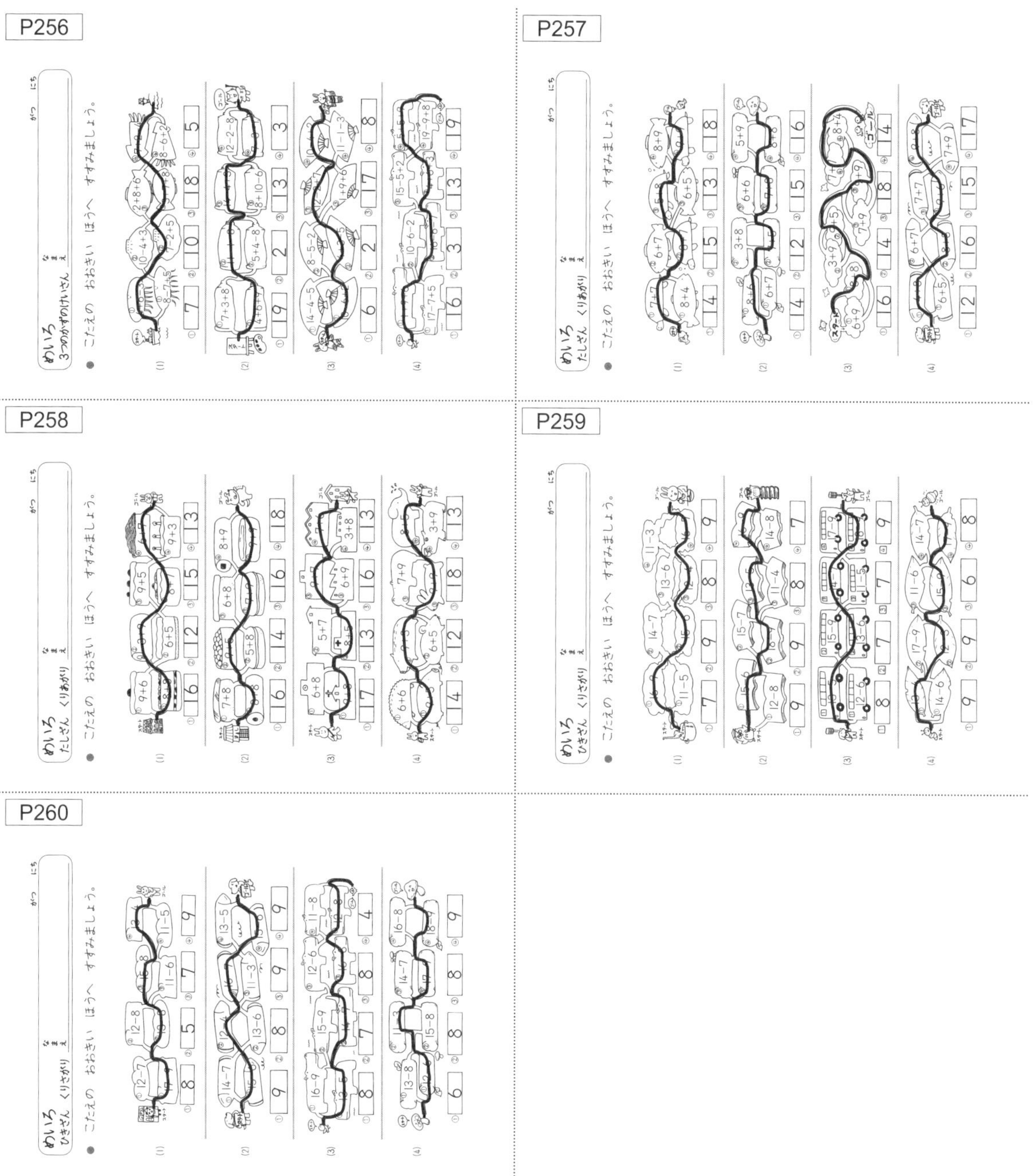

がつ　　にち

なまえ

● こたえの　おおきい　ほうへ　すすみましょう。

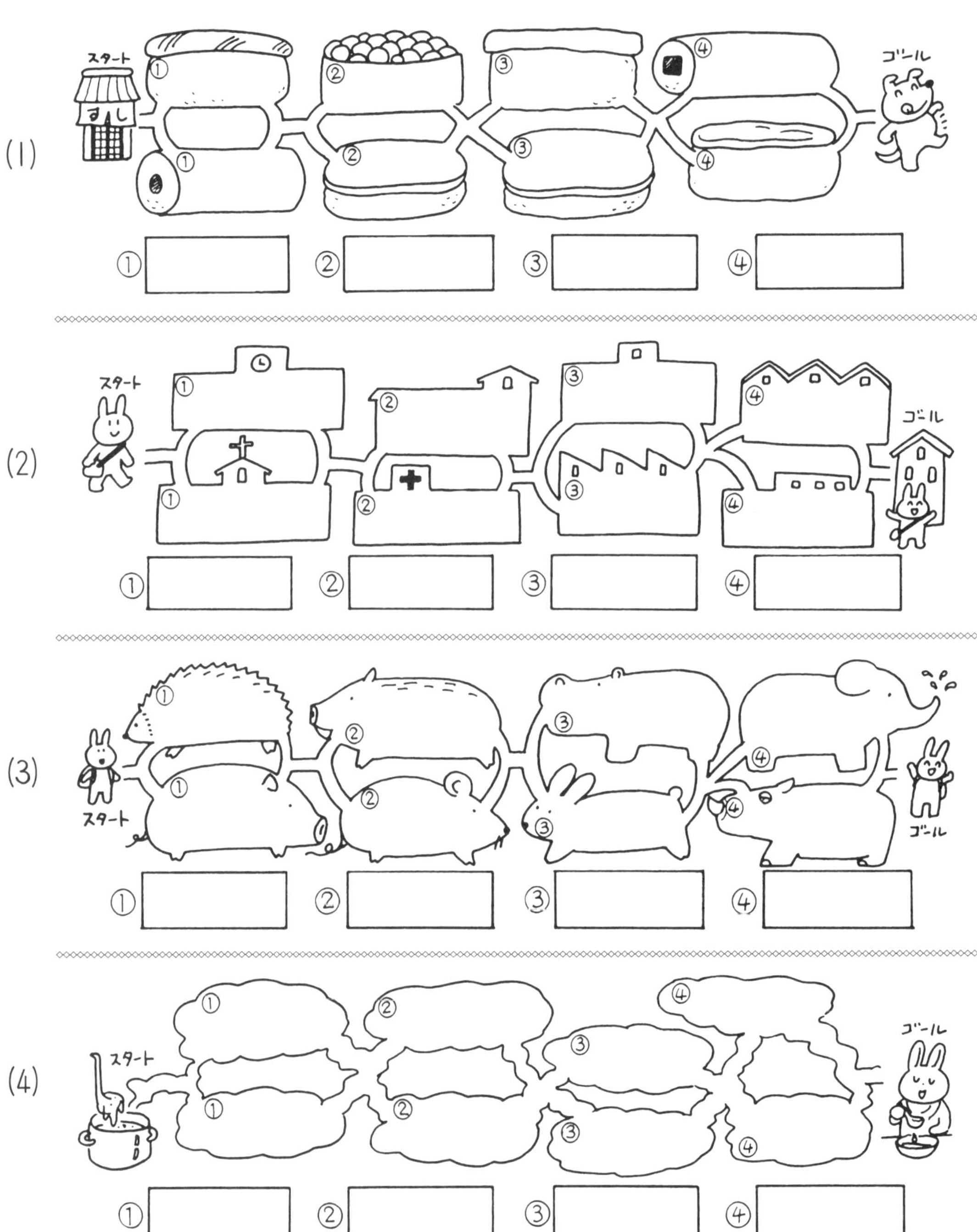

がつ　にち

なまえ

● こたえの　おおきい　ほうへ　すすみましょう。

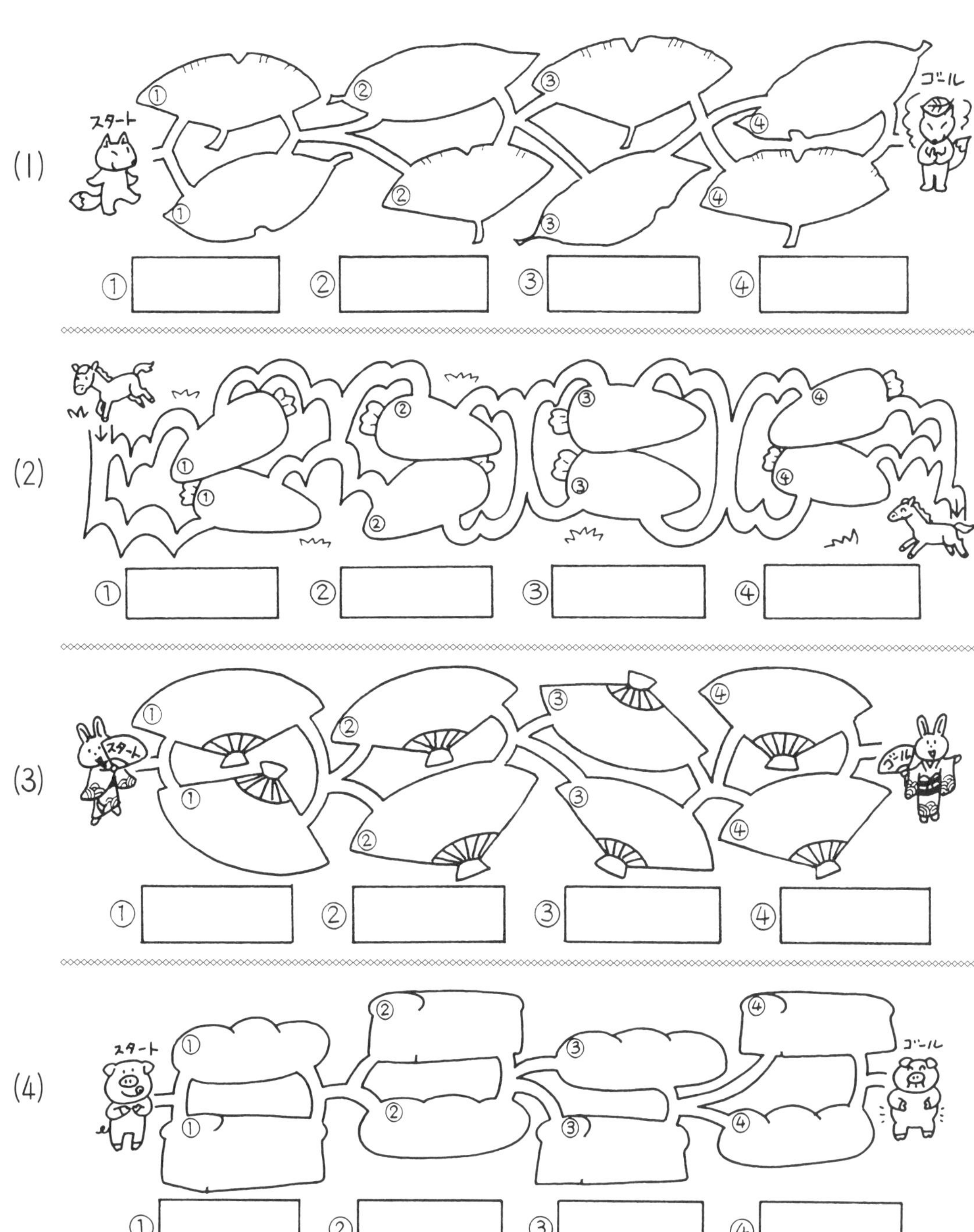

編者

原田　善造　学校図書教科書編集協力者
わかる喜び学ぶ楽しさを創造する教育研究所・著作研究責任者
元大阪府公立小学校教諭

コピーしてすぐ使える
3分 5分 10分でできる　算数まるごと 1 年

2020 年 4 月 2 日　初刷発行
2024 年 2 月 1 日　第 3 刷発行

企画・編著：原田　善造（他 12 名）
執筆協力者：新川　雄也・山田　恭士
編集協力者：岡崎　陽介・田中　稔也・南山　拓也
イラスト：山口　亜耶・白川　えみ 他
発行者：岸本　なおこ
発行所：喜楽研（わかる喜び学ぶ楽しさを創造する教育研究所）
〒604-0854 京都府京都市中京区二条通東洞院西入仁王門町 26－1
TEL　075-213-7701　　FAX　075-213-7706
HP　https://www.kirakuken.co.jp
印　刷：株式会社イチダ写真製版

ISBN 978-4-86277-297-8　　Printed in Japan